U0591322

中国社会科学院文库
历史考古研究系列
The Selected Works of CASS
History and Archaeology

中国社会科学院文库·历史考古研究系列
The Selected Works of CASS · History and Archaeology

明代黄册研究

STUDIES IN THE YELLOW REGISTERS
OF THE MING CHINA

栾成显　著

中国社会科学出版社

图书在版编目(CIP)数据

明代黄册研究/栾成显著 . —北京：中国社会科学出版
社，1998.7（2007.3 重印）
ISBN 978 - 7 - 5004 - 2176 - 4

Ⅰ . 明… Ⅱ . 栾… Ⅲ . ①赋税制度—研究—中国—明代
②户籍制度—研究—中国—明代 Ⅳ . F812.948 D691.6

中国版本图书馆 CIP 数据核字（2007）第 026282 号

责任编辑 张小颐
责任校对 韩天炜
封面设计 孙元明
技术编辑 张汉林

出版发行	中国社会科学出版社		
社 址	北京鼓楼西大街甲 158 号	邮 编	100720
电 话	010—84029450(邮购)		
网 址	http://www.csspw.cn		
经 销	新华书店		
印 刷	北京新魏印刷厂	装 订	北京一二零一印刷厂
版 次	1998 年 7 月第 1 版	印 次	2007 年 3 月第 2 次印刷
开 本	710×980 1/16		
印 张	28.75	插 页	2
字 数	479 千字		
定 价	53.00 元		

《中国社会科学院文库》出版说明

　　《中国社会科学院文库》（全称为《中国社会科学院重点研究课题成果文库》）是中国社会科学院组织出版的系列学术丛书。组织出版《中国社会科学院文库》，是我院进一步加强课题成果管理和学术成果出版的规范化、制度化建设的重要举措。

　　建院以来，我院广大科研人员坚持以马克思主义为指导，在中国特色社会主义理论和实践的双重探索中做出了重要贡献，在推进马克思主义理论创新、为建设中国特色社会主义提供智力支持和各学科基础建设方面，推出了大量的研究成果，其中每年完成的专著类成果就有三四百种之多。从现在起，我们经过一定的鉴定、结项、评审程序，逐年从中选出一批通过各类别课题研究工作而完成的具有较高学术水平和一定代表性的著作，编入《中国社会科学院文库》集中出版。我们希望这能够从一个侧面展示我院整体科研状况和学术成就，同时为优秀学术成果的面世创造更好的条件。

　　《中国社会科学院文库》分设马克思主义研究、文学语言研究、历史考古研究、哲学宗教研究、经济研究、法学社会学研究、国际问题研究七个系列，选收范围包括专著、研究报告集、学术资料、古籍整理、译著、工具书等。

　　为迎接中国社会科学院建院三十周年，我们将历届院优秀科研成果奖中的部分获奖著作重印出版，作为《中国社会科学院文库》的首批图书向建院三十周年献礼。

中国社会科学院科研局

2006 年 11 月

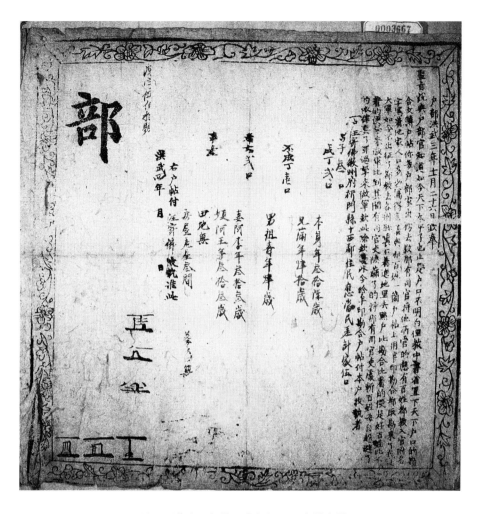

图版一　洪武四年徽州府祁门县汪寄佛户帖

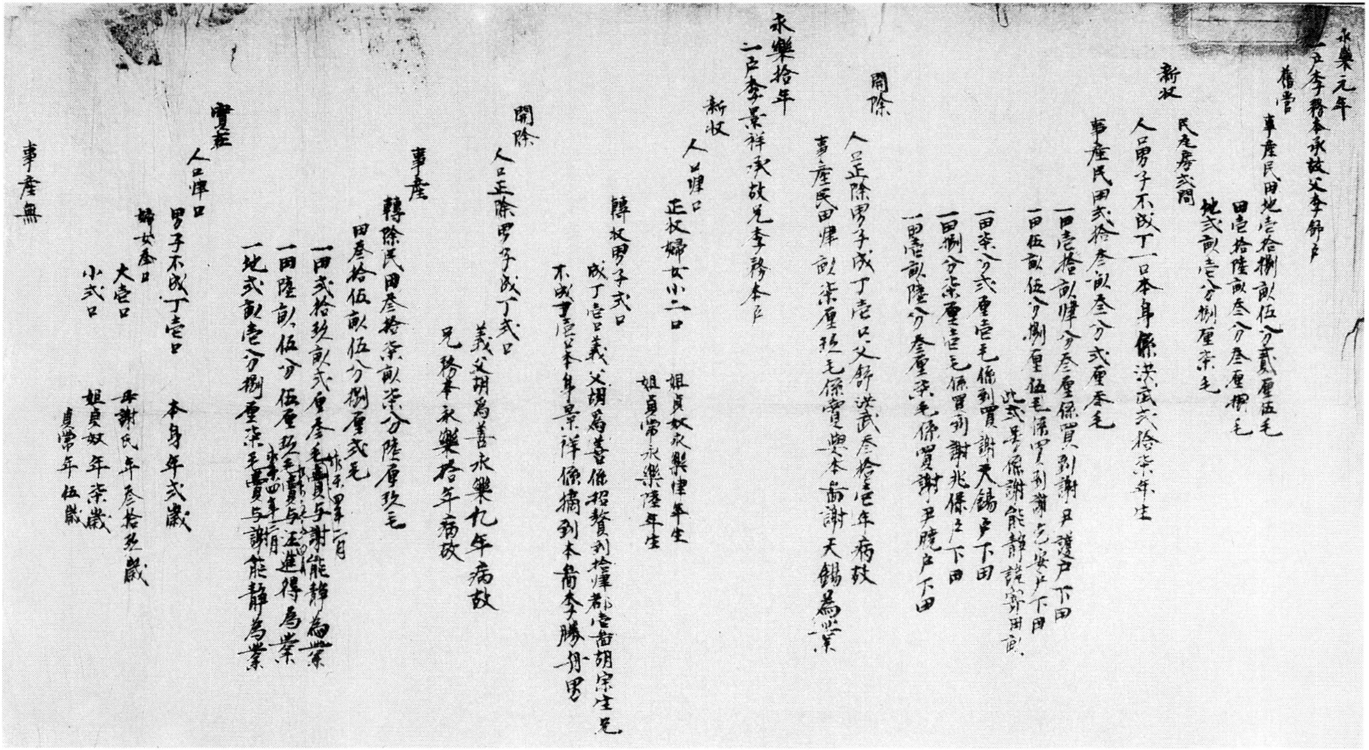

图版二　永乐至宣德徽州府祁门县李务本户黄册抄底之一页

（中国社会科学院历史研究所藏）

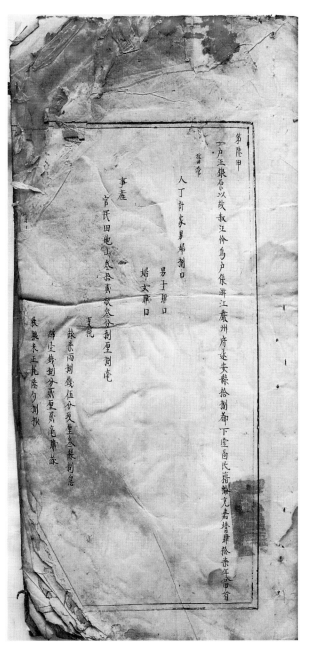

图版三　嘉靖四十一年严州府遂安县十八都下一图六甲
　　　　黄册原本现存首页
　　　　（上海图书馆藏）

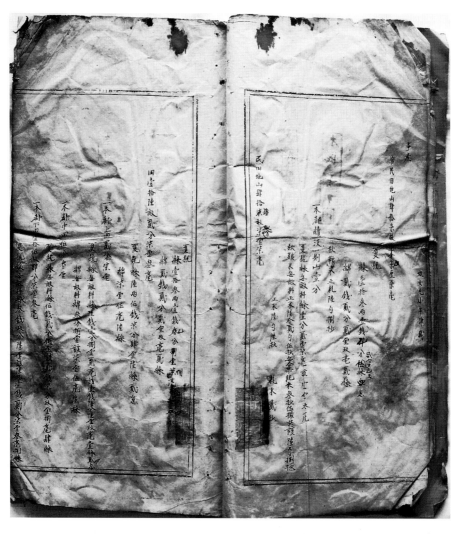

图版四　嘉靖四十一年严州府遂安县十八都下一图六甲黄册原本之一页
（上海图书馆藏）

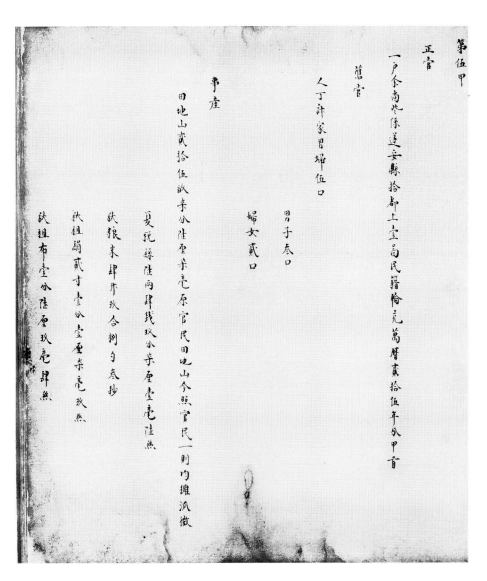

图版六　万历十年、二十年、三十年、四十年徽州府休宁县二十七都五图黄册底籍抄本
（安徽省博物馆藏）

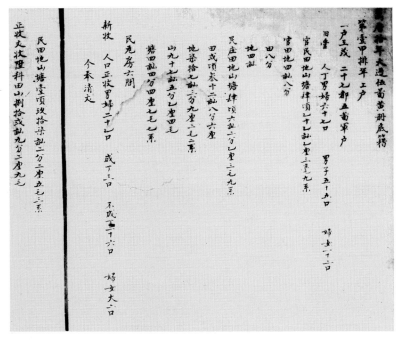

图版七　万历十年徽州府休宁县二十七都五图黄册底籍首页
（安徽省博物馆藏）

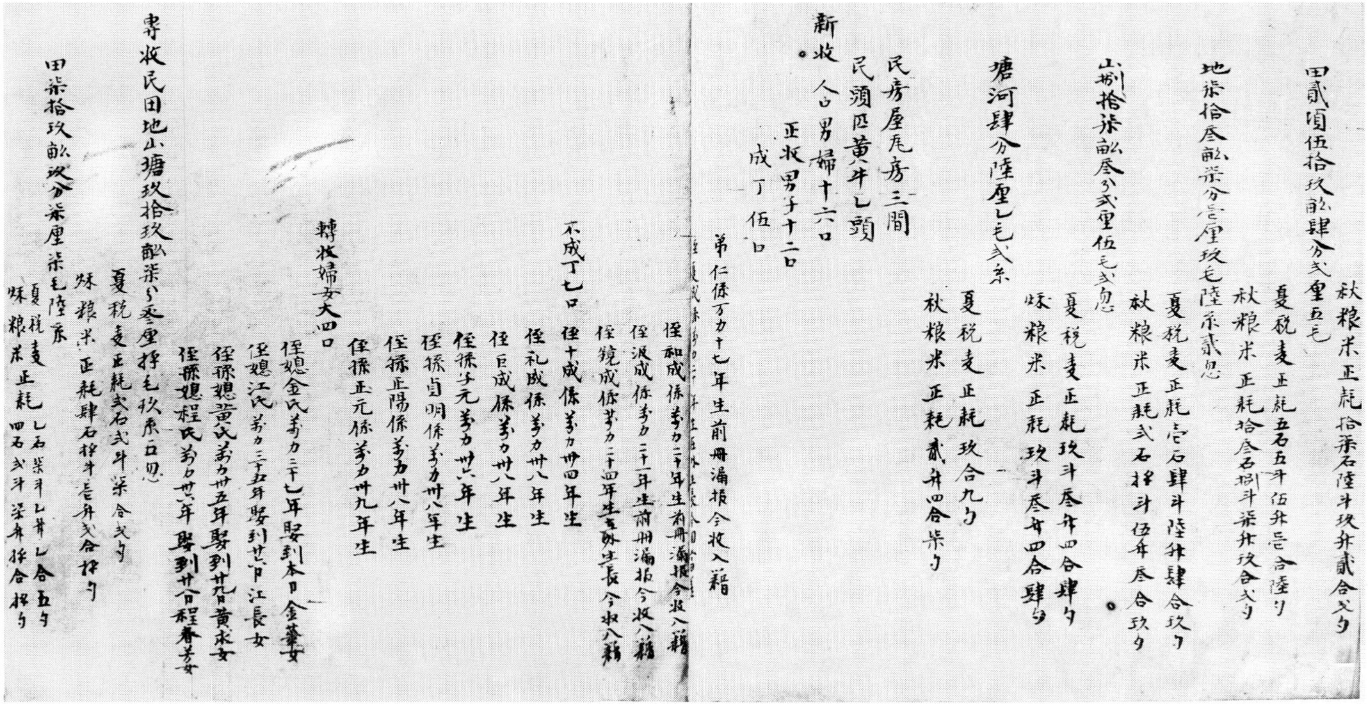

图版八　万历四十年徽州府休宁县二十七都五图黄册底籍之一页

（安徽省博物馆藏）

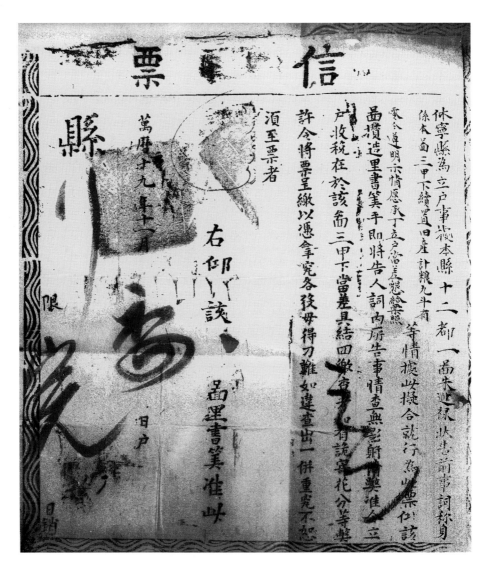

图版九　万历十九年徽州府休宁县朱进录立户信票

（中国社会科学院历史研究所藏）

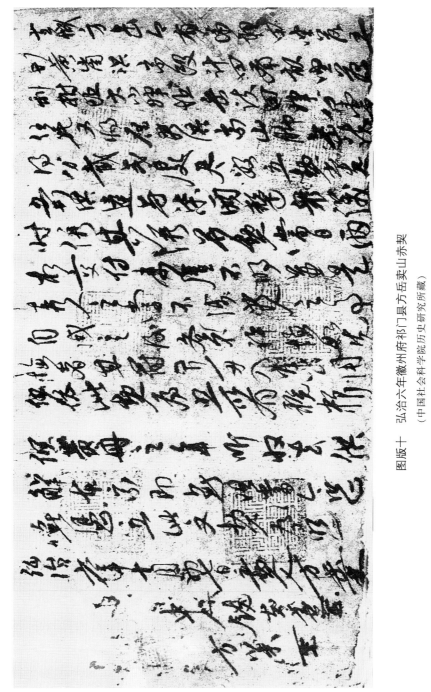

图版十　弘治六年徽州府祁门县方岳卖山赤契

（中国社会科学院历史研究所藏）

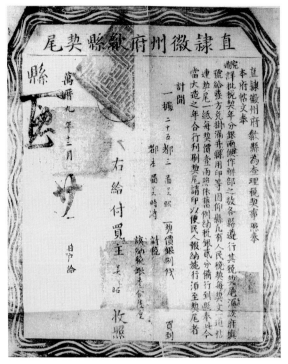

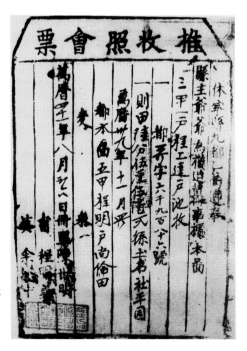

图版十一　万历九年徽州府歙
县吴昭税契尾
（中国社会科学院历史研究所藏）

图版十二　万历四十一年徽州府休
宁县程上达推收照会票
（中国社会科学院历史研究所藏）

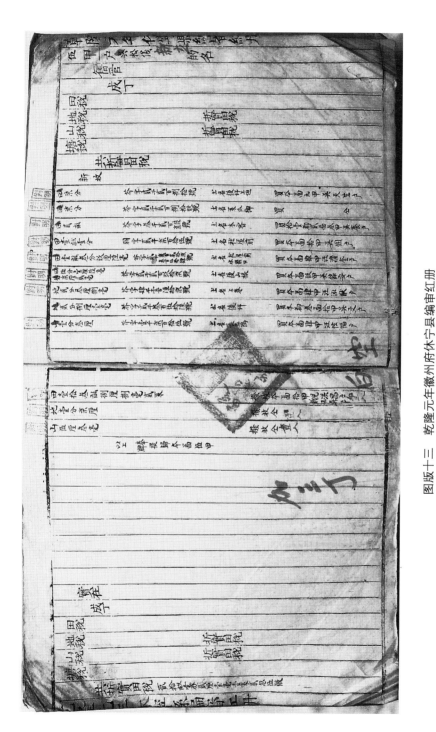

图版十三　乾隆元年徽州府休宁县编审黄册

（上海图书馆藏）

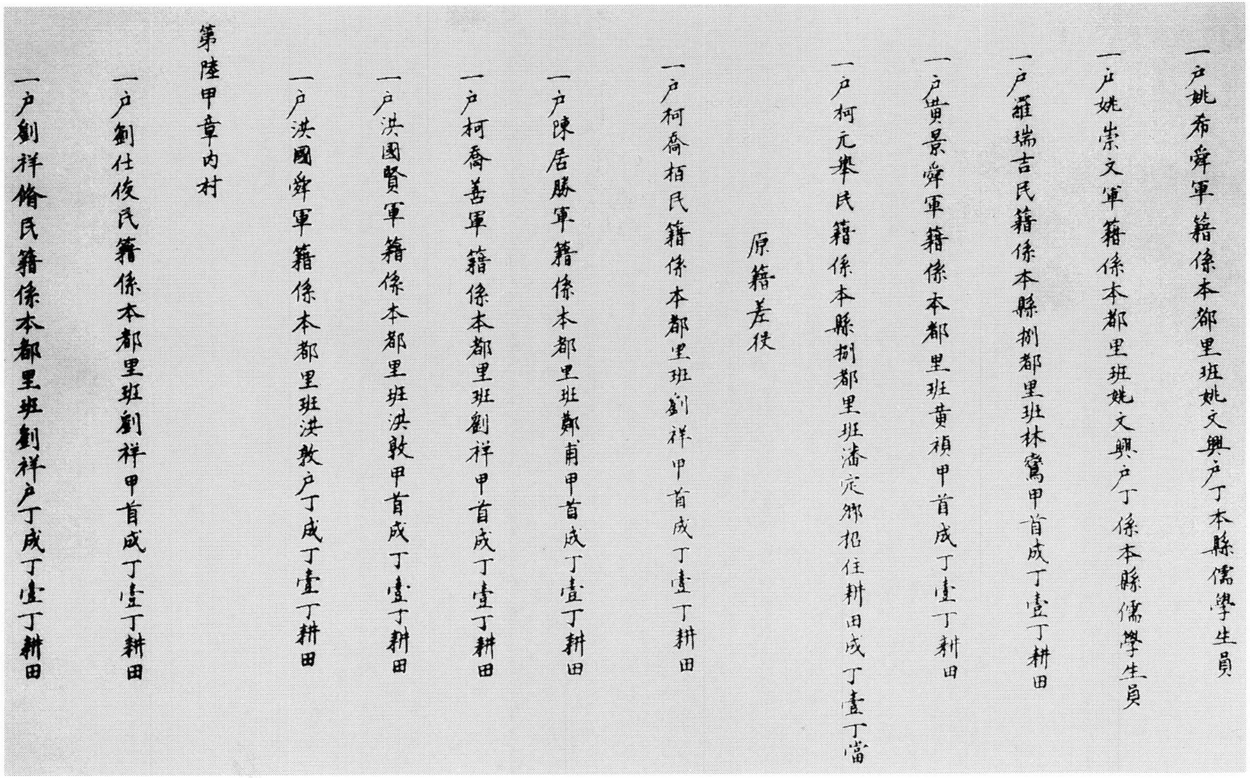

第陸甲章內村

一户姚希寧軍籍係本都里班姚文興户丁係本縣儒學生員

一户姚宗文軍籍係本都里班姚文興户丁係本縣儒學生員

一户班瑞吉民籍係本縣初都里班林鶯甲首成丁壹丁耕田

一户伍要寧軍籍係本都里班黃禎甲首成丁壹丁耕田

一户柯元梁民籍係本縣初都里班涂沅然抱住耕田戍丁壹丁漁

原籍差拨

一户柯喬栢民籍係本都里班劉祥甲首成丁壹丁耕田

一户陝居勝軍籍係本都里班郭前甲首成丁壹丁耕田

一户柯喬善軍籍係本都里班劉祥甲首成丁壹丁耕田

一户洪國賢軍籍係本都里班洪𣏌甲首成丁壹丁耕田

一户洪國祭軍籍係本都里班洪祭户丁成丁壹丁耕田

一户劉仕佟民籍係本都里班劉祥甲首成丁壹丁耕田

一户劉祥梅民籍係本都里班劉祥户丁成丁壹丁耕田

图版十四　嘉靖泉州府永春县保甲文册

（梁方仲《明代黄册考》附所谓"黄册原本"照片之一。
日本京都大学文学部藏）

序

吴 承 明

黄册制度是明代户籍与赋役之法的一项基本制度，历来受到学者重视。尤其30年代以来，考证研究颇盛，不乏名家论著，几乎成为明史的一个分支学科。然而，迄70年代末，学者并未见过黄册原本，所论大皆据史书、地志有关记载，南京黄册贮藏库的专志《后湖志》，以及明清人士对黄册制度的评议等文献资料。文献资料固丰，足资系统论述，而难于实证。原来黄册内容，主要是按户分列人丁（人口）与事产（田土、房屋以至动产），以及两者在每十年大造期间的增减变动。其特点在于项目具体，而每项必有数据，可形成历史变量。学者既未见黄册原本，所论亦多是黄册制度本身及其兴衰变化，鲜能利用黄册资料特点以验证史书记载，及作计量分析，来考察当时社会经济中的有关问题。

本书作者栾成显同志治明清史有年，1983年起，从事于整理卷帙浩繁的徽州档案文书工作，于中先后发现一批明代黄册抄底散页、成册的黄册底籍抄件，以及有关黄册的田土与税粮归户册、实征册、编审册等，都八十余万字。据此，他首先对学界过去所传的、被目为福建德化县黄册残篇的几张照片作了缜密的考证，确定其原物并非黄册，而是永春县造报的保甲文册和德化县报查的钱粮文册。继之，他就黄册制度和有关问题作了一系列专题研究。此间，亦有其他学者勤力钩沉，发现另一些黄册残篇及有关文书，也都大多出自徽州藏档。至此，已发现的黄册档案和有关文书约有十余种，一百余万字。栾成显同志这本《明代黄册研究》就是以这些档案文书为根底，结合文献资料，并吸收和借鉴中外学者已有的研究成果，在十余年专题研究的基础上，撰写成书的。

黄册底籍和有关文书的发现是史学界一件大事，它引导明代黄册研究出现一场革新。虽然目前已发现的黄册档案和有关文书极其有限，并多残缺，但它们是第一手资料，有比较清楚的产生条件，是高度可信的和可鉴定的（包括对其不实之处的鉴定），因而可用以验证和补充文献记载，用实证方法解决过去黄册制度和制度史研究中的一些存疑和有争议的问题。而更有意义的是，利用这些资料和它的系列数据，对当时社会经济中的有关问题进行探讨和分析，或对传统的论点进行检验和修正。这就使黄册的研究突破制度和制度史的范围，扩大视野，走上一个新的阶段。本书作者正是黄册研究这场革新的倡导者和实践者，读者在本书中可以看到不少创新性的篇章，成为本书一大特色，也是一大贡献。

黄册原是以人户为中心的赋役册，目的在将人丁编入里甲，轮流服役，因而对人丁登录规定颇严，如成丁、不成丁、妇女大、妇女小以致出生、死亡年份等。但官方主事者为保证顺利派役，力求里甲人户稳定，最好不变。以致今所见黄册底籍反而是人丁部分最多舛谬。如成丁与妇口（配偶）全然不成比例；早已析产分为几户以至几十户，仍按一户入册；人财俱亡的绝户仍然附册，等等。故黄册对于人口、尤其是人口行为的研究无甚裨益，不如族谱。但黄册的一些有关文书，如本书所用汪氏实征册、朱学源户归户册，则对一族内的分户和财产记载綦详，胜于族谱。本书据以研究当时徽州的家族构成、宗法关系的遗存、析产分户的诸种形态等，皆有所发明。

已发现黄册中事产部分的田土记录，十分详尽，最为珍贵。它于田、地、山、塘皆严格分录其地段、田亩及（或）税粮数，并十年间之增减和实在数据。尤其是田土买卖，于一户之下按时序逐笔胪列，包括数量、地段和对方姓氏，推收明白，胜于通常所用散漫的契约文书（惜缺田价）。本书作者根据这些资料，着重研究了万历九年田土清丈的效果、一户田土的地段分布、一个图土地占有的阶级分配、土地买卖的比重和频率、地主制经济的产权形态，并写出"明清农村经济结构"专章，探讨了封建国家、地主、农民三者之间的关系。这都是黄册研究的创新，也是本书的最重要贡献。

已发现的黄册档文都很零散，顶多是一个图（里）的全册，因而只适于作微观分析或个案研究，然而结合文献材料，可考察这种研究结果的适用性和普遍意义。

我国史学原有重视微观分析的传统，并发展出精湛入微的考据之学。盖史学原以政治史为主，事件构成历史，穷究各个事件的原委，通而作史论；西方史学，原亦如此。30 年代，西方开展史学革命，批判所谓历史主义的传统，讲求用社会科学的原理和方法研究历史，宏观史学以兴。尤其经济史，目的在于考察一代社会经济的运行及其机制，探讨经济发展和制度变迁的规律，更重视宏观。然而，正如在经济学上，30 年代兴起的宏观经济学是以李嘉图以来的微观经济理论为基础的，在经济史学上，宏观研究也必须以微观分析为基础。尤其是古代经济史，甚少诸如国情普查之举，更要依靠微观分析来积累材料、提供思路和实证论点。揆诸今日西方经济史学，若社会学派、计量学派、新制度学派，都是以宏观研究为鹄的，然而，微观分析并未少废：地区史、专业史划分更细；企业史、经营史等个案研究转成热门。目前这些新的经济史学派均已被介绍于我国，青年习之甚稔。这是个好现象，但是，似乎有一种在宏观大纛下轻视微观史学的倾向，我为之杞忧。

微观分析不仅是宏观研究的基础，历史事物的一些发现，亦常出自微观。这种发现有若文物出土，蓦然而得；然必须结合宏观，反复研究，始明其奥。例如本书中的朱学源户，即可视为一种发现。在黄册上，朱学源是一个拥有水田五百余亩的匠籍大户，而考其实，则早已分成四五十个独立家庭，各有田十余亩，最多一户八十余亩。又考察，这种现象不尽在依法不准分居的军籍、匠籍户，亦存在于民籍户。因而，据官方报告而来的大土地所有制和地权分配的概念，应有所修正。又考察当时社会，析产分户固属常态，但亦有析产而不立户、分爨而共居、分居而同堂出入等多种情况。作者结语认为，从了解中国封建社会的经济结构来说，朱学源户这样的庶民地主具有普遍意义。

本书中，作者研究的各项结论都具有新颖性，都可作为一家之言，供学者研讨。作者治史的方法，即档案文书与历史文献相结合、微观分析与宏观考察相结合的方法，我认为是极好的，应当提倡和推广。

目　　录

第一章 明代黄册制度研究回顾

黄册制度，既是明朝制定的户籍编造之法，亦是明代实行的基本赋役制度。赋税和徭役，本是历代王朝命脉之所系，实为封建国家存在的经济基础。明代从洪武十四年（1381）起开始攒造黄册，以后每十年一大造[①]，至崇祯十五年（1642），共攒造了 27 次。在明王朝统治所及的范围内，包括部分少数民族地区，几乎都按制攒造了黄册。据《后湖志》载，每次大造各地送南京户部转后湖收贮的黄册多达六万余本，至明末，南京后湖收贮黄册的库房近千间，所贮历代黄册在 200 万本以上[②]。可以说，黄册制度是广泛实行了的、与明王朝相始终的一项基本的社会经济制度。因此，对明代黄册制度的研究受到历代学者的重视。据不完全统计，20 世纪以来有关研究明代黄册制度的各种论文和专著在百篇（部）以上。其中既有研究黄册制度的专门论著，又有从不同侧面、不同角度涉及明代黄册制度研究的各类著述。黄册制度的研究已成为明代社会经济史研究的一个重要方面。

一 专门论著

我国著名的中国古代社会经济史专家梁方仲先生，在明代社会经济史的研究中做了许多开拓性的工作，贡献卓著。他也是近代以来研究明代鱼鳞图册和黄册的第一位学者。1933 年，梁氏发表了《明代鱼鳞图册考》[③]

---

① 明代黄册制度规定每十年一大造，整个明代多是按此定制攒造的。其中只有两次例外，一次是在永乐元年（1403），与上届大造（洪武二十四年，1391）相隔十二年；另一次是在永乐十年（1412），与上届大造（永乐元年）相隔九年。

② 《后湖志》卷一〇，《事例七》。

③ 《地政月刊》第 1 卷第 8 期，1933 年。

一文，论及鱼鳞图册与黄册的关系。1943 年和 1950 年，又先后发表了《明代的户帖》① 和《明代黄册考》② 两篇论文。《明代黄册考》一文指出：

> 作为政府剥削农民的田赋制度，到了明代达到一种空前的严密的结构。这种严密的结构表现在两个基石上：一为黄册，一为鱼鳞册，这两册籍的意义，不止代表册籍的本身，并且与赋役的整个制度构成一种有机性的连系，彼此互相影响。此中尤以黄册制度为一切赋役的根据。固然这两种册籍在明以前早已具备；不过以前各朝对它们并没有像明代那样地重视，也没有一样地花了一大笔人财物力和时间去办理，因之无论从地域与规模的广大，时间上影响的深远，或编制方法的整齐划一各方面来说，明代这两种册籍都是远迈前代的。

在该文中，梁氏依据有关文献记载，主要利用了《后湖志》所载史料，对明代黄册的早期历史，由来和作用，内容与格式，黄册与鱼鳞图册的关系，编制与申解的手续，大造及其费用，造册人员及监造人员等有关明代黄册制度的一系列问题，都作了简明概括的论述。

20 世纪 30 年代，日本史学家清水泰次发表了《江南经济史方面的考察》③、《明代户口册（黄册）研究》④ 等论文，1943 年，又撰写了《明初版籍研究》⑤ 一文。在这些论说中，清水氏就明代黄册的有关问题，诸如黄册的目的，黄册的编成，黄册制度的演变，黄册制度的崩溃，黄册与鱼鳞图册，黄册与田土统计，以及明初的户帖等，都作了论述。其中对黄册与鱼鳞图册的关系，以及黄册所载各种田土统计的阐述尤为详细。

1961 年，全面论述明代黄册制度的第一本专著问世了，这就是韦庆远先生所著的《明代黄册制度》⑥。作者在占有比较丰富的材料的基础上，对明代黄册制度的具体内容、建立经过、收贮管理以及败坏过程等，都作了细致的阐述；同时，对黄册制度在不同时期所起的作用，它与其他制度之

---

① 《人文科学学报》第 2 卷第 1 期，1943 年。
② 《岭南学报》第 10 卷第 2 期，1950 年。按：以上论文，后均收于《梁方仲经济史论文集》，中华书局 1989 年版。
③ 该文系 1934 年在日本外务省文化事业部的讲演，1935 年发表于日本《日华学报》五。
④ ［日］《社会经济史学》五之一，1935 年。
⑤ ［日］《兴亚经济研究所纪要》一，1943 年。
⑥ 《明代黄册制度》，中华书局 1961 年版。

间的关系，以及它所反映的明代社会问题等，也作了较为深入的探讨。通读全书，即可对明代黄册制度得到一个全面而翔实的了解。其特色是，作者首先力图把黄册制度与当时社会总的经济政治情况结合起来加以考察，而不是孤立地研究一种规章制度。其次是将黄册制度与其他有关制度，如军户世袭制度、匠户徭役制度、里甲制度、鱼鳞图册制度等联系起来进行分析，这样不但揭示了黄册制度与其他规章制度之间的内在联系和相互影响，而且也阐明了黄册制度本身的问题。此外，作者不仅搜集了大量的文献资料，还利用了某些与黄册制度有关的文书档案资料，一定程度上弥补了文献资料的不足。该书出版之后，受到学界重视，中日学者都发表了有关书评①。

　　进入 80 年代，关于明代黄册制度的研究出现了新的动向。1982 年，日本国立横滨大学教授鹤见尚弘先生来中国社会科学院历史研究所研修，其间向中国历史博物馆（今中国国家博物馆）借阅了一本明代的鱼鳞图册。该册部头较大，保存尚好。但被重新装裱过，制作了新的封面和封底，每叶都加了新的衬纸。鹤见先生查阅该鱼鳞册时，发现在其封面之后，紧接着装订有如统计表似的一个残篇，10 页左右，朱丝界栏，墨迹抄写。其内容、形制、纸地都与后面的鱼鳞图册不同，其中甚至有"永乐十八年病故"之类的记载，并非鱼鳞图册前的统计表，完全是另外一种东西，引起了鹤见先生的注意。其是否是与永乐年间赋役黄册有关之物？当是在重新装裱时，或是在那之前，因某种原因被错乱装订到鱼鳞册上的。随后，鹤见先生又分别与历史所明史研究室的研究人员以及韦庆远先生专门座谈，交换了意见，但未有定论②。

　　鹤见尚弘先生的发现也引起了笔者的兴趣。1983 年，笔者在整理历史研究所藏徽州契约文书档案时，发现了几件文书，其记载格式与中国历史博物馆鱼鳞图册前装订残篇的格式基本相同，而其上则明确写有"永乐贰拾年黄册"、"宣德柒年黄册"等字样。1983 年 9 月 25 日，笔者致函鹤见先生，认为历史所藏徽州契约文书档案中的这几件文书，与中国历史博物

---

① 王思治：《评〈明代黄册制度〉》，《历史研究》1962 年第 3 期。［日］岩见宏：《韦庆远著〈明代黄册制度〉》，《东洋史研究》第 21 卷第 4 号，1963 年。

② ［日］鹤见尚弘：《鱼鳞图册探访》、《关于明代永乐年间的户籍残篇》，均载《中国明清社会经济研究》，学苑出版社 1989 年版。

馆藏鱼鳞图册前装订的残篇都是赋役黄册类文书，但并非原件，而是抄件①。

1985 年，赵金敏发表《馆藏明代户帖、清册供单和黄册残稿》② 一文，介绍了中国历史博物馆所藏"洪武四年徽州府祁门县江寿户帖"、"天启元年休宁县许威美供单"及"永乐黄册残稿"（即上述万历鱼鳞图册前装订的永乐黄册抄底残稿）等珍贵文书。

1987 年，笔者发表《明初地主制经济之一考察——兼叙明初的户帖与黄册制度》③ 一文，对历史所藏明初黄册抄底进行了介绍与考证；又据该黄册抄底及一系列相关文书的所载内容，对明初地主制经济作了考察；并论及明初的户帖与黄册制度。

1988 年，鹤见尚弘撰写了《关于明代永乐年间的户籍残篇——中国历史博物馆藏徽州文书》④ 一文，对历史博物馆藏黄册抄底残篇作了全面介绍、考证与分析。据该文考证，中国历史博物馆所藏那本明代鱼鳞册，乃是万历九年丈量歙县十六都商字号鱼鳞册；而装订在该册前的户籍残篇，则是与永乐二十年攒造的徽州府歙县十七都五图赋役黄册相关之物。作者还考察了该户籍残篇上记载的人口、田亩等项内容，特别是对有关税额作了细致分析。

1992 年，孔繁敏所著《明代赋役供单与黄册残件辑考》⑤ 一文发表，辑录了作者所发现的"明代赋役供单"计十一条，这些供单均是在北京大学图书馆藏宋刻明印《程史》一书的纸背上发现的；该文还介绍了中国历史博物馆藏"明徽州府休宁县由山西乡二十四都一图五甲黄册残件"。对这两种黄册文书的攒造时间、所在地点及所载内容等，亦均作了详细考证。

1994 年，笔者发表了《明代黄册底籍的发现及其研究价值》⑥，该文首先对中外学者一直引用的所谓"明代黄册原本"进行了考正，并介绍了笔者在安徽省博物馆所发现的明代黄册底籍，论述了其研究价值。

---

① ［日］鹤见尚弘：《鱼鳞图册探访》注⑫，《关于明代永乐年间的户籍残篇》注③。
② 《中国历史博物馆馆刊》总第 7 期，1985 年。
③ ［日］《东洋学报》第 68 卷第 1、2 号，1987 年。
④ ［日］《榎博士颂寿纪念东洋史论丛》，1988 年。
⑤ 《文献》1992 年第 4 期、1993 年第 1 期。
⑥ 《文史》第 38 辑，1994 年；《新华文摘》1994 年第 8 期转载。

1996 年，赵金敏发表《明代黄册的发现与考略》①一文，介绍了中国历史博物馆所藏三件黄册文书："明徽州府休宁县由山东乡十八都十图十甲黄册"，"明徽州府休宁县由山西乡二十四都一图五甲黄册"，"明徽州府休宁县由山西乡二十五都三图二甲黄册底籍"；对其攒造时间、所属地点等作了考证；并就其所载资料进行了统计和分析。

总之，如果说 20 世纪 70 年代以前均主要是依靠文献资料来阐释黄册制度的，那么进入 80 年代以后，则相继出现了发掘和利用文书档案研究黄册制度的论说。对于明代黄册制度的研究来说，无疑这是一个重要突破。

二　有关研究

黄册制度既然是有关明代户籍与赋役之法的一项基本制度，所以在明代社会经济史研究的许多领域中，诸如里甲与赋役制度，户籍制度，役户研究，人口问题等等，都不能不对黄册制度的研究有所涉及。

里甲制度与黄册制度的关系极为密切。随着黄册制度的实施，而在全国各地建立的里甲组织，既是明王朝的赋役征派机构，又为明代乡村统治的基础。日本学者很早就注意对明代里甲制的研究，20 世纪 50 年代以后，更有颇多的学者投身到这一领域的研究中去，做了大量的研究和探索工作，发表的论著甚多。在里甲制的研究中，与明代黄册制度直接相关的，首先是有关里甲的编制原则及其性质的探讨。即，按照黄册制度的规定而编制的里甲究竟是怎样编成的？其性质又如何呢？认为里甲制是为了征调赋役而按户数人为编成的行政村落，有松本善海氏等②；而清水盛光氏则认为里甲制是在自然村落的基础上编成的③。1961 年，田中正俊先生在历史学研究会古代、封建联合部会上指出，作为中国中世史当前的研究课题是，"这一历史阶段的国家权力，是怎样通过具体的、中国中世所固有的特定媒介，与地主佃户关系相结合的"④。从探明中国中世乡村的统治基础

---

① 《中国历史博物馆馆刊》1996 年第 1 期。
② ［日］和田清编著：《中国地方自治发达史》，汲古书院 1939 年初版；1975 年据初版影印发行。
③ ［日］《中国乡村社会论》，岩波书店 1951 年版。
④ ［日］《中国中世国家权力与土地所有关系》，1961 年；转引自鹤见尚弘《关于明代的畸零户》，《东洋学报》第 47 卷第 3 号，1964 年。

与封建国家统治的下层构造这一角度，日本学者对明代的里甲制作了较为深入的探讨。1964 年，鹤见尚弘发表《关于明代的畸零户》① 一文，通过对畸零户的深刻分析，认为里甲制并不单单是征派赋役的组织和邻保性的村落组织，它是承认乡村的现实阶级关系、以村落共同体机能为前提而建立起来的国家统治机构。其后，同氏又发表了《明代的乡村统治》② 一文，进一步阐述了这一观点。小山正明在其论说中指出："明代的里甲制，乃是以国家对各个户的统治为基础，以户数原则和各里各甲间的徭役均等化为基本原则而编成的；在维持这种组织上起重要作用的便是析户。"③ 而川胜守对此说提出了异议，关于里甲制的性质则强调其地缘性与共同体性④。此外，栗林宣夫著有《里甲制研究》⑤，为研究明代里甲制的一部专著；又，小畑龙雄《明初的地方制度与里甲制》⑥、日高一宇《明代对农民的统治——里甲制与明朝国家的构造》⑦、岩间一雄《关于中国封建制的特征——试论明代里甲制》⑧ 等论文，亦论及明代里甲制的性质。

迄今为止，我国学者对明代里甲制的专门研究尚不为多。但从 20 世纪 30 年代起，梁方仲先生在其有关明代赋役制度史的一系列论说中，诸如《一条鞭法》⑨、《明代一条鞭法年表》⑩、《明代粮长制度》⑪ 等，都论及明代的里甲制。1942 年，江士杰出版了《里甲制度考略》⑫ 一书，该书副题"一个中国基层财务组织简史"，其第四节为"元明两代之里甲制

---

① ［日］《东洋学报》第 47 卷第 3 号，1964 年。
② ［日］岩波讲座《世界历史》12，岩波书店 1971 年版。
③ 《关于明代的十段法》（二），［日］《千叶大学文理学部文化科学纪要》10 辑，1968 年；后收入同氏《明清社会经济史研究》，东京大学出版会 1992 年版。
④ 《明代里甲编成的变质过程——对小山正明氏的"析户意义"论的批判》，［日］《史渊》第 112 期，1975 年；又见同氏《中国封建国家的统治构造——明清赋役制度史研究》，东京大学出版会 1980 年版。
⑤ ［日］《里甲制研究》，文理书院 1971 年版。
⑥ ［日］《人文科学》第 1 卷第 4 号，1947 年。
⑦ ［日］《史学研究》第 118 号，1973 年。
⑧ ［日］《冈山大学法学会杂志》第 27 卷第 2 号，1978 年。
⑨ 《中国近代经济史研究集刊》第 4 卷第 1 期，1936 年；后收入《梁方仲经济史论文集》，中华书局 1989 年版。
⑩ 《岭南学报》第 12 卷第 1 期，1952 年；后收入《梁方仲经济史论文集》。
⑪ 《明代粮长制度》，上海人民出版社 1957 年版。
⑫ 《里甲制度考略》，重庆商务印书馆出版，1942 年版。

度", 概略述及明代的里甲制度。1963 年, 衔微发表《明代的里甲制度》①一文, 对梁氏在《明代粮长制度》一书中所述明代里甲的应役方式, 即按甲依次轮流应役这一论断, 提出了否定意见, 但衔文对明代里甲究竟如何应役并未阐释清楚。同年, 梁氏发表《论明代里甲法和均徭法的关系》②一文, 论述了明代里甲制中的甲首人数、应役方式, 以及均徭法与里甲法的关系等问题。1982 年, 刘伟发表《明代里甲制度初探》③一文, 论述了明代里甲制度的建立原因、性质、特征、作用、弊病、演变与解体过程等, 指出里甲"是一种以户为单位、以力役为主的徭役形态", 明中叶商品货币经济的发展是明代里甲制瓦解的根本原因。1983 年, 李晓路在《明代里甲制研究》④一文中又反对一里百户轮充甲首之说, 而提出每一里只有十户甲首, 且"里长与甲首是由同十户担任"的说法。

在赋役制度史的研究方面, 20 世纪 40 年代, 日本学者藤井宏氏发表了《关于明代田土统计之一考察》⑤等系列论文, 论及明代田土统计与黄册的田土统计之间的关系。岩见宏先生于 1962 年发表的《关于〈山东经会录〉》⑥一文, 其中论述了明代户则与税粮科派之间的关系。随后, 小山正明于 1965 年发表《明代税粮科派与户则之间的关系》⑦一文, 根据文献记载, 就全国其他地区进行了考察, 指出明初以来不但在徭役方面, 在税粮方面亦是按户则进行科派, 这是一个全国性的原则。1966 年, 山根幸夫所著《明代徭役制度的展开》⑧一书出版, 该书是在作者发表的诸研究论说的基础上, 并吸收其他研究成果, 而撰写的一部有关明代徭役制度史的专著。其中对明代黄册制度的形成过程、攒造手续等亦作了较系统的叙述。又, 同氏曾先后发表《关于十六世纪中国户口之一统计——福建惠安

①　《历史教学》1963 年第 4 期。

②　《学术研究》1963 年第 4、5 期；后收入《梁方仲经济史论文集》。

③　《华中师范学院学报》1982 年第 3 期。

④　《华东师范大学学报》(哲学社会科学版) 1983 年第 1 期。

⑤　《关于明代田土统计之一考察》(一)、(二)、(三), 分别载 [日]《东洋学报》第 30 卷第 3 号, 1943 年；第 30 卷第 4 号, 1944 年；第 31 卷第 1 号, 1947 年。

⑥　[日]《清水泰次博士追悼纪念明代史论丛》, 1962 年；后收入同氏《明代徭役制度研究》, 同朋舍 1986 年版。

⑦　[日]《千叶大学文理学部文化科学纪要》第 7 辑, 1965 年；后收入同氏《明清社会经济史研究》, 东京大学出版会 1992 年版。

⑧　[日]《明代徭役制度的展开》, 东京女子大学学会 1966 年版。

县》①、《明代福建惠安县的田土统计》② 两文，依据《惠安政书》所载有关一个县的珍贵的人口和田土资料（实即隆庆六年攒造惠安县赋役黄册的有关人口和土地资料），对当时惠安县的人口和田土进行了各种统计与分析。

1991 年，王毓铨先生发表了《明朝田地赤契与赋役黄册》③ 一文，以遗存至今的徽州土地买卖契约文书为例，阐述了田土买卖赤契与赋役黄册的关系，以及买卖田地山塘必须税契的政治意义，其主要是为了明白推收过割，使田地粮差不失原额，以确保官府利益。同年，唐文基所著《明代赋役制度史》④ 一书出版，这是一部全面考察与论述明代赋役制度史的专著。其中对明初建立的户帖、黄册制度及里甲制，该书亦尽可能地利用文献与文书资料，均作了较为翔实而系统的阐述，并论及里甲制的本质。

关于明代的户籍制度，特别是各种役户的分别研究，诸如有关明代的军户、灶户、匠户、铺户、马户、船户、渔户、乐户等的各个研究，中外学者撰写的论著颇为不少（恕不一一介绍），但对各种役户的综合研究并不为多。1991 年，王毓铨先生发表了《明朝的配户当差制》⑤ 一文，这是从户役的总体制上去理解户役的政治的、社会的、历史的意义的一篇力作。作者在明朝诸实录、地方志、文集、政书等文献中做了大量的调查，录出明朝统治者当时所定各种户役 80 余种，文中指出，配户当差制即户役制，其实施原则是定户当差，强制役户担负为帝王服役劳动力的生产和祖祖辈辈服役劳动力的再生产。该文深刻地揭示了明朝的户役制亦即赋役黄册的本质。吴智和先生所著《明代职业户的初步研究》⑥ 也是一篇综合研究明代各种役户的论说。文中对有关明代职业户的全盘性问题作了探讨，其中亦论及明代黄册制度的建立与瓦解过程，及其种种弊端。邢铁所撰《明朝的户等制度及其变化》⑦ 一文，对明朝户等制度的内容，如有关户等制的规定、作用范围等，及其变化衰落过程，均作了考析。刘敏《试

①　[日]《东洋大学纪要》第 6 辑，1959 年。
②　[日]《史观》第 65、66、67 册合刊，1962 年。
③　《中国经济史研究》1991 年第 1 期。
④　《明代赋役制度史》，中国社会科学出版社 1991 年版。
⑤　《中国史研究》1991 年第 1 期。
⑥　《明史研究专刊》第 4 辑。
⑦　《中国史研究》1989 年第 2 期。

论明清时期户籍制度的变化》① 一文，主要论述了明中叶以后，由于生产力的发展和赋役制度的变革，户籍制度亦随之发生变化。其中论及明代户籍制度的基本特点，认为其具有封闭性；而万历至乾隆时期则呈开放趋势。

1997 年，刘志伟著《在国家与社会之间——明清广东里甲赋役制度研究》② 一书出版，指出无论从理论上还是从历史事实上看，忽视了户籍制度的意义，并不可能真正深入理解中国传统社会的特质。该书通过明初制定的里甲赋役制度在一个地区实际施行的情况，以及后来在历史发展中发生的演变，考察了王朝制度与现实的社会变迁、经济发展、文化演变过程互相影响和互相制约的关系。作者以社会史的视角作制度史的区域性研究，立意深刻，思路新颖，具有开拓性。其对明清里甲赋役制度实施与变迁的考察，对清代广东图甲制变质及“户”的性质的阐释等，均堪称新的研究成果。

在明代人口史的研究中，亦涉及有关明代黄册制度的某些问题。1988 年，王其榘先生发表《明初全国人口考》③ 一文，该文通过对《明实录》以及有关明代黄册的某些文献记载资料的考察，而得出“明初人口在一亿以上”的结论。其基本论点是，明代黄册所记载的人口数字不包括妇女在内。文章最后还重申了范文澜同志在 1950 年提出的论点：“明初（人口），约 1.1 亿（男丁 5600 余万，加上同数妇女，总数在 1.1 亿以上）。”④ 而希望学界重视这一观点。之后，1990 年王育民先生发表了《〈明初全国人口考〉质疑》⑤ 一文，论述了明代户籍制度并非“女口不预”，否定了明代黄册所载人口数字不包括妇女在内的说法。同年，葛剑雄同志又发表了《明初全国户口总数并非“丁”数——与王其榘先生商榷》⑥，亦批驳了明代黄册所载人口不包括妇女之说。但后两篇论文，即主张明代所载人口亦包括妇女之说，仍主要是依据文献资料得出结论，对黄册文书档案本身所载人口事项，并未进行考察。

---

① 《中国古代史论丛》，福建人民出版社 1981 年第 2 辑。
② 《在国家与社会之间——明清广东里甲赋役制度研究》，中山大学出版社 1997 年版。
③ 《历史研究》1988 年第 1 期。
④ 《中国青年》第 34—35 期。
⑤ 《历史研究》1990 年第 3 期。
⑥ 《中国历史地理论丛》1990 年第 4 期。

三　研究史评论

回顾以往明代黄册制度的研究史，可以看出，明代社会经济史中其他领域涉及黄册制度的研究，要多于黄册制度本身的专门研究；而有关黄册制度的专门论说，亦多偏重于制度史本身的考察。众所周知，赋税和徭役是封建国家机器赖以存在的经济基础。封建统治者自己亦十分清楚它的重要性。明朝的大臣们即一再声称，黄册乃"国家之命脉，政事之根本"，"天下之根本莫重于黄册"，"黄册关系国计至重，天下钱粮徭役根本于此"，"实国家重务，亿万载无疆之根本也"①。黄册作为有关明代户籍与赋役之法的一项基本制度，其在明代社会经济史中所占的重要地位无需赘言。因此，对明代黄册的研究，不能仅仅局限于制度史本身。对明代黄册制度，既要把它与当时社会总的经济政治情况结合起来进行考察，更应把它放到中国封建社会整个社会经济的发展演变之中加以阐释。明代黄册制度建立的指导思想是什么？它与此前历代赋役制度的关系如何？黄册的本质是什么？黄册衰败的根本内在原因在哪里？等等，对这些问题尚需作进一步探讨。而利用明代黄册所载系统的珍贵的文书档案资料，对明代社会经济史的一些根本问题进行真正研究的论说更不多见。总之，通过黄册这一明代赋役根本制度的研究，对于阐明封建国家的上层建筑与经济基础之间的关系，以及解剖封建国家的统治体制与社会构造，乃至揭示中国封建社会经济制度的演变历程，无疑是一个极为重要的课题。从这一高度上讲，历来关于黄册制度的这方面研究，还很不够，尚有待于作进一步的阐发。

其次，即使在制度史方面，以往黄册制度的研究中仍有一些问题并未解决。例如，按黄册制度的规定所建立的里甲制究竟是怎样编制的？是按自然村落编制的，还是按行政村落编制的？如上所述，历来研究中学者的看法分歧颇大。这并非只是个里甲的编制形式问题，而是有关黄册制度建立的根本问题之一，尚有作进一步探讨的必要。再如，关于里甲制中的甲首户人数问题，或认为每里有百户甲首，或认为每里只设十户甲首，或认为里长与甲首是由同十户担任的等等，说法纷纭，莫衷一是。又如，关于

① 《后湖志》卷七，《事例四》；卷九，《事例六》；卷一〇，《事例七》。

明代黄册的人口登载事项，或认为只登男丁，不载女口；或不同意此说，认为明代黄册皆登载女口。但明代黄册登载女口的具体情况又是怎样的？亦需作进一步考察，等等。特别是中外学者历来研究中对所谓"黄册原本"的判断，实为一大失误，更有对其加以考正之必要。

至于以往黄册制度研究中所依据的资料，主要是文献记载；而其中多数论说，则完全是依据文献记载进行论述的，这不能不说是一个缺憾。毋庸置言，文献记载方面的资料对于史学研究是必不可少的。但若将文献记载与文书档案二者相比，作为论证的根据来说，无疑后者是第一手资料，属第一位，应更加受到重视。特别是关于黄册制度的研究，从某种意义上说，其研究对象本身就是属于一种文书档案，何不寻找黄册文书档案本身来立论呢？当然，由于朝代变迁、几经战乱等原因，寻求历史上的黄册文书档案并不容易。但也正因为如此，则更应该在发掘、搜集和整理黄册文书档案上下工夫。所幸的是，近年来在搜集、整理和研究徽州契约文书档案的过程中，发现了一批珍贵的有关明代黄册的文书档案；与此同时，利用文书档案来研究明代黄册的论说亦相继发表。然而，这仅仅是开始。人们期待有更多的黄册文书档案被发掘出来，这对于推动明代黄册研究的深入发展，必将大有裨益。

（按：本章所述日本学者研究明代黄册里甲论著的有关资料，主要为笔者于1987年和1994—1995年两次赴日时所搜集的，其间承蒙鹤见尚弘先生大力协助；此外，又曾参阅中岛乐章先生所辑《明代户籍制度研究文献目录》，一并谨致谢意。）

第二章　黄册攒造及其遗存文书

一　黄册起源

（一）黄册名称由来

明代户籍与赋役的基本册籍，何以称之为"黄册"？《明史·食货志》说："册（即黄册）凡四：一上户部，其三则布政司、府、县各存一焉。上户部者，册面黄纸，故谓之黄册。"① 这是关于明代黄册名称由来的说法之一。

明人张萱则说："今制，丁口税粮，十岁一籍其数，曰黄册。自刘宋时已有之。齐高帝继位，尝敕虞玩之与傅坚意检定，诏曰：'黄籍，人之大纲，国之政端'云云。时亦称人籍。今世多不解黄字之义。余偶阅唐开元制，凡男女始生为黄，四岁为小，十六为中，二十有一为丁，六十为老。每岁一造计帖，三年一造户籍。即今之黄册也。谓之曰黄，亦自男女之始生登籍而名之耳。"② 按，《南齐书·虞玩之传》的原文是："玩之迁骁骑将军，黄门郎，领本部中正。上患民间欺巧，及即位，敕玩之与骁骑将军傅坚意检定簿籍。建元二年，诏朝臣曰：'黄籍，民之大纪，国之治端。'"③ 又，隆庆《仪真县志》亦云："邦本系于民数，版图昉于生齿。周制，黄口始生，遂登其数。后世黄册之名起此。"④

梁方仲先生在《明代黄册考》一文中认为前说理由充足，而对后说持否定意见。吴晗先生亦持同样看法，"因为册面用黄纸，所以叫黄册"⑤。

---

① 《明史》卷七七，《食货一·户口》，中华书局 1974 年标点本，第 1878 页。
② 《疑耀》卷二，《黄册》。
③ 《南齐书》卷三四，《虞玩之传》，中华书局 1972 年标点本，第 608 页。
④ 隆庆《仪真县志》卷六，《户口考》。
⑤ 《朱元璋传》，人民出版社 1987 年据三联书店 1965 年版重印本，第 184 页。

迄今有关明史的论著多从此说。

梁方仲指出："宋齐时的'黄籍'，乃与'白籍'对称。盖自东晋以来，朝野盛倡所谓'土断'之法。原来西晋时，北方的户籍，是用竹简作的，'籍皆用一尺二寸札，"名曰"黄籍；"江南则用纸，故曰"白籍。'承陈寅恪先生相告，黄白之分，不仅由于所用材料，如竹或纸之不同。所谓黄籍，乃指旧籍，含有黄旧之意，以别于新的白籍。"① 辨明西晋至南朝时期黄籍与白籍之别，是完全必要的。但毋庸置疑的是，黄籍既有与白籍对称之意，同时也表明，其乃是中国历史上实际存在过的一种户籍名称。而后世谈及黄籍时亦多只取其户口版籍这一意义。如唐代僧人寒山有诗云："徒劳说三史，浪自看五经。泊老检黄籍，依然注白丁。"② 即将户籍称为黄籍。《资治通鉴》在引《南齐书·虞玩之传》上述条文时，胡三省注曰："杜佑曰：'黄籍者，户口版籍也。'"③

其次，关于周制"黄口始生，遂登其数"的说法，也是有其根据的。《周礼》载："司民，掌登万民之数。自生齿以上，皆书于版。辨其国中，与其都鄙，及其郊野，异其男女。岁登下其死生。"④《礼记》所载可为之佐证，妇生子起名之后，"夫告宰名，宰辩（偏）告诸男名。书曰：某年某月某日某生，而藏之。宰告闾史，闾史书为二，其一藏诸闾府，其一献诸州史。州史献诸州伯，州伯命藏诸州府"⑤。即凡一人之生，在遍告同宗的同时，又上报官府，官府遂登其数。至于周代是否就有"黄口"的说法，固然尚待考证，但至迟到西汉时，"黄口"一词已见于史书记载，如《淮南子·氾论训》中说："古之伐国，不杀黄口，不获二毛。"汉高诱注云："黄口，幼也。"⑥ 而至隋代以后，"黄"字已正式用于官府户籍制度的规定之中。《隋书·食货志》载："男女三岁已下为黄，十岁已下为小，十七已下为中，十八已上为丁。"⑦ 又唐制："凡民始生为黄，四岁

① 《梁方仲经济史论文集》，中华书局 1989 年版，第 272 页。
② 《寒山子诗集》，《钦定四库全书》集部二，别集类一。
③ 《资治通鉴》卷一三五，《齐纪一·高帝建元二年》。
④ 《周礼注疏》卷三五，《秋官司寇·司民》，中华书局《十三经注疏》1980 年影印本，第 878 页。
⑤ 《礼记正义》卷二八，《内则》，中华书局《十三经注疏》1980 年影印本，第 1470 页。
⑥ 《淮南子注·氾论训》，岳麓书社《诸子集成》1996 年标点本，第 8 册第 213 页。
⑦ 《隋书》卷二四，《食货志》。

为小，十六为中，二十一为丁，六十为老。"① 宋制："诸男女三岁以下为黄，十五以下为小，二十以下为中。其男年二十一为丁，六十为老。"②"金制，男女二岁以下为黄，十五以下为小，十六为中，十七为丁，六十为老。"③

所以，明代黄册这一名称，本是由于黄字与户籍和人口之意相关而来。这样说并非望文生义。因为如上所述，在明代黄册出现之前，黄字已经包含有与户籍和人口相关之意，此乃是不可否认的历史事实。明人丘濬在论及黄册时，是把黄册与黄籍相提并论的。他说："所谓版者，即前代之黄籍，今世之黄册也。"④ 丘濬这里所说"前代之黄籍"，不外是这样两种情况，或具体指晋代和南朝等时期的"黄籍"；或泛指明代以前的户口版籍。不论哪种情况，都表明明代之前黄字已含有户口版籍之意。

这里，还要特别提一下近年来简牍出土的重要发现。1996 年发掘的长沙走马楼三国吴简，被称之为世纪性的大发现，其中出土了数以千计的户籍简牍，按其所载可知，当时的户籍簿册即称之为"黄簿"。兹录其中一枚明确写有"黄簿"一语的木牍文书如下：

> 东乡劝农掾番琬叩头死罪白：被曹敕，发遣吏陈晶所举私学番倚诣廷言。案文书：倚一名文。文父广奏辞：本乡正户民，不为遗脱。辄操黄簿审实，不应为私学。乞曹列言府。琬诚惶诚恐，叩头死罪死罪。诣功曹。十二月十五日庚午白。(J22—2695)⑤

这里"黄簿"是与"正户民"相对应的，而其是否为私学遗脱（逃亡户口），则需拿黄簿来审实，显而易见，黄簿乃是当时的基本户籍簿册。1999 年，在西汉初年湖南沅陵虎溪山一号汉墓的发掘中，出土竹简千余枚，其中有一类简牍即为"黄簿"，该发掘简报称：

---

① 《新唐书》卷五一，《食货一》。
② 《宋刑统》卷一二，《户婚律·脱漏增减户口》。
③ 《金史》卷四六，《食货一·户口》。
④ 《大学衍义补》卷三一，《制国用·傅算之籍》。
⑤ 《长沙走马楼二十二号井发掘报告》第三章，《简牍》，载《长沙走马楼三国吴简·嘉禾吏民田家莂（上）》，文物出版社 1999 年版，图版见第 33 页，"图四一，木牍"；释文见第 34 页。参阅汪小烜《走马楼吴简户籍初论》，载《吴简研究》第一辑，崇文书局 2004 年版，第 143—159 页。

黄簿。均出自头厢，出土时散乱在淤泥和积水中，残破较严重。内容为"黄簿"，共 241 枚（段），其中整简 120 枚。整简长 14、宽 0.7、厚 0.1 厘米，两道编绳，简两端齐平，隶书，书写工整。黄簿详细记载了西汉初年沅陵侯国的行政设置、吏员人数、户口人民、田亩赋税、大型牲畜（如耕牛）、经济林木（如梨、梅等）的数量，兵甲船只以及各项的增减和增减的原因，还有道路交通、亭聚、往来长安的路线和水陆里程。①

该墓主人吴阳，为长沙王吴臣之子，系第一代沅陵侯，高后元年（前 187 年）受封，卒于文帝后元二年（前 162 年），在位 25 年。该墓竹简的出土，可证实早在西汉初年，其户籍簿册已称之为"黄簿"。总之，中国古代的户籍簿册名称，很早就被冠以"黄"字，或称"黄簿"，或谓"黄籍"，而明代的户籍簿册称为"黄册"，显然是与此一脉相承的。

此外，若认为黄册名称一开始就是由其封面颜色而来，此说至少现在还存在这样一个疑点，按《明实录》所载，洪武十四年（1381）"命天下郡县编赋役黄册"时，关于册本的规定是："册成，为四本，一以进户部，其三则布政司、府、县各留其一焉。"② 而在洪武二十四年（1391）"奏准攒造黄册格式"中才有"其各州县每里造册二本，进呈册用黄纸面，布政司、府、州县册用青纸面"的规定③。即按当时史籍所载，明确规定黄册的上呈册用黄纸面是在洪武二十四年，并不是在开始向全国推行黄册制度的洪武十四年，这又应如何解释呢？

（二）明代黄册的创立——小黄册之法

明代黄册制度始创于何时？似乎已成定论。明代许多史籍及《明史》等，一般多据《明实录》洪武十四年正月"命天下郡县编赋役黄册"这一记载，均将其定在洪武十四年（1381）。如果说明初正式在全国实行黄册制度的起始时间是在洪武十四年，这恐怕没有疑义。但是，自从 20 世纪 60 年代将残存的《永乐大典》影印公布于世以后，对这一问题又增加了

---

① 《沅陵虎溪山一号汉墓发掘简报》，《文物》2003 年第 1 期。
② 《明太祖实录》卷一三五，洪武十四年正月条。
③ 正德《大明会典》卷二一，《户部六·户口二·攒造黄册》。

新的认识①。《永乐大典》中《湖州府·田赋》项下，引用了《吴兴续志》的有关资料，其中叙及该府自洪武初起即实行所谓"小黄册"之法，原文如下②：

〔役法〕……

国初，各都仍立里长。洪武三年以来，催办税粮军需，则为小黄册图之法；夫役则有均工之制；总设粮长以领之。祗候、禁子、弓兵、驿夫、铺兵点差，皆验苗额之数。立法创制，视昔至为详密。

粮长，洪武四年始置。每粮万石，设粮长一名，知数二名，推粮多者为之。建仓于凤阳府，岁收秋粮，自令出纳。……

黄册里长甲首，洪武三年为始，编置小黄册。每百家画为一图，内推丁力田粮近上者十名为里长，余十名为甲首。每岁轮流。里长一名，管甲首十名；甲首一名，管人户九名；催办税粮，以十年一周。其数分见各县。

〔乌程县〕黄册里长，洪武三年定，每一百户设里长一名，甲首一十名，画为一图。催办税粮，以十年为图（周）。今计图六百七十有五。

〔归安县〕黄册里甲，洪武三年始定。每一百户为一图，每图以田多者一户为里长，管甲首一十名。不尽之数，九户以下附正图，十户以上自为一图。甲首随其户之多寡而置。编定十年一周。总计七千六百六十六图，该里长七千六百六十名，甲首七万六千六百六十名。（按，原文有误）

〔长兴县〕黄册里长，洪武三年定拟，每百家为一图，里长一名，甲首十名。不尽畸零，九户以下附正图，十户以上者亦为一图。设里长一名，甲首随户多寡设焉。共计四百三十四图。逐年轮当，催办税粮。

〔武康县〕黄册，共计一百六十六图，里长一百六十六名。

---

① 日本学者根据《永乐大典》中所载有关史料，指出关于明代里甲的设置时间，应追溯到洪武初年小黄册之法出现之时。见藤井宏《明初均工夫与税粮的关系》，《东洋学报》第44卷第4号，1962年；小山正明《关于里甲制的设置年代》，实政录研究会发言，1962年3月；鹤见尚弘《关于明代的畸零户》，《东洋学报》第47卷第3号，1964年；山根幸夫《明代徭役制度的展开》，东京女子大学学会1966年版；等等。中国学者唐文基所著《明代赋役制度史》（中国社会科学出版社1991年版）一书中亦论及小黄册之法。

② 《永乐大典》卷二二七七，《湖州府三·田赋》，〈役法〉引《吴兴续志》，中华书局1986年影印本，第886—892页。

〔德清县〕黄册，洪武三年定为五百八十九图。每图里长一名，
管甲首一十名。

〔安吉县〕黄册之制，每百家为一图。不尽之数，九户以下附正
图，十户以上自为一图。设里长一名，甲首随其户之多寡而置焉。今
计一百九十五图。

不难看出，这一记载除文字上的明显错误之外，内容方面亦有互相抵牾
之处。但总的看来，所谓小黄册之法的主要内容是，每一百户编为一图；每
图推丁粮多者一名为里长，置十名甲首，里长一名管甲首十名，甲首一名管
人户九名；催办税粮，十年一周。其与洪武十四年（1381）在全国推行的黄
册制度相比，在每图所编人户数，所置里长、甲首数，以及里甲的职责等方
面，均有差异或不同。但从将应役人户编排在里甲组织之中，十年一周，轮
流应役等方面来看，小黄册之法无疑已具备了黄册制度的基本框架。

那么，小黄册之法当时是否是仅在湖州一地实行的偶然之举呢？

目前能够找到的明确表述小黄册之法的史料，仅见于上述记载。论者
亦仅据此进行考证分析。但是，如果我们仔细考察明代史籍与遗存文书中
的某些记述，其中仍可发现有关小黄册之法的一些端倪。

海盐人王文禄言及本县的黄册攒造历史时说：

大造黄册年，田在一都者，造注一都，不许过都开除，洪武四年
册可查，余都仿此。立法严整，各归原都，则凶荒可验，殷实可定。①

这一记载明确告诉我们，海盐县在洪武四年（1371）就已攒造了黄册，
即，当时已建立了黄册里甲制度。这正可以与其相邻的湖州府在洪武三年
（1370）所实行的小黄册之法互相印证。

无独有偶，在遗存至今的徽州文书中，如《嘉靖四十五年歙县吴膳茔
经理总簿》②上也有明代黄册始于洪武四年的记载：

查存册簿契凭目录于后　　有○者（下残）

① 《百陵学山·求志篇卷一》。

② 原件藏台湾国立中央图书馆。

军匠民册二本

黄册底籍　洪武四年○　洪武十四年○　洪武二十四年一本　永乐元年一本　永乐十年三本　永乐二十年二本　宣德七年二本又一付正统七年二〔本〕　景泰三年二〔本〕天顺六年二〔本〕　成化八年二〔本〕　成化十八年二〔本〕　弘治五年二〔本〕　弘治十五年二〔本〕　正德七年二〔本〕　嘉靖元年二〔本〕　嘉靖十一年二〔本〕　嘉靖二十一年二〔本〕　嘉靖三十一年　嘉靖四十一年

该文书为嘉靖四十五年（1566）徽州府歙县西溪南吴氏有关经理存众祀产的一份簿册文书。其册前开列了"查存册簿契凭目录"，其中有"黄册底籍"、"清册"（即鱼鳞清册）、"关书"（即分书）、"经理总簿"等等。关于黄册底籍，如上所示，则列有到嘉靖四十一年（1562）为止明代各个大造之年所存册籍情况，这里是将"洪武四年"作为明代黄册始造之年，而与其他黄册大造之年并列在一起的；同时表明，曾经存在有关洪武四年的黄册册籍。其与前引王文禄所言浙江海盐县"洪武四年册可查"的情况完全相同。

另一则可以印证明初小黄册之法的史料，是《大明律》中的有关条款。《大明律·户律》"禁革主保里长"条云：

> 凡各处人民，每一百户内，议设里长一名，甲首一十名，轮年应役，催办钱粮，勾摄公事。若有妄称主保、小里长、保长、主首等项名色，生事扰民者，杖一百，迁徙。①

如前所述，洪武十四年（1381）之后在全国推行的黄册制度是："其法以一百一十户为里。一里之中，推丁粮多者十人为之长，余百户为十甲，甲凡十人。岁役里长一人，甲首十人，管摄一里之事。"②洪武十四年所设这种一百一十户为里、十户里长、百户甲首的里甲编制，遂成为有明一代的定制，终明之世没有改变。显然，《大明律》中所言"每一百户内议设里长一名，甲首一十名"之制，与洪武十四年后的里甲编制不同，不是指其而言；但却与小黄册之法所定"百家为一图、里长一名、甲首一十

---

① 《大明律》户律，《户役》。
② 《明太祖实录》卷一三五，洪武十四年正月条。

名"的里甲编制完全一致。所以《大明律》中所言里甲之制，乃是指洪武十四年之前小黄册之法的里甲编制，这是十分明显的。人们或许要问，如今存世的《大明律》是洪武三十年（1397）所更定的，其中又何以保留有关洪武初年内容的条款呢？原来《大明律》早在吴元年（1367）即开始草创，洪武七年（1374）已经制定，并颁行于世。其后，虽经洪武九年（1376）、洪武二十二年（1389）之修订，并于洪武三十年（1397）最后更定，但都是在洪武七年制定的《大明律》的基础上进行的。于是，在洪武三十年更定的《大明律》中，有相当多的洪武七年制定的《大明律》条款被原样保留下来，而这些条款所反映的只能是有关洪武初年的社会内容，则毫不奇怪。又，"禁革主保里长"这一条款中所言妄称"主保"、"主首"等名目，皆属元代里社制度，进入明朝已不复存在，而民间妄称"主保"、"主首"等，亦只能是洪武初年才有的社会现象。

若对小黄册之法作进一步探究，就会发现，其编甲之法与所设甲首，并不是偶然出现的。究其源流，则可追溯到南宋时期实行的绍兴甲首之法。胡太初在南宋端平时所著《昼帘绪论·差役篇》中说：

> 有身斯有役，而民之畏役甚于畏死。盖百年治生，坏于一年之充役。而其患之大者在于催科，始则用财嘱托，期于脱免；中则逃亡死绝，被抑填陪；终则菙楚禁锢，连年莫脱，其势不至于倾家荡产、鬻妻卖子不止也。吁！置产以养身，而反因产以害身，亦可悲已。今既行绍兴甲首之法，可免税长、催头之责，则应役者不过辑保伍、应期会而已，民亦不至甚惮而巧计以求免也。[1]

同书"催科篇"中又言：

> 今之作县者，莫不以催科为先务。而其弊有不胜言者，最是乡胥走弄，簿籍漫漶，不惟驱督不登，县受郡之责；抑亦逼抑过甚，民受官之害。迩者廷绅奏请，以十户为一甲，一甲之中，择管额多者为首，承帖拘催，自浙而江，往往行之已遍。今不当别为规约，止是就

---

① 《昼帘绪论·差役篇第十》，百川学海景刊宋咸淳本，黄山书社《官箴书集成》1997年影印本，第一册第111页。

此察其弊，而图其官民两不相病者为善耳。……

甲帖之设，本以优役户，今乃以困官户。盖起催本是户长之责，今官户不应役者，亦承帖催科矣，姑且勿论，但差甲首之时，弊幸尤多。有嘱者税额虽多，乃与分为三数引，而常为甲下户矣；无嘱者税额虽少，乃与最少下户同引，而常为甲首矣，不特先期输纳，而甲下十标欲其分给，人户有居于县市者，有居于外都者，安能一一识认，其家最为被扰。①

原来宋代乡间催科，本责诸户长、催头等，为一专门职役。至南宋时则出现了甲首催科之法。上述引文中所谓"以十户为一甲，一甲之中，择管额多者为首，承帖拘催"云云，即指这种甲首催科之法而言。很明显，小黄册之法的"甲首一名，管人户九名"的规定，与这里的每十户为一甲，每甲设甲首一名进行催科之制，一脉相承。胡太初关于甲首催科的具体做法虽语焉不详，但从所说"应役者不过辑保伍，应期会而已"的概括中，不难看出，其当亦是按一定周期依甲轮差之类，这与小黄册之法的十甲轮差的做法也基本相同。

又可看出，南宋出现的这种甲首催科之法，是经"廷绅奏请"，并"自浙而江，往往行之已遍"，即在江南一带曾广泛实行过。永乐温州府《乐清县志》载：

坊郭乡镇
按旧志，在城曰隅，附隅曰郭，郭外有乡，乡内分都，又各有坊巷、保社、市镇之名。宋熙宁间编为保甲，有大保，有都正。绍兴间定里甲，有等差。元仍其旧，设里正、主首辖之。②

这里明言"绍兴间定里甲"，可与胡太初的记载相印证。胡文明确称当时实行的催科之法为"绍兴甲首之法"。从南宋绍兴到胡太初撰写《昼帘绪论》的端平时期，几近百年。总之，南宋出现的所谓"绍兴甲首之法"，

---

① 《昼帘绪论·催科篇第八》，黄山书社《官箴书集成》1997 年影印本，第一册第108—109页。
② 永乐《乐清县志》卷三，《坊郭乡镇》。

当时已在江南相当广泛的地区长时间地实行过。而小黄册的编甲之法和所设甲首即与之基本相同。所以，明初小黄册之法与南宋绍兴甲首之法二者之间的源流关系，颇为明显。

通过上述有关史实的考察分析可以看出，洪武初年实行的小黄册之法，尽管当时并未在全国推行，但它并不仅仅局限于湖州府地区，至少是在浙北等江南相当一部分地区实行过。而究其源流，它又可追溯到南宋时期实行的绍兴甲首之法。明初小黄册之法的出现并非偶然。我们在论及明代黄册与里甲的始创时间时，必须追溯到洪武三年（1370）创立的小黄册之法。

从明初赋役制度的建立来说，小黄册之法的出现也有它的必然性。赋税和徭役是封建国家建立与存在的经济基础，对统治者来说须臾不可离开。即使在政权建立伊始，也需要一套立法"至为详密"的赋役制度。前引《吴兴续志》对当时湖州府的役法作了如下概述："催办税粮军需，则为小黄册图之法；夫役则有均工之制；总设粮长以领之。"即小黄册之法主于赋，均工夫主于役，而总以粮长领之。小黄册之法实为当时总的赋役制度的一个重要组成部分。

（三）黄册与户帖的关系

中国古代很早就建立有独立的户籍制度，《周礼》所载"司民掌登万民之数，自生齿以上，皆书于版。……及三年大比，以万民之数诏司寇，司寇及孟冬祀司民之日，献其数于王，王拜受之，登于天府"[1]，即是证明。由于掌握人口为"王业之根本"，"自生齿以上皆书于版"这种户籍制度，遂受到历代王朝的重视，而且常常放在建邦立业的首要位置。朱元璋创立的明王朝亦是如此。

朱元璋早在建国之前，就曾实行"给民户由"制度。"太祖亲征城池，给民户由，亲自花押。后追之。"[2] 建国之初，于洪武元年（1368）即令："凡军、民、医、匠、阴阳诸色户计，各以原报抄籍为定，不得妄行变乱。违者治罪，仍从原籍。"[3] 所谓"原报抄籍"，即是据元朝旧有的册籍而抄报的各色户籍；其他史籍的有关记载亦可证明这一点。如洪武元年十月

---

[1]　《周礼》卷三五，《秋官司寇·司民》，中华书局十三经注疏影印本，第878页。

[2]　刘辰：《国初事迹》。

[3]　《皇明制书》卷一，《大明令·户令》，《北京图书馆古籍珍本丛刊》46，第9页，书目文献出版社。

《克复北平诏》中说："户口版籍……已令总兵官收拾，其或迷失散在军民之间者，许赴官司送纳。"① 等等。显然，朱元璋在各地占据城池、建立政权的同时，即建邦立业伊始，就已十分注意户籍的管理。但当时仍是抄报原籍，尚处于利用元朝旧有版籍的阶段。

洪武三年（1370），朱元璋颁布命令，在全国调查户口，正式推行户帖制度。"户帖"之称，并非自明代始，唐宋史籍中已有记载。但唐宋时所称户帖，仅与赋税催科相关，而与户籍人口无涉②。明代户帖制度本为洪武初年宁国府知府陈灌所创，《明史》本传说："时天下初定，民弃诗书久。灌建学舍，延师，选俊秀子弟受业。访问疾苦，禁豪右兼并。创户帖以便稽民。帝取为式，颁行天下。"③ 据《明实录》载，洪武三年十一月，"辛亥，核民数，给以户帖。先是，上谕中书省臣曰：'民，国之本。古者司民岁终献民数于王，王拜受而藏诸天府，是民数有国之重事也。今天下已定，而民数未核实。其命户部籍天下户口，每户给以户帖。'于是户部制户籍、户帖，各书其户之乡贯、丁口、名岁。合籍与帖，以字号编为勘合，识以部印。籍藏于部，帖给之民。仍令有司岁计其户口之登耗，类为籍册以进。著为令"④。户帖登载的内容，除了每户的人口状况以外，还有其事产情况。征调赋役也是实行户帖制度的目的之一。但总的来看，户帖的登载是详于户口而略于事产。它首先是朱元璋所建立的一种户籍制度。《明实录》又载，洪武三年二月，"上命中书省臣，凡行郊祀礼，以天下户口、钱粮之籍陈于台下，祭毕，收入内府藏之"⑤。再联系到前引实录中所述"仍令有司岁计其户口之登耗，类为籍册以进。著为令"等等，则不难看出，朱元璋在明初建立户籍制度的基本思想，正是基于《周礼》中所述自生齿以上皆书于版、献民数于王这种理念的。

洪武十四年（1381）以后，黄册制度作为明代户籍与赋役的基本制度，正式在全国实施，户帖遂逐渐被黄册所代替。因户帖实行的时间较短，所以到明代中后期，关于户帖的实物已是"人罕得见矣"⑥。于是，为

① 《皇明诏令》卷一，《克复北平诏》。

② 参阅梁方仲《明代的户帖》，《梁方仲经济史论文集》中华书局1989年版，第226页；葛金芳：《宋代户帖考释》，《中国社会经济史研究》1989年第1期。

③ 《明史》卷二八一，《陈灌传》。

④ 《明太祖实录》卷五八，洪武三年十一月辛亥条。

⑤ 《明太祖实录》卷四九，洪武三年二月癸酉条。

⑥ 《戒庵老人漫笔》卷一，《半印勘合户帖》。

备后世查考，在明代后期的不少文献记载中，都抄录有户帖的格式与文字，如李诩《戒庵老人漫笔》①，盛枫《嘉禾征献录》②，谈迁《枣林杂俎》③，许元溥《吴乘窃笔》④，天启《平湖县志》⑤，崇祯《嘉兴县志》⑥，康熙《杏花村志》⑦，乾隆《濮镇纪闻》⑧，以及《新安大阜吕氏宗谱》⑨等等。其中，《嘉禾征献录》和《枣林杂俎》所录户帖，人丁、事产的记载颇为详备，摘引如下。

《嘉禾征献录》所录《洪武四年嘉兴府嘉兴县杨寿六户帖》：

　　附洪武颁给户帖一道
　　洪武三年十一月二十六日钦奉圣旨……
　　一户杨寿六，嘉兴府嘉兴县思贤乡三十三都上保必暑字圩，匠籍。计
　　　　家八口。
　　　　男子四口。成丁二口：本身，年六十岁；女夫卜官三，年三十一岁。
　　　　　　　　不成丁二口：甥男阿寿，年六岁；甥男阿孙，年三岁。
　　　　妇女四口。妻母黄二娘，年七十五岁；妻唐二娘，年五十岁；女
　　　　　　　　杨一娘，年二十二岁；甥女孙奴，年二岁。
　　事产　　　屋二间二舍。船一只。田地自己一十五亩一分五厘六毫。
　　　　右户帖付杨寿六收执。准此。
　　洪武四年　　月　　日杭字八百号

《枣林杂俎》所录《开封府钧州密县傅本户帖》：

　　……
　　一户傅本，七口。开封府钧州密县民，洪武三年入籍。原系包信县

---

① 《戒庵老人漫笔》卷一，《半印勘合户帖》。
② 《嘉禾征献录》卷三二，《卜大同传》。
③ 《枣林杂俎》智集，《逸典·户帖式》。
④ 《吴乘窃笔·洪武安民帖》。
⑤ 天启《平湖县志》卷一〇，《风俗·氏族》。
⑥ 崇祯《嘉兴县志》卷九，《食货志·户口》。
⑦ 康熙《杏花村志》卷一一。
⑧ 乾隆《濮镇纪闻》卷一，《第宅》。
⑨ 《新安大阜吕氏宗谱》卷六。

　　　　人民。

　　男子三口。成丁二口：本身五十二岁，男丑儿二十岁。不成丁一

　　　　　口：次男小棒槌一岁。

　　妇女四口。大二口：妻四十二岁，男妇二十三岁。

　　　　　小二口：女荆双十三岁，次女昭德九岁。

事产　　　瓦房三间。南北山地二顷。

　　右户帖付傅本收执。准此。

　　难得的是，关于明初户帖的实物，尚有数件遗存至今。仅据笔者的调查，这些户帖有：《洪武四年徽州府祁门县汪寄佛户帖》①，中国社会科学院历史研究所藏；《洪武四年徽州府祁门县谢允宪户帖》②，原藏中国人民大学历史档案系，现藏中国第一历史档案馆；《洪武四年徽州府祁门县江寿户帖》③，中国国家博物馆藏。此外，据韦庆远先生《明代黄册制度》一书第 19 页注①所载，历史研究所还有一件《谢允护户帖》，该户帖现已下落不明。历史研究所还藏有一件《洪武十二年徽州府祁门县叶诏寿户帖》，为一残件。又，中国国家图书馆亦藏有洪武四年户帖一件，目前尚不能公开阅览。其中，历史研究所藏户帖原件被引用较少，介绍如下。

　　历史研究所藏《洪武四年徽州府祁门县汪寄佛户帖》（参见图版一），原件系单页厚皮纸，纵 35 厘米，横 35.5 厘米。木刻版黑色印文，四框为梅花栏。首印户部洪武三年十一月二十六日钦奉圣旨全文，其次印有户主、人丁、事产等各项栏目及年月日等。左上部有墨迹书写的半印勘合字号，留在户帖上的印文和字号均为一半。年月日处用全印。印文均已模糊，无法辨认。末尾印一大“部”字，左下角有六个官吏的花押印文，横竖各三个。背面钤一红色印文，印文亦模糊，无法辨认；又钤有祁门县官防条记。填写文字均为墨迹行书。该户帖原文如下：

　　　户部洪武三年十一月二十六日钦奉

　　圣旨：说与户部官知道，如今天下太平了也，止是户口不明白俚，教中

---

　　①《徽州千年契约文书》宋元明编第一卷。又，拙文《明初地主制经济之一考察——兼叙明初的户帖与黄册制度》（载《东洋学报》第 68 卷第 1·2 号）亦对该文书作了介绍。

　　②　韦庆远著：《明代黄册制度》第一章。

　　③《中国历史博物馆馆刊》总第 7 期，1985 年。

书省置下天下户口的勘合文簿、户帖。你每（们）户部家出榜，去教那有司官，将他所管的应有百姓，都教入官附名字，写着他家人口多少。写得真着，与那百姓一个户帖，上用半印勘合，都取勘来了。我这大军如今不出征了，都教去各州县里下着绕地里去点户比勘合，比着的便是好百姓，比不着的便拿来做军。比到其间有司官吏隐瞒了的，将那有司官吏处斩。百姓每（们）自躲避了的，依律要了罪过，拿来做军。钦此。除钦遵外，今给半印勘合户帖，付本户收执者。

一户汪寄佛　徽州府祁门县十西都住民应当民差计家伍口

　　男子叁口

　　　成丁贰口

　　　　　　本身年叁拾陆岁

　　　　　　兄满年肆拾岁

　　　不成丁壹口

　　　　　　男祖寿年四岁

　　　妇女贰口

　　　　　　妻阿李年叁拾叁岁

　　　　　　嫂阿王年叁拾叁岁

　　事产

　　　　　　田地无

　　　　　　房屋瓦屋叁间　　　　　孳畜无

　　　右户帖付汪寄佛收执　准此

　　　洪武四年　　月　　日

部

　　通过以上征引的各户帖所载内容，可以看出，明代户帖所登载的项目首先是户名，住址，应当何差，计家多少口。其次为人丁事项，其下登载的项目十分详备，不但分为男子、妇女，而且又各设细目。男子项下分为"成丁"与"不成丁"；妇女项下分"大口"与"小口"。明代规定男子十六至六十岁为成丁，其余为不成丁。妇女大口系指成年女子，小口指未成年女子。

　　此外引人注目的是，户帖所载又有事产一大项，其下分田地、房屋、车船、孳畜等。对此，一般关于户帖的文献记载多未提及。而这些事产项目亦正是黄册所设事项，它证实了黄册与户帖二者之间的承继关系。

如果我们将黄册与户帖加以对比，则可看出，在户籍制度方面，黄册完全继承了户帖的一套做法。黄册与户帖的人丁登载事项，二者几乎完全一致。这固然是由于黄册制度还兼有户籍制度之属性所决定的，即使从黄册的赋役制度方面性质来说，也有其深刻原因。中国古代，以人身为直接奴役对象的无偿徭役，在赋役制度中占有重要的地位，其愈古愈为明显。因此，户籍制度与赋役制度之间的关系历来十分密切，二者常常合而为一。应该说，编造黄册的主要目的是为了征调赋役。而在明初，徭役的征派在赋役制度中仍占很大比重。然而，若没有完善的户籍制度，没有对人户的管理与控制，徭役的征派则难以实现。为达到对人户的有效管理与控制，它必须建立在完善的户籍制度的基础之上。所以，黄册继承户帖的一套做法，将户籍制度与赋役制度合而为一，有它的必然性。

总之，洪武十四年（1381）在全国正式推行的黄册制度并不是偶然出现的，在里甲和赋役制度方面，它继承了小黄册之法；而在户籍制度方面，它又继承了户帖的一套做法。洪武十四年黄册正是小黄册和户帖制度的继承和发展。

二　攒造过程

洪武十四年（1381）春正月，朱元璋"命天下郡县编赋役黄册"①。《明史·范敏传》叙及其原委：

> 范敏，閺乡人。洪武八年举秀才，擢户部郎中。十三年授试尚书。荐耆儒王本等，皆拜四辅官。帝以徭役不均，命编造黄册。敏议百一十户为里，丁多者十人为里长，鸠一里之事以供岁役，十年一周，余百户为十甲。后遂仍其制不废。②

然洪武十四年黄册制度实行之初，其有关规定未免简略。洪武二十三年

---

① 《明太祖实录》卷一三五，洪武十四年春正月条。
② 《明史》卷一三八，《范敏传》，中华书局1974年标点本，第3966页。

（1390）八月，"户部奏重造黄册，以册式一本并合行事宜条例颁行所司"①，这些规定十分详细，而成为有明一代的定制。这样，至洪武二十四年（1391）大造，黄册制度才基本臻于完备②。

那么，明代黄册是如何攒造的呢？其具体过程大致如下。

（1）户部奏准，晓谕天下。

黄册每十年一大造，一般先期由户部奏准攒造格式（或照原定册式），及合行事宜，赍发地方官府；再由各地方官府照式翻刻，张挂榜文，晓谕天下。

如正德七年（1512）例该大造，"正德六年二月二十一日户部题准为赋役黄册事：照得浙江等布政司，顺天、应天二府，并直隶府州县，例该正德七年重造各属赋役黄册，欲照例将定到册式，并先今合行事例，刊印榜文册图，差人驰驿赍去，各司府州县翻刻，给发所属张挂，照样攒造，依限进呈"③。

（2）各户依式亲供。

户部奏准的册式及有关事宜下达以后，即由司府州县等官主持攒造。文书到日，"有司先将一户定式，誊刻印版，给与坊长、厢长、里长并各甲首"④。这种由官府印发的一户定式称为"清册供单"。然后，"令人户自将本家人丁事产依式开供，付与该管里长，将本户并甲首共一十一户丁产亲供，付与见（现）役里长，见役里长却（即）将十年里甲亲供丁产共一百一十户，攒做一处，定作册本，送与本管衙门"⑤。

（3）攒造里册，编排里甲。

各本管衙门收到各里攒造的册本之后，即"将各户亲供，比照原册旧管，仔细查算"⑥。查算内容主要有两项，一为人口，一为事产。十年之内，"如人口有增，即为作数；其田地等项，买者从其增添，卖者准令过割，务不失原额"⑦。其上中下三等人户，一般照原定编排，不许更改；

---

①　《明太祖实录》卷二〇三，洪武二十三年八月丙寅条。

②　正德《大明会典》卷二一《户部六·户口二·攒造黄册》，及《后湖志》卷四《事例二》，对户部奏准的洪武二十四年大造黄册格式，均有详细记载。

③　《后湖志》卷八，《事例五》。

④　正德《大明会典》卷二一，《户部六·户口二·攒造黄册》。

⑤　《后湖志》卷五，《事例二》。

⑥　同上。

⑦　正德《大明会典》卷二一，《户部六·户口二·攒造黄册》。

"果有消乏事故，有司验其丁产，从公定夺"①。

其次，在核实各人户的丁产与户等的基础之上，按黄册里甲的编制原则编排里甲。洪武十四年（1381）与洪武二十四年（1391）所确定的里甲编制原则是，以一百一十户为里，一里之中，推丁粮多者十户为里长，余百户为甲首，分为十甲，岁役里长一人，甲首十人，管摄一里之事。应役者曰现年，空歇者曰排年。凡十年一周。先后则各以丁粮多寡为次。每里编为一册，册之首总为一图。其里中鳏寡孤独不任役者，则带管于百一十户之外，而列于图后，名曰畸零。自洪武十四年以后，随着黄册制度的实施，明朝已在全国绝大部分地区普遍建立了里甲组织。此后，每次大造多是对原有的里甲组织进行补编和做必要的调整。其有关规定颇为不少，现归纳如下②：

关于里甲人户拨补。凡编排里长，务不出本都。里长若有消乏，许于一百甲首户内推丁粮多者补充。若正管一百一十户内，有因死亡并全户充军等项户绝者，就于本里带管畸零一丁以上或新分析的人户补辏；如本里无带管分析人户，许邻里多余人户拨补；若邻里亦无多余人户，方许将人户向人户少的里分归并。其里长并上中下三等人户亦照原册编排，不许更改，中间果有消乏事故，亦须申达有关上司，验其丁产，从公定夺；若归并里分有补剩人户，仍拨附近外里之分析多余丁口，辏图编造，不许寄庄。

关于正管与畸零的编排。凡十岁以上男子并一应分析等项人口俱要编入正管。其十岁以上者，各按年分远近编排，候长，一体充当甲首。其带管畸零人户，只许将十岁以下或年老残疾单丁、寡妇及外郡寄庄纳粮当差人户编排。

关于人户分析。各里人户有父母俱亡，而兄弟各居者；有先因子幼而招女婿，今子长成而女婿另居者；有先因无子乞养义男为子，今有亲子而乞养子另居者；其果系民户人丁数多，许令分析，及出姓归宗或另立户籍，俱要编入正图当差，不许带管。若系军匠等籍，并有规避窒碍，及虽是民户，其户内人丁数少，皆不许分析。

全种官田人户亦编入图内轮当差役。

---

① 正德《大明会典》卷二一，《户部六·户口二·攒造黄册》。
② 参阅正德《大明会典》卷二一，《户部六·户口二》；《后湖志》卷四，《事例一》；卷八，《事例五》。

各处招抚外郡流民在境居住，年久置有田产家业，许令寄籍，将户内人丁事产报官，编入里甲，纳粮当差，仍于户下注写原籍贯址、军民匠灶等户及收籍缘由，不许只作寄籍名色。

文武官员因事故、改调等项，遗下家人弟男子侄，置有田地已成家业者，许令附籍，将户内人丁事产报官，编入里甲，纳粮当差。

庵观寺院已给度牒僧道，如有田粮者，编入黄册，与里甲纳粮当差，于户下开写一户，某寺院庵观某僧某道，当某年里长甲首；无田粮者，编入带管畸零。

总之，黄册里甲的编制原则是，普天之下一切应向官府服役纳赋的人户，都要编入一百一十户的里甲组织之内，纳粮当差。

其具体做法是大造黄册时每里编为一册，对各个人户，除了将其人丁事产详细登载在册之外，还按丁产状况确定其在该里甲中的职役身份，即该当里长或甲首，或为带管畸零。同时亦编定正管一百一十户其各在该大造十年之中应充哪一年的里甲差役，如某某户，充当某某年份里长；某某户，为第几甲甲首第几户，等等，大造时都预先编定，黄册上一一填写明白。此亦称之为"编次格眼"①。此外，每里黄册册首还要按规定格式，将该里的人丁事产类总填为一图。

该管衙门对各里攒造文册，研审查对无误，编定里甲之后，仍将文册发给该里，依式誊写完备，然后交还州县衙门，里册即攒造完毕。

又，在各里文册造完之后，弘治四年（1491）还奏准"给发各户帖文"："造册完日，州县各计人户若干，填写帖文各一纸，后开年月，并填委官、里书人役姓名，用印钤盖，申达司府知会，给发各户亲领该文，使知本户旧管、新收、开除、实在丁粮各若干，凭此纳粮当差。下次造册，各户抄誊，□□开报，以为凭据"②。

（4）汇编司府州县总册。

各里文册造完之后，各州县衙门还需将各里人丁事产攒做一处，另造总册一本，于内分豁各里分人丁事产总数各若干，本管正官首领官吏躬亲磨算，查对相同，于各里册并总册后，开写年月，书名画字，用使印信，赍赴本府。按着同样程序，各府亦另造总册一本，于内分豁各州县人丁事

---

① 《后湖志》卷五，《事例二》。

② 同上。

产总数若干；各布政司亦另造总册一本，于内分豁各府州县人丁事产总数若干。

（5）解册收贮。

按黄册制度规定，各里文册及各司府州县总册，均各造一本送南京户部查考收贮。洪武二十四年（1391）奏准各布政司"委官一员，率各府州县官吏亲赍，俱限年终进呈"①。天顺五年（1461）又定，"凡各司府州县总册，各委官吏亲赍进呈；各里文册，另差官径送南京户部"②。实际上各省解册方式并不相同，有县自为解者，有合一府而解者，有合数府而解者。因此，至万历二十年（1592）又议定，"以后起解黄册，小者二府，大者一府，各委贤能职官管解"③。

（6）驳查补造。

各里文册及司府州县总册造完经南京户部解至后湖以后，还须经过驳查补造，一次黄册的攒造过程才最后完结。在驳查过程中发现黄册有误，亦须攒造一种册籍，称为"驳语黄册"。关于赋役黄册与驳语黄册二者之间的关系，万历时南京户科给事中王蔚有如下论述：

> 黄册之造于天下也，乃一统民数之攸关；后湖之贮乎黄册也，乃万年版籍之所稽。攒造有期，而旧管、新收、开除、实在之甚明，此赋役黄册之所以不可缓也。违错有驳，而飞诡、埋没、影射、隐漏之难掩，此驳语黄册之所以不可少也。无赋役黄册，则天下之户口无所考；无驳语黄册，则赋役之奸弊无所查，二者名虽有异，实则相须。④

洪武二十四年（1391），在黄册制度的初建阶段，朱元璋就制定了对攒造过的黄册进行驳查的制度：

> 令黄册送后湖收架，委官员、监生对查。凡各布政司及直隶府州县并各土官衙门所造黄册，俱送户部转送后湖收架，委户科给事中一员、监察御史二员、户部主事四员、监生一千二百名，以旧册比对清

---

① 正德《大明会典》卷二一，《户部六·户口二·攒造黄册》。
② 《后湖志》卷五，《事例二》。
③ 《后湖志》卷一〇，《事例七》。
④ 同上。

查，如有户口、田粮埋没差错等项，造册径奏取旨。①

其后，令官员、监生驳查黄册，遂成为有明一代的定制。关于主持查对黄册的官员，此后基本没有变动；其监生，"正统七年减取八百名，弘治六年奏准实取三百五十名"②，以后即以此为准。

驳查黄册的具体做法一般是，驳查官吏督同应查员役，通将该次大造解到的黄册，比对旧册，逐一磨对，然后将查出的飞走、埋没、诡寄、紊乱以及违例等项奸弊，类造几种文册。一为"青册"，又称"驳语黄册"或"驳册"，其上登载查出各地的造册奸弊，奏报之后，转发原造衙门，令其依款登答改造，并限半年以里缴册回报，仍解后湖。各地新缴的改正册称为"奏缴册"。此外，又有后湖收存以备查考的"底册"。③

关于驳语黄册，明中叶以前，对原解册籍在清查出其飞走、埋没、诡寄等项奸弊后，则"另行改造，即于此册面上印一'驳'字，遂为废册，待改造之册到部，却为正册。此旧例也。但改造之册不复清查，天下皆知，乘机作弊变乱良多"④。弘治十二年（1499）经监察御史史载德题奏，改为只将所驳人户之下印一"驳"字，原册仍作正册；同时通行各处，亦只将所驳人户改正，类造总册送缴。至万历十一年（1583），驳册又有改变，在大查驳出各册奸弊之后，即"令书役备造文册，逐款开立前件，空书其下或三行，或五行，钤盖完备，送过户部，转发彼处官司，查核明白，即于原册前件之下从实登注，完日，差人赍缴解部送湖，不必另造驳册，致滋民扰"⑤。

驳查黄册除令须将所驳各项条款改正外，还同时规定，对有关官吏、里书、算人等人进行处罚，课以罪赎及纸价银两，这些罪赎银两，后亦被规定用于充作后湖的各项支用。原来，管理后湖黄册衙门的诸项费用，如书手库匠工食、库房修理以及治买纸笔等，本已不少，特别是加上驳查黄册的费用，"每查必须五六年，每费必愈一二万"⑥，则颇为庞大。这些费

① 《后湖志》卷四，《事例一》。
② 《后湖志》卷三，《事迹三》。
③ 详见《后湖志》卷一〇，《事例七》，嘉靖二十五年（1546）南京兵科给事中万虞恺等题奏、嘉靖三十九年（1560）南京户科给事中郭斗等题奏。
④ 《后湖志》卷六，《事例三》。
⑤ 《后湖志》卷一〇，《事例七》。
⑥ 同上。

用最初均由南京附近的上元、江宁二县负担，后因两县独累难当，正德九年（1514）奏准，遂将驳册罪赎银两俱解南京户部转发应天府收贮，再由后湖行文，取作其各项支用。

以上所述，即是明代黄册攒造的基本过程。不难看出，明朝政府所制定的制度可谓立法严密，十分完备。然而，这只是从其制度规定方面而言的。明代黄册在其实际攒造的过程中，一开始就暴露出种种弊端。几乎在黄册攒造的每一个环节，都随之产生各种奸弊。法定造册必须由各户亲供，但实际上有所谓"团局造册"（即由里书等包揽造册）者；户籍中间，有将军户改作民灶等籍者，有将民户捏作军匠等籍者，以致户籍错乱，无凭查理；田粮中间，有开多收少者，有有收无除者，有洒派各户者，有产去税存者，以致朦胧飞走，无凭查算；制度上强调里甲编次格眼，而实际上则有紊乱穿甲攒造者，或将殷实大户编作带管畸零者等等，真是奸弊多端，不胜枚举。乃致驳查本身亦多敷愆塞责："往年承委官员卒多怠忽，各执己偏，其于埋没挪移等项情弊，十无一二举发，因而虚应故事者有之，以致弊难清革。"① 而且，随着时间的推移，黄册造册中的奸弊愈益严重，"一次多于一次，十年甚于十年"②。终明之世而不能革。

三　册籍种类

明代黄册攒造的册籍有：各里赋役黄册，司府州县总册，以及军匠等专职役户册籍等。兹分述如下。

（一）各里赋役黄册

明代黄册攒造的册籍首先是各里所造赋役黄册。各里所造赋役黄册实为明代黄册的最基本册籍。"黄册备载天下户口田粮，军民灶匠之区别，民生物产之登耗，皆系于此。"③ 而从户籍来说，洪武时最初所造各里黄册，更是一切户籍的法定依据。万历时管理后湖事南京礼科给事中晏文辉说："洪武旧本由（犹）木之根、水之源也。木有千条万干，总出一根；

---

① 《后湖志》卷六，《事例三》。
② 《后湖志》卷一〇，《事例七》。
③ 同上。

水有千支万派，总出一源。人有千门万户，总出于军民匠灶之一籍。"① 各里黄册虽亦称民黄册，但实际上载有各种户籍的人户。对此，嘉靖《海宁县志》说得十分明确：

> 国朝定制，凡府县都里，每十年一造赋役黄册，分豁上、中、下人户三户。三等人户内不拣军、民、灶、匠等籍，但一百一十户定为一里。②

隆庆《仪真县志》则录有该县各里黄册中所登载的各类户籍：

> 凡图册，有民户，有军户，有匠户，有寄籍官户，有校尉户，有力士户，有渔户，有船户，有红船户，有女户，有僧道户，有医户。③

遗存的黄册文书所载，各里所造黄册即民黄册之中登有各种户籍的人户，乃确凿无疑。

各里所造赋役黄册大致有如下三种。

一是进呈册。又称正册，即大造黄册时每里所造上缴户部的黄册正本。

二是存留册。又称底册，为存留于司府州县的副本。洪武十四年（1381）首次在全国推行黄册制度时，对各里所造黄册曾规定："册成，一本进户部，布政司及府州县各存一本。"④ 洪武二十四年（1391）又定为："其各州县每里造册二本，进呈册用黄纸面，布政司府州县册用青纸面。"⑤

三是草册。为大造时各里最初攒造的黄册草稿。据《后湖志》载，大造黄册的规定是，各里先造草册，经州县查对无误，再造正册。例如，正德十五年（1520）六月南京户科给事中易瓒等题准为大造黄册事中说："各该掌印提调官员，各要用心严督里书人等，预先查照旧册开除新收，取具各户亲供，扣算明白，先造草册，查对无差，方用洁白坚厚纸劄攒造

---

① 《后湖志》卷一〇，《事例七》。
② 嘉靖《海宁县志》卷二，《田赋志·徭役》。
③ 隆庆《仪真县志》卷六，《户口考》。
④ 正德《大明会典》卷二一，《户部六·户口二·攒造黄册》。
⑤ 同上。

正册。"① 海瑞在淳安知县时期所制定的《兴革条例》中亦言及黄册草册："造黄册每里银伍钱。草册，府吏伍两；管册，厅吏贰两。"②

关于黄册底册，洪武时其他史籍也有记载。洪武十八年（1385）刊布的《御制大诰》中说："至造上中下三等黄册，朝觐之时，明白开谕：毋得扰动乡村，止将黄册底册，就于各府州县官备纸劄，于底册内挑选上中下三等，以凭差役，庶不靠损小民。"③ 显然，这里所说底册，与上述黄册制度中所规定的州县存留册是一回事，即是指各里所造黄册在州县存留的底册。那么，当时各里之中是否也存留底册呢？明代正史文献之中并无明确记载。而清人对明代各里亦存有底册的记载是很明确的："明朝旧制，人生十六岁则成丁出幼，编名黄册，入籍当差，而有人丁徭里之征。其册十年一造……每图民册解京、解府、解县，并自存草册，共四本，而京册尤为郑重。造完，解南京后湖收贮，以防火也。"④ 这里所言各里自存底册，即是草册。其实，严格说来，草册与底册是有区别的。如前所述，草册是与正册相对而言的，为各里最初攒造的黄册草稿。因为是草稿，须经官府审核修订，方为正册。因此，草册与正册在内容上不免会有不同之处。而底册只是正册的副本，其与正册在内容上并无区别。因而草册与底册在内容上是有区别的，二者并不相同。当时各里也要存留底册，有它的客观需要，这一点无需多加论证。否则，对黄册的再次攒造及赋役的征调会带来种种不便。如果当时各里所保存的，仅是一种与正册内容并不相同的草册，它又怎能在实际过程中发挥作用呢？所以，明代各里当时所存留的黄册，应当是一种与上缴正册内容相同的底册。遗传至今的徽州文书中所保存的黄册文书实物，即证实了这一点。其中既有黄册草册，又有所谓"黄册底籍"，从形式到内容都可看出二者的区别。黄册底籍才是明代里中存留的作为征调赋役依据的底册。

（二）司府州县总册

如前所述，每次大造，除各里所造赋役黄册外，各司府州县亦均造有总册。总册是在各里里册的基础上攒造的。洪武二十四年（1391）攒造黄

---

① 《后湖志》卷九，《事例六》。
② 《海瑞集》上编，《淳安知县时期·兴革条例》。
③ 《御制大诰·造册科敛第五十四》。
④ 康熙《无锡县志》卷二七，《户口》。

册格式规定："其州县将各里文册类总填图完备，仍依定式，将各里人丁事产攒造一处，另造类册一本，于内分豁各乡都人丁事产总数"；各州县总册解赴本府后，"其提调正官首领官吏，于各州县造到文册，躬亲检阅，磨算相同，本府依定式另造总册一本，于内分豁各州县人丁事产总数"；各府州县总册申解布政司后，"本司官吏躬亲检阅，磨算相同，依式类造总册一本，于内分豁各府州人丁事产总数"。① 但正德六年（1511）户部题准为赋役黄册事中所言各州县总册的内容是："于内分豁里分人丁事产总数各若干"；各府总册的内容是："于内分豁各州县里分人丁事产总数各若干"；各布政司总册的内容是："于内分豁各府州县里分人丁事产总数各若干。"② 与洪武二十四年（1391）的规定略有不同，即，司府州县总册之中均增添了分豁里分人丁事产总数的内容。尽管如此，可以看出司府州县总册的内容，仍是遵循洪武二十四年的"止许开写人丁事产总数，不必备开花户"③ 这一规定的。不具体开载各户的人丁事产内容，乃是司府州县总册与各里赋役黄册的不同之处。

（三）专职役户册籍

《大明律·户役》项下有一条款："人户以籍为定。"所谓人户以籍为定，即是依据中国古代"有身则有役"这一法则，作为明王朝统治下的编户齐民，世世代代都必须充当官府册籍上所编定的某种特定的差役。籍不准乱，役皆永充。人户以籍为定，这是明王朝在制定户籍与赋役制度时所遵循的一个根本原则。因而确定户籍，也可以说是明代黄册攒造的一个首要事项。而大造黄册之际，除了攒造民黄册这一载有各种户籍人户的基本册籍之外，还对其他一些重要户籍的人户，如军户、匠户、灶户等，另编造有专职役户册籍，以便加强对这类役户的管控和役使。

军户是明王朝除了民户之外数量最多最主要的人户。有关史籍记载表明，自洪武时起各府州县即造有军黄册籍。洪武二十一年（1388），"令各卫所将逃故军编成图册，送本部照名行取，不许差人。各府州县类造军户文册，遇有勾丁，按籍起解"④。弘治十四年（1501）题准："照得监察御

---

① 正德《大明会典》卷二一，《户部六·户口二·攒造黄册》。
② 《后湖志》卷八，《事例五》。
③ 正德《大明会典》卷二一，《户部六·户口二·攒造黄册》。
④ 万历《大明会典》卷一五五，《兵部三八·军政二·册单》。

史公勉仁题，要差官前去后湖盘检黄册。兵部复题，合无本部行移户部，转行南京后湖管册各官，将收到各处洪武至今军黄籍册，逐一查检，某府某县见在若干，湮烂若干，备开年分，每省造成总册一本，明立文案。交代之际，凭此查盘。遇有各处查解军役，管册官员必要用心督查。如查册人役回称湮烂，务吊前造总册查检，毋令扶捏作弊。"① 正德十六年（1521）又题准："凡各府清军官，照依原定册籍攒造黄册，严督州县掌印官分析明白。毋得脱军扰民，捏称丁尽户绝。"②

至明代后期，大造之年对军户则规定要特别攒造四种册籍，其名称是：军黄、兜底、类卫、类姓。嘉靖三十一年（1552）题准：

> 凡大造之年，除军黄总册照旧攒造外，又造兜底一册，细开各军名贯，充调来历，接补户丁，务将历年军册底查对明白，毋得脱漏差错。又别造类姓一册，不拘都图卫所，但系同姓者，摘出类编。又别造类卫一册，以各卫隶各省，以各都隶各卫，务在编类详明，不许混乱。其节年间发永远新军，亦要附入各册。前叶先查该县军户总数，以递合图，以图合都，以都合县，不许户存户绝，有无勾单，务寻节年故牍，补足前数。每遇造册之年，另造一次，有增无减，有收无除。每县每册各造一样四本，三本存各司府州县，一本送兵部备照。册高阔各止一尺二寸，不许宽大，以致吏书作弊。③

前引康熙《无锡县志》中言及明代黄册攒造的册籍时亦说：

> 册有两项，曰军册，曰民册，同时攒造，责成于排年内上下两甲各该值年者朋任之。每图民册解京、解府、解县，并自存草册，共四本。而京册尤为郑重，造完，解南京后湖收藏，以防火也。其军册则解南北两京兵部。然民多军少，军册照乡分二十二本，民册则照图分京府各四百十四本，凡图内有祖军者则造军册，其无祖军者并无册矣。④

---

① 《后湖志》卷六，《事例三》。
② 万历《大明会典》卷一五五，《兵部三八·军政二·册单》。
③ 同上。
④ 康熙《无锡县志》卷二七，《户口》。

军黄册的攒造，也同民黄册一样，亦有复查驳造之规定。如隆庆六年（1572）令，"凡清军御史，将军黄册行各该委官亲自检查，如有差伪，即行驳造。如经历司道驳回者，府自造，不得复累州县；经部驳回者，司道自造，不得复累府。违者，听各该抚按官参究"①。

那么，所谓军黄册的内容和格式又如何呢？遗存下来的军黄等册文书档案至今仍十分难寻，而史籍所载又多语焉不详。万历《大明会典》中所录隆庆六年条令或可作为参考：

> 凡各清军御史，今后造军黄兜底等册，务照节题式样，总开于前，撒附于后。县开县总，各都之撒必合一县之总；都开都总，各社之撒必合一都之总；社开社总，各军之撒必合一社之总。在类卫册，则各卫之撒必合一县之总，各军之撒必合一卫之总。在类姓册，则各姓之撒必合一县之总，各军之撒必合一姓之总。②

可以看出，军黄等册的内容大致是，将民黄册所载各军户摘出，并登载有关军户的各项内容，分类汇编为各种册籍。而在这些册籍中，各军户之下又如何具体登载，已不甚明了。

军黄等册籍攒造的目的和作用主要是，加强对广泛散布于民间的军籍人户的控制，特别是为勾军、清军的查核提供方便。同时，其与民黄等册籍之间，亦可互相查对，以防欺隐。成化十一年（1475），"令各处清军御史，将兵部发去各卫所造报旗军文册，对查军民二册，以防欺隐。其册，府州县各誊一本备照"③。弘治十三年（1500），"令军户备造军由。凡攒造黄册，系军户者，务备开某户某人及于某年月日为某事发充某卫所军，其有事故等项，亦备细开具，以便查考"④。隆庆六年（1572）令，"凡各清军御史，务督所属清军官，将现年均徭册内人丁，审系军户者，摘入军黄册内；仍将祖军名籍、充调卫分、接补来历，填造民黄及均徭册内，贯串归一，不许隐漏壮丁。其兜底三册，一体查同登造"⑤。又如嘉靖二年

---

① 万历《大明会典》卷一五五，《兵部三八·军政二·册单》。
② 同上。
③ 同上。
④ 《后湖志》卷六，《事例三》。
⑤ 万历《大明会典》卷一五五，《兵部三八·军政二·册单》。

（1523），"令都司卫所，将应勾军人，备查原充、改调、贴户、女户的祖姓名来历，节补逃亡年月，卫所官旗，都图、里社、坊隅、关厢、保镇、乡团、村庄、店圈、屯营等项的确，逐一造册，呈报兵部转发。其各司府州县清军官，凡遇册到，将所清军黄册籍磨对相同，行拘原逃正身，或应继人丁，备开妻解年貌，并充调来历，填给批申"①。

而明代卫所系统，自明初起即造有户口册。"国初令卫所有司各造军册，遇有逃故等项，按籍勾解。其后编造有式，赍送有限。有户口册，有收军册，有清勾册"②。"凡军卫造报户口文册，以弘治十五年为始，每五年一次，不分官、军，照例将祖贯、充发、改调、升除始末及户口明白开报"③。

此外，明初洪武、永乐时期在实行卫所军士屯田制度的同时，亦造有屯田黄册。成弘时期大臣马文升在其奏疏中说：

> 我太祖高皇帝平定天下之初，法古为治。首定民田，验亩起科，以备军国之用。次定屯田，上纳子粒，以给军士之食。此我朝一代紧要制度。……我太宗文皇帝，其于屯田，尤为注意。创置红牌事例，示以激劝良法。册籍明白，无敢欺隐者。不知始自何年，屯田政废，册籍无存。上下因循，无官查考。……请敕巡抚都御史，督令管屯官员清查，务足原额，方许造册回京。户部候各处清查完日，通行计算停当，仍仰各该卫所备造文册，户部及都布按三司并该卫所，各收一本。仍造黄册一本，赍送南京户部，转发后湖官库，如法收贮。每十年一次，照民册事例造缴。④

海瑞在其《兴国八议》中亦说："永乐二年拨军下屯，大造屯田黄册，军民各有定分，诚足兵足食良法也。"⑤ 从上述记载可以看出，所谓屯田黄册，一如民黄册之制，十年一造，送南京户部转后湖收贮。然而，至明中叶以后，随着屯田制度的废弛，屯田黄册即多无存了。

---

① 万历《大明会典》卷一五五，《兵部三八·军政二·册单》。
② 同上。
③ 同上。
④ 《明经世文编》卷六三，《马端肃公奏疏二》。
⑤ 《海瑞集》上编，《兴国知县时期·兴国八议》。

除了军户之外，对匠户、灶户亦另造有专门册籍。

匠户的专门册籍称匠册。明代的工匠分为住坐匠和轮班匠，隶属工部管辖。因匠役工种复杂，班次繁多，特别是由于匠户须金持有某种特定技艺的人户充当，"匠之丁绝者，难以他户更补，惟逃亡者当拘遣赴工"[①]，所以对工匠册籍的管理更显重要。工部设有管理匠册主事，专管有关工匠的各种册籍。而州县除攒造民黄册之外，亦另造有匠册。如嘉靖《浦江志略》载，嘉靖二年（1523）该县与"大造赋役黄册"同时，"重造人匠文册"：

> 凡一册。内开本县充发北京住坐裁缝等匠一十四名，见在解当五名，逃移五名，户存一名，户绝六名。洪武间投充各色人匠三百一十九名，内除逃绝外，见在一百四十五名，三年一轮，纳价每名一两八钱，存留本府织染局造段。准班人匠六十七名，内除逃绝外，见在四十三名，奉例三年一轮，解局织造。此亦据旧册所造。民间情伪欺隐之弊，难保必无，尚当详之。[②]

灶户的专门册籍称灶册或盐册。灶户总隶户部管辖。同样，下属灶户的地方，在攒造黄册的同时，亦另外造有灶册或盐册。《天下郡国利病书》引福建《兴化府志》载：

> 盐课。上里场盐课司隶福建都转运盐使司。莆以灶户役者凡二千五百六十六家，分为三十一团。有总催，有秤子，有团首，有埕长，皆择丁粮相应者为之。其册十年一造，随丁粮消长。……民间户役最重者，莫如盐户。盖军户则十年取贴军装，匠户则四年轮当一班。盐户既与军民诸户轮当本县十年之里长，又轮当盐场之总催、团首、秤子、埕长。依山者谓总催、团首，附海者谓秤子、埕长。总催、秤子，即民之里催也；团首、埕长，即民之甲首也。每十年攒造盐册，又往省赴运司候审。至见当之年，正差之外，凡盐司过往，公差牌票下场，及该场官

---

① 《明孝宗实录》卷七一，弘治六年正月条。
② 嘉靖《浦江志略》卷三，《官守志·册籍》。

吏、在官人役等费，轮月接替支应，赔贩需索之苦，过于民矣。①

　　这一记载，不仅言明灶户之盐册亦是每十年一造，而且告诉我们军户、匠户、灶户等专职役户，皆不免里甲正役，都要轮当州县正差；所谓军、匠、灶等专门职役，实为其额外负担。

　　当然，对这些专职役户也制定了某些优免政策。例如，嘉靖二十四年（1545）议准的有关优免灶丁的一项条款中说：“优免灶丁，除原额大小外，止以实征小丁纳银之数为主。……本户有田若干，应免若干，仍吊黄、灶二册，查对明白，照数优免。此外多余田地，照例与民一体科差，仍止出银津贴，不许力差烦扰。”② 由于灶户享有一定优免，所以有的地方黄册上登载的灶户数字往往比灶册上的数字要多。如嘉靖《钦州志》载有嘉靖十一年（1532）该州黄册所载各类人户的户口数字，其中“灶户二百一十〔原注〕盐册原额一百一十三，惟存一百二十”③。对此，该州志作者评论说：“户口之数据黄册也。子查军、灶二册，钦州军户一百六十三，多黄册七十名；蛋户军七十六，不与焉；灵山军一百六十六名，多黄册一十五名。盐册钦州灶户一十八，少黄册七名；灵山灶户一百一十三，少黄册九十七名。黄册于军则见其少，于灶则见其多。盖军户人之所避，灶户人之所趋，里书之情弊见矣。”④

四　黄册遗存文书

　　前已叙及，明朝当时所攒造的黄册文书，至明代后期，仅南京后湖收贮的黄册正本，就达 200 万本以上，可谓至为浩繁。然而，由于种种历史原因，至今遗留下来的黄册文书档案却是极少，十分难寻。尽管如此，我们在研究明代黄册这一课题时，也绝不能忽视对黄册文书档案的发掘和利用。这不仅从一般的历史研究方法来说。利用文书档案要比引用文献记载更为可信；就明代黄册研究这一课题而言，更有它的特殊性。明代黄册本是一代社会经济制度，但从某种意义上说，黄册本身亦属一种文书档案。

---

① 《天下郡国利病书》原编第二六册，《福建》，引《兴化府志》。
② 万历《大明会典》卷三四，《户部二一·课程三·盐法三》。
③ 嘉靖《钦州志》卷三，《食货·民数》。
④ 同上。

因此，尽管有关记述明代黄册制度的各种历史文献颇为不少，但黄册文书档案在明代黄册研究中的价值和作用，却是其他文献资料不可替代的。黄册文书档案乃是明代黄册研究的必不可少的第一手原始资料。对黄册文书档案的发掘和利用，无疑是明代黄册研究的不可避开的一个重要前提。所幸的是，在遗传至今的徽州契约文书以及其他文书档案中，尚保存一些有关明代黄册的文书档案。这些文书档案，如今已成为明代黄册研究的最珍贵的原文书史料。以下就笔者在整理与研究徽州契约文书过程中所发现的，以及近年来公开发表的黄册文书档案，作一综述。

（一）永乐至宣德徽州府祁门县李务本户黄册抄底

中国社会科学院历史研究所藏（参见图版二）。原文书为抄件。所载内容为李务本一户永乐元年（1403）、十年（1412）、二十年（1422）、宣德七年（1432）四个黄册大造之年的人丁事产。该文书为迄今发现遗存最早的明代黄册文书。与该文书一起被保存下来的还有"李舒户田地山场清单"等文书档案。该文书及与其相关的契约文书，为明代黄册乃至明初地主制经济的研究提供了珍贵的档案资料。关于该黄册抄底的介绍与研究，详见本书第四章。

（二）永乐徽州府歙县胡成祖等户黄册抄底残件①

中国国家博物馆藏。原文书为抄件，皮纸，墨迹书写。共10页。每页纵32.5厘米，横27厘米。第一页至第五页印有朱丝栏，每页19行。版心印双鱼尾。其余5页无朱丝栏。第六、九、十页为空白纸。

该文书现装裱在同馆所藏《万历九年丈量鱼鳞清册》（共四册）第一册前面。从内容上看，其第一页应接在第四页之后，当是装裱时页的顺序被搞乱了。其所载内容与格式均与明代赋役黄册的规定相符，与后面的鱼鳞册则根本不同。从其本身所载可知，这一文书内容为永乐二十年（1422）大造黄册时的人丁事产；而其后面的鱼鳞册乃是万历九年（1581）清丈的鱼鳞清册，二者所载时间相差甚远。又据考证，该文书所

① 参阅［日］鹤见尚弘《关于明代永乐年间的户籍残篇——中国历史博物馆藏徽州文书》，载《中国明清社会经济研究》，学苑出版社1989年版。又，《中国历史博物馆馆刊》总第7期亦登载了该文书的部分内容。

载内容的地点系徽州府歙县中鹄乡十七都，而其后面的鱼鳞册则是同县中鹄乡十六都商字号鱼鳞清册，二者所载地点也不一致①。再从该鱼鳞册是被重新装裱过的这一点来看，显然是在重新装裱鱼鳞册时，这一文书被错乱地装裱在它的前面了。

该文书第一至第五页所录为永乐二十年大造黄册内容，其中第一、第四两页内容互相连接，系胡成祖户人丁事产；第二页系黄福寿户人丁事产，但有缺佚；第三页、第五页均为残篇，内容互不连接，户主亦缺；第七页署收藏者姓名，并钤识印鉴，当是该文书最后一页；第八页所录则似为黄册图总部分内容。兹按该文书内容顺序，转录如下：

【文书第四页】
一户胡成祖系十七都五图民户
旧管
　　　人口三口　　男子二口　　妇女一口
事产
　　　民田地山塘一亩二分三　　二升三合六勺　　二钱八分〇八
　　　　　　　　　　　　　　　六升四合三勺

　　　田四分四六
　　　地二分五六
　　　山二分六五
　　　塘二分六三
　　　民房屋瓦房二间
新收
　　　人口正收男子不成丁一口
　　　　　　　男进系永乐十七年生
开除
　　　事产转除民田地山塘一亩二分三
　　　　　　　　　　　　　　二升三合六勺　　二钱八分〇八
　　　　　　　　　　　　　　六升四合三勺

---

①　参阅［日］鹤见尚弘《关于明代永乐年间的户籍残篇——中国历史博物馆藏徽州文书》，载《中国明清社会经济研究》，学苑出版社 1989 年版。

田四分四六

本都上田六厘八毫入本图胡胜祖　一合五勺　二分七二

四合五勺

本都上田六厘七毫入本图胡三保　一合四勺　二分六八

四合五勺

本都下田三分一一入本图胡胜祖　六合六勺　一钱二分四四

一升六合七勺

【文书第一页】

地二分五六

本都上地九毫　　入本图胡仕昇

本都下地一分八四入本图胡胜祖　　四合　七分三六

六合八勺

本都下地二厘一毫入本图胡原师　　四勺　八厘四毫　八勺

本都下等地二厘一毫入本图胡胜祖　四勺　八厘四毫　六勺

本都下等地二厘一毫入本图胡原师　四勺　八厘四毫　六勺

山本都山二分六五入本图胡胜祖　二合九勺　八合六勺

塘二分六三

本都塘一分八三　入本图胡胜祖　　四合　　一升四合八勺

本都塘八厘　　入本图胡仕昇

实在

人口三口　男子二口

成丁一口　本身年三十九岁

不成丁一口　男进年四岁

妇女大一口　妻阿程年三十四岁

事产

民房屋瓦房二间

【文书第二页】

一户黄福寿系十七都五图民户

旧管

人口六口　男子四口　妇女二口

事产

民田土一亩七分〇三　二升一合七勺　一钱六厘四毫

五升七合七勺

地二分六六

山一亩三分九六

塘四厘一毫

民房屋瓦房三间

民头疋（四）黄牛一头

开除

人口三口　正除男子成丁二口

男荣祖于永乐十八年病故　男名得于永乐十九年病故

转除妇女大一口女渊弟出嫁与本图金真保为孙妇

实在

人口三口男子二口

成丁一口　本身年五十七岁

不成丁一口　男南寿年一十一岁

妇女大一口　妻阿王年五十七岁

【文书第三页】

（前缺）

地六分二七

本都今抄没兴福寺下不麦地一分二七　出佃本都四图谢添惠

本都今抄没兴福寺下等不麦地五分　　出佃本都四图谢添惠

民地山塘三分一八

地下等地一分八九　入本都四图谢添惠

山本都山八厘八毫　入本都四图谢添惠

塘本都塘四厘一毫　入本都四图谢添惠

实在

人口男子成丁一口

本身年三十一岁

事产

民房屋瓦房一间

【文书第五页】

（前缺）

田下田一亩三厘八毫

地四亩二分七七

下地六厘七毫

下等地四亩二分一

塘四厘二毫

民房屋瓦房一间

【文书第八页】

计开

田壹拾壹顷壹拾玖亩玖分肆厘

地壹拾壹顷肆拾亩壹分叁厘　内免征社地壹亩贰分贰厘捌毫

山贰顷玖拾壹亩陆分肆厘贰毫

塘伍拾贰亩壹分柒厘壹毫

共计田地山塘贰拾陆顷叁亩捌分捌厘叁毫

【文书第七页】

允吉收藏　"吴其旋印"　□□行三

以上即是该文书所载全部文字内容。其中虽未出现"黄册"之类文字，但可以看出，其所载内容是以户为单位，每户之下先开乡贯户籍，其次所载即是"人丁"、"事产"两大事项内容。人丁项下，分为"男子"和"妇女"，男子项下又分"成丁"与"不成丁"等项目。事产项下则有"田地山塘"、"房屋"、"头匹"等项目。其中对田地山塘的登载尤为详细，既分田土类别，又登土地等则；既载总额，又录各笔细目；既登田土面积，又载应纳税额。其税额共有三项，第一项是夏税麦（以容量计），第二项是丝（以重量计）[1]，第三项是秋粮米（以容量计）。而其登载格式则是"旧管"、"新收"、"开除"、"实在"，即所谓四柱式。其开除项下不但记有各笔田土面积和税额，还载明田土推入的户主与乡贯。所有这些，都与明代黄册的登载内容和格式一致。又，该文书中胡成祖户新收项下记有"男进系永乐十七年生"，而其实在项下则载"男进年四岁"。因此，该文书所载，乃是永乐二十年（1422）大造黄册的有关内容，并无疑问。

---

① 这与徽州府歙县在明初所定税目有关。当时对歙县田土除征两税外，田地项下还征有丝。如弘治《徽州府志》卷三《食货二·财赋》载：〔歙县〕"一等民田项下，每亩正麦二升，丝四钱，不带耗脚。""各乡下等地每亩均科正麦二升，丝四钱。"

但该文书的记载多有省略乃至缺漏，如关于胡成祖户的记载，其旧管项下人口为三口，新收项下又增加成丁一口，开除项下没有人口内容，但实在项下所记人口仍为三口。显然，其开除项下的记载有所遗漏。按明代黄册的记载格式，旧管、新收、开除、实在各项之下所载内容顺序，均是先登人口，后登事产。该文书所载亦是如此。但胡成祖户开除项下紧接着登载的即是事产，"开除"与"事产"之间并无空格，且二者都登在该文书的同一页纸上。因此，可以看出这是该文书一开始抄录时的遗漏，而不是后来因其他原因所出现的缺佚。又，该文书的书写字迹十分潦草，有关容量和重量单位的记载，均使用民间简化的草书代用符号，且多有省略。文书用纸亦较为粗糙。从以上这些可以判明，该文书所载虽然是永乐二十年大造黄册的有关内容，但并非原件，而是抄件。

尽管如此，该文书与前述中国社会科学院历史研究所藏"永乐至宣德徽州府祁门县李务本户黄册抄底"，为迄今发现仅存的两件明初黄册文书。其对于明代黄册制度乃至明代社会经济史其他方面的研究无疑极为珍贵。

（三）成化嘉兴府嘉兴县清册供单残件①

如众所知，宋、元、明时期曾采用一些公文纸背刊印图书文献。成化嘉兴府嘉兴县清册供单残件这一黄册文书，即系来自宋刻明印岳珂《桯史》（北京大学图书馆藏）一书的纸背，为孔繁敏先生所发现。

据孔繁敏先生介绍："《桯史》十五卷，记载宋代朝野遗闻轶事。宋刻明印此书用白绵纸，有抄配，通书长 29.5 厘米、宽 18.2 厘米。半叶九行，行十七字，版心下有刊工姓名，共装订成六册。纸背文字用毛笔手写，或楷或草，因纸张剪裁，册籍内容已残缺。以下大致按原册籍格式抄录残缺较少者（原文格式不尽统一），同时标明其所在《桯史》一书的卷页和 AB 面，并编上顺序号码。难辨字标以□号，原件残缺可按格式内容补充的文字标以〔　〕号，笔者说明文字标以（　）号。"②

孔氏在其发表的《明代赋役供单与黄册残件辑考》（上）一文中共辑录了嘉兴府嘉兴县的清册供单残件十一条，兹转录其中五条如下。每条均

①　参阅孔繁敏《明代赋役供单与黄册残件辑考》（上），《文献》1992 年第 4 期。本书所引该文书原文系转引自孔文。

②　参阅孔繁敏《明代赋役供单与黄册残件辑考》（上），《文献》1992 年第 4 期。

用原编号。

1.《桯史》目录页二 B 面纸背

　　　一户王阿寿今男阿昌　民籍
　　　　旧管
　　　　　　人丁计家男妇五口
　　　　　　　男子三口
　　　　　　　妇女二口
　　　　　　事产
　　　　　　　官民田地七分二毫
　　　　　　　　夏税
　　　　　　　　　　麦正耗一升五合五勺
　　　　　　　　　　丝二分六厘二毫
　　　　　　　　　　绵二分五厘
　　　　　　　　　　秋粮米正耗六升六合六勺
（接同页 A 面纸背）
　　　　　　　　　官田二分二毫
　　　　　　　　　夏税丝一厘二毫
　　　　　　　　　秋粮米正耗六升六合六勺
　　　　　　　民地五分
　　　　　　　　麦正耗一升五合五勺
　　　　　　　　丝二分五厘
　　　　　　　　绵二分五厘
　　　　房屋一间
　　　　船一只
　　开除人口正除妇女大一口祖母陈可员于成化十二年病故
　　　　事产转除民一本图一则地三分于成化十六年卖与本都四册徐顺为业
　　　　　麦每亩科正麦三升每斗带耗三合五勺共麦九合三勺
　　　　　　丝每亩科丝五分该丝一分五厘
（后缺）

6.《桯史》目录页三 B 面纸背
（前缺）

　　　　男子三口

　　　　妇女一口

　　事产

　　　　民田地二十七亩一分八厘一毫

　　　　　夏税麦一斗二升六合八勺

　　　　　丝三钱四分三厘七毫

　　　　　绵一钱七分二厘三毫

　　　　　秋粮米一石五斗七升六合四勺

　　　　田二十三亩九分三厘四毫

　　　　　夏税麦二升六合

　　　　　　丝一钱八分一厘四毫

　　　　　　秋粮米一石五斗七升六合四勺

　　　　地三亩二分四厘七毫

　　　　　麦一斗八勺

　　　　　丝一钱六分二厘三毫

（接同页 A 面纸背）

　　　　　　绵一钱七分二厘三毫

　　瓦房一间二舍

　〔新〕收

　　　　事产转收民本都一册五升八厘丝田四十一亩系成化十六年买

　　　　　到张孔二户下田

　　　　　夏税丝八分八厘

　　　　　秋粮米五斗八升八合五勺

　〔开〕除

　　　　人口正除男子不〔成〕丁一口父徐己关于成化十四年病故

　　　　事产转除民本都一册五升八厘丝田九亩三分成化十三年卖与

　　　　　张孔二囗

　　　　　夏税丝七分四厘四毫

　　　　　秋粮米四斗九升七合六勺

　〔实〕在

　　　　人口三口

　　　　　男子成丁二口

（后缺）

8.《程史》卷三页三 B 面纸背

（前缺）

　　　　　官一本都一则一地二亩七厘五毫

　　　　　　　麦每亩科正麦八升共麦一斗七升一合八〔勺〕

　　　　　　　正麦一斗六升六合

　　　　　　　耗麦五合八勺

　　　　　　　丝每亩科丝五分该丝一钱三厘八毫

　　　　　　　绵每亩科绵五分该绵一钱三厘八毫

　　　　　民一本都田十亩四分五厘九毫

　　　　　　　夏税麦正耗二斗一升六合四勺

　　　　　　　秋粮米正耗二石八斗四升四勺

　　　　　一则田九亩二分四厘九毫

　　　　　　　夏税麦每亩科正麦二升共麦一斗九升一〔合四勺〕

　　　　　　　正麦一斗八升五合

　　　　　　　耗麦六合四勺

　　　　　　　秋粮米每亩科正米二斗七升共米二石六斗〔七升二合一
　　　　　　　勺〕

（接同页 A 面纸背）

　　　　　　　正米二石四斗九升七合二勺

　　　　　　　耗米一斗七升四合九勺

　　　　　一则田一亩二分一厘

　　　　　　　夏税麦每亩科正麦二升共麦二升五合

　　　　　　　正麦二升四合二勺

　　　　　　　耗麦八勺

　　　　　　　秋粮米每亩科正米一斗三升共米一斗六〔升八合三勺〕

　　　　　　　正米一斗五升七合三勺

　　　　　　　耗米一升一合

　　　　房屋民瓦房一间二舍

（上缺）十八年四月　　日　供　状　人张（下缺）

（后缺）

10.《程史》目录页九（B 面纸背载田、地面积和税粮数，今从略）A

面纸背

　　　　　丝每亩科丝五分该丝三钱八分八厘

　　　　　绵每亩科绵五分该绵三钱八分八厘

　　　房屋民草屋一间二舍

　　（上缺）日供　状　人　王

　　　　　里　　长　张

　　　　　书　　手　祁

　　　　　算　　手　金

　　　　　老　　人　王

11.《程史》卷七页十六 B 面纸背

（前缺）

　　（上缺）一亩四厘

　　　　　　　麦每亩科正麦三升每斗带耗三合五勺共麦三升二合

　　三勺

　　　　　　　丝每亩科丝五分该丝五分二厘

　　　　　　　绵（原误作"丝"）每亩科绵五分该绵五分二厘

　　（上缺）伍十岁

　　（上缺）供　状　人　夏　阿庆（后押"十"号）

　　　　　里　　长　田　兴顺（后押"十"号）

　　　　　书　　手　姚　诚（后押"十"号）

　　　　　算　　手　张　满童（后押"十"号）

（同页 A 面纸背空白）

　　据孔繁敏先生考证，可知该文书所属地点，系明代嘉兴府嘉兴县；所载时间，为成化十八年（1482）。因此，该文书所载，乃是嘉兴府嘉兴县不同都里的成化十八年大造黄册的清册供单残稿。如前所述，清册供单，即大造黄册之际，里甲各人户亲自将本户人丁事产依式开写的报单。清册供单是预先由官府按照"一户定式"刻版印刷，发给每户填写的。其格式与黄册所载相同，为攒造黄册的最初底稿。遗存至今的黄册文书，除上述介绍的两件属明初者外，多为明末时期；就其地点而言，又多属徽州地区。这些清册供单，虽为残稿，却是迄今发现惟一一件遗存的明中期黄册文书，而且属于徽州以外地区，因此尤为珍贵。特别是该文书中所残存的，在供单最后还有里长、书手、算手及老人等的署名画押这一点，并不见于有关黄册制度的文献记载之中，更引人注目。

（四）嘉靖四十一年严州府遂安县十八都下一图六甲黄册原本①

上海图书馆藏（参见图版三、四）。残本。现存文字计 32 叶，64面。残存册叶亦有破损。封面系后来加装，无题。册纵 50 厘米，横25.5 厘米，厚约 0.4 厘米。册本呈长方形。皮纸。册叶内刻印黑色双线板框，外框纵 38.5 厘米，横 39 厘米。板框内为墨迹填写文字。两叶之间钤骑缝官印，印色已模糊，文字难以辨认。日本学者岩井茂树已对该文书详加考述，发表了有关的研究论文②。这里再概略考证一下其文书价值。

该文书明确记载，其所属地点为"浙江严州府遂安县拾捌都下壹图陆甲"。又，现存文书记载了第六甲的 5 户甲首，均"轮充嘉靖肆拾柒年分甲首"③。按明代黄册制度规定，赋役按甲轮充，每里 10 甲，每甲轮充 1年，10 年一周，每次大造都将下一个 10 年各甲首应轮充的年份，按编次顺序预先填好，登记在册。嘉靖四十一年大造之年所造黄册，其各里第六甲即轮充"嘉靖四十七年分甲首"。这与文书中的记载完全相符。又，明嘉靖皇帝死于嘉靖四十五年（1566），嘉靖四十七年在历史上是不存在的，这说明所谓"嘉靖四十七年"只能是预先填写的。再从文书中的具体记载来看，其汪银户新收项下载："男子不成丁壹口侄娜儿系嘉靖叁拾玖年生"，"侄女毛小系嘉靖叁拾柒年生"，实在项下则载："侄娜儿年贰岁"，"侄女毛小年肆岁"，更可证实该册是属于嘉靖四十一年大造黄册。然册中开除项下又载："小口壹口女金玉于嘉靖肆拾贰年正月病故"，说明该册是在嘉靖四十二年正月之后完成的。这是明中后期常见的一种造册愆期现象，并不影响该册仍属于嘉靖四十一年之大造黄册。总之，该文书为嘉靖四十一年浙江严州府遂安县十八都下一图所造黄册，乃无疑问。兹将该文书所载一户之内容，按原格式摘录如下：

---

① 上海图书馆藏 563792 号。馆题作"浙江严州府遂安县人口税收册"。

② ［日］岩井茂树：《「嘉靖四十一年浙江严州府遂安县十八都下一图赋役黄册残本」考》，载夫马进主编《中国明清地方档案研究》（研究成果报告书），2000 年，第 37—56 页。

③ 上海图书馆据此将该册题为"明嘉靖 47 年写本"，实误。

第陆甲

一户汪银原以故叔汪价为户系浙江严州府遂安县拾捌都下壹图民
　　籍轮充嘉靖肆拾柒年分甲首

旧管

　　人丁计家男妇捌口

　　　　　　男子肆口

　　　　　　妇女肆口

　　事产

　　　　官民田地山叁拾贰亩叁分捌厘捌毫

　　　　　　夏税

　　　　　　　　丝柒两捌钱伍分玖厘叁丝捌忽

　　　　　　　　绵壹钱捌分贰厘贰毫肆丝

　　　　　　秋粮米正耗陆勺捌抄

　　　　（以下为官民田地山及其税额细目，从略）

　　　　民瓦房屋贰拾壹间

　　　　民头〔四〕牛壹头

　开除

　　人口正除男妇肆口

　　　　男子不成丁壹口叔汪价于嘉靖叁拾肆年病故

　　　　妇女叁口

　　　　　　大口贰口

　　　　　　　　弟妇程氏于嘉靖肆拾年病故

　　　　　　　　弟妇齐氏于嘉靖肆拾壹年拾壹月病故

　　　　　　小口壹口女金玉于嘉靖肆拾贰年正月病故

　　事产

　　　　会同（县查批语）田一本户下田伍分于嘉靖叁拾贰年拾

　　　　　　月内立券卖与肆隅贰图一甲徐栋为业土名上清塘

　　　　　　东至山　西至山　南至田　北至地

　　　　　　夏税丝每亩科丝叁钱玖分陆厘该壹钱玖分捌厘

　　　　（以下与此同，为出卖田地一笔笔细目，共3笔，从略）

　　　　已（以）上开除外仍存户官民田地山叁拾壹亩捌分壹厘捌毫

　　　　　　夏税

　　　　丝柒两陆钱肆分壹厘柒毫捌丝陆忽
　　　　绵壹钱捌分贰厘贰毫肆丝
　　　秋粮正耗陆勺捌抄
　　（以下为官民田地山及其税额细目，从略）
　　　民瓦房屋贰拾壹间
　　　民头匹牛壹头
　新收
　　人口正收男妇叁口
　　　男子不成丁壹口姪娜儿系嘉靖叁拾玖年生
　　　妇女小口贰口
　　　偱妇詹氏系娶到肆隅贰图詹鲤川户下漏报女
　　　偱女毛小系嘉靖叁拾柒年生
　　事产
　　　一本图上田贰分伍厘系嘉靖叁拾陆年捌月内买到肆隅贰
　　　　图姚杞（旁改为"银"）户内田　土名上清塘下
　　　　东至坑　　西至汪家田　　南至姚家田　　北至汪家
　　　　　　　夏税
　　　　　　　丝每亩科丝陆钱壹分捌厘贰毫该壹钱伍分
　　　　　　　　　　　肆厘伍毫贰丝
　　　　　　绵每亩科绵叁分捌厘该绵玖厘伍毫
　　（以下与此同，为收买土地一笔笔细目，共18笔，从略）
　　　已（以）上共收民田地山壹拾伍亩叁分伍（旁改为"四"）
　　　　　厘玖毫
　　　　　　夏税
　　　　　　　丝伍两肆钱玖分捌厘叁毫伍丝壹忽
　　　　　　绵肆分叁厘肆毫贰丝
　　　（以下为田地山及其税额细目，从略）
　实在
　　　人口男妇柒口
　　　　男子肆口
　　　　　成丁三口
　　　　　　本身年伍拾伍岁

　　　　　　　　弟汪铜年肆拾伍岁

　　　　　　　　男汪得年叁拾伍岁

　　　　　　不成丁壹口

　　　　　　　　侄娜儿年贰岁

　　　　妇女叁口

　　　　　　大口壹口侄妇詹氏年贰拾岁

　　　　　　小口贰口

　　　　　　　　侄女金凤年壹拾贰岁

　　　　　　　　侄女毛小年肆岁

　　事产

　　　　　　官民田地山肆拾柒亩柒厘柒毫

　　　　　　夏税

　　　　　　　　丝壹拾叁两壹钱壹分贰厘壹毫伍丝四忽

　　　　　　　　绵贰钱贰分贰厘玖毫贰丝

　　　　　　秋粮米正耗陆勺捌抄

　　　　　　（以下为田地山及其税额细目，从略）

　　　　民瓦房屋贰拾壹间

　　　　民头匹牛壹头

　　如上所示，该册所载各户，首列户主姓名、贯址、户籍、应役年份与职役，此即是黄册里甲的编次格眼，其次以旧管、开除、新收、实在之四柱式，登载该户人丁、事产等各项内容。其人丁生死收除，田土买卖推收，都一笔笔登录在册。还应指出的是，至明代中后期，总体来说黄册的攒造已是详于事产而略于人丁，多不载妇女小口，而该册载有妇女小口，人丁方面所载仍很完备。总之，从内容上看，该册的登载十分详备，与官府对黄册制度的规定颇为一致，可相互印证。再从形制上看，该册还具有下列特点。第一，册本高大。黄册制度规定，"册本大小，行款高低，俱依发去样册制造。"① 该册纵达 50 厘米，特别是各叶都刻印有双线版框，文字皆按一定的行款格式填于版框之内，与一般私家抄底之类文书相比，有明显区别。第二，字体细书。该册书写规范，其字样多

---

① 《后湖志》卷八，《事例五》。

属细书字体，这与洪武时规定黄册的书写字样用细书这一点亦相符合。第三，钤盖官印。该册除叶间钤盖骑缝官印外，还在几处修改的地方钤有"县查对同"、"县查不同"长条红印，另有数处亦有修改笔迹，其上或标明"会同"、"不同"、"改同"、"不用"等字样，而在两处人丁重要修改之处则又特别加盖了官印。其修改之处并不为多。总体来看，该册虽有修改之处，但在改处或特别加盖官印，或钤其他印记，特别是册叶之间均钤有骑缝官印，加之其内容登载详备，形制与制度规定相符，这表明该册并非一般草册，而是里甲攒造的经过县级官府审查的正式册籍，即属于明代所造黄册原本之一种。其虽为残本，但仍使我们得以见到明代黄册正式册籍的样式，对于研究明代黄册的登载内容与形制，具有重要价值。

（五）万历徽州府休宁县二十七都五图黄册底籍[①]

安徽省博物馆藏（参见图版六、七、八）。清初抄本。共四册，四册正文计1159页。封面分别题为："万历拾年大造贰拾柒都五图黄册底"、"万历贰拾年大造贰拾柒都第五图黄册底"、"万历叁拾年大造贰拾柒都五图黄册底"、"万历肆拾年壬子大造贰拾柒都伍图册底"。

这四册黄册底籍的登录格式，与明代有关黄册制度的记载是一致的。每户开头记其在里甲中的职役（里长或甲首等）、户等（上户或中户或下户）、姓名、所属都图、户籍（军籍或民籍或匠籍等），然后分"旧管"、"新收"、"开除"、"实在"四大项，即所谓四柱式进行登载。四柱式中每一项的记载又分为人丁和事产两大部分。人丁部分的记载有男妇总计多少口，其下分男子多少口，妇女多少口。男子又分成丁多少口，不成丁多少口等等。事产部分记载本户所有田、地、山、塘及房屋、车、船、孳畜（牲畜）等等。

万历徽州府休宁县二十七都五图黄册底籍，虽为清初抄本，却是迄今发现惟一有关一个图的黄册文书，实属难得；且保存了连续四个大造之年系统而又完整的资料，弥足珍贵。其对于明代黄册乃至明代社会经济史其他方面的研究，价值极高。关于对该文书的介绍、考证与研究，详见本书第六章。

---

① 安徽省博物馆藏 2：24527 号。

（六）万历二十年严州府遂安县十都上一图五甲黄册残件①

中国国家图书馆藏（参见图版五）。册纵 32 厘米，横 29.5 厘米。皮纸，墨迹书写。正文残存 30 叶，每叶双面，计 60 页。被重新装裱过。封面左上部原题："万历贰拾年分赋役黄册"，中下部题识文字墨迹已模糊，可辨出为"拾都上壹图伍甲余栓"。

以下为该文书开头及其后部分内容摘录。

第伍甲
中户一户余栓系遂安县拾都上壹图民籍轮充万历贰拾伍年分里长
旧管
　　人丁计家男妇肆口
　　　　　男子贰口
　　　　　妇女贰口
　　事产
　　　　田地山伍顷八十八亩七分六厘六毫　原官民田地山今奉详允
　　　　官民一则均摊派征
　　　　　夏税丝一百八十九两二钱二分一厘八毫二丝
　　　　　秋粮米二石八斗七升三合五勺三抄九撮
　　　　　秋租绢二尺七寸三分五厘
　　　　　秋租布三寸二分九厘七毫四丝
　　　　田二顷八十三亩五分八厘一毫　原官田五分五厘一毫
　　　　民田二顷八十三亩三厘今照一则派征
　　　　　夏税丝一百三十一两玖钱五分捌厘七毫五丝
　　　　　秋粮米二石六斗五合五勺玖抄九撮
　　　　　秋租绢四寸一分七厘八毫
　　　　地壹顷七十四亩五分九厘六毫　原民地今照一则派征
　　　　　夏税丝五十三两九钱叁厘二丝
　　　　　秋粮米二斗四升伍合伍勺三抄四撮
　　　　　秋租绢二尺一寸二分五厘三毫六丝

---

① 中国国家图书馆藏 14237 号。

山壹顷三十亩五分捌厘九毫　原民山今照一则派征

夏税丝叁两叁钱六分伍丝

秋粮米二升二合四勺六撮

秋租布三寸二分九厘七毫四丝

新收

人口转收妇女大壹口男妇毛氏系娶到拾壹都三图一甲毛宗夫
户女

事产

转收田地山二顷八十七亩二分六厘七毫

夏税丝玖拾柒两玖分三厘三毫一丝

秋粮米一石三斗五升三合四勺四抄五撮

秋租绢一尺六寸七分七厘三毫六丝

秋租布一寸四厘六毫六丝

田一则田一顷二十八亩五分八厘六毫

夏税丝五十九两八钱三分四厘九毫二丝

秋粮米一石一斗八升一合四勺七抄四撮

秋租绢一寸捌分九厘四毫五丝

一　收田一亩系先册丈量归户漏收今册查明理合升税当差土名连
坞口

田四至（以下原册空缺）

一　收田二分七厘系万历十九年买到本图六甲余德誉户土名本家
庙下

田四至

（以下格式相同，分别登载万历十一年至二十年买入田的各笔交易，
共 61 笔，从略。）

地一则地一顷一十七亩二分二厘八毫

夏税丝三十六两一钱玖分一厘八毫

秋粮米一斗六升四合八勺伍抄捌撮

秋租绢一尺四寸二分七厘二丝

一　收地八亩三分系万历十二年买到本甲下余尚些户田土名山羊西
四至地

（以下格式相同，分别登载万历十一年至二十年买入地的各笔交易，共 57 笔，从略。）

山一则山四十一亩四分五厘三毫

夏税丝一两六分六厘五毫九丝

秋粮米七合一勺一抄三撮

秋租绢六分捌毫玖丝

秋租布一寸四厘六毫六丝

一　收山二分系万历十七年买到本甲下余尚些户土名山羊西四至山

（以下格式相同，分别登载万历十一年至二十年买入山的各笔交易，共 26 笔，从略。）

开除

事产

转除田地山三亩九分三厘

夏税丝一两七钱三分三厘一毫一丝

秋粮米三升二合六勺四抄

秋租绢九厘三毫三丝

秋租布二毫五丝

田一则田叁亩五分

夏税丝一两六钱二分八厘六毫六丝

秋粮米三升二合一勺伍抄九撮

秋租绢伍厘一毫六丝

一　推田三亩于万历十七年便与十二都三图二甲下徐朝禛户土名□前坂富来坂

四至田

（以下格式同，共 2 笔交易，从略）

地一　推一则地三分三厘于万历二十年便于本图四甲余炫户土名山头杨家岭

四至地

夏税丝一钱一厘八毫八丝

秋粮米四勺六抄四撮

秋租绢四厘二丝

山一　推一则山一分系万历十八年卖于十四都一图二甲

余九迁户土名连坞山

四至山

（税粮从略）

实在

人口男妇伍口

男子成丁二丁

本身年六十岁

男余德纯即余秀年一拾三岁

妇女大三口

妻徐氏年五十五岁

程氏年肆拾肆岁

男妇毛氏一十四岁

事产

田地山捌顷柒十二亩一分三毫

（税粮从略）

田一则田四顷八亩六分六厘七毫

（税粮从略）

一　本都田三十亩三分八厘

一　十二都田三顷五十五亩八分六厘一毫

一　十三都田二亩七分四厘七毫

一　十四都田一十一亩七分二厘九毫

一　十五都田七亩九分五厘

地一则地二顷九十一亩四分九厘四毫

（税粮从略）

一　本都地五十八亩一分九厘五毫

一　十二都地二顷二十四亩八分五厘七毫

一　十三都地四厘

一　十四都地七亩九分二厘九毫

一　四隔地四分七厘三毫

山一则山一顷七十一亩九分四厘二毫

（税粮从略）

　　　　一　本都山八十五亩五分八厘三毫
　　　　一　十二都山六十一亩二分五厘九毫
　　　　一　十三都山一亩五分
　　　　一　十四都山三分
　　　　一　十五都山三十三亩三分

（现存文书该户记载到此终了）

第五甲

正管

一户余尚些系遂安县拾都上一图民籍轮充万历二十五年分甲首

旧管

　　　　人丁计家男妇伍口
　　　　　　　　男子叁口
　　　　　　　　妇女二口

　　　　事产
　　　　　　　　田地山二十五亩七分六厘七毫原官民田地山今照官民一则均
　　　　　　　　　　　摊派征

（以下从略）

　　　　　　　　民瓦房屋一间
　　　　　　　　民头四牛一头

新收

　　　　人口正收男妇三口
　　　　　　男子不成丁二口
　　　　　　　　男余归宗系万历十年生
　　　　　　　　余三十系万历十四年生
　　　　　　妇女小口一口媳汪氏系娶到开化县六都汪白女

开除

　　　　人口正除男妇三口
　　　　　　　　男子不成丁二口
　　　　　　　　　　男一儿于万历十七年病故
　　　　　　　　　　二儿于万历十六年病故
　　　　　　　　妇女大口一口男妇陈氏于万历十八年出嫁开化县八都汪成
　　　　转除田地山一拾三亩二分六厘

（以下从略）

实在

 人口男妇五口

   男子三口

    成丁一丁本身年四十岁

    不成丁二丁

     男余归宗年一十岁

     余三十年六岁

   妇女二口

    大口一口妻程氏年三十八岁

    小口一口媳汪氏年九岁

 事产

  田地山一十二亩五分七毫

（以下从略）

   民瓦房屋一间

   民头匹牛一头

外府寄庄户

庄户一户汪一银即汪银系衢州府开化县六都民籍

旧管

 人丁无

 事产

  田地山一十一亩六分五厘一毫原民田地山今照一则均摊派征

（以下从略）

新收

 人口正收男子不成丁一口本身年五十六岁

 事产

  转收田地山四十三亩一厘九毫

（以下从略）

开除

 事产

  地一推一则地七分四厘二毫

（以下从略）

实在

　　人口男子不成丁一口本身年五十六岁

　　事产

　　　　田地山伍拾三亩九分二厘八毫

（税粮从略）

　　　　田一则田八亩六分二厘六毫

（税粮从略）

　　该文书现存记载到此终了。如上所示，其所载仅有三户，一户里长户，一户甲首户，一户寄庄户，显然为一残件。但该文书书写格式正规，字迹工整，纸色亦颇为古旧，不似后来抄本，当属原件。如上所述，其封面在题名"万历贰拾年分赋役黄册"之下，明确标识"拾都上壹图伍甲余栓"，而据册内所载，余栓即是拾都上壹图伍甲的排年里长，册内所载另一户甲首亦属伍甲，所以可以看出，该黄册文书并不是州县之类官府之中保存的正式文本，而是当时里甲之下保存的底册。

　　在迄今发现的明代黄册文书之中，作为正式原件，该文书的攒造时间属较早者。它虽为一残件，但所显示的明代黄册攒造格式，以及其中保存的有关土地占有、人口问题等档案资料，仍有极高的研究价值。

（七）天启二年徽州府休宁县二十四都一图五甲黄册草册

　　中国国家博物馆藏。册纵 32 厘米，横 31 厘米。正文册叶有两种，每叶折为双面者 56 叶，计 112 页；另有半叶者 10 面（其中有纸幅不足半叶者），计 10 页，二者合计 122 页。皮纸，墨迹书写。该册封皮是利用几叶废纸纸背粘连而成的。其中第一叶背面实为一份天启元年（1621）的清册供单，上部横题"由山西区二十四都一图六甲人户许威美四柱亲供长单"。其次又有两叶，一叶载有两户攒造格式，另一叶则为一供单残件，二叶互相粘连在一起。这些清册供单和攒造格式，如今当然亦是十分珍贵的黄册文书，而在当时，仅是利用其纸背当封面而装订在该册上，并不是作为该册的正式内容合订在一起的。其中有一件供单残件是倒贴着的，更证明了这一点。

　　该册扉叶第二面写有如下文字："开除　成丁九口　不成丁八口　妇女十口"，字迹潦草。其次一叶，第一面右上部写有："许时习地麦多一勺许言开除总加米一勺"，字迹亦潦草；左上部题"五甲"二字。该叶第二面为正文首页，开头所载文字如下：

正管第五甲
　下户
　一户许元功系直隶徽州府休宁县由山西乡二十四都第一图民籍

在"民籍"之下，原注有一行文字："原充六甲甲首今顶充天启七年分里长"，其中"七"字可看出是由"六"字改成的。这一行文字在册上又被全划掉，右边注有："今顶充黄时沛天启七年分里时沛移入十甲一户带管"（"里"后漏一"长"字），左边注有："黄时沛移入十甲当差。"

其后即以旧管、新收、开除、实在四大项目分别登载该户的人丁事产内容。该册共计登载 28 户。其他各户亦是先分别登载户等、户籍、里甲中的职役（甲首、畸零等），然后即是按四柱式的形式登载其人丁事产内容。各户登载的格式和内容，与上述介绍的黄册文书相同。该册最后亦标有"五甲"二字。

关于这一册籍，孔繁敏和赵金敏两位先生均曾作过介绍与考证。孔氏认为："这本黄册的底稿是天启元年民户所填的供单，天启二年大造时汇成甲册，天启三、四年间添入土地买卖转移的内容，至天启七年后本县清审核查时，又做了一些更动"。而将其定名为"清审黄册"①。而赵氏认为："五甲黄册是大造之年，即天启二年开始编造，成册时间则在天启四年。"并称其为"黄册原本"②。

那么，这本册籍到底是属于哪一种黄册文书呢？

该册籍登载内容的所属时间有以下几种情况。

首先，从该册各户新收与实在项下登记的人口年龄进行推算，则不难看出，该册登载的人口年龄是以天启二年（1622）为准。如许元功户新收项下记有"男克昌，天启元年生"，其实在项下则记"男克昌，年二岁"；许四顺户新收项下记有"男应生，万历四十七年生"，其实在项下则记"男应生，年四岁"；等等。而天启二年（1622）正是黄册大造之年。由

① 孔繁敏：《明代赋役供单与黄册残件辑考》（下），《文献》1993 年第 1 期。
② 赵金敏：《明代黄册的发现与考略》，《中国历史博物馆馆刊》1996 年第 1 期。

此可证明，该册籍所载为天启二年大造黄册的内容。

可是，在该册籍所登载的田土买卖推收中，还有天启三年（1623）、乃至天启四年（1624）的记录。如许元功户开除项下记有："田一则，田一亩八分，土名张充源，于天启三年九月扒入本图本甲许昌荫户下为业"；许天仁户开除项下记有："田一则，田一亩九分六厘，土名黄村等处，于天启四年二月卖与本图十甲黄时有户为业"等等。由此又可看出，该册籍的成册时间不会早于天启四年。

此外，如上所述，在许元功户下还有"今顶充黄时沛天启七年分里时沛移入十甲一户带管"的记载。孔繁敏先生对此作如下断句："今顶充黄时沛，天启七年分里时，沛移入十甲当差带管。"（按，原文"十甲"之后有"一户"二字，孔文漏掉）并据此认为该册籍是"至天启七年后本县清审核查时，又做了一些更动"。查万历《休宁县志》与康熙《休宁县志》，休宁县二十四都的图里在这期间没有变动，并无"分里"之事。其实，这一段原文，是在"里"字之后漏掉了一个"长"字，应作如下断句："今顶充黄时沛天启七年分里〔长〕，时沛移入十甲一户带管"。在这段文字中，虽然出现了"天启七年"字样，但它并不能证明该册籍是在天启七年（1627）或其后成册的。因为按明代黄册的攒造格式规定，当十年大造之际，在下一轮十年之中，谁充哪一年里长，谁当第几甲第几户甲首，都要预先编定，并一一填注于黄册之中，此即所谓黄册的"编次格眼"。某图第一甲排年即充下一轮大造十年的第一年现年里长，第二甲排年则充十年的第二年现年里长，以此类推。例如，前已提及的徽州府休宁县《万历肆拾年大造贰拾柒都伍图黄册底籍》① 即载有："正管第九甲。一户王叙，系直隶徽州府休宁县里仁乡二十七都五图，匠籍，充当万历四十九年分里长。"又如，《万历二十年严州府遂安县十都上一图五甲黄册残件》② 中载："第伍甲。中户一户余栓，系遂安县拾都上壹图，民籍，轮充万历贰拾伍年分里长。"所以，作为二十四都一图五甲的排年里长，则要轮充天启三年至崇祯五年（1623—1632）这轮大造十年的第五年，即天启七年（1627）的现年里长。这在每次大造时就预先排定了的。因此，关于该册籍的最后成册时间，不应从其充当哪一年里长这一记载来看，而应依

---

① 安徽省博物馆藏 2：24527 号。
② 中国国家图书馆藏 14237 号。

该册登载田土推收的最晚年代而定。即，该册籍的最后成册时间当在天启四年（1624）。

　　然而，我们还不能仅据此就认为该册籍仍属于天启二年（1622）这一轮大造黄册之物。因为在明代后期，不少地方已在攒造所谓"递年实征黄册"，休宁县也是如此。那么，在天启四年编成的这一册籍，究竟是属于递年实征黄册呢？还是仍属天启二年的大造黄册呢？因此，还有必要对休宁县天启二年大造黄册的过程作进一步考察。

　　休宁县天启二年黄册的攒造，实际上从天启元年（1621）就开始了。前述与五甲册籍一起保存下来的"天启元年二十四都一图许威美四柱亲供长单"就是一个证明。而在天启元年休宁县的田土买卖文契中亦多写有"今值册年，即行推收"①；"今轮册年，听从本户自行推扒"② 等等。在大造之年的天启二年，休宁县各都图多有为攒造黄册而专门印制的田土买卖推收税票，兹举一例，录其文字如下：

　　　　　　　　　　收　税　票

　　休宁县二十九都十一图奉县主太爷为攒造黄册事，据本都十一图九甲户陈元记户丁□□□，土名九姑冢，难字　　号，田税九分正，于天启二年七月买到本都一图五甲金应龙户丁汝镂、大象等户下。

　　　　　　麦　　　　米
天启二年九月十八日　　册里　朱德源
　　　　　　　　　　　书手　程时平
　　　　　　　　　　　算手　洪佛观③

　　而至天启三年（1623），在休宁县的田土买卖文契中仍写有"今当大造"、"今当册年"等语，如《天启三年休宁张邦萧等卖山赤契》中载："所有税粮，今当册年，听到张澈户下起割，前去认纳，再不另立推单。"④休宁县各都图仍为攒造黄册而印发田土买卖推收税票，例如：

① 《徽州千年契约文书》宋元明编第四卷，《天启元年休宁夏无期卖火佃地赤契》。
② 《徽州千年契约文书》宋元明编第四卷，《天启元年休宁程成国卖菜园赤契》。
③ 《徽州千年契约文书》宋元明编第四卷，《天启二年休宁陈元记收税票》。
④ 《徽州千年契约文书》宋元明编第四卷，《天启三年休宁张邦萧等卖山赤契》。

推　税　票

休宁县三十三都五图遵奉县主爷爷为攒造黄册事，据本都本图十甲户王三益户丁王邦贤，　　都　　图一推殊字号田税壹亩玖分，土名墓林坑栗木坵，万历四十四年十二月卖到本都贰图十甲方泰户丁方永明业户下。

麦　　米

天启三年三月十八日　　　册里　王　廷

书手　王元春

算手　詹　明①

特别是休宁县官府也为攒造黄册而印发了一种推收税票，称为"正堂税票"，其文如下：

正　堂　税　票

休宁县为稽查税契以便推收事，照得民间买卖田产，须于十年编审之际，当官推收，敷罗奉法明开者固多，而贿通私推者不无。今后凡遇推收，俱赴正堂投递税状，各给印票一张，执送本图册里，收验明白，即与推收，不得留难。如无票私推，查出一体重治不贷。须票：

计开

五都一图　甲程忠，收到八都三图胡惟善　则山价贰两肆钱整，已上过税银柒分贰厘整。

天启三年八月二十一日给　　　　文字六百八十九号②

到天启四年（1624），仍可见到休宁县都图为攒造黄册而印发的推收税票，如休宁县《天启四年张如松买山地收税票》③：

---

① 《徽州千年契约文书》宋元明编第四卷，《天启三年休宁王邦贤卖田推税票》。

② 《徽州千年契约文书》宋元明编第四卷，《天启三年休宁县付程忠正堂税票》。

③ 《徽州千年契约文书》宋元明编第四卷，《天启四年张如松买山地收税票》。按，该收税票并未言明其所属州县，但从其所载五都五图的田土字号为"剑"字这一内容，可知其属休宁县。详见中国社会科学院历史研究所所藏《休宁县都图地名字号便览》一书。

收　税　票

五都四图遵奉县主爷爷为攒造黄册事，据本图六甲一户张如松户丁□□□，一收剑字　　号，计地税壹分柒厘整，土名后塘胡罗岭尖；山税捌分陆厘伍毫整，土名儿头毕公山等处，系〔万历〕四十五年八月买到本都五图八甲陈宗声。

麦　　　米

天启四年二月初一日　　　　　册里　程积仁

收字二十九号　　　　　　　　书手　曹玄明

　　　　　　　　　　　　　　算手　孙　盛　　　票

然而，至天启四年（1624）年底，休宁县金大兆卖地赤契中则说：

三都三图立卖契人金大兆，今因粮差缺少，自情愿将承祖续置土名李村，新丈暑字二千二佰五拾号、六拾号、六拾七号、五拾一号、五拾二号，共计五号，共计地税壹亩贰分五厘，共计豆租壹官担。……凭中出卖与五都李　名下为业。……其税粮今因黄册解京，不便推收，原寄卖人户内另有寄税合同为照，候大造之年即便推与买人户内，办纳粮差，并无难阻等情。原有上首来脚归户别契相连，缴付不便。今恐无凭，立此卖契存照。

天启四年十一月二十七日　　　　立卖契人金大兆（押）

　　　　　　　　　　　　　　　　中见人金名阳（押）

　　　　　　　　　　　　　　　　　　叶　香（押）

　　　　　　　　　　　　　　　　　　叶　男（押）

　　　　　　　　　　　　　　　　　　朱　福（押）

　　　　　　　　　　　　　　　代书弟金大章（押）①

该契之上钤有多方"休宁县印"。其中所说"今因黄册解京，不便推收"一语，则十分明确地告诉我们，休宁县天启二年（1622）这轮大造黄册，是在天启四年（1624）完成的。

① 《徽州千年契约文书》宋元明编第四卷，《天启四年休宁金大兆卖地赤契》。

关于休宁县天启二年大造黄册的过程一直延续到天启四年这一点，在现存的其他徽州文书中亦可找到佐证。例如，安徽省博物馆藏《万历至崇祯休宁县二十七都五图三甲朱学源户册底》①这一文书的封面即题："万历肆拾年大造　天启肆年大造　崇祯五年大造　崇祯拾伍年大造　贰拾柒都伍图三甲朱学源户册底"。册内所载部分内容的标题亦是："天启四年清理本户朱学源户下派各人归户册籍"。可见天启二年（1622）一轮黄册大造，在休宁县又称"天启四年大造"。又如，中国社会科学院历史研究所藏《天启二年休宁汪氏收税簿》②的封面题为"天启贰年"，但册内所载却有天启三年（1623）、四年的推收记录等等。

通过以上考察可知，休宁县天启二年一轮黄册大造一直延续到天启四年才最后完成。所以，成册于天启四年的五甲黄册亦当属于天启二年大造黄册之物。

对于休宁县天启二年一轮黄册是在两年以后完成的这一点，赵金敏先生认为："黄册十年一大造，与黄册上登记十年内各户'旧管、新收、开除、实在'的内容，这两个'十年'不是同一概念。黄册上登记的十年间的变化，是指两届黄册'册定'年间的十年（如，'五甲'黄册指万历四十二年至天启四年）并非两届'大造'之间的十年（万历四十年至天启二年）。"③这里提出了关于黄册大造的"两个十年"的概念。即除了两届大造之间的十年之外，还有一个所谓"两届黄册'册定'年间的十年"。按五甲黄册来说，便是指万历四十二年至天启四年（1614—1624）。其根据主要是"黄册上登记十年内各户'旧管、新收、开除、实在'的内容"，即从业户田土买卖的推收年限而得出这一结论。然而，仅依五甲黄册上登载的史实来看，也与赵氏的说法不相符合。诚然，如上所述，该黄册登载的业户田土买卖的推收下限时间是在天启四年（1624），但其上限却不是万历四十二年（1614），而是万历四十一年（1613），如该册许言户的开除项下即记有田一则于"万历四十一年十月"卖出之事。赵氏虽也指出了这一点，但因其"仅一户"，而置之不顾，仍认为"该册年代上限为万历四十二年"。即使按赵氏的说法，从万历四十二年到天启四年（1614—

①　安徽省博物馆藏2：24529号。
②　中国社会科学院历史研究所藏1000222号。
③　赵金敏：《明代黄册的发现与考略》，《中国历史博物馆馆刊》1996年第1期，第80页。

1624）这一期间也并不是十年，乃是十一年，对这一无可争辩的事实，又应如何解释呢？

而且，从明代有关黄册攒造的规定来看，也绝无"两个十年"之说。如前所述，明王朝从洪武时期正式实行黄册制度伊始，就明确规定，每次大造黄册，不论是各里里册，还是司府州县总册，"俱限年终进呈"①，即必须在大造之年年终完成。此后成为定制，每次大造都加以重申。如正德十五年（1520）题准为"严限大造黄册"事中说："仰惟祖宗立法定制，凡天下户口事产，皆以籍册为定，每十年攒造一次，定限当年终解送到湖。"② 再如，嘉靖三十七年（1558）又重申："凡十年一造黄册，户口赋役靡不以是为定。其期限，则惟年终造完，类解后湖。"③ "有违限未解者，通行住俸，严限督催。"④ 即使天启二年（1622）这届大造也不例外。史载，天启元年（1621）三月，明朝皇帝为次年大造之事，向南京户科特发下一道敕谕，重申"刻期编造"："兹当十年大造之期，今特命尔严督所属，躬责稽查，参互磨算，专一管理攒造黄册，刻期编造，务将各项弊端，尽行裁革。"⑤ 同年十月，户部又题准为天启二年攒造黄册事，其中说：

> 仍行各抚按责成管册官员，比常倍加严谨，文书到日，即令里书以万历四十年改正黄册为实在，照册抄誊，交与监临官员收掌，以为今次旧管。后取各户亲供，除军民匠灶等户照旧详开外，其余自（至）天启二年为止，或有新报人丁及置买事产，即开于新收项下；或有事故人丁并卖出事产，即列于开除项下，收除既明，总结实在。务使总撒相合，字画明楷，纸张坚白，册本如式。造完之日，依限用印钤封，起解南京户部，转送后湖收查。……过期不完及纸张粉饰不堪者，各官即将俸粮住支，以不职示惩。⑥

---

① 正德《大明会典》卷二一，《户部六·户口二·攒造黄册》，引洪武"二十四年奏准攒造黄册格式"。
② 《后湖志》卷一〇，《事例七》。
③ 同上。
④ 《后湖志》卷首，《敕谕》。
⑤ 同上。
⑥ 《后湖志》卷一〇，《事例七》。

对天启二年（1622）这一届黄册大造，这里不仅严令要"依限"造完，而且也明确规定了田土买卖推收的上下期限：万历四十一年起至天启二年止（1613—1622），其与两届黄册大造之间的期限完全一致，并无"两个十年"之说。

那么，五甲黄册延续两年才攒造完成，对这一点到底应该怎样解释呢？这恰恰是明代黄册制度实行过程中的一种愆期违制现象。原来，明王朝所制定的有关黄册制度的法规，虽可称为至为详密，但其在实行过程中又是另一回事，违制现象频频发生，特别是明中期以后，随着黄册制度的衰败，弊端百出，其中违限推收，过期攒造等，更是常见的现象。如正德五年（1510）南京户科给事中何亮说："道里有远近，文移有迟速，衙门丁粮有繁简，官吏里书有勤惰，法制固为严密，人多习于玩愒，以致黄册造报依限者少，违限者多。"① 又如，万历四年（1576）南京户科等衙门管理黄册给事中王蔚等的题本中，则历数了当时造册误期的一些具体情况：

> 我朝后湖黄册之制，乃民数登藏，诚非细务。每至十年一大攒造，凡旧管、开除、新收、实在等项，无不分明开载，名曰赋役黄册，定限本年以里解湖。本湖该管官员督同应查员役，与上次黄册磨对，如有飞诡埋没等弊，摘驳发回，令其登答改造，定限半年复解后湖，名曰驳语黄册。……臣等奉命督理后湖黄册，查得自嘉靖四十一年至今本湖收过册数，有欠嘉靖四十一年并隆庆六年分赋役黄册者，如广西等处江州等州县；有欠嘉靖四十一年分驳语黄册并隆庆六年分赋役黄册者，如顺天等处郭县等州县；有欠嘉靖四十一年分驳语黄册者，如顺天等处宝坻等州县；有欠隆庆六年分赋役黄册者，如凤阳等处虹县等县；有全册内欠驳回违式数里黄册者，如顺天等处宛平等州县；有欠隆庆六年分司府县总贯黄册者，如徽州等处、芜湖等县。臣等每遇在湖检阅之际，不胜惊骇，以为天下当事臣工，果何所见乃敢故违钦限、且延至十余年尚不造解若是耶？

该题本的最后还说："至于黄册，法令虽重，人皆习为泛常，违误期限，

---

① 《后湖志》卷七，《事例四》。

处处有之。"①

　　而万历十一年（1583）南京户科等衙门管理黄册给事中余懋学等的题本中，则披露了攒造黄册违误期限的一些原因："臣每遇各省直官吏人等间以他事至京，与臣相见，必问其该省黄册完否若何，则或对曰：'故事尔，尚未动头。'又或对曰：'故事也，今方起手。'及询其该省管册之官，则往往又有升迁而去者矣。臣闻人言，不胜惊骇。……黄册不完之弊，其故有四：管册官之以传舍视衙门也，州县委官之贪贿迁延也，南京之威令不行于省直也，法令虽申而当事者未一着实奉行也，而总之则持一故事之心误之也。传舍视衙门，则受任之始便因循以待迁，既迁之后，束文书于高阁，带管者以非专责，代任者以非己事，而黄册遂无完日矣。是故必停管册官之推升而后册可完也。委官贪贿，则查比之际，惟利纸钱之入而□究，册务之完延一日，则得一日之利，延一岁则得一岁之利，里书缘以为奸，黄册因之废搁。是故必惩委官之受贿而后册可完也。"②

　　所以，在明代中后期攒造黄册"违误期限、处处有之"这一背景之下，作为徽州府休宁县天启二年（1622）这轮大造黄册，延至两年以后才造完解京，并不奇怪。

　　那么，五甲黄册是不是明代的"黄册原本"呢？诚然，五甲黄册为明代黄册大造之物。但如前所述，明代大造之际攒造的黄册亦有各种册籍，它又属于哪一种黄册呢？

　　若查看一下这本册籍，首先就会发现，其虽然亦是按明代黄册制度规定的格式攒造的，但书写字迹十分潦草，特别是在册籍上涂抹修改之处比比皆是，几乎每页都有。既以墨笔涂抹正文并在其旁写有修改文字，又用红笔作有批注。既有对人丁、事产内容本身的改动，又有应如何填册的说明。如，"此户余田推入时有"，"此户余田推入时润户收"，"此旧管米总多了五合"，"此二行或重，候问"，等等。只要与明代黄册制度中有关造册的规定，以及前面介绍的黄册文书稍加对比，就可知这类文字在明代黄册的正式册籍上显然不会出现。

　　其次，从其批注文字则可看出，该册是在"奉县清审"之后编造的。如在许元功户之后，附有黄时潮、黄时有、黄时润三户，其下注有："原

---

　　①　《后湖志》卷一〇，《事例七》。

　　②　同上。

在本甲当差，奉县清审，告明移入本图十甲下当差。"在许有金户实在项下记有："男子不成丁一口，本身年十四岁。前册误报年甲，今奉县审改正。"许辅善户实在项下记有："本身年三十一岁，前册漏报年甲，今查改正。"又，在各户的每一笔田土收除项下，其田土面积与应纳税粮，多钤有"对同"或"查清"的红色印戳，等等。其清审内容，既有对人丁事产的清查与改正，又有对里甲组织的调整。

而从其某些批语中，则明显可以看出，该册实际上是为了填写正式册籍而预先编拟的一个草稿。如其中批有："此二色并作一色写正"，"此二色并作一色写册"，"后有山一色写册，记加山税山一分五厘"，"此实在总皆不可填"，"系奉手本推者待说明再填"等等。那么，这里所说的"正"或"册"等，又是指什么册籍呢？有一条批注则说得很明确："仍要改总，拟正册加道浩一色地"。所以，其所谓"正"或"册"，即是指黄册的正册而言，该五甲黄册即是相对于正册的草册。此外，在该册籍中，每隔若干行其下即作一记号，并依次注有多少张，或多少叶，如"一张"、"二张"、"三张"，……"四十叶"、"四十一叶"，最后直至八十叶。这显然是为了填写正册而划分的用纸叶数。

如前所述，明代记载黄册制度的文献中，亦有关于黄册草册与正册的记载，这里再引一则，如正德五年（1510）南京户科给事中何亮奏准为大造赋役黄册事中说："各该掌印提调官员，各要用心严督里书人等，预先照旧册开除、新收，取各户亲供扣算明白，先算草册，查对无差，用洁白坚厚纸劄，方造正册。"① 所以，草册即是为攒造正册而预先编拟的草稿，是相对于正册而言的。草册亦是明代大造黄册之际普遍攒造的一种册籍。草册也不同于底册。黄册底册，或称底籍，作为正册的副本，在内容上与正册当无区别。而草册，从形式到内容都与正册有所区别。如五甲黄册这一草册，其虽是"奉县清审"之后编造的，但从前引"此实在总皆不可填"、"仍要改总"等许多批语中，则可看出，其内容与以后填写的正册仍有所不同。

总之，上述种种事实表明，五甲黄册还不是明代黄册制度所攒造的正式文本。如果给五甲黄册定名，当以"天启徽州府休宁县二十四都一图五甲黄册草册"为宜。

---

① 《后湖志》卷七，《事例四》。

（八）崇祯五年徽州府休宁县十八都九图黄册残篇

中国历史博物馆藏。册纵 32 厘米，横 31 厘米。皮纸墨书。连皮计 76 页，正文计 74 页。对该文书，赵金敏先生亦作了介绍与考证，并认为该黄册也是一本"明代黄册原本"①。

该册所载以户为中心。各户登载格式和内容，也与明代黄册制度的有关规定相符。每户先登户等、户主姓名、户籍；有的户亦注明其在里甲中的职役，如"正管户"或"畸零带管户"等。其次即按旧管、新收、开除、实在四大项，分别登载其人丁事产内容。赵氏指出，该黄册的所属地点是徽州府休宁县由山东乡十八都十图十甲，其开始攒造时间是崇祯五年②。

根据该文书所载内容和有关资料，可知该文书的所属地点确为休宁县十八都，但其所在图甲并非十图十甲，而是九图十甲。安徽省图书馆藏《休宁县都图里役备览》③ 及《休宁县新丈都图字号乡村地名便览》④，都载有明末清初休宁县十八都九图各甲排年里长姓名，原文如下（竖写）：

十八都九图	一甲	二甲	三甲	四甲	五甲	六甲	七甲	八甲	九甲	十甲
	邵万兴	程魁焕	孙世焕	汪世兴	胡玘昌	汪大富	汪义成	陈海进	曹盛象	邵永兴

该册籍第四十二页所载"正管第拾甲　下户　一户邵永兴"，与上引资料的记载完全相符，并可知邵永兴即是九图第十甲的排年里长。此外，该黄册中各户田土买卖推收事项下所载"本图一甲邵万兴户"（第十七页）、"本图四甲汪世昌户"（第六十一页）、"本图五甲胡玘富户"（第六十八页）、"本图七甲汪义进户"（第四十四页），以及"本都六图一甲徐尚义

---

① 赵金敏：《明代黄册的发现与考略》，《中国历史博物馆馆刊》1996 年第 1 期。

② 同上。

③ 安徽省图书馆藏 2：30710 号。

④ 安徽省图书馆藏 2：38589 号。

户"（第八页）、"本都八图三甲邵岳户"（第四十三页）、"本都十图四甲程文钦户"（第五十三页）、"本都十一图七甲戴寄亨户"（第四十六页）等等，都与《休宁县都图里役备览》等资料中的记载完全相符。所以，该黄册的所在地点为十八都九图十甲乃确定无疑。诚如赵金敏先生指出的，该黄册中凡属同都、同图或同甲者，均称本都、本图或本甲。然而，其所载"本都十图十甲戴六十户"（第十四页）、"本都十图十甲吴光户"（第五十七页）等，皆不称本图本甲，可知十图十甲不是该黄册的所在地点。

又，如果我们查阅一下该文书，就会发现种种证据，表明它也不是明代黄册大造之年所攒造的正式文本。

该册封面为单面黄色脆竹纸，与后面册页所用皮纸不同；其上题"崇祯户口官册"，字迹潦草，亦与册页内书写的笔迹不同。可看出封面是后加的。

其各册页用纸也不统一。其中有用每叶折成双面者，计26叶，52面（52页）；又有用单面者，计22页（其中纸幅不足一页者共3页）。赵氏说："该黄册中，每户首页均用单页纸，凡加页者，则用双页（叶）纸。"① 其实不然，如第二十二页、二十七页、五十页、五十六页等，均不是每户首页，但亦用单页纸。

该册之中各户首页所列的黄册登载项目名称，如"下户"、"一户"、"旧管"、"人丁计家男妇"、"男子"、"妇女"、"事产"、"民"、"夏税麦正耗"、"秋粮米正耗"等，这些文字多为刻印，而各项目之下的具体内容才是墨笔填写。但其他各页的登载格式，不论项目名称，还是登载的具体内容，则全为墨笔书写，并不统一。例如，同是"夏税麦正耗"、"秋粮米正耗"这两个项目，在各户首页多为刻印，而在其他页则为墨书。这种登载格式也不完全统一。其中有的户首页亦全为墨笔填写；而有的户除了首页之外也有项目名称是刻印的。

该文书一些册页之间还钤有骑缝官印，印文为"休宁县印"。前已叙及，从有关明代黄册的文献记载之中，可知当时攒造的上缴户部的里册即正册之中，各页之间是钤有骑缝印的②。那么，里中保存的底册是否也钤有官印？有关文献并无明确记载。从现今保存的明代鱼鳞册来看，当时一

① 赵金敏：《明代黄册的发现与考略》，《中国历史博物馆馆刊》1996年第1期。
② 《后湖志》卷五，《事例二》。

些图保的鱼鳞册亦多钤有官印。所以，明代里中保存的黄册正式底册中亦当有钤官印者。这一钤有官印的里中黄册实物即是证明。在遗存至今的明代黄册文书中，迄今发现其上钤有官印者极少①。因此，这是十分珍贵的。

但是，查阅该册，却发现其中只有少数册页之间钤有骑缝印。在全册70余页之中，只有28页上钤盖了印文（按，这28页并不完全连续）。其次，在钤盖印文的册页中又出现几种不同情况。一是与一般骑缝印的钤盖情况相同，即相邻两页之间钤有一方全印，每页各留半印，该册共钤全印11方，计22页；一是相邻两页之间只有其中一页留有半印，另一页则无印文，这种情况共有6页。这又应如何解释呢？相邻两页之间只有半个印文，则失去了骑缝印的意义和作用，实际上不可能这样做；而且从技术上讲这也不可能是在该册造完装订好之后钤盖上去的。若再观察一下那些钤有一方全印的印文，其中又有几方印文，如第44页与第45页，第50页与第51页，其相邻两个半印对在一起，并不是一个正方形的全印，而成一个不等边又不规则的四边形，这一点看得十分明显。这只能解释为，该方印文不是在这一册籍装订好之后钤盖上去的，而是在这之前分别钤盖的，这两页原先并不相连，而是后来把带有不同半个印文的两页拼接起来的。再联系到该册籍只有少数册页上钤有印文，所以可以确定，该册籍是利用了钤有骑缝印的旧册籍的部分册页，并增补了许多新的册页而攒造的。此外，该册籍各页骑缝之处，在现今纸捻穿孔以外，还明显地残留着许多过去的穿孔痕迹，证明这些册页曾多次被重新装订过。

再从其内容来看，登载于现存册籍上的第一户是："下户 一户叶进和 匠（籍）"，人丁三口，事产全无。其人丁年龄分别为："本身年一百三十四岁，男付春九十三岁"，"嫂程氏一百五十五岁"。实际上这是一户绝户。如前所述，按明代黄册制度的规定，黄册中各户的登载顺序先后是以丁粮多少为序，载于黄册中各甲第一户的即是该甲排年里长，其人丁事产一般也是该甲中最多的一户。前面介绍的各黄册文书中的登载情况也证实了这一点。但现存册中第一户却为一绝户，而作为十甲排年的里长户邵永兴却载于册中第42页，这是根本不合明代黄册制度的。

又，根据该册所载及有关文献资料，可知册中绝大多数人户的所属都

---

① 中国国家图书馆藏有一本《休宁县户口档册》（后来题名），实为明崇祯休宁县黄册。该册字迹潦草，攒造粗糙，但其上亦钤有"休宁县印"。该册为一残册，破损严重，目前不能阅读。

图是徽州府休宁县十八都九图十甲。但其中也有十甲以外的人户。如该册第 38 页所载鲍尚宝户，关于其所属都图，在该册第 51 页鲍相户的新收项下载有："田一亩四分，土名呈子充，系天启四年六月买到本图九甲鲍尚宝户"，第 52 页又载："塘五厘，土名门口塘，系天启四年六月买到本图九甲鲍尚宝户"，证明鲍尚宝户属九甲人户，并非十甲人户。

综上所述，该黄册中的某些册页上钤有官印，实属珍贵；然而，各种证据又表明，它并不是明代大造时所攒造的黄册原本，而是后来被重新改造与装订过的一个残篇。

（九）崇祯十五年徽州府休宁县二十五都三图二甲黄册底籍

中国国家博物馆藏。册纵 29 厘米，横 28 厘米。封面为厚皮纸，已残破，左部题"二十五都三图二甲黄册底籍"。册页均为皮纸，墨笔书写，字迹工整。扉叶第一面题"二十五都三图二甲册底"。现存全册计 41 叶，每叶双面，计 82 页；正文 75 页，后残缺。正文从第三叶第二面开始，首题"正管第二甲"。以下即以户为单位，分旧管、新收、开除、实在四大项目，载人丁事产内容。所载格式与其他黄册文书相同。

该黄册底籍虽已载明都图，但其所属州县不明。即，册籍上所题"二十五都三图二甲"，又属于哪一个州县呢？据《休宁县新丈都图字号乡村地名便览》①所载资料，二十五都三图二甲的排年里长是"李秉政"；而该册首载："正管第二甲一户李秉正"，二者当是一人。所以，该册的所属州县即是休宁县。

从各户新收和实在项下所载人口年龄，即可推算出该册的攒造年代。如该册李士仁户"新收"项下载："人口正收男子不成丁一口，本身系崇祯十三年生"；其"实在"项下则载"不成丁一口，本身年三岁"，可推算出该册是在崇祯十五年（1642）攒造的。又如，汪玘法户"新收"项下载："人口正收男子不成丁一口，弟冬九系崇祯十四年生"；其实在项下则载"不成丁一口，弟冬九年二岁"，亦说明该册是在崇祯十五年攒造的。

然而，该册所载各户田土买卖时间之中，又出现崇祯十六年（1643）、崇祯十七年（1644）的记载。对此以及上述（七）、（八）两本黄册，赵金敏先生均用所谓攒造黄册的"两个十年"之说解释："三本甲册表明，

① 安徽省图书馆藏 2：38589 号。

黄册造册时间均在大造之年，成册时间则在大造之后二年，黄册上所记载的'十年'间人丁增减、土地买卖的变化，应是上届大造后二年至本届大造后二年间的'十年'，即两届所造黄册成册之年相距的'十年'。因此，可以说'十年'有两种含义，其一，两届大造间的'十年'。其二，两届黄册册成之间的十年。而后者才是黄册所载人丁、田土十年变化的真正年份。"① 前文已有考证，关于这种在大造之后二年成册的现象，明代黄册制度从来无此规定，它也无规律可循。在明代中后期攒造黄册"违误期限，处处有之"的背景下，这种现象的出现并不奇怪。而所谓黄册上所载人丁事产的变化时间，是另外一个十年，即所谓"两届黄册册成之间的十年"，这既不合黄册制度规定，也与史实不符。即使从这三本黄册来看，其登载的各户田土买卖推收期限，也不是整整十年。前已指出，《天启二年徽州府休宁县二十四都一图五甲黄册草册》的实际推收期限是在十一年以上。又如，前述《崇祯五年徽州府休宁县十八都九图黄册残篇》中，其实际推收期限也超过了十一年。该册中记载的各户田土买卖时间下限确为崇祯七年（1634），可以说是崇祯五年（1632）大造的后二年，若按"两个十年"之说，其上限当由崇祯七年上推十年，即在天启五年（1625）。但该册中所载各户的田土买卖时间中却多有天启五年以前的记录。天启四年的已不必说，甚至还有天启三年（该册第 33 页）、天启二年（该册第 61 页），乃至万历四十五年（该册第 68 页）、万历四十一年（该册第 33 页）的记录。如该册程孟长户新收项下即载："一则山二厘五毫，土名里山，系万历四十一年九月买到本图四甲汪三元户"，等等。此外，在《崇祯六年休宁程富祥买地收税票》② 中，还载有下述文字："休宁县二十八都八图遵奉县主太爷明示，每年税契济饷银壹万两，随买随税，逐年推收，攒造黄册事。"可见当时在非大造之年，仍进行推收攒造黄册，乃是与明末三饷加派这一特殊的历史背景密切相关。总之，"两个十年"之说是难以成立的。

（十）天启元年徽州府休宁县二十四都一图六甲许威美供单

中国国家博物馆藏。纵 30.5 厘米，横 44 厘米。单页皮纸。木版刻印乌

---

① 赵金敏：《明代黄册的发现与考略》，《中国历史博物馆馆刊》1996 年第 1 期，第 83 页。
② 《徽州千年契约文书》宋元明编第四卷。

丝界栏。墨书填写。全叶 24 栏。中缝有 "休宁县正堂刊印" 七字，印于单鱼尾之上。顶部为一横栏，其文字是 "由山西区二十四都一图六甲人户许威美四柱亲供长单"，其中 "区 都 图 甲人户 四柱亲供长单" 等字均为刻印字体。其余为墨迹填写。供单内分 "旧管"、"新收"、"开除"、"实在" 四大项，即所谓四柱式，分别登载该户的人丁事产内容。其格式与黄册所载相同。

前已叙及，该供单现与《天启二年徽州府休宁县二十四都一图五甲黄册草册》订在一起，当时是利用其纸背作封面而装订在该册上的。尽管如此，该供单乃是遗留至今保存较为完整的少数几份明代清册供单之一，所以仍十分珍贵。

此外，与该供单一起，还有另一件供单残件装订在同一黄册上，亦为 "休宁县正堂刊印"。但残缺严重，难以定名。

上述两件供单赵金敏先生已作了详细介绍与考证①，此不赘述。

（十一）崇祯十四年祁门洪公寿户清册供单②

中国社会科学院历史研究所藏。册纵 30 厘米，横 23 厘米。皮纸。全册连皮计 10 页，正文 7 页。封面左部刻印 "清册供单" 四个大字，中上部又题有 "崇祯十四年洪公寿户手状底" 一行字。册页均刻印乌丝栏，每叶双面，每面十二行。乌丝栏中有预先刻印的文字、填写格式及项目名称。供单首列徽州府祁门县为清册供单事而发的一个告文，次为应填写的供单正文。为与黄册内容作一对比，兹摘引该供单原文如下：

> 直隶徽州府祁门县为清册供单事，照得本县今当大造，例有亲供首状，开具管、收、除、在数目。虽递年陆续过割，总合十年积算，应以上届黄册实在之数为今番旧管，其以后递年置买产业，不论已收未收，总为新收。今照旧例，设立清册供单，每户先开旧管人丁若干，田地山塘若干，米麦若干，次开新收若干，开除若干。该图册书亲执供单，挨次令人户自行填注明白，送县以凭给付册书汇造黄册。其收除务要□行散开，以便清察税契。其新收数〔目〕悉照文契，开

---

① 赵金敏：《明代黄册的发现与考略》，《中国历史博物馆馆刊》1996 年第 1 期。
② 《徽州千年契约文书》宋元明编第一〇卷。

除数目悉照新收。如无契擅收，或收数增减不依原契，及有收无推、有推无收混造投递者，定行重究。如册书不依期送单，人户不依期填写者，并究不贷。

计开　伍都　图

正管第叁甲

一户洪公寿系直隶徽州府祁门县伍都　图　籍轮充崇祯拾柒年分

旧管

　　　　人丁计家男妇　肆　口

　　　　　　　男子　叁　口

　　　　　　　妇女　壹　口

　　　　事产

　　　　田地山塘叁拾壹亩肆分玖厘柒丝捌忽

　　　　　　　夏税麦陆斗肆升肆合壹勺

　　　　　　　秋粮米壹石伍斗叁升玖合

　　　　　田贰拾壹亩伍分柒厘伍毫

　　　　　　　夏税麦肆斗肆升壹合叁勺

　　　　　　　秋粮米壹石壹斗伍升肆合贰勺

　　　　　地柒亩壹分捌厘肆毫叁丝

　　　　　　　夏税麦壹斗肆升陆合玖勺

　　　　　　　秋粮米贰斗叁升陆勺

　　　　　山无

　　　　　　　夏税麦

　　　　　　　秋粮米

　　　　　塘贰亩柒分叁厘壹毫肆丝捌忽

　　　　　　　夏税麦伍升伍合玖勺

　　　　　　　秋粮米壹斗肆升陆合壹勺

　　　　民草房叁间

　　　　民　牛　头无

　新收无

　　　　人丁事产无

　开除

　　　　人丁事产无

实在

人丁男妇肆口

男子成丁叁口

本身年肆拾柒岁

弟天道年肆拾伍岁

男大兴年壹拾陆岁

妇女大口壹口

妻程氏年肆拾伍岁

田地塘叁拾壹亩肆分玖厘柒丝捌忽

夏税麦陆斗肆升肆合壹勺

秋粮米壹石伍斗叁升玖勺

田贰拾壹亩伍分柒厘伍毫

夏税麦肆斗肆升壹合叁勺

秋粮米壹石壹斗伍升肆合贰勺

一　本都田玖亩贰分肆厘捌毫玖丝

夏税麦壹斗捌升玖合壹勺柒抄

秋粮米肆斗玖升肆合捌勺壹抄

一　八都田柒亩肆分壹厘叁毫壹丝

夏税麦壹斗伍升壹合陆勺贰抄

秋粮米叁斗玖升陆合陆勺

（以下格式同，从略）

地柒亩壹分捌厘肆毫叁丝

夏税麦壹斗肆升陆合玖勺

秋粮米贰斗叁升陆勺

一　本都地壹亩肆分壹厘伍毫

夏税麦贰升捌合玖勺肆抄

秋粮米肆升伍合肆勺贰抄

一　东都地伍亩伍分陆厘贰毫玖丝

夏税麦壹斗壹升叁合柒〔勺〕捌抄

秋粮米壹斗柒升捌合伍勺柒抄

（以下格式同，从略）

塘贰亩柒分叁厘壹毫肆丝捌忽

夏税麦伍升伍合玖勺

秋粮米壹斗肆升陆合壹勺

一　本都塘贰陆分柒厘肆毫肆丝捌忽

夏税麦伍升肆合柒勺

秋粮米壹斗肆升叁合捌抄

一　九都塘伍厘柒毫

夏税麦壹合壹勺陆抄五

秋粮米叁合贰抄

民草房叁间

如前所述，大造黄册之际，一开始各户均须依式填写清册供单，此乃大造黄册的一个首要步骤。清册供单即是攒造黄册的最基本的依据，为黄册攒造的基础。从这一清册供单来看，与黄册相比，二者所载格式和内容几乎完全相同。又可看出，清册供单是预先由官府按照"一户定式"刻版印刷，发给每户填写的。这与有关文献记载可互相印证。该件文书，是迄今发现惟一一件作为清册供单的正式文本而又完整地被保存下来，弥足珍贵。

（十二）黄册归户底籍

黄册归户底籍，现存有黄册田亩税粮归户册底和黄册分析归户册底等，均是依据官府正式黄册所载而编立的私家册籍。

上海图书馆藏《万历徽州府祁门县吴自祥户黄册归户册底》[①]，一册，册纵 33 厘米，横 26.5 厘米，厚约 1 厘米。皮纸。墨迹抄本。原封面已佚，现存封面系后来加装，无题识。未写明所属地点。按册内所载，多次出现"东都"、"西都"字样。明清徽州六县之中只有祁门县设有"十东都"、"十西都"，可知该册所属地点为祁门县。该册之中还夹有田土买卖白契和推单各一张，由其所载可知"十一都吴元陶"等本是吴自祥的同族。又，册中对吴自祥户的所在地田土标明为"一保罪字"、"二保周字"、"四保商字"、"五保汤字"，这些都是明代祁门县十一都的鱼鳞图册经理字号。所以，该册吴自祥户的所属地点为祁门县十一都。现存册自首叶起其所载

---

① 　上海图书馆藏 563298 号，馆题"万历二十年黄册壬辰"。

内容如下：

> 万历贰拾年黄册壬辰
> 吴自祥户
> 　　实在
> 　　　　田地山塘
> 　　　　　　户总　麦贰石柒斗贰升叁合叁勺
> 　　　　　　　　　米陆石伍斗捌合陆勺
> 　　　　　任叔侄
> 　　　　　　　　　麦捌斗贰升肆合陆勺
> 　　　　　　　　　米壹石柒斗伍升贰合肆勺
> 　　　　　凤　公
> 　　　　　　　　　（前　残）贰勺
> 　　　　　　　　　米肆升捌合壹勺
> 　　　　　自期边
> 　　　　　　　　　麦贰升贰合柒勺
> 　　　　　　　　　米叁升陆合玖勺
> 　　　　　文纪边
> 　　　　　　　　　麦肆斗叁升柒合柒勺
> 　　　　　　　　　米壹石壹斗贰升肆合壹勺
> 　　　　　文纬边
> 　　　　　　　　　麦肆斗壹升肆合叁勺
> 　　　　　　　　　米壹石玖斗肆合肆勺
> 　　　　　自达边　旧管无
> 　　　　新收（以下略）

这里所载"任叔侄"、"凤公"、"自期"、"文纪"等，即是吴自祥户下所属各子户名称。其后仍按黄册四柱式，录有该户万历二十年、万历三十年、万历四十年黄册所载人丁与事产各项内容，但与正式黄册略有不同的是，在其各笔开除和新收田土细目之上，都分别另注有"达"、"纬"、"凤公"包括"元宵会"等子户名称；此外，其后又对各子户分别按四柱式，单列其归户人丁事产各项内容。可以看出，这种归户黄册，实际上就是一些包含有众多子户的人户，将黄册上所载田亩及其总户税粮，分摊于其下各子户的田亩与税粮归户册。安徽省博物馆藏《万历至崇祯休宁二十七都五图三甲朱学源户册底》，亦与该册同属一类（详见本书第十一章）。

上海图书馆藏另一册籍《嘉靖徽州府歙县程玄信黄册析户册底》①，一册，册纵 28.5 厘米，横 26.2 厘米，厚约 0.5 厘米。皮纸。墨迹抄本。残本，现存计 26 叶，最后 5 叶破损严重。原封面仅残存有"……靖四十一年黄……"字样，所属地点已不明确。按册内所载，其地点为二十三都十图，鱼鳞图册经理字号为"声"字。据现存文献和其他文书资料所载②，可知明嘉靖时歙县二十三都十保的田土经理字号即是"声"字。册内又载"二十三都十四图"，"七都十图"等，亦与当时歙县的都图编制相符。此外，册中所载田土税额均有"丝"即丝绢这一科目，这也是徽州六县之中歙县所独有的。由以上这些，可判断该册的所属地点为明代徽州府歙县二十三都。该册首载：

皇明嘉靖四十一年分黄册程玄信与弟程节等分析归户。
一户程玄信，系廿三都十图民籍，原与弟程节即世瞻并伊堂弟程鹏、文保共户，各曩年深，人丁繁众。今遇大造，瞻等奉例告蒙抚院，准分本都十四图，即于玄信户内该瞻等田土，眼同逐一查明，扒入新图，与瞻、鹏、保等立户当差。其玄信与弟玄仁并侄廷桂、廷枝、廷槐等，仍在旧图当差无异。今将先册实在田土各人分受数目开列于后。
旧管
事产
　　民田地山塘柒亩伍分捌厘柒毫
　　　　麦一斗四升五合七勺　　　丝二两三钱二分二厘八毫
　　　　米三斗二升一合
　　田贰亩伍分叁厘壹毫
　　　　麦伍升四合一勺　　　丝一两一分二厘四毫
　　　　米一斗三升五合三勺
　　程节分下　　　该田壹亩伍分贰厘柒毫

　　　　程鹏分下　　　　该田壹亩肆毫

　　　地叁亩贰分柒厘陆毫

　　　　　　　　麦七升一勺　　　丝一两三钱一分〇四毫

　　　　　　　米一斗一升七合八勺

　　　　程节分下　　该地壹亩贰分玖厘叁毫叁丝

　　　　程鹏分下　　该地壹亩伍分壹厘陆毫叁丝

　　　　文保分下　　该地柒厘贰毫伍丝

　　　　玄信分下　　该地贰分贰厘肆毫贰丝

　　　　玄仁分下　　该地壹分柒厘

　　　　　　　（以下略）

　　民房屋瓦房贰间

　　　今将节等分下扣除地山壹厘捌毫伍丝存在旧图转除入本都

　　　　内声字六十六号内住地肆毫　程简出　　入本都十图程长华

　　　　声字三十二号里窑山壹厘　查出壹厘贰毫　程节出　　入本

　　　　　　都七图许文敬

　　　（以下略）

　　一程玄信户内总除民田土陆亩捌分玖厘捌毫扒入本都十四图与弟程

　　　　世瞻户下同伊弟程鹏文保等立户当差

　　　　计开除　　下田贰亩伍分叁厘壹毫

　　　　　　　地贰亩玖分叁厘柒毫

　　　　　　　　下地贰亩柒分玖厘叁毫

　　　　　　　山脚地陆厘伍毫

　　　　　　　下等地柒厘玖毫

　　　　　　地山壹亩叁分叁厘

　　　　　　塘壹分

　　一户程世瞻　　系二十三都十四图民籍原与本都十图兄程玄信共户

　　　　各爨年深奉例告分本图依产当差充嘉靖四十一年

　　　　里长

　　　新收

　　　　人口二口

　　　　　正收男子成丁壹口　　本身系收原图丁口

　　　　　转收妇女大壹口　　妻王氏系娶到本都六图王虎女

事产

转收民田土壹拾亩玖分贰厘玖毫

麦二斗一升八合六勺　　丝三两六钱八分六厘

米四斗八升九合

田伍亩七厘伍毫

麦一斗八合七勺　丝二两〇三分

米二斗七升一合五勺

本都十图内下田贰亩伍分叁厘壹毫　土名勋冲　分受程玄信

麦五升四合二勺　丝一两一分二厘四毫

米一斗三升五合四勺

（以下略）

该册所载主要内容为两大部分。前一部分为程玄信与弟程节即世瞻等，对嘉靖四十一年黄册旧管事产的分析情况，后一部分即是程世瞻等在新立户之后，于嘉靖四十一年黄册和隆庆六年黄册所载人丁事产的归户情况。与前一种册籍相比，黄册田亩税粮归户册，乃是将黄册所载田亩税粮，在本户所属各子户下进行归户；而黄册分析归户册，则是当出现正式告明立户之际，在新老各户之间对黄册所载人丁事产进行分析归户。二者实质上都是对黄册所载人丁事产进行再分析归户，其区别主要在于有没有正式立户。至明代中后期，黄册所载有相当一部分人户，其各户之下早已分爨析产，而包含着数量不等的经济上各自独立的子户。正如前引文书中所言："各爨年深，人丁繁众"。当黄册大造之际，其正式告明立户者自然要对原册所载人丁事产进行分析归户；而未正式告明立户者，其册上所载通户税粮，也必须按田亩多少归到各子户身上，黄册税粮之征才能落实。各种黄册归户底籍的出现有其必然性。其对于了解当时人户的实际构成形态与经济结构等，无疑具有重要价值。

五　相关遗存文书

黄册制度，作为明代户籍与赋役的基本制度，除了每次大造攒造一系列黄册文书之外，在其实行过程中，还同时置立有其他文书。这些相关文书在徽州文书之中亦有不少遗存，其无疑也是研究明代黄册的宝贵资料。

兹将与明代黄册相关的遗存文书，类举如下。

（一）立户状文和信票

按明代黄册制度规定，军、匠等籍人户皆不许分户，惟民户许有条件地分户，另立户籍。其条件之一，就是编入正图，立户当差。为此，凡另立户籍者，必须事先向官府告状申请，经官府批准后，发给有关文书凭证，编入某图某甲，方准另立户籍。关于明代立户的告状申文，安徽省博物馆藏有数份，仅举其一：

> 告状人朱进禄，年二十四岁，告为遵示立户事，身系十二都一图三甲下续置田产，计粮九斗零。今遵明示，情愿承丁立户当差，恳给票照，上告县主爷爷施行。
> 　　　准（县批）
> 万历拾九年十月初八日　告状人　朱进禄
> （县衙批示）
> 　　直隶徽州府休宁县为立户事，据本县十二都一图朱进禄
> 状告前事云云，据此拟合就行。为此：
> 一　立案。
> 一　给票发该图册里书算。
> 万历十九年十一月
> 初四日（钤"休宁县印"）
> 　　　知县祝（押）　　县丞杨　　主簿鲜
> 　　　　　　　　　　　　　　　　典史周
> 　　　　　　　　　　　　　　　　司吏
> 　　　　　　　　　　　　　　　　典吏项梦龙①

难得的是，当时发给朱进禄的立户"信票"也被保存下来，现藏中国社会科学院历史研究所（参见图版九）。该文书纵 34.5 厘米，横 33 厘米，单页皮纸，雕版印刷海水纹四框，顶部横栏刻印"信票"两个大字。件内多数文字系刻版印刷，少数文字为墨笔填写。上钤"休宁县印"，另有半

---

① 安徽省博物馆藏 2：16654 号。

印勘合字号。全文如下：

信　票

　　休宁县为立户事，据本县十二都一图朱进禄状告前事，词称身系本图三甲下续置田产，计粮九斗有零，令遵明示，情愿承丁立户当差，恳给票照等情。据此拟合就行，为此票仰该图攒造里书算手，即将告人词内所告事情，查无影射情弊，准令立户收税，在于该图三甲下当差，具结回缴查考。如有诡寄花分等弊，许令将票呈缴，以凭拿究。各役毋得刁难。如违，查出一并重究不恕。

须至票者：

　　右仰该图里书算。　　　准此。

万历十九年十一月初四日　　　户

县　行

限完日销①

　　可以看出，当时正式的分籍立户，须经官府批准，并在里甲组织的监督之下进行。明王朝自从建立黄册制度以后，一直实行有限制的、有条件的分户政策。"景泰二年奏准，凡各图人户，有父母俱亡而兄弟多年各爨者；有父母存而兄弟近年各爨者；有先因子幼而招婿，今子长成而婿归宗另爨者；有先无子而乞养异姓子承继，今有亲子而乞养子归宗另爨者，俱准另籍当差。其兄弟各爨者，查照各人户内，如果别无军匠等项役占规避窒碍，自愿分户者，听。如人丁数少，及有军匠等项役占窒碍，仍照旧不许分居。"② 不仅明令军、匠等籍人户不许分户，即使对民户，虽允许分籍，但亦规定了种种限制，如其人丁数少，"仍照旧不许分居"。当时，"各处世族大家，为因军徭论丁论田编派差役，要得花分子户，避重就轻，隐情具状，赴官告开户籍，买嘱里书人等，扶同结勘准行，以致影射差役，靠损小民"。③ 所以，实行有限制的、有条件的分户政策，并对立户分籍者进行审核与监督，主要是为了防止人户花分诡寄，维持里甲组织的稳

①　《徽州千年契约文书》宋元明编第三卷，《万历十九年休宁朱进禄立户信票》。

②　正德《大明会典》卷二一，《户部六·户口二·攒造黄册》。

③　《后湖志》卷八，《事例五》。

定，从而确保以纳粮当差为根本目的的黄册制度的实施。另一方面，黄册制度亦规定："若归并里分有补剩人户，仍拨附近外里分析多余丁口，挨图编造。"① 允许民户立户分籍，也可以说是用以解决里甲人户消乏的一个补充性措施。

（二）田土买卖税契文凭和推收税票

事产为黄册登载的两大内容之一。而在事产之中，又主要是各户拥有的土地财产。明代作为中国封建社会的晚期，土地私有和土地买卖日益发展，各家各户拥有的土地财产经常处于变动之中。这就给力图控制人口与土地的黄册制度之实施造成很大困难。为此，黄册制度规定每十年一大造，并把有关田土买卖的法规与黄册的攒造结合起来。

明初仍承宋元遗制，对土地买卖实行税契制度。洪武元年（1368）颁布的《大明令》中规定："凡典卖田土，过割税粮，各州县置簿附写，正官提调收掌，随即推收，年终通行造册解府。毋令产去税存，与民为害。"② 又令："凡买卖田宅头匹，赴务投税，除正课外，每契本一纸纳工本铜钱四十文。余外不许多取。"③ 在徽州文书中，仍保存有不少明初税契文凭原件。此外，十分难得的是，与税契文凭一起也有一件契本被保存下来，这就是《洪武二十八年祁门谢士云买山地税契文凭》④ 与《洪武二十八年祁门谢士云买山地契本》⑤。前者藏中国社会科学院历史研究所，纵32.5厘米，横33厘米，单页皮纸；后者藏安徽师范大学图书馆，纵27.6厘米，横29.3厘米。兹录二者原文如下：

> 徽州府祁门县税课局，今据谢士云等用价钞壹拾陆贯伍伯文买到同都谢开先等名下山地为业，文契赴局印兑，除已依例收税外，所有文凭须至出给者。
> 　　　右付本人收执。　　　　　准此。
> 　　　　　　　　　　　　　　　　　　　攒典　缺

---

① 《后湖志》卷八，《事例五》。
② 《皇明制书》卷一，《大明令·户令》。
③ 同上。
④ 《徽州千年契约文书》宋元明编第一卷。
⑤ 安徽师范大学图书馆藏。

洪武贰拾捌年贰月拾叁日

税　课　局（押）

　　　　　　户　部　检　会　到

　　律令内一款：诸典卖田地、头疋（匹）等项，赴务投税，除正课外，每契本一纸，纳工本铜钱四十文，余外不许多取，违者治罪。钦此。除钦遵外，议得凡诸人典卖田宅、头匹等项交易，立契了毕，随即赴务投税，依例验价，以三十分中取一，就给官降契本，每一本纳工本铜钱四十文。匿税者笞五十，价物一半没官；于没官物内，以十分为率，三分付告人充赏。如无官降契本，即同匿税。所有契本，须议出给者。

　　今据本县十西都谢士云等用价钞壹拾陆贯伍伯文，买受同都谢开先等名下山地，除收正课外，契本工墨宝钞依例收足。

　　洪武贰拾捌年贰月十三日

户　　部

从这两件文书可以看出，当时买卖田宅牲畜等仍需交纳两项税款，一项是所谓正课，取交易额的三十分之一，完税后发给税契文凭；另一项是交契本工本钱，每本纳铜钱四十文，然后由官降契本。但至明中期以后，官降契本则逐渐被废止，税契文凭亦正式变成契尾（明中期以后土地买卖文契、契尾、推收照会票参见图版十、十一、十二）。如在《弘治五年休宁黄士则买地税契文凭》① 中即正式出现了"契尾"的说法：

　　直隶徽州府休宁县税课局为民情事，今据二十三都黄士则用银贰两买同都胡计祖塘地，见（现）赴局投税印兑，契文依例纳课外，所有契尾须至给者。

　　　　右付本人收执。　　　　准此。

弘治伍年正月十三日　　　　　　　　　　　　攒典　吴　承

局（押）

　　　　　　　　　　　　　　　　　　　　　　契本未降

---

① 《徽州千年契约文书》宋元明编第一卷。

　　为防止官吏贪污作弊，契尾的印刷均须"置立文簿，挨次挂号"①，"其税契尾，须该府填号给发，方免挂漏"②，故契尾又称"号纸"。从刊刷契尾与攒造黄册的关系来看，至少有以下两点值得注意。首先，强调田土买卖必须报官税契，方许推收过割；未经税契者，不许私自过割。如《嘉靖四十一年绩溪张弘立号纸》中言："一契止粘连一尾，仍用县印钤盖，给付买主收执，候造册时里书验明，方许过割。如有故违，依律究治。"③再以《隆庆六年祁门胡深买山契尾》④为例，原件藏中国社会科学院历史研究所，纵34.5厘米，横28厘米，单页皮纸。其文如下：

　　　　直隶徽州府祁门县为税契事，伏睹大明律内一款，凡买田宅不税契者，笞五十，仍追田宅价钱一半入官，钦遵外，隆庆五年九月内奉府帖，为严税契，革侵隐，以杜宿弊事，内开人民未曾税契，有碍推收，查照嘉靖四十一年攒造黄册事例，印刷契尾，每两仍旧纳银贰分，类总解府转解等因，申呈抚按两院详允，每价壹两，照依旧例纳税贰分，刊刷契尾，置立文簿，挨次挂号，赍申印盖，转发用尽，许另申请再给等因，奉此，今据买主报税在官，合行付给，以便推收。如有隐匿，不行报官，及里书私自过割者，查出定如律一体严究不恕。须至出给者：
　　　　一据本县十一都二图胡深，契买到休宁三十一都　图张斑、张元正税荒山，用价银贰两，该税银肆分。
　　　　　　右给付买主胡深收执。　　　　准此。
　　隆庆六年八月初七日给
　　　　　　　　　　　　　　　　　　　　　　司吏胡云凤承
　　契尾（押）

　　该契尾之上有半印勘合字号，并钤祁门县印。田土买卖强调必须报官税契之后，方准推收，不许私自过割，这固然是为了增加税收，充实国课，另一方面更重要的是加强官府对土地的控制。因为田土买卖之际，若

　　① 《徽州千年契约文书》宋元明编第二卷，《隆庆年间绩溪县号纸》。
　　② 《徽州千年契约文书》宋元明编第三卷，《万历九年歙县胡弘契尾》。
　　③ 《徽州千年契约文书》宋元明编第二卷。
　　④ 同上。

不明白推收，影射、飞洒、埋没等种种奸弊随之产生，原报在官的田地便不翼而飞。这是明代报官田土数额减少的一个重要原因。因此，明朝官府则一再申令，买卖田土必须经官税契，明白推收，务不失原额。

其次，为使黄册上登载的田土不失原额，加强管理，明代在全国正式推行黄册制度以后，多数地区即把田土买卖的税契制度与黄册的攒造结合起来，由明初的"随即推收"改为在册年即大造之年进行税契推收，直至明末在大多数地区都是实行这种做法的。万历二十年（1592）南京户科管理黄册给事中郝世科等的奏文中说：

> 天下各府州县，每遇壬年（即大造之年）开局推收造册，民间有置买田地事产等项，例应过割入户。有司拘其文契，不论升合毫厘，片纸只字，俱尽数到官，仍查其契内所载价值多少，在各省直事例不同，有契价一两而税银三分者，有税银四五分者。纳银上官后，各以印信契尾给之。其所收税契银两，随其申报上司，截数起解府司，转解户部，听备边之用。此税契之大略然也。……夫税契之设因于过割，而过割之例因于大造，其大造黄册又必以十年为期也。今各省事体不同，十年一税者十之八九，年年俱税者十之二三。夫年年契税，则必年年推收，乱版册而伪户口，其滋弊亦有不可胜言者，甚非国家画一之制也。①

在徽州地区，也长期实行在大造之年才进行税契过割之制。遗存至今的大量的徽州土地买卖文契中，多有"其税粮候至大造之年，本户自行推入买人户内办纳粮差"②，"其税粮候册年本户推出无阻"③等提法，即是证明。万历二十五年（1597）印发的歙县汪氏置产契尾中，仍申明"大造之时，方准过割推收"④这一规定。不过，至明末天启时，徽州地区的册年推收之制也发生了变化。这从《天启五年休宁程良辅买田契尾》⑤中即可看出：

---

① 《后湖志》卷一〇，《事例七》。
② 《徽州千年契约文书》宋元明编第三卷，《万历二十七年休宁潘廷积卖山赤契》。
③ 《徽州千年契约文书》宋元明编第三卷，《万历三十六年休宁程善应卖地赤契》。
④ 《徽州千年契约文书》宋元明编第三卷，《万历二十五年歙县汪氏买产契尾》。
⑤ 《徽州千年契约文书》宋元明编第四卷。

　　　直隶徽州府为辽饷亏额已多，杂饷久无确数，谨按省定数，按数
　　定期以足饷额事，奉户部颁行辽饷册，开坐派徽州府递年税契银壹万
　　两解部济辽等因，奉此，养（仰）查本府，向系十年大造，方行税
　　契，故上轮于四十八年为始，遵照部文，改用府尾，本府已经颁行格
　　式，发属推收，攒造黄册，今已终局。以后民间置买，若仍照旧例，
　　十年税契，则银每年壹万之数，何从措处？必遵部颁册，开年年税
　　契，方足饷额。为此，合行另置鸳鸯尾式，颁发各属，照式印刷，编
　　立字号，同簿送府请印，转发各属，凡民间置买产业，责令随买随
　　税，每两上纳税银叁分，给票付与该轮册里、书算收执，以候十年大
　　造总汇造册。……

　　这表明，徽州地区在天启五年（1625）前后，因辽饷事田土买卖已由十年
税契改为随买随税。而在同期的土地买卖文契中，也出现了"其税粮奉新
例，随即推入买主户内办纳粮差"①，"其税粮遵奉新例，随即推入买人办
纳粮差"② 等提法，亦证实了这一点。

　　田土买卖除到官府进行税契，而由官府给发税契文凭或契尾之外，在
大造黄册具体实施推收过割时，还置立有一些相关文书。这些文书有推
单、推税票、割税票、收税票、推收照会票等等。

　　推单，一般是为过割税粮而由卖方写立的一种单据，多非印制，就便
用纸墨书，属民间契约性质。如《嘉靖元年王奢卖山推单》③，原件藏中国
社会科学院历史研究所，纵 22 厘米，横 40 厘米，单页皮纸，原文如下：

　　　二十一都王奢，有故父先年将本都九保土名桑园坞山，并上园坦
　　山二处，卖与二十二都王　名下，今奉（逢）大造黄册，将前山两处
　　共壹亩，推入王伦户供解无词。今人少信，立此推单为照。
　　　嘉靖元年二月十五日　　　　立单人王奢（押）　　　　　　　单
　　　　　　　　　　　　　　　　代书兄王表（押）

---

①《徽州千年契约文书》宋元明编第四卷，《天启五年休宁程应佳卖田赤契》。
②《明清徽州社会经济资料丛编》第一集，《天启六年休宁金大傅卖山赤契》。
③《徽州千年契约文书》宋元明编第二卷。

又如《隆庆六年张良玑推单》[①]：

  二十一都张良玑，原将土名墙里基地并屋，价卖与兄张珍名下，夏税秋粮计地伍厘，税粮自卖年起至造册年止并收足讫。其税听到张应时户起割前去，即无阻当。其地屋贰间听从照契管业，即无异说。恐后无凭，立此推单为用。

  隆庆六年十月二十二日　　　　立推单人张良玑（押）　　　　单
          中见人张元庆（押）

  在推单之中，多有"税粮自卖年起至造册年止并收足讫"的说法，这是由于交易之际并非大造之年，税粮尚不能过割，田土虽已卖出，但税粮仍需由卖方缴纳的缘故。

  推税票、割税票、收税票、推收照会票等，多为大造黄册之际由乡都印制的一种票证，亦有县衙印制者，其上钤有县印，属官方性质。推税票或割税票，系由卖方填写的将所卖田土税粮从本户推给买方的票据；收税票，则为买方填写的将所买田土税粮从卖方收入本户的票据。推收税票的印制，主要是为黄册攒造方便，如《天启二年休宁程时乾推税单》[②]：

推　税　票

  休宁县西南隅壹图为攒造黄册事，遵奉县主爷爷明示，验契查册，对明税粮，给付小票推收，以便造册。今据本都本图本甲程时乾户丁□□□，今推二十五都伤字号，土名陈百盐、石垅牛拦坵、程七田，计田税叁亩贰分肆厘整，于万历四十五年二月□□日卖与本都本图本甲程法林户丁程洙户，付票存照，办纳粮差。

             书　刘
  天启二年七月二十九日　　　　　　　册坊　苏
             算　孙
              　憨
  尾字　　　　号契价　　　　　　　　　憨

---

① 《徽州千年契约文书》宋元明编第二卷。
② 《徽州千年契约文书》宋元明编第四卷。

徽州文书中亦保存有州县印制的推收税票，如《万历十九年祁门冯志义割税票》①：

割　税　票

祁门县为黄册事，据　都　图　甲下户丁冯志义，卖与西都　图　甲　户户丁谢□□，该地三厘。已经纳税印契讫，合填印票，给付本人，付该图册书，照票割税，推入本户，造册当差。敢有刁难者，许呈禀重究。须至票者：

万历十九年八月二十五日　　户
县（押）

推税票与收税票，一般多分别印制。但明末也出现了割税票与收税票连在一起的二联推收税票，如《万历四十年祁门谢惟忠户买田割税收税票》②，该件纵32.5厘米，横40厘米，单页皮纸，在同一页纸上并列印有"割税票"与"收税票"，右联为"割税票"，左联为"收税票"，其文如下：

割　税　票

祁门县为黄册事，据西都　图一甲谢法明户户丁大纲、大贤、阿方，卖与西都　图三甲谢惟忠户户丁孟鸾，系　号，土名水大坞上前山三角垆，田税壹亩伍分捌毫陆丝，已经纳税印契讫，合填印票，给付本人，付该图册书，照票割税，推入本户，造册当差。票到，册书查明即割。如敢需索刁难，许鸣锣喊禀，断先拿重责枷号，仍计赃解究。无票不许混推，违者推人〔并册书一体重处不贷〕。

万历四十年十一月二十六日
县（押）

收　税　票

祁门县为黄册事，据西都　　图三甲谢惟忠户户丁孟鸾，买到西都　图一甲谢法明户户丁谢大纲、大贤、阿方，系　号，土名水大

---

① 《徽州千年契约文书》宋元明编第三卷。
② 同上。

坞上前山三角坵，田税壹亩伍分捌毫陆丝，已经纳税印契讫，合填印票，给付本人，付该图册书，照票收入本户，造册当差。票到即收，如敢需索刁难，许鸣锣喊禀，断先拿重责枷号，仍计赃解究。无票不得混收，违者收人并册书一体重处不贷。

万历四十年十一月二十六日

县（押）

（三）攒造黄册合同文约

在现存的徽州文书中，还有一些里甲轮充书役及造册费用摊派等的合同文约，亦不失为研究明代黄册的宝贵资料。兹举中国国家博物馆藏徽州文书中几份攒造黄册合同文约如下。

1. 天启元年祁门叶惟盛等立攒造黄册合同文约

一都三图十排年叶惟盛、黄承顺等，今当大造，轮该一甲、六甲黄册书算，共造一图旧管、新收、开除、实在册籍。承蒙县主刘爷佥点一甲叶继祖、六甲周世宝二人充当。又遵明示，贴赆银两，黄册书用。本排众议，悉照旧例，通图共出银肆拾两整，内一半照各旧管丁粮派合，内一半照各户新册粮丁派合；共贴赆叶继祖、周世宝二人应官造册纸笔，县府京都解册人夫及工食各项使用。其造册在叶继祖、周世宝务要斟酌，不得违误公事，差错丁米，倘有违错，尽在叶继祖、周世宝承管，不得累及十排年。所议贴赆银两，各排务要遵文随时应付，不得迟延短少，如违呈□。倘日后后湖驳册下县公罪，悉照上年，俱系十排认出，亦不致独累造册里老书算。其册完之日，书算手每排发与百眼图一张，实征册一本，及各甲甲〔册〕草底一本，俱不许少。今恐无凭，立此合同一样十一纸，各甲各收一纸存照。

叶继祖分得一甲至五甲

周世宝分得七甲至十甲

天启元年八月拾壹日立合同一都三图十排年

一甲叶惟盛（押）

二甲李永茂（押）

三甲徐伯阳（押）

四甲廖昌期（押）

五甲谢廷璋（押）

六甲汪一凤（押）

七甲方成大（押）

八甲汪尚义（押）

九甲胡德新（押）

十甲黄永顺（押）

现役里长黄日升（押）

当年老人胡晖祖（押）

2. 崇祯六年胡荣富等立攒造黄册合同文约

立合同文约人胡富、凌荣，今轮充三甲黄册书役，十年大造，干系匪轻，但二家丁粮不一，恐县主佥点不定，临期扳扯，有误公事。于是托凭本管，预立文约，毋论佥凌、佥胡，议作肆、陆充当，凌陆胡肆。其当官值月支用等项，悉照前议出办，所有本排各户朋贴银两，俱要两家眼同面议数目，众收众支，注帐明白，毋得徇私入己、异说等情。议后如违者，甘罚白银五两入众公用。今恐无凭，立此合同文约为照。

崇祯六年九月初三日立合同文约人　胡荣富（押）

同立人　凌　荣（押）

本　管　汪正卿（押）

3. 崇祯十四年郑光祖等立攒造黄册合同文约

郑光祖、郑养和、郑胤学、郑有道、郑宗孟等，今因大造，本户众议做造外户亲供费用，每新收一土名，议出银一分，每开除一土名，议出银五厘，约期本月二十二日在义二公祠屋内做造。各名下有新收、开除者，悉照前议随册底付造册人，以便造册送县，勿致迟误公事。其做造之人，不得差讹。所有官中使用，俱在前议之内。立此存照。

崇祯十四年八月二十一日　立约人　郑光祖（押）

郑养和（押）

郑胤学（押）

郑有道（押）

郑宗孟

郑鸿仪　书

议造亲供人　三奇

东晖

这三件合同文约，都是有关明末里甲轮充黄册书役，并且均为有关朋贴攒造黄册银两之事的。首先可以看出，一次大造黄册，里甲所需费用相当大，仅贴贱书算手应官造册纸笔、解册人夫盘缠及工食等项银两，就达40两，这自然是个不小的数目。因此，里甲造册书役多为轮充或朋充，而其所需银两则向全里甲的人户进行摊派。其次，造册之际，书算手实际上担负很大责任，不但要查算丁米，各户亲供亦需其过问造做。还可看出，每次大造除需攒造解送官府的册籍外，里中亦造有不少册籍，如在徽州地区有所谓百眼图、实征册、甲册草底等等。当然，各地事体不一，其所造册籍当不尽相同。但大造黄册时，各地里中也造有相应的册籍，当无疑问。不难看出，这几件文书也向我们提供了文献记载中所没有的宝贵资料。

以上，仅就笔者近年来所接触到的一些黄册文书，作了简要介绍。毋庸置言，这仅仅是明代黄册文书的极小的一部分；当然，也不是现今遗存的黄册文书的全部。随着以徽州文书为代表的明代文书档案的发掘与整理，期望将有更多、研究价值更高的黄册文书被尽早发掘出来。

第三章　明代黄册原本考正

明代黄册，从它的内涵来说，本是一种社会经济制度。而其表现形式，乃是一种按制攒造的官府册籍。因此，多年以来中外学者对公开发表的所谓明代黄册原本，都十分重视。自从梁方仲先生于1950年在《明代黄册考》一文中发表了所谓明代黄册原本的照片以来，遂被中外学界广泛引用。那么，梁氏发表的照片到底是否为明代的黄册原本呢？它究竟是一种什么文书呢？

一　梁氏所谓"黄册原本"

梁方仲先生在《明代黄册考》①一文中说：

> 一九三七年春，我自北平去南京，每于暇日游玄武湖，踏勘当年故址，游倦以后，静对水色山光，很想将研究的结果写出，好为美丽的湖山添一段参考的资料，但因人事碌碌，迄无余暇，我在南京不久，旋东渡日本，在卢沟桥战事爆发后束装返国，道过京都，复承京都帝国大学文学部陈列馆内东洋史研究会诸君的盛意，以新得来的嘉靖四十五年福建泉州府德化县的黄册原本相示，并代摄影寄回广州（参看本文附图八幅）。在空袭声中，我收到了寄来的影片和相底。后来我播迁西南，皆以此自随。今年春初我自宁返粤，行箧中携回的书籍无多，但这些摄片和多年前的笔记幸仍然无恙，所以辄先为文发表，以免散失，并了却多年来的一桩心愿。

---

① 《明代黄册考》，载《岭南学报》第10卷第2期，1950年；后收入《梁方仲经济史论文集》，中华书局1989年版。

该文称"嘉靖四十五年福建泉州府德化县的黄册原本"系日本"京都帝国大学文学部陈列馆"所藏，这一文书现为日本京都大学文学部博物馆收藏，系该馆所藏明代文书的一部分。为查阅方便，兹将梁氏所引八幅照片的文字内容，按原格式抄录如下（原文为竖写）。

照片一

一户姚希舜军籍系本都里班姚文兴户丁本县儒学生员

一户姚崇文军籍系本都里班姚文兴户丁系本县儒学生员

一户罗瑞吉民籍系本县捌都里班林鸾甲首成丁壹丁耕田

一户黄景舜军籍系本都里班黄祯甲首成丁壹丁耕田

一户柯元举民籍系本县捌都里班潘定卿招住耕田成丁壹丁当
原籍差役

一户柯乔栢民籍系本都里班刘祥甲首成丁壹丁耕田

一户陈居胜军籍系本都里班郑甫甲首成丁壹丁耕田

一户柯乔善军籍系本都里班刘祥甲首成丁壹丁耕田

一户洪国贤军籍系本都里班洪敦甲首成丁壹丁耕田

一户洪国舜军籍系本都里班洪敦户丁成丁壹丁耕田

第陆甲章内村

一户刘仕俊民籍系本都里班刘祥甲首成丁壹丁耕田

一户刘祥修民籍系本都里班刘祥户丁成丁壹丁耕田

照片二

一户王文一军籍系本都里班黄祯甲首成丁壹丁耕田

一户刘仕制民籍系本都里班刘祥户丁成丁壹丁耕田

一户刘仕本民籍系本都里班刘祥户丁成丁壹丁耕田

一户刘鸿育民籍系本都里班刘祥户丁成丁壹丁耕田

一户刘鸿肖民籍系本都里班刘祥户丁成丁壹丁耕田

一户颜雅爵军籍系本都里班吴德甲首成丁壹丁耕田

一户颜雅德军籍系本都里班吴德甲首成丁壹丁耕田

一户郑克嘉民籍系本都里班郑甫甲首成丁壹丁耕田

第玖甲埔尾村

一户郑世全民籍系本县捌都里班潘亨甲首成丁贰丁耕田

一户马玉璘系漳州人本县捌都里班潘君绎招住耕田成丁壹丁
　　当原籍差役

一户赖永文民籍系本都里班黄祯甲首成丁壹丁耕田

一户颜元成民籍系本都里班黄祯甲首成丁壹丁耕田

照片三

一户吕荣茂军籍系本都里班王琚甲首成丁壹丁耕田

一户唐昆福民籍系本都里班洪敦甲首成丁壹丁耕田

一户吴仙养民籍系同安县捌都民林玉三招住耕田成丁壹丁当
　　原籍差役

一户吕一璘军籍系本都里班王琚甲首成丁壹丁耕田

一户林玉三军籍系本都里班姚文兴甲首成丁壹丁耕田

一户陈万二军籍系本都里班陈发户丁成丁壹丁耕田

第拾贰甲猿步村

一户林育胜民籍系本都里班李汉甲首成丁壹丁耕田

一户罗瑞贤民籍系本县捌都里班林鸾甲首成丁壹丁耕田

一户郑汝爱民籍系本都里班郑甫户丁成丁壹丁耕田

一户郑童仔民籍系本都里班郑甫户丁成丁壹丁耕田

一户王宗仰民籍系本都里班王琚户丁成丁壹丁耕田

一户周文六民籍系本都里班陈发甲首成丁壹丁耕田

照片四

忽杠索银陆两叁钱陆分肆厘捌毫陆丝叁

忽伍微

已完于嘉靖肆拾肆年拾月拾捌日批差解户曾鸿

解府倒解讫

折料正价银壹百壹拾伍两壹钱陆厘水脚银肆拾陆

两肆分贰厘肆毫

本府永宁仓

本色米贰千贰百陆拾肆石壹斗玖升捌合伍勺

已完销过朱串载米壹千壹百叁拾柒石伍斗捌

升玖合柒勺

续完过米壹百肆拾贰石柒斗壹升伍合于嘉靖肆

拾伍年贰月贰拾柒日差里长郑庆搬运

赴府拨仓上纳讫取获朱串销照讫

照片五

石柒斗肆升叁合柒勺伍抄

未完米玖百贰拾肆石壹斗伍升伍抄系里班宋细

宁郑庆黄元陈九章陈天彝曾鸿郭峰郑

天材林兴旺蒋吴辉周璞赖旺陈德赋陈德

耀等拖欠

折价银柒百陆拾陆两叁钱柒分柒厘柒毫伍丝

已完银肆百壹拾伍两壹钱肆分于嘉靖肆拾肆

等年叁等月□□□□□□□差解户

王忠周岐南郑邦敬陈九章解府纳获批

回在卷

未完银叁百伍拾壹两贰钱叁分柒厘柒毫伍丝系

里班宋细宁凌经纶郑天材林兴旺周璞

等拖欠

本县

际留仓

照片六

郑梅魁刘万郑旺林永赖旺留旺张□

等拖欠

解司备用银壹百叁拾捌两捌钱玖分贰毫伍忽伍微尽

数拨补南安晋江县折价仓粮不敷之数

已完于嘉靖肆拾肆等年叁等月初捌等日各另批

差里长凌继郑邦敬解府纳获批回在卷

料钞每丁石派银捌分叁厘柒丝陆忽陆微壹纤嘉靖

肆拾贰年分奉文改派每丁石派银伍分共

银叁百玖拾伍两贰钱壹分伍厘壹丝贰

忽伍微

已完于嘉靖肆拾肆等年拾等月贰拾肆等日

批差解户林兴旺解府纳获批回在卷

嘉靖肆拾叁年

一件征收嘉靖肆拾叁年秋粮事

原派

起运

照片七

斗陆升□合贰勺查得本仓原派本色米

内拨出肆拾叁石贰斗陆升玖合贰勺改

入儒学仓上纳凑给师生俸粮外本仓实

该米壹拾壹石陆斗伍升壹合陆勺贰抄

伍撮系里班郑纯颜瑚叶清陈福王德进拖欠

折价银伍拾壹两柒钱伍分肆厘捌毫叁丝柒忽伍微系

里班赖祥陈德赋丘养鳞拖欠

儒学仓本色米贰百柒拾玖石伍斗叁升捌勺蒙

督粮道案验据本府申报本县儒学仓

师生俸粮支给不敷岁支尚少米肆拾叁石

贰斗陆升玖合贰勺查将原派本县际留

仓本色米拨出肆拾叁石贰斗陆升玖合

贰勺改入儒学仓上纳凑给支用共米叁

百贰拾贰石捌斗

已完米贰百柒石陆斗壹升壹合柒勺柒抄

未完米壹百壹拾伍石壹斗捌升捌合贰勺叁抄

照片八

嘉靖肆拾伍年闰拾月初六日　知县何谦

（年月日处钤"德化县印"）

司吏吴应

以上即是梁氏所引"嘉靖四十五年福建泉州府德化县的黄册原本"的文字

内容。由于这是多年以来惟——件公开发表的所谓"黄册原本"照片，所以其中照片一（参见图版十四），几十年来一直被中外有关明史的多种论著作为"明代赋役黄册"，而被广泛引用①，似成定说。

通观这些照片，均为一些片断，各照片之间的文字并不连接，内容、格式亦不尽相同。梁氏将这八幅照片作为《明代黄册考》一文的附图公开发表时，文中除了上述引用的一段文字外，再无其他说明，并没有具体论证其作为黄册原本的根据。只是于十几年后，梁氏在其所作《论明代里甲法和均徭法的关系》② 一文中，关于这几幅照片提了这样一句话："从现存嘉靖四十五年福建泉州府德化县里甲清册原件来看（原件的照片已在拙作《明代黄册考》文中影印出来——梁氏注），知道一甲就是一条村。"当然，从这些照片中一眼就可看出，其中有的文字与明代黄册所用术语相同，如"民籍"、"军籍"、"里长"、"里班"③、"甲首"、"成丁"，以及按户编甲的形式，等等。但仅仅根据这些，是否就可以将其定为"黄册原本"或"里甲清册"呢？

二　史籍所载黄册格式

从文书的意义上说，黄册虽然也是一种册籍文书，但它并非民间所立契约文书，而是由官方制定的一种官府册籍；它也不是地方官府所置立的

---

① 见李光璧《明朝史略》（1957 年），中国历史博物馆编《简明中国历史图册》（1979 年），汤纲、南炳文《明史》上册（1985 年），《中国大百科全书》《中国历史Ⅰ·户籍》（1992 年），［台湾］梁嘉彬《中国历史图说》10《明代》（1979 年），李永炽《锦绣系列·中国全集》（2）《历史中国》（1982 年），［日本］山根幸夫《一条鞭法和地丁银》（1961 年），山根幸夫《图说中国史》7《明帝国和日本》（1977 年），岩见宏、谷口规矩雄《传统中国的完成》（1977 年），小山正明《东亚面貌之改观》（1985 年），等等。

② 《学术研究》1963 年第 4、5 期；后收入《梁方仲经济史论文集》，中华书局 1989 年版。

③ "里班"一词亦散见于福建泉州等地的方志记载中，其来源与里甲均徭的班次有关。嘉靖《邵武府志》卷五《版籍·赋役》载有《邵武令曹察均平徭役册序》，其中说："以一县之丁粮均为十班，以十班之丁粮均为一则。"万历《泉州府志》卷六《版籍志上·赋役》中载："嘉靖十六年，御史李元阳悯闾阎受弊，再议征银贮库，用度各有定则，但额外费繁，支应不给，仍令里长贴办，称为班次。"乾隆《德化县志》卷六《民赋志·户役》记有康熙二十五年知县撒启明条陈里甲偏枯之弊，详请匀编丁米事，其中有"伏查德邑共八里，一里管辖十班"的说法。其词意因使用场合不同而略有差异，一般可与"里长"、"里排"等词互相通用。"里班"一词在京都大学文学部所藏明代文书中使用很普遍，多数场合与"里长"、"里排"意相通，有同一人在此处称里长，在另一处又称里班的记载。

一般文簿，乃是由朝廷下令按统一的制度规定攒造的官府定式册籍。

让我们先看一下史籍中的有关记载。

洪武十四年（1381）正月，"命天下郡县编赋役黄册。其法以一百一十户为里。一里之中，推丁粮多者十人为之长。余百户为十甲，甲凡十人。岁役里长一人，甲首十人，管摄一里之事。城中曰坊，近城曰厢，乡都曰里。凡十年一周，先后则各以丁粮多寡为次。每里编为一册，册之首总为一图。其里中鳏寡孤独不任役者，则带管于百一十户之外，而列于图后，名曰畸零。册成，为四本，一以进户部，其三则布政司、府、县各留其一焉。"①

洪武二十三年（1390）八月，"户部奏重造黄册，以册式一本并合行事宜条例颁行所司。……上命颁行之"②。随后于洪武二十四年（1391）正式实施。兹将其奏准的"攒造黄册格式"及有关规定，摘要如下：

　　（洪武）二十四年，奏准攒造黄册格式。有司先将一户定式，誊刻印版，给与坊长、厢长、里长并各甲首，令人户自将本户人丁事产，依式开写，付该管甲首。其甲首将本户并十户造到文册，送各该坊、厢、里长。坊、厢、里长各将甲首所造文册，攒造一处，送赴本县。本县官吏将册比照先次原造黄册查算，如人口有增，即为作数；其田地等项，买者从其增添，卖者准令过割，务不失原额。所据排年里长，仍照黄册内原定人户应当；设有消乏，许于一百户内选丁粮近上者补充。图内有事故户绝者，于畸零内补辏；如无畸零，方许于邻图人户内拨补。其上中下三等人户，亦照原定编排，不许更改；果有消乏事故，有司验其丁产，从公定夺。仍于各文册前面，本县照依式样，类总填图。

　　所在有司官吏里甲，敢有团局造册，科敛害民，或将各处写到如式无差文册，故行改抹，刁蹬不收者，许老人指实，连册绑缚害民吏典，赴京具奏，犯人处斩。若顽民状诬排陷者，抵罪。若官吏里甲通同人户，隐瞒作弊，及将原报在官田地不行明白推收过割，一概影射，减除粮额者，一体处死。隐瞒人户，家长处死，人口迁发化外。……

　　凡册式内定到田地山塘、房屋、车船各项款目，所在官司有者依式开

---

① 《明太祖实录》卷一三五，洪武十四年正月条。
② 《明太祖实录》卷二〇三，洪武二十三年八月丙寅条。

写，无者不许虚开。若类县总、都总收除项下，止许开写人丁事产总数，不必备开花户。其州县将各里文册，类总填图完备，仍依定式，将各里人丁事产攒造一处，另造类册一本，于内分豁各乡都人丁事产总数。正官首领官吏躬亲磨算，查对相同，于各里并本州县总册后，书名、画字、用印，解赴本府。……

　　凡黄册字样，皆细书，大小行款高低，照坐去式样。面上乡、都、保分等项，照式刊印，不许用纸浮贴。其各州县每里造册二本，进呈册用黄纸面。布政司、府、州县册用青纸面。①

又，洪武二十六年（1393）颁行的《诸司职掌》在户部民科之下亦规定：

　　仍每十年本部具奏，行移各布政司、府、州县，攒造黄册，编排里甲。……凡各处有司，十年一造黄册，分豁上中下三等人户，仍开军民灶匠等籍。②

关于黄册所载的具体格式和内容，丘濬《大学衍义补》中说：

　　我朝每十年一大造，其册首著户籍，若军民匠灶之属。次书其丁口，成丁、不成丁。次田地，分官民等则例，房屋牛只。凡例有四，曰旧管，曰开除，曰新收，曰实在。今日之旧管，即前造之实在也。每里一百一十户，十户一甲，十甲一里。里有长，辖民户十。轮年应役，十年而周，周则更大造。民以此定其籍贯，官按此以为科差。③

此外，有关明代的许多基本史籍，都对明代黄册及其有关制度作了十分明确的记述，所载与上述引文大体类同，此不赘述。

通过以上史籍所载，至少可以明确以下诸点：

（一）黄册每十年一大造。每次先由户部具奏，然后由朝廷下令，行

---

　　①　正德《大明会典》卷二一，《户部六·户口二·攒造黄册》。又，万历《大明会典》卷二〇，《户部七·户口二》所载与此相同。

　　②　《诸司职掌》户部，《民科·户口》。

　　③　《大学衍义补》卷三一，《制国用·傅算之籍》。

移各布政司、府、州县，皆按统一定式攒造。

（二）黄册攒造以户为中心。每户首载其户籍（军、民、匠、灶等）、户等（上、中、下）。其次所载内容为人丁和事产两大部分，人丁登载的项目有成丁、不成丁等；事产登载的项目有田地山塘、房屋、车船、牲畜等。

（三）每户登载的形式分为旧管、新收、开除、实在四大项。

（四）按人户编排里甲。每里一百一十户，分为十甲，每甲里长户一，辖甲首户十。轮年应役，十年而周。又有带管、畸零，附于图后。先后以丁粮多寡为序。册首总为一图。

（五）黄册书写字样，行款高低，以及其封面用纸，刊印格式等皆有定规。

（六）凡不按制攒造者，将受到严厉的法律惩处。

总之，黄册的攒造是有定式的。洪武二十四年（1391）以后，每次大造前亦都重申，"照例将定到册式，并先今合行事例，刊印榜文册图，差人驰驿赍去，各司府州县翻刻，给发所属张挂，照样攒造，依限进呈"①。尽管每次大造实际攒造的黄册，据记载有种种弊病，但就其格式而言，基本上是按照明朝中央政府的统一"定式"而攒造的。因此，所谓明代黄册，乃是内容明确、格式固定的一种特定的官文书，其涵义十分清楚。对此，前述研究黄册制度的中外学者，包括梁方仲先生在内，也作过详细的论述。

三　日本京大所藏文书非黄册原本

如果我们将明代史籍中有关黄册制度的基本记载，与梁氏所引京都大学文书照片（以下简称"京大文书照片"）作一对比，再通观一下京都大学所藏明代文书全貌②，则不难发现，二者根本不相符合，歧异之处甚多。

---

① 《后湖志》卷八，《事例五》。

② 笔者根据明代史籍中关于黄册制度的记载，于 1987 年在《明初地主制经济之一考察——兼叙明初的户帖与黄册制度》（载［日］《东洋学报》第 68 卷第 1·2 号）一文中曾指出，梁氏所引京大文书照片不是明代赋役黄册。其后，承蒙日本京都大学文学部竺沙雅章教授以及该学部东洋史研究室诸位先生的厚意，得到了该处所藏明代文书的复印件，基本上可以看到该文书的全貌。1994 年拙文《明代黄册底籍的发现及其研究价值》（《文史》第 38 辑，中华书局；《新华文摘》1994 年第 8 期转载）发表，对梁氏所谓"明代黄册原本"即京大文书照片作了考正。其中有关内容收入本章时，作了相应补充和修改。

　　看一下梁氏所引京大文书八幅照片的内容，就会发现，其实为两种文书，一种是按户编甲形式的（照片一至三），另一种是有关钱粮文书形式的（照片四至八）。首先让我们来考察一下按户编甲形式的几幅照片。

　　（一）这三幅按户编甲形式的照片，每户登载的内容，仅有姓名、户籍、所属都里及其身份、职业等，十分简略。这是否就是明代黄册的所载内容呢？

　　据有关史籍记载，明代攒造的赋役黄册亦可分为几种，其中有各里所造文册，即里册；又有各司府州县所造总册，"每一里进呈南京册一本，并司府州县等衙门总册，俱要黄纸为壳面，其余存留册止用青纸为壳面"①。而无论各里文册，还是司府州县总册，无论进呈册，还是存留册，其所载内容均为人丁和事产两大部分。这是由于黄册的根本性质所决定的。明代黄册是将户籍制度与赋役制度合二为一而攒造的一种册籍，其根本目的是为了征调赋役。人丁为徭役编审之所据，事产本钱粮征收之所凭。此乃是历代赋役册籍的基本内容。明代赋役黄册在这方面的特点是，将人丁和事产明确分为两项，并且每项登载都至为详细。《后湖志》在谈及于此时说："谨按黄册所载至为浩繁，其大要则天下之人丁事产而已。人丁即前代之户口，事产即前代之田赋。……而今之人丁事产则详备其数而别为两条焉，盖见千古者其辞略，故合而为一，行乎今者其事悉，故分而为二，理固然也。"② 根据现今遗存的黄册文书档案可知③，人丁方面，明代黄册登载的项目有："人丁计家男妇"、"男子"、"成丁"、"不成丁"、"妇女"、"妇女大"、"妇女小"等。统计单位为"口"，并分别列有每人的姓名和年龄。新生和死亡人口还分别记有其生死年份。以征调赋役为目的的赋役黄册，自洪武二十四年（1391）起即明确规定，每次大造都要将十岁以上的不成丁男子，按年份远近编入正管，"候长，一体充当甲首"④。事产方面，明代黄册登载的项目有："田地山塘"（总计）、"田"、"地"、"山"、"塘"，"房屋"、"车船"、"头匹"（耕畜）等，其中田地山塘的登载至为详细，首分"官"、"民"等则之大类别，每类田土先登总面积，次列各项田土细数，对田土买卖中的每一笔交易都一一列出，特别是在每

①　《后湖志》卷八，《事例五》。
②　《后湖志》卷一，《事迹一·民数考略》。
③　详见本书第二章、第六章等。
④　正德《大明会典》卷二一，《户部六·户口二·攒造黄册》。

类田土面积之后则必载有应交纳的税粮数额，等等。而京大编甲形式文书每户所载仅有人丁方面的情况，根本没有事产方面的内容；即使人丁所载，也甚是简略。这与明代黄册所载内容与格式根本不相符合。

（二）明代黄册登载的基本格式是，先"旧管"、次"新收"、次"开除"、次"实在"，即所谓四柱式。每次大造都将人丁事产的内容按这四大项分别登载。"今制黄册所载，人丁、事产二者其经也；旧管、新收、开除、实在四者其纬也。"① "凡旧管、开除、新收、实在等项，无不分明开载，名曰赋役黄册。"② 黄册制度之所以规定每十年一大造，就是因为黄册上登载的人丁事产内容经常变动，"十年之间，户口有消长，产业有推收，且沧海桑田，变更难凭，故必一大造黄册，以清赋役，乃均平之重典也"③。而旧管、新收、开除、实在这四大项目，也正是因登载人丁事产变动情况的需要才设置的。明代黄册中的四柱式，承继了中国历史上唐宋以来有关会计结算的基本方法，并有所发展，使之更加完备，为明代黄册的基本特征之一。而京大文书照片登载的格式中根本没有旧管、新收、开除、实在这四大项目，只列有每户户丁的简单情况，与黄册的登载格式截然不同。

（三）明代赋役黄册的攒造与里甲制度的建立是合在一起同时进行的。里甲组织机构的编制是在攒造黄册的过程中完成的，而赋役黄册的攒造又是在里甲制度这一组织基础上进行的，二者关系密不可分。如上所述，明代里甲的编制是，每里正管一百一十户，推丁粮多者十户为长，其余百户编为十甲，甲十户。凡十年一周，轮流应役。丁少贫难及鳏寡孤独等则带管于一百一十户之外，名曰畸零。每里的赋役黄册即是按这种里甲编制原则进行攒造的。特别应指出的是，明代的里甲是以户作为其构成的基本单位的，所以黄册同时也是以户为单位而攒造的。按户定军民匠灶等籍，按户分上中下三等户则，按户登载其人丁事产情况。户的排列则以丁粮多寡为次。

再看京大文书照片，其中虽亦是编甲形式，但与黄册中的里甲制度却不相同。照片上载有"第陆甲章内村"（照片一）、"第玖甲埔尾村"（照片二）、"第拾贰甲猿步村"（照片三）等；笔者还查阅了京都大学所藏这

---

① 《后湖志》卷首，《序》。
② 《后湖志》卷一〇，《事例七》。
③ 同上。

种编甲形式的其他明代文书，发现其中还有"第拾肆甲"、"第拾捌甲"、"第贰拾壹甲"、"第贰拾贰甲"、"第贰拾叁甲"等记载。这种超出十甲乃至二十余甲的编甲形式，显然不是黄册中记载的里甲制度的编甲。

从京大编甲文书所载户的情况来看，出现较多的是某都里班某某户丁，或某都里班某某甲首。关于户丁的情况，在拥有众多人口和土地的大户的场合之下，他们常常是作为某一大户之下的子户而存在的，由于实行诸子均分制，他们各自在经济上是独立的。但在未向官府正式告明立户之前，他们仍属于该大户之内，故称某某户丁。这种析产而未正式分户的情况在明清时代相当普遍①。在黄册的记载中，属于同一户的户丁不管有多少，均归一户记载。但在京大编甲文书的记载中，属于同一户的户丁却分成了若干户。如"一户刘祥修民籍系本都里班刘祥户丁成丁壹丁耕田"，"一户刘仕制民籍系本都里班刘祥户丁成丁壹丁耕田，一户刘仕本民籍系本都里班刘祥户丁成丁壹丁耕田，一户刘鸿育民籍系本都里班刘祥户丁成丁壹丁耕田，一户刘鸿肖民籍系本都里班刘祥户丁成丁壹丁耕田"（照片一、二），这里，刘祥修、刘仕制、刘仕本、刘鸿育、刘鸿肖同为刘祥户丁，却分成五户登载。又如，"一户郑恒仁民籍系本都里班郑亮户丁成丁壹丁耕田，一户郑子浩民籍系本都里班郑亮户丁成丁壹丁耕田，一户郑元富民籍系本都里班郑亮户丁成丁壹丁耕田，一户郑子泰民籍系本都里班郑亮户丁成丁壹丁耕田"（京大明代编甲文书"第贰拾贰甲乌石村"），这里，郑恒仁、郑子浩、郑元富、郑子泰同为郑亮户丁，却分成四户登载，等等。这与明代黄册中的记载显然不符。而该文书中，无论是关于某都里班某某户丁的记载，还是关于某都里班某某甲首的记载，虽然其开头都写有"一户"字样，但每户仅载成丁情况，对不成丁及妇女等人口状况根本不载，实际上并不是以户为单位，而是以成丁为主。

此外，该文书的编甲中还有这样明确的记载，如"第拾甲锦水村　一户林元统军籍系本都柒甲里长成丁贰丁耕田"；又，"一户杨光福民籍系本都贰甲里长成丁一丁耕田"，"一户郑淮民籍系本都拾甲里长成丁一丁耕田"，二者都同编在该文书的第拾柒甲内。此类例子还有不少。在明代的黄册内，或里甲清册中，怎么可能把七甲里长编在第十甲之中；又怎么可能把二甲里长和十甲里长同编在第十七甲之内？很明显，这里所载"本都

――――――――――

① 参阅本书第十一章。

柒甲里长"、"本都贰甲里长"、"本都拾甲里长"等，才是该都黄册中的里甲编制，而该文书所编与之并不相同的"第拾甲"、"第拾柒甲"等，则分明是另外一种编甲形式。

（四）明代黄册制度规定，除民户外，凡军匠等籍人家，皆不许分户。对此，有明一代曾多次加以申敕。但该文书编甲中往往把本是同一户军籍的户丁分成多户加以登载，如，"一户姚希舜军籍系本都里班姚文兴户丁本县儒学生员，一户姚崇文军籍系本都里班姚文兴户丁系本县儒学生员"（照片一），又如"一户吴德器军籍系本都里班吴德户丁成丁壹丁耕田，一户吴兴唯军籍系本都里班吴德户丁成丁贰丁耕田，一户吴兴道军籍系本都里班吴德户丁成丁壹丁耕田，一户吴兴绵军籍系本都里班吴德户丁成丁壹丁耕田"等等，这是根本不合黄册攒造规制的。另外，该文书编甲中还载有卫所屯种军人。如"一户张鸿翼军籍系福州卫屯种军成丁壹丁耕田"，"一户张天富军籍系兴化卫屯军成丁壹丁耕田"，这类记载在明代的民黄册中亦不会出现。

（五）京都大学明代编甲文书中还载有一些寓居、招住人等。明代黄册制度关于外郡寄居人户，景泰二年（1451）有如下规定："凡各处招抚外郡人民在境居住，及军民官员事故改调等项遗下家人弟男子侄，置有田地已成家业者，许令寄籍，将户内人丁事产报官，编入图甲，纳粮当差，仍于户下注写原籍贯址，军民匠灶等户，及今收籍缘由，不许止作寄籍名色。如违，所在官司解京，发口外充军，田产入官。"① 而该文书编甲中关于外郡人户却这样记载：如"一户马玉璘系漳州人本县捌都里班潘君绎招住耕田成丁壹丁当原籍差役"（照片二），又如，"一户吴仙养民籍系同安县捌都民林玉三招住耕田成丁壹丁当原籍差役"（照片三），等等，虽已正式编入甲内，却不在该地当差，而是"当原籍差役"，其不合黄册规制，十分明显。

（六）关于明代黄册的形制，前引明代诸史籍以及其他有关史籍中，均有详细记载。每次黄册的攒造，自始至终都有定式。各户亲供，要按定式刻版印刷，依式开写。各里文册与司府州县总册，更须依式誊写，按样攒造。

黄册"册本大小，行款高低，俱依发去样册制造"②。洪武时规定黄册

---

① 正德《大明会典》卷二一，《户部六·户口二·攒造黄册》。
② 《后湖志》卷八，《事例五》。

书写字样皆细书，后因其"易于洗改作弊"，弘治三年（1490）十一月，经南京吏科给事中邵诚等奏准："本部（户部）通行各该司府州县，今后大造黄册，俱照题本字样，真楷书写，行款高低，依式攒造。"①

又据记载可知，黄册内各页之间均钤有骑缝印；册后开写年月，主管官吏书名画字用印。如"弘治三年四月钦差司礼太监何穆等题准为故违禁例以开弊端事"内，言及清查黄册时说："其首尾册由损坏不知府州县者，即将册内缝印辨出，本部拨给应支官钱，买办纸劄，增添册面，附写明白。"② 又，不仅司府州县总册，各里黄册之后亦书写年月，钤识印信。"正德六年二月二十一日户部题准为赋役黄册事"中说："各州县等衙门将各里造完文册，再将各里人丁事产攒做一处，另造总册一本。于内分豁里分人丁事产总数各若干，本管正官首领官吏躬亲磨算，查对相同，于各里册并总册后，开写年月，书名画字，用使印信。"③

黄册的用纸规格、封面颜色及印刷填写格式，乃至装订绳索都有具体规定："俱用厚纸为背面，粗牢绵索装钉，不许用面糊表背。"④ 进呈册用黄纸面，存留册用青纸面。面上司府州县并坊乡都里分名目，俱照式印刷，不许用纸浮贴，以防改换脱落。

而京大明代编甲文书的形制十分简单，书写行款单一，只有部分册页钤识印信，与黄册规定的形制相差甚远，极为不同。

总之，梁方仲先生所引京大编甲形式的文书照片，粗略看去，与明代黄册里甲编制有某些相似之处，但仔细研究一下，从内容、格式乃至形制都与黄册制度不符，并非明代黄册原本。

同样，有关钱粮文书形式的几幅照片，从形式到内容亦与明代黄册的有关记载根本不符。其为何种文书，拟在下节一并考正。

四　梁氏所谓"黄册原本"考订

那么，梁方仲先生所引京大文书照片又为何种文书呢？

首先就其所属地点作一考察。梁氏认为其是属于"福建泉州府德化县

---

① 《后湖志》卷五，《事例二》。
② 同上。
③ 《后湖志》卷八，《事例五》。
④ 《后湖志》卷五，《事例二》。

的"。这几幅编甲形式照片，本是从京都大学所藏明代文书的编甲部分拍摄的。笔者在查阅这部分编甲文书时，首先发现，每户凡属本都本县者，即该文书的所属都县，文中均略称"本都"、"本县"，而系外郡者，则具体写出其所属县名，其中除安溪、晋江、南安等县外，还有德化县，如"一户邓宗四民籍系德化县人移住本都成丁壹丁耕田"，"一户张日中系德化县在坊寓居本都里班连思武招住成丁壹丁耕田"，"一户留德大系德化小尤中人本都曾珙八招住耕田成丁壹丁当原籍差役"等，这说明，这部分编甲形式文书并不是德化县的。

又，从内容上看，这部分文书可分为七组（每组均有缺佚，但程度不一），实际上每组所载均为一个都的编甲情况；而据各都所载内容互相验证，又可识出多数都的名称。各都名称及现存编甲情况如下：

三　都　一至十八甲　　　　　九　十都　一至二十二甲
四五都　一至十八甲　　　　　十一二都　二十二甲、二十三甲
六七都　一至二十三甲　　　　（缺都名）　一至六甲
八　都　一至二十一甲

查万历《泉州府志》等可知，嘉靖时德化县的乡里建置为一隅二里五团。上述这些都的名称与德化县的乡里编制根本不符，而在泉州府永春县的乡都建置中都可找到。据万历《泉州府志》载："永春县，宋分五乡，统一十七里，元改为二十五都，国朝因之。永乐中并为十四都，都各十甲。"① 嘉靖《永春县志》记其原委："国朝洪武二十年以后虎为灾，群虎四出，有白昼噬人于牖下者，或夜阖门以尽。民缘是死亡转徙，相续户口耗，田以荒，始并为都十四。"② 所以，永乐以后永春县一个都的名称多为邻近都的并称，如"四五都"，"六七都"，"九十都"等等。上述记载又告诉我们，永春县在永乐并都以后，其黄册中的里甲编制是"都各十甲"，即每都仅有一里编制，都即是里。这一点，从万历《永春县志》卷七《赋役》篇的记载中更可找到确凿的证据。该篇录有《均田缘由》一文，在言及万历初年均分赃米时称："就照黄册版籍逐户挨名清查，分列总撒数

---

① 万历《泉州府志》卷一，《舆地志上·都里》。
② 嘉靖《永春县志》卷九，《杂志·祥异》。

目"，从其所列黄册"都总大要"中即可看出永春县的都甲（即里甲）编制情况，现按原文顺序简要摘抄如下①：

二十四五　都	十甲		十一二都	十甲
二十三　都	十甲		九　十都	十甲
二十一二　都	十甲		八　都	十甲
十八九二十都	十甲		六　七都	十甲
十五六七　都	十甲		四　五都	十甲
十　四　都	十甲		二　三都	十甲
十　三　都	十甲		一　都	十甲

从这里，我们可以看出，永春县十四个都每都的黄册里甲编制确为十甲；而京大编甲文书中出现的都名除三都外，均与这里所列都名相符，但甲的编制却根本不同。

此外，京大编甲文书中出现的一些村名，如乌石村、白芒坑村、章内村、埔尾村、后溪村、达埔村等，亦可在乾隆《永春州志》及民国《永春县志》的附图中找到②，其中梁氏所引照片中出现的章内村、埔尾村等乃属于永春县九十都。又，该编甲文书上现存的印记残文，亦可辨出为"永春"二字。

至此，我们完全可以明了，京都大学所藏明代编甲文书不是泉州府德化县的，而是泉州府永春县的，其所编甲也是不同于黄册里甲的另一种编甲形式。

从京都大学明代编甲文书中，可看出有如下特点。第一，按居住单位编甲。不论其原编里甲如何，也不论"寓居"、"移住"、"招住"、"佣雇"等；不论卫所屯军，还是儒学生员都按居止编入甲内，因而黄册中的里甲编制均被打乱。绝大多数是一村编为一甲。第二，论丁编甲。编入甲内者均为成丁。第三，每户登载的内容不但有原籍、来历，而且还有其所从事的职业，如"耕田"、"教读"、"耕读"、"裁缝"、"开铺"等等。第四，

① 万历《永春县志》卷七，《赋役·均田缘由》。
② 乾隆《永春州志》卷首，《永春州疆域图》；民国《永春县志》卷一，《疆域沿革表·附图》。

各户下没有税粮；外郡人虽正式编入甲内，但却申明当原籍差役，编甲的目的不是为了纳粮当差。那么，这到底是一种什么编甲呢？

查《海瑞集》，其《保甲告示》篇云：

> 察院近行保甲之法，止论居止人户，年至十五以上，尽行开报，为保为甲，不论原管都图册籍。盖原该管都图人户，今有迁徙，又有他方来此为工、为商、雇工、流寓之人。故又立为保甲之法，以讦奸细，联涣散，使尔等出入相友，急难相救，亦即古者井邻里邑比闾族党之意也。尔等可照发去式样，照依居止次序编甲。若街道狭窄去处，则编东一户为第一，西一户为第二，又东二户为第三，西二户为第四。若居止星散参差，难以齐一者，各随其居相近者为一甲，多或十余户，少或不及十户，但取守望之便，不必分析割补，拘定数目。多者接纸再填四五户于十户之后。遇有寺观去处，即尽其寺观内之人为一户。甲内有新来人户增入，新去人户开除。旬日雇工人止觉察来历，不书。论年月雇工人书入，去则除之。各户人丁年貌有册，牌上止书花名。一甲择一有行止才力为人信服之人为甲长，三甲或四五甲内择有行止才力为人信服之人为保长。[1]

不难看出，京都大学编甲文书的一些特点与这里所言保甲之法，诸如不论原管都图册籍、只论居止人丁编甲，编甲户数、人员都比较灵活等，是基本相同的。

特别应指出的是，如上所述，京大编甲文书每户之下登载的内容不但有原籍、来历，而且还有其所从事的职业，如"耕田"、"教读"、"耕读"、"裁缝"、"开铺"等等。这一点也恰恰证明该文书并非明代黄册，而属保甲文书。因为黄册中所登军、民、匠、灶等，并非各户职业，而是户籍，实为役籍，即应当役种。京大编甲文书在各户之下登有职业，乃与明清实行的保甲之制完全相符。这不仅与有关的文献记载一致，徽州文书中遗存的保甲文书亦可证明这一点。如《万历三十三年歙县保甲人户牌》中所载一户张付，其下即载有"佣工"字样[2]。又如，《康熙五十二

---

① 《海瑞集》上编，《淳安知县时期·保甲告示》。
② 《徽州千年契约文书》宋元明编第三卷。

年祁门县编十家保甲牌》中，各户所载内容均有"生理"一项，其中即分别载有"务农"、"木匠"、"裁缝"等职业①。此外，《乾隆十年祁门县奉旨编给十家总牌》及《乾隆二十一年祁门县十一都三图烟户总牌》② 中亦载有同类内容。

保甲之法在明初即曾实行过，吕坤说："国初设保甲之法，每十家为甲，甲有长，十甲为保，保有正。凡属甲内人民，各置兵器一件，甲长置锣两面，保正置鼓一面，或铳一杆。此非以作虚器扰民生也，诚虑夫除戎器，用戒不虞，有武备可以无患，乡村有盗，守望相助者。"③ 然而，明初保甲之法实行时间并不长，后即久废不用。而里甲组织自明初建立以后，作为乡村统治的基层机构，亦兼有政治统治方面的机能，如里老的设置等。但随着赋役制度的改革，里甲组织涣散，其政治统治方面的机能也逐渐衰退。特别是明中叶以后，农民起义时有发生，倭寇骚扰愈演愈烈，各种矛盾十分尖锐，社会动荡不安。于是，以"弭盗安民"为主要目的的保甲组织，又在各地兴起。先是，王守仁在江西行十家牌法。其后，各地多有仿效。嘉靖四十四年（1565）十二月，巡按贵州御史郜光先条议地方事宜，其中言："宜令土司酋长所部境界，略仿中土保甲之法，互相觉察，如遇盗贼窃发，责其捕获解官，如有容纵等情，究治。"④ 可以看出，当时已向少数民族地区推行保甲之法。从明代后期的乡村统治机构来说，不少地区多是保甲组织与里甲组织并行。

就福建地区而言，明中叶以后，农民起义不断，倭寇频至肆掠，动乱频仍。以泉州地区为例，"正统十四年，沙县寇邓茂七作乱，分其党掠泉州，烧永春县，攻陷德化县城"；"弘治五年，漳平盗温文进寇安溪，分掠永春、德化"；"正德元年，广东盗始入闽……遂入安溪、永春、德化"。嘉靖三十九年（1560）"倭寇倡乱，剽掠永春"；四十二年（1563）"倭寇犯德化"；"年来倭寇匪茹，六邑咸受其毒"⑤。因此，最迟到嘉靖时期，福建地区的乡村已实行了保甲之法。这从嘉靖三十九年五月，巡抚福建右金都御史刘焘条上兵粮战守四议中即可看出："其议守，谓海岸之守即当

① 《徽州千年契约文书》清民国编第一卷。
② 同上。
③ 《去伪斋文集》卷一，《摘陈边计民艰疏》。
④ 《明世宗实录》卷五五三，嘉靖四十四年十二月癸未条。
⑤ 乾隆《永春州志》卷一五，《祥异志·寇警》；民国《德化县志》卷一七，《艺文·记》。

责前营寨之兵，使进则出战，退即入守；其内地，则州县有民壮、机兵可练，卫所有军舍余丁可选，各乡村有保甲之法可行，如此则何守不固。"①在京都大学所藏明代文书中，有一件嘉靖末年福州府永福县的报府文册，其中载有："前件遵依严督本县巡捕官兵及地方保甲人等，昼夜用心巡访，遇有强窝盗贼，即便擒灭，毋贻民患。"这也是该地区已实行保甲之法的一个证明。

保甲之法一般是十家为一甲，十甲为一保。而京大文书编甲虽是十户为一甲，但甲之上却是以都（即里）为单位，其中有的都多至二十余甲，这是否符合保甲之法呢？清人论保甲云："保甲与里甲相似而实不同，里甲主于役，保甲主于卫。"②"盖保甲可经可权，可大可小，……有前后如一辙者，曰不烦不扰而已；有彼此不相袭者，曰因地因时而已。"③"保甲之法宜审时度地变通而行之，但师其意可矣。"④里甲主于役，十年一周，因而其组织整齐划一；保甲主于卫，只论居止，按壮丁编甲，强调因地因时，因而其组织比较灵活，多有大同小异者。所以，京大文书中的以都（里）为单位，多至十余甲的编甲形式，与保甲之法并不矛盾。事实上，明代推行的保甲之法也不乏这方面的例子。如吕坤推行的"乡甲法"中就规定："在城在镇，以百家为率；孤村庄落，以一里为率"，"或不足一百家，或二百家有零者，在州县正官，各随地方街巷村落远近编派，难以拘泥，但不许越管遥制，不便挨查"⑤。再如于成龙推行的保甲法中，就有"村庄居民，一甲以至数十甲，若无统属，则呼应不灵，应设一保长，以统率各甲"⑥的条文。

当然，京大编甲文书也不是保甲之法的十家门牌。该文书有的册叶中钤有印记，从残留的九叠篆文中可辨认出为"永春"二字，当是"永春县印"；其中有一叶最后写有"右具"二字；文书上还批写一个较大的"省"字，字下有花押。另外，每都编甲的书写笔迹各不相同。从这些可以看出，其当是由都向县，再由县汇总向府乃至向省造报的文册。王守仁

①《明世宗实录》卷四八四，嘉靖三十九年五月庚寅条。

②《保甲书》卷三，《广存》。

③《保甲书》卷一，《序》。

④《日知录集释》卷八，《里甲》释文。

⑤《实政录》卷五，《乡甲约》。

⑥《于清端公政书》卷五，《畿辅书》。

在《巡抚江西申谕十家牌法》中即规定，要将编定的保甲造册报县："十家编排既定，照式造册，一本留县，以备查考。"① 海瑞的《保甲告示》篇中也有这类申令："各户人丁年貌有册"，"有隐瞒一人不报官登册，里递总甲并所隐人员，编甲之后，有警不出救援，并保甲长不率领救援者，各治重罪。"② 于成龙的保甲法中亦规定："各甲长将花名交付保长，保长将各甲合总报官，以凭稽察。"③ 叶春及更说得十分具体："保甲名籍留县。……窃以谬知一邑强弱善恶，鳏寡茕独，疾痛困苦，一不知何以其名为也。故丁无官私老幼，咸登于籍。盖无事以行教化，则纲纪有条；有事以守疆场，则什伍可定，非厉之也。民愚不知，疑惧造黄册，将籍而役我；万一有警，又将驱我于戎行，匿不报。按保甲旧籍俱在，不过户一二丁，漫应上官，督责不足据。"④

由于京大编甲文书的开头缺佚，后又被重新装裱过，其具体名称已不详，但综合上述考证，京都大学所藏明代编甲文书，为嘉靖时期福建泉州府永春县的保甲文册，当是很清楚的。

下面，我们再来看一下梁氏所引有关钱粮文书形式的几幅照片。

这几幅照片是从京都大学所藏明代文书中一件造报的钱粮文册中拍摄下来的，只要我们看一下这件文书的序语，就不难明白它的性质。现将该文书开头部分的文字抄录如下：

泉〔州〕府德化县为□巡事□
　　本府信牌蒙
　　　督屯带管分巡兴泉道金事俞　案验前事，备行本府牌差健步张仲到县，仰将本县一应钱粮，查自嘉靖肆拾壹年起至今止，要见某年分某项原额若干；已完者起运应解钱粮，系何年月日差何人解纳某衙门真正印信批关；存留应支钱粮，系何年月日差何人解运某处仓库上纳，有无取获实收销照；已征未解者，见在何处收贮，何人收掌，因何不解；已解未获批收者，因何未获，有无违限花费；拖欠未完者，是否尽在小民拖欠，开坐花名，曾否拘并里粮人等完纳，限叁日以

① 《明经世文编》卷一三二，《王文成公文集三》。
② 《海瑞集》上编，《淳安知县时期·保甲告示》。
③ 《于清端公政书》卷五，《畿辅书》。
④ 《石洞集》卷八，《公牍一·保甲名籍留县》。

里，备造文册壹本，交与差来人役，赍赴本府查核，类造送查等因，蒙此遵将本县一应钱粮，查自嘉靖肆拾壹年起至今止，分别已未完解数目，逐一查明，造册施行。须至册者：

　　计开

　　　　嘉靖肆拾壹年

　　　　一件征收嘉靖肆拾壹年秋粮事

　　　　……

　　其后内容便是德化县蒙府批文，查核嘉靖四十一年至四十五年（1562—1566）各项钱粮起运与存留的具体情况。梁氏所引钱粮文书形式的照片就是从该文册中的几幅册叶上拍摄下来的。照片中所云某某钱粮，于嘉靖某年月批差里长某某解府批回在卷；某钱粮系某里班拖欠等等，其缘由即在于此。梁氏所引照片八，即是该文册最后一叶：末属"嘉靖肆拾伍年闰拾月初六日知县何谦　司吏吴应"，年月日处钤"德化县印"。册叶中亦批写有一个"省"字，字下有花押。此外，文册上还有下列批语："报米共壹千贰百肆拾壹石零，每石〔不〕知作何征价，或作伍钱叁分，〔总〕撒欠银；或作伍钱，总撒多〔银〕伍两玖钱壹分，合驳查登答。"

　　这显然只是一件查核钱粮性质的文书。此种钱粮文册，史籍之中亦有记载。海瑞在应天巡抚时期为稽考钱粮事，即设有"钱粮册式"[①]，兹摘录其文如下，以资参考。

钱　粮　册　式

　　钦差总理粮储提督军务兼巡抚应天等府地方都察院右佥都御史海为稽考钱粮事，照得各州县钱粮有五七年未完者，有已完挪借不明，有未经抵补未解者，有起解五七年未获批关者。盖因头绪甚多，文卷繁浩，官司不及致详，吏书因而为弊。奸豪拖欠，积揽侵欺，日加一日，后将何极。本院职专总理，必有提纲挈领之方，庶免挂一漏万之失。为此设格眼册，仰各府州将属州县，自嘉靖四十三年起，至隆庆二年止，一应钱粮，先北京次南京，又次各衙门；一衙门之中，又先

―――――――――――

① 《海瑞集》上编，《应天巡抚时期·钱粮册式》。

其急者，后其轻者；解赴某部某局某项钱粮共若干，明白开列于横行
之上。各钱粮总数填于格眼内。各州县下全完者，将起解日期，官解
姓名，已未获批关照式填。完一半者于起解日期上添已完若干，填注
未完者，空下格眼，不许混填。奉例蠲免者注蠲免，原未坐派注未坐
派字。其存留米若该州县管解人数多，格眼不能容者，别为一册。前
册总其纲，别一册记其目，全完者别一册内不填。其册解北京者一
本，解南京者一本，解各府并存留一本，存留别一册者一本。每本造
二本，一存该府，一送本院。……

在海瑞所设钱粮册中，还写有这样的文字："某县米若干。如系折银者，
开米若干，折银若干。已完若干。某年月粮长某人等解，获批收。未完若
干。"与京大所藏钱粮形式文书序语所言基本相同。若将梁氏所引京大钱
粮形式文书，与海瑞所言钱粮册加以对比，则不难看出，二者在文字和形
式上虽略有差异，但在性质上完全相同；只是后者又别设表格，需将上报
的各项钱粮填于表格之内，而称之为格眼册而已。

又，海瑞任淳安知县时期所实施的《兴革条例》中，言及当时应比较
稽查的官府册籍时，提到各种钱粮簿，如"钱粮簿"、"本府钱粮簿"、
"本府钱粮批回簿"、"仓库钱粮簿"、"分守道仓库钱粮簿"、"按察司仓库
钱粮簿"、"布政司钱粮词讼簿"等等①，可见，钱粮簿乃是当时最常见的
一种官府册籍。

总之，梁氏所引京大钱粮形式文书，实为嘉靖四十五年（1566）德化
县蒙府信牌造报的嘉靖四十一年至四十五年（1562—1566）钱粮文册；其
上既无各户的人丁事产内容，也不是以四柱式的形式登载的，根本不是所
谓"嘉靖四十五年的黄册原本"。

其实，"嘉靖四十五年的黄册原本"的说法也是不通的。黄册每十年
一大造，只有大造之年才有黄册原本，查诸史籍，嘉靖四十一年（1562）、
隆庆六年（1572）分别为大造之年，因此，在这其间的所谓"嘉靖四十五
年的黄册原本"是根本不存在的。

当然，无论永春县的保甲文册，还是德化县的钱粮文册，其中都有一
些与黄册有关的术语和有关内容。黄册制度既然是有关明代赋役之法的一

---

① 《海瑞集》上编，《淳安知县时期·兴革条例》。

项基本制度，为赋役征调之本，那么，在一些公文和造册中出现与之有关的术语和某些内容，则毫不奇怪；而我们不能因此就将这类公文或册籍定为赋役黄册，亦不言而喻。

第四章 明初黄册抄底

　　前文已经提及，中国社会科学院历史研究所藏徽州文书中，有一件《永乐至宣德徽州府祁门县李务本户黄册抄底》①。该文书为迄今发现遗存最早的明代黄册文书。其所载以一户为中心，为李务本户永乐元年（1403）、十年（1412）、二十年（1422）、宣德七年（1432）四个黄册大造之年的人丁事产。记载时间连续，涉及内容广泛。与该文书一起被保存下来的还有《李舒户田地山场清单》②等文书档案。这些文书，为明代黄册乃至明初地主制经济的研究提供了极为珍贵的档案资料。

一　李务本户黄册抄底及其相关文书

　　李务本户黄册抄底由两张单页文书组成。

　　第一页所载为永乐元年黄册李务本户人丁事产和永乐十年黄册李务本户人丁事产。该件纵 31 厘米，横 58 厘米，皮纸，墨迹行书。共分两部分。前部分所载为永乐元年黄册李务本承故父李舒户人丁事产。后部分为永乐十年黄册李景祥承故兄李务本户人丁事产。

　　第二页所载为永乐二十年黄册李景祥户人丁事产和宣德七年黄册李阿谢户人丁事产。该件纵 32 厘米，横 60.5 厘米，皮纸，墨迹行书。亦分两部分。前部分所载为永乐二十年黄册李景祥户人丁事产。后部分为宣德七年黄册李阿谢户人丁事产。兹录该文书原文如次。

---

① 《徽州千年契约文书》宋元明编第一卷，《永乐元年、十年、二十年、宣德七年祁门李舒户黄册抄底及该户田土清单》。
② 同上。

文书第一页

永乐元年

一户李务本承故父李舒户

旧管

事产民田地壹拾捌亩伍分贰厘伍毫

田壹拾陆亩叁分叁厘捌毫

地贰亩壹分捌厘柒毫

民瓦房贰间

新收

人口男子不成丁一口本身系洪武贰拾柒年生

事产民田贰拾叁亩叁分贰厘叁毫

一田壹拾亩肆分叁厘系买到谢尹护户下田

一田伍亩伍分捌厘伍毫系买到谢乞安户下田

此贰号系谢能静诡寄田亩

一田柒分贰厘壹毫系到买（买到）谢天锡户下田

一田捌分柒厘壹毫系买到谢兆保户下田

一田壹亩陆分叁厘柒毫系买谢尹晓户下田（地）

开除

人口正除男子成丁壹口父舒洪武叁拾壹年病故

事产民田肆亩柒厘玖毫系卖与本图谢天锡为业

永乐拾年

一户李景祥承故兄李务本户

新收

人口肆口

正收妇女小二口　　姐贞奴永乐肆年生

姐贞常永乐陆年生

转收男子贰口

成丁壹口义父胡为善系招赘到拾肆都壹图胡宗生兄

不成丁壹口本身景祥系摘到本图李胜舟男

开除

人口正除男子成丁贰口

义父胡为善永乐九年病故

兄务本永乐拾年病故

事产

转除民田叁拾柒亩柒分陆厘玖毫

田叁拾伍亩伍分捌厘贰毫

一田贰拾玖亩贰厘叁毫　永乐四年二月卖与谢能静为业

一田陆亩伍分伍厘玖毫　永乐伍年四月卖与汪进得为业

一地贰亩壹分捌厘柒毫　永乐四年二月卖与谢能静为业

实在

人口肆口

男子不成丁壹口　本身年贰岁

妇女叁口

大壹口　母谢氏年叁拾玖岁

小贰口　姐贞奴年柒岁　贞常年伍岁

事产无

文书第二页

永乐贰拾年黄册

一户李景祥

旧管

人丁计家男妇肆口

男子壹口

妇女叁口

事产民房贰间

新收

事产转收民田地叁拾贰亩叁分玖厘叁毫

田叁拾贰亩贰分贰厘陆毫

一本图内民田伍亩肆分叁厘壹毫系受批到谢能静户下田

一本图内民田伍亩肆厘柒毫系买到谢得兴户下田

一本图内民田壹亩叁分柒厘叁毫系买到谢祯祥户下田

一本图内民田叁亩柒分伍厘肆毫系买到谢应祥户下田

一三都壹图内民田壹拾亩玖分肆厘贰毫系买到王克礼户下田

一三都壹图内民田贰亩贰分捌厘叁毫系买到王显生户下田

一三都贰图内民田叁亩叁分玖厘陆毫系买到王友信户下田
地一本图内民地壹分陆厘柒毫系买到谢能静户下田
实在
　事产
　　民田地叁拾贰亩叁分玖厘叁毫
　　　田叁拾贰亩贰分贰厘陆毫
　　　本都地壹分陆厘柒毫
一户李阿谢　宣德柒年黄册
　开除
　　男子成丁壹口侄景祥比先继男李务本户为因兄弟相继昭穆不应
　　　今准告收回本图亲兄李景昌户
　　事产
　　　转除本图民田地贰拾陆亩玖分陆厘贰毫于宣德柒年正月推过
　　　　割与本图李景昌为业
　　　　田贰拾陆亩柒分玖厘伍毫
　　　　地壹分陆厘柒毫
　实在
　　事产
　　　民田伍亩肆分叁厘壹毫

以上两页文书的书写格式和所列项目几乎完全相同。只是第一页文书没有将其抄写的资料来源写明，而第二页文书中则明确写有"永乐贰拾年黄册"及"宣德柒年黄册"字样。再从内容上看，第二页文书中永乐二十年黄册的旧管项内容，与第一页文书中永乐十年的实在项下内容相同，互相衔接。所以可以判明，这两页文书均是从当时的黄册文书上（如黄册底籍等）录出的。

这两页文书还具有以下特点。

首先，均以一户为中心。据该户黄册抄底、田地山场清单以及其他有关文书所载资料①，可知该家族的简略谱系如次：

---

①　中国第一历史档案馆藏《明朝档案·宣德八年祁门李阿谢供状》。

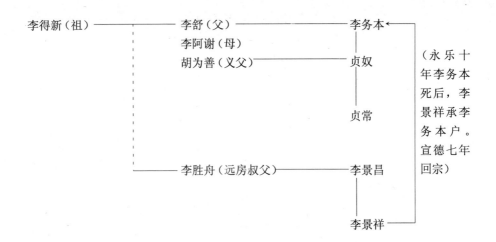

从该谱系可以看出，黄册上各大造年份所书写的户主姓名虽然不同（分别为李舒、李务本、李景祥、李阿谢），但实际上都是同一户，是同一户在不同年份户主发生变化了的情况（为叙述方便，以下均称李务本户）。其次，文书所载时间是连续的，即记载了永乐元年（1403）、十年（1412）、二十年（1422）、宣德七年（1432）这四个连续黄册大造之年的情况。第三，该文书所录每一大造年份的情况，并没有把黄册中的旧管、新收、开除、实在四大项目每次都全部列出，有的列了三项，有的列了两项。但其没有列出的项目，或可根据已录出的项目能够计算出来，或是与上一个大造之年相比无变化的项目。因此，仅据该文书已录出项目的资料，也能看出该户在各个不同大造之年的人丁事产所有及其变化情况。

　　《李舒户田地山场清单》，纵32.5厘米，横58厘米，单页皮纸，墨迹行书。原文如下：

　　　　今将祖李得新伯李舒户下田地共计叁拾柒亩零逐号开写于后
　　　　　　田壹亩肆分零　　　土名李木坞　　　能静占业
　　　　　　田贰分玖厘二毫　　土名南山桥头　　　占业
　　　　　　田捌分捌厘柒毫　　土名黄村恨坵　　　占业
　　　　　　田陆亩零　　　　　土名轮子坑　　系六保能静占业
　　　　　　田伍亩伍分零　　　土名豆荚坵　　坐落十保　占业
　　　　　　田壹拾亩零　　　坐落土名岭西

系买谢能静田李务本故后能静通同谢氏

一应置买文契搬移能静处收执今称诡寄

基地贰亩壹分零————

祖屋能静拆去此块地本家种苗管业父故能静占业	此块谢氏种苎麻

今将永乐拾贰年能静退还景祥田壹拾壹亩逐号开写于后

田贰亩贰分玖厘贰毫　　　土名黄坞口

田捌分柒厘壹毫　　　土名上坞田

田壹亩壹分肆厘壹毫　　　土名郡坑口

田肆亩玖分贰厘壹毫　　　七名郡坑头

田壹亩陆分叁厘柒毫　　　土名胡二坞

今将伯李舒各处山场是父召人剗作栽种杉苗逐号开写于后

　　　　　　　　　　　原未起科山场

一千伍佰九十四号山贰亩　　土名苦竹降

　　　　号山叁亩　　土名梨树坞

　　　　于宣德三年是父胜舟雇倩休宁县方隆郎剗作栽种杉苗与十东都洪伯实共

一千叁佰二十六、二十七号山壹片　　土名梨木坞

　　　　于宣德五年雇倩本都汪辛定冯有民等剗作种苗此山与谢尹奋相共

一千叁佰肆拾四号山贰亩　　土名鲍六家湾

　　　　原系谢尹奋召人剗作后景祥承继李舒为子亦是本家管业

一千伍佰玖拾陆号山壹亩　　土名苦竹降

　　　　于宣德元年本家自用工剗作种苗

一千陆佰三号山贰角叁拾步　　土名流圹

　　　　于宣德二年雇倩汪辛定剗作本家自己用工栽种杉苗

一千陆佰拾捌号山贰亩　　　土名高际墓林

　　　　原是本家剗作种菜栽种杉苗

一千二佰二十四号山贰亩　　　土名南边山

　　　　于宣德六年本家剗作种菜

玖佰柒拾壹号山贰亩贰角　　　土名古溪山
　　　　于永乐拾伍年雇倩吴寄祖剗作种苗
一千玖佰陆拾号山叁亩　　　土名吴坑山
　　　　于永乐十六年雇倩本都汪寄佛程文得等剗作栽种
　　　杉苗
柒佰肆拾捌号山三亩壹角三十步　　　土名古溪
　　　　原与谢尹奋同共管业长养杉苗
鲍六家湾古溪二处山上杉木能静陆续砍斫货卖入己
　　　　宣德六年景祥状告老人谢尹奋未完
宣德叁年卖梨树坞木价首饰银玖两封付能静处执匿不分凭托谢志
　　　道谢能迁浇取未还

　　该文书从内容上看，主要有以下两部分。第一部分首先开写了李舒户
（即李务本户）所有田地总数，以下则分列各号田土的具体数目、土名及
被人占业和退还情况。第二部分逐号开写了李舒户所有山场的具体数目、
土名及其经营情况。该部分注有"原未起科山场"字样，故黄册未载。该
文书中所写的户主李舒，在前面介绍的文书中已经出现，实为一人。其所
录内容本身的时间亦是在永乐、宣德时期，与前两页文书也完全一致。所
以，该文书与前项文书合在一起，构成了李务本户在永乐、宣德时期的人
丁事产，特别是有关其土地所有情况的一份完整资料。

二　史实考证

　　上述记载李务本户人丁事产的两页文书，其上虽记有"黄册"字样，
但均系抄件。那么，其所载内容是否可信呢？尚需作进一步考证。
　　前文已经叙及，洪武十四年（1381）首次诏天下府州县编赋役黄册，
正式在全国推行黄册制度。此后定为每十年一大造，第二次是在洪武二十
四年（1391），但第三次却是在永乐元年（1403），中间相隔十二年，这
是因为其间插入了靖难事件的缘故。第四次在永乐十年（1412），中间相
隔九年。此后，便是每十年一大造，没有变更，即永乐二十年（1422）、
宣德七年（1432）、正统七年（1442）等等，均为大造之年。其干支纪年
皆是"壬"字打头，故当时又称"壬年大造"。据《后湖志》载，明朝南

京后湖册库，分别贮有洪武十四年份、洪武二十四年份、永乐元年份、永乐十年份、永乐二十年份、宣德七年份等这些年份所造的黄册①，即这些年份确为黄册大造之年。而李务本户人丁事产文书中所记黄册攒造的年份，亦为永乐元年、永乐十年、永乐二十年、宣德七年，与《后湖志》的记载完全相符。

作为明代黄册的最基本的特征是，"以户为主，详具旧管、新收、开除、实在之数为四柱式"②，人丁、事产为其主要登载内容。而李务本户人丁事产文书中的记载，也是以户为主，人丁、事产亦为其主要内容，所列亦共有旧管、新收、开除、实在四大项目。不仅如此，其新收项下又分"正收"、"转收"名目；"开除"项下又分"正除"、"转除"名目。所有这些，也都与明代黄册的登载内容和所列项目相一致。特别是其上已明确写有"永乐贰拾年黄册"和"宣德柒年黄册"等字样，表明其所录为明代黄册之内容，并无疑问。

但如上所述，其所载各个大造年份的情况，并不是每次都把黄册中的旧管、新收、开除、实在四大项目全部列出，各有不同的省略。又，该文书中所记载的各项田土数字，不论总数，还是细目，其下均没有开写应纳税粮数额。而其上所写"此贰号系谢能静诡寄田亩"之类的批语，乃是明代黄册原文书上不可能有的文字。再从其用纸来看，是在两张单页纸上记载了四个不同大造年份的人丁事产情况，等等。所有这些又表明该文书并非当时的黄册原件，而只是一份抄件。按明代黄册制度规定，如若到南京后湖去抄录黄册，需经官府特别批准，十分困难。但如前所叙，当时各里之中亦保存有黄册底籍之类的文书。作为一家一户的黄册抄底，或抄自里甲保存的黄册底籍，或抄自本户的清册供单，都完全可能。

以下，就该黄册抄底的所在地点作一考证。在《李舒户田地山场清单》中有这样一条记载：

> （某）号山叁亩，土名梨树坞。于宣德三年，是父胜舟雇倩休宁县方隆郎剝作，栽种杉苗。与十东都洪伯实共。

---

① 《后湖志》卷二，《事迹二·黄册库架》。
② 《明史》卷七七，《食货一·户口田制》。

从这里出现的"十东都"这一地名可知，李务本户的所在地点当是明代徽州府祁门县。查明代各时期所修徽州府志，明代徽州地区各县之中有十东都和十四都建置的只有祁门县。其在宋元时为十都，至明初析为十东都与十西都。弘治《徽州府志》载："〔国朝〕因之，置六乡。并三、四为一都，析十为东、西都。"①但十东都并不是李务本户的所在都的地点，该户所在都的地点在这几件文书中都未特别标明，只称"本都"，清单中出现的十东都以及休宁县等地名，因不是李务本户的所在都的地点，所以才特意标出。《李舒户田地山场清单》中又载：

> 一千玖佰陆拾号山叁亩，土名吴坑山。于永乐十六年，雇倩本都汪寄佛、程文得等剜作，栽种杉苗。

这里，李舒与汪寄佛同称"本都"。在《洪武四年徽州府祁门县汪寄佛户帖》②（本书第二章中已引用）中则记载汪寄佛为"祁门县十西都住民"，由此可知李务本户的所在地点当为祁门县十西都。

而在徽州文书遗存的土地买卖文契中，如《明永乐四年祁门县李务本卖田白契》、《明永乐五年祁门县李务本卖田白契》，以及《明永乐八年祁门县李务本卖田地山场白契》等文契中，均称"十西都李务本"③，因而可明确得知李务本户的所在地点是祁门县十西都，以《明永乐四年祁门县李务本卖田白契》为例：

> 十西都李务本，今为家□无钱支用，与母亲商议，自愿将户内土名黄坞口，田贰亩贰分玖〔厘〕二毫；土名恨坵，田捌分捌厘柒毫；土名胡二坞，田壹亩陆分叁厘柒毫；又将土名李木坞口，田壹亩肆分肆厘二毫；又将南山桥头贰分玖厘贰毫；又将郡坑原田肆亩玖分贰厘壹毫；其田亩步字号四至，自有本保清亢文册④及元（原）买文契可照。今曾（情）愿将前项陆处田亩尽行立契出卖与谢能静名下，面议

---

① 弘治《徽州府志》卷一，《厢隅乡都》。
② 《徽州千年契约文书》宋元明编第一卷。
③ 原件均藏北京大学图书馆。转引自张传玺主编《中国历代契约会编考释》（下），北京大学出版社 1995 年版。
④ "清亢文册"当作"青荒文册"，即鱼鳞图册别称。

时价宝钞柒百贯。其钞当日收去，其田一听买人入段收苗受税，永远
管业。未卖之先，即不曾与内外人重伏（复）交易。如有一切不明及
家外人占拦，并是卖人之（支）当，不及买人之事。今恐无凭，立此
文契为用。

　　永乐四年三月二十日　　　卖人　李务本（押）　　　契

　　　　　　　　　　　　　　　母亲　谢　氏（押）

　　　　　　　　依口代书人　李胜舟（押）

　　该文契中出现的李胜舟，即是《李舒户田地山场清单》中所言"父胜
舟"，也就是李景祥的父亲、李务本的远房叔父。而且，这里所载各项土
名及其田土面积，与《李舒户田地山场清单》中所录各项土名及其田土面
积几乎完全相同，二者可以互相印证。

　　又，《明永乐五年祁门县李务本卖田白契》中载："又将本保黄坞田，
系经理唐字　　　　号……又将本保土名胡二坞，经理唐字　　　　号……"按，
明初祁门县唐字号即是十西都七保的田土经理字号，徽州文书中的许多文
契记载都可证明这一点。如《洪武十五年祁门谢允恭卖山地赤契》中说：
"十西都谢允恭，今将本都七保土名严家干庄坞，系经理唐字一千五百七
十四号……"[1] 据此亦可知李务本户的所在地点为祁门县十西都七保。

　　此外，李务本户黄册抄底及田地山场清单中所出现的谢能静、谢能迁、
谢祯祥、谢应祥、谢得兴、谢尹奋等人名，在徽州文书遗存的同期土地买卖
文契以及其他文契中亦多次出现，均可得到证实。如《洪武二十三年祁门谢
得兴过继文书》、《建文元年祁门谢翊先批契》、《永乐元年祁门谢能迁卖山
地赤契》、《永乐四年祁门谢能静李胜舟垦荒帖文》、《永乐二十年祁门谢应
祥卖山地赤契》、《宣德二年祁门谢应祥等为重复卖山具结》，[2] 等等。这些
文书，不仅证实了谢能静、谢能迁等确有其人，而且还披露了一些与李务本
户相关的其他史料，亦是研究李务本户黄册文书的重要资料。

　　总之，李务本户黄册抄底及其田地山场清单虽为抄件，但其所载内容
可从遗传至今的相当多的徽州文书中得到证实，仍不失为研究该户各方面
状况的一份珍贵资料。

<hr>

① 《徽州千年契约文书》宋元明编第一卷。

② 同上。

三 内容分析

李务本户黄册抄底及其田地山场清单所载资料，内容丰富，十分具体。以下，据文书所载，以该户为中心，就其所涉及的明初社会经济的一些问题试作考察与分析。

（一）关于土地所有与经营方式

根据黄册所载，李务本户在洪武至宣德各个黄册大造之年的人口和土地所有情况如表1。

表1　　　　洪武至宣德时期李务本户人口和土地所有情况表

年 份	人 口				土 地（亩）		
	男	成丁	妇女	总计	田	地	总 计
洪武二十四年	1	1	1	2	16.338	2.187	18.525
永乐元年	1	0	1	2	35.582	2.187	37.769
永乐十年	1	0	3	4	0	0	0
永乐二十年	1	0	3	4	32.226	0.167	32.393
宣德七年	0	0	1	1	5.431	0	5.431

表1中洪武二十四年（1391）的各项数字，是根据永乐元年黄册所载推算出来的。通过该表可以看出，李务本户在洪武二十四年所有田地为18.525亩，至永乐元年（1403）已达37.769亩。而到永乐十年（1412），黄册上所载李务本户土地已全部卖掉，田地全无。但应指出的是，从该户田地山场清单上看，当时李务本户有诡寄谢能静名下田土10亩，永乐十二年（1414）谢能静又退还田土11亩，二者土名并不相同。所以当时并不是地产全无，而是至少还有20亩以上的田地。永乐二十年（1422）黄册载该户田地为32.393亩，又按宣德七年（1432）黄册所载，这一数字至宣德六年（1431）仍没有变化。若据该户田地山场清单所载，其所有田地共计37亩有零（据清单所列各号统计实为37.041亩），与黄册所载

37.769 亩大体相同。该清单抄写的年代是在宣德六年（1431）①，即直到宣德六年李务本户的田地所有仍是 37 余亩。总之，李务本户的田地所有多数时间在 30 亩以上，最高达 37 余亩。

此外，其田地山场清单还开列了本户所有各号山场面积，其下注有"原未起科山场"。按，徽州地区在元末已处于朱元璋政权的控制之下，作为祁门县明朝开国之初的第一次土地经理乃是在龙凤时期。史载："山为云雾山场，金业定于明洪武前龙凤经理，向无山税，与婺源同，间有古墓茂林，听从民便，报垦起科。"② 由于未起科，故黄册上均未登载山场面积。清单所载各号山场面积总计为 21.5 亩，别有一片、两处，未载具体面积，总共山场面积约在 25 亩左右。其中 6.375 亩与别人共同管业，若共管部分以李务本户占有一半计算，加上其他部分，其实在拥有山场面积当为 22 亩以上。这样，总计起来，李务本户实际拥有的田地山场总面积为 60 亩左右。

那么，从李务本户所有的土地面积来看，其应属于当时农村中的哪一阶层呢？

据文献记载可知，明代一个农夫按一般标准所能耕种的土地是在 10—15 亩左右，一个标准自耕农户所占有的土地是 15—20 亩左右③。当然，单就其数量而言，人口稀少的地区要高于人口稠密的地区，北方要高于南方，边区要高于内地。

就徽州地区来讲，各类人户的土地占有标准要比一般南方地区更低一些。徽州一带属山区，可供开垦的土地本来就少；而开发的历史又很早，至明代，人口已相当稠密，人均占有的耕地面积自然要比其他地区少得多。据弘治《徽州府志》载，当时已是"田地少，人口多"④。康熙《徽州府志》亦载："山居十之五，民鲜田畴。"⑤ 同类记载还可找到很多。特别应指出的是，由于山区的自然条件恶劣，农夫耕作异常艰苦，费工费力，依山垦田，"累十余级不盈一亩"⑥，"壮夫健牛，日不过数

① 从该清单上有宣德六年的记事来看，其抄写时间不会早于宣德六年；又据宣德七年黄册载，该户只有五亩多田地，清单所载与此根本不同，故可判明其抄写时间是在宣德六年。

② 道光《祁门县志》卷一三，《食货二·田土》。

③ 参阅本书第十二章。

④ 弘治《徽州府志》卷二，《食货一》。

⑤ 康熙《徽州府志》卷二，《风俗》。

⑥ 万历《祁门志》卷三，《地理·风俗》。

亩，粪壅缉栲，视他郡农力过倍"①。所以，徽州地区一个农夫所能耕种的土地面积一般多在 10 亩以内，而仅有一至二丁的自耕农户的土地耕作量一般不会超过 20 亩。在占有 30 亩以上土地而又人丁较少的业户中，即有土地出租者。如果是占有 50 亩以上土地而又人丁较少的业户，则必然要出租土地或雇工经营，或者可以说，50 亩左右的土地，可视为徽州地区地主土地占有量的最低点。事实上，在遗传至今的徽州文书中（如阄书、分书等），即可找到不少只有 50 亩左右土地而又全部出租的业主。

所以，占有田地山达 60 亩左右而又人丁很少的李务本户，在徽州地区乃属于地主阶层之列。该户黄册和田地山场清单所载情况也证实了这一点。

从李务本户黄册所载来看，该户只是在永乐九年（1411）以前的几年时间里有成丁男子二人，在宣德元年至七年（1426—1432）一段时间里有成丁男子一人，其余大部分时间均无成丁男子，缺乏劳动力。其占有的 60 亩田地山场只能靠出租、雇工或其他方式经营。这可从该户田地山场清单的记载中得到证实。该清单已写明，李务本户所有的 20 余亩山场均由其叔父李胜舟"召人劚作"，即雇人开垦，然后由李胜舟代为管业的。其经营方式有如下几种：

1. 雇人劚作，栽种树苗。如"玖佰柒拾壹号山贰亩贰角，土名古溪山，于永乐拾伍年雇倩吴寄祖劚作种苗"。又如"一千玖佰陆拾号山叁亩，土名吴坑山，于永乐十六年雇倩本都汪寄佛、程文得等劚作栽种杉苗"等等。

2. 雇人劚作，栽种杉苗，与别人共同管业。如"一千伍佰九十四号山贰亩，土名苦竹降；（原文前缺）号山叁亩，土名梨树坞，于宣德三年是父胜舟雇倩休宁县方隆郎劚作，栽种杉苗，与十东都洪伯实共。一千叁佰二十六、二十七号山壹片，土名梨木坞，于宣德五年雇倩本都汪辛定、冯有民等劚作种苗，此山与谢尹奋相共"等等。

3. 雇人劚作，本家用工栽种树苗。如"一千陆佰三号山贰角叁拾步，土名流坅，于宣德二年雇倩汪辛定劚作，本家自己用工栽种杉苗"等等。

4. 本家用工劚作，种菜或栽种杉苗。如"一千伍佰玖拾陆号山壹亩，

① 嘉靖《徽州府志》卷八，《食货志》。

土名苦竹降，于宣德元年本家自用工劚作种苗"。又如"一千陆佰拾捌号山贰亩，土名高际墓林，原是本家劚作种菜栽种杉苗"等等。

其中全由本家自己开垦、种菜种树的只有五亩。其余都是雇人开垦的，而且被雇的共有六户不同人家。这说明当时 20 亩左右的山场只由一个农夫开垦耕作是不可能的。那么，像李务本这样占有 30 余亩田地（主要是水田）而又缺乏人丁的业户，就更不可能全靠自己耕作经营了。又，李务本户占有的田地并不集中，甚至有在他图者，管业很不方便，这也不可能全由自己经营。所以，李务本户所有的田地，也主要是靠出租、雇工或其他方式经营，恐怕没有疑问。只是黄册上登载的田土一般不注明经营方式，因此无法判明其租佃和雇工的具体情况。

当然，另一方面，从李务本户山场经营方式的多样性，我们也可以推测到其田地方面的经营方式也不会是单一的。或出租，或雇工，或与别人共同管业等等。又，虽然其主要部分当靠出租或雇工等方式进行经营，但也不排除其中有少数田地由自己耕作的可能。这种经营管理的多样性，在当时的中小地主乃至自耕农户当中，并非个别现象。这是我们应该注意到的一个问题。

（二）关于土地买卖与田土诡寄

据黄册所载，李务本户洪武二十五年至宣德七年（1392—1432）土地买卖情况及其与全部土地所有量的比例如表 2。

表 2　　　　　洪武至宣德时期李务本户土地所有与买卖情况表　　　　单位：亩

年　份	土地所有	买　入		卖　出		买卖量占所有量%
		数量	次数	数量	次数	
洪武二十五年至永乐元年	37.769	23.323	5	4.079	1	72.6
永乐二年至十年	37.769	0	0	37.769	5	100
永乐十一年至二十年	32.393	32.393	7	0	0	100
永乐二十一年至宣德七年	5.431	0	0	0	0	0

按黄册所载统计，李务本户在洪武二十五年至宣德七年这四十几年间，共进行了 16 次土地买卖，其中在永乐二年至十年（1404—1412）卖

出田土 3 次，但若再参考遗存文书，可知这期间李务本户卖出田土共为 5 次，所以，该户的总共土地买卖次数当为 18 次，平均每两年多即有一次。其土地买卖的数量与全部土地所有量的比例也相当高，有时甚至是百分之百，即全部卖出或买进。土地买卖所涉及的不同人户达 13 家之多。总之，土地买卖相当频繁。

土地允许买卖，是中国封建社会的主要特征之一。当然，这种买卖又是有条件的，受到很多限制。然而，到了明清时代，在商品经济发展的冲击之下，封建官府对土地买卖的种种限制，已明显呈现逐渐减少的趋势。这反过来无疑也有利于土地买卖的发展。明清时代的商品货币经济，继宋元之后，已发展到了相当高的水平，与此同时，占主导地位的封建社会自然经济也开始出现了新的变化。而徽州地区的商品经济更比其他地区发展活跃。土地买卖的发展，不能不说是与这种社会经济发展的大趋势有密切关系。

不过，就土地买卖本身来说，如果我们查阅一下遗留至今的大量的土地买卖契约就会发现，其出卖土地的原因，多是因为"日食不给"，"无谷食用"，"衣食不给"，"不能度日"；或因"钱粮紧急"，"户役无解"，"攒运粮储缺少盘缠"，"户役缺少银钞支用"，"甲首无物纳粮"，"里役缺银"，"轮排年贴役无所措办"，"排年支费"，"津贴粮长"；或因"洪水冲破不能耕种"，"年荒缺用"，"父故杂派无办"，"母亲无钱斋殡"，"故夫出枢埋葬使用"；以及"缺少使用"，"无钱用度"，"还欠债"等等①。大多为生活所迫、赋役所逼或天灾人祸的打击而不得不忍痛出卖土地。土地买卖的频繁与流动的迅速，更多的是反映了封建国家的残酷压榨，豪强地主的欺凌兼并，天灾人祸的意外打击，与自耕农等小土地所有者乃至一些中小地主的迅速破产。

从李务本户土地买卖的具体情况来看，也是如此。前已叙及，徽州文书中现存有几张李务本卖田文契，这些文契是：《明永乐四年祁门县李务本卖田白契》、《明永乐五年祁门县李务本卖田白契》（甲）、《明永乐五年祁门县李务本卖田白契》（乙），以及《明永乐八年祁门县李务本卖田地山场白契》②。所载该户卖田的原因乃是"无钱支用"，"无力用度"，"户

---

① 参阅《明清徽州社会经济资料丛编》第一、二辑，中国社会科学出版社 1988 年、1990 年。

② 原件均藏北京大学图书馆。转引自张传玺主编《中国历代契约会编考释》（下），北京大学出版社 1995 年版。

门无钱货支用"，等等。其中《明永乐八年祁门县李务本卖田地山场白契》，更道出了该户在永乐八年（1410）将其田地山场全部卖出的实情，其文如下：

十西都李务本自叹吾生世，幼丧父亲，惟与母谢氏孤苦难立，再继义父胡惟善不幸亦已殒身，今务本年一十四岁，感患甚危，恐难存命，思知二父俱亡，全无追修斋七；有母谢氏，亦无依靠；兼以二妹年幼，未曾婚聘。今与母亲商议，情愿将承父户下应有田山、陆地、住基、屋宇，尽行立契出卖与同都住人母舅谢能静名下，面议时价宝钞肆仟贰拾贯。其钞并契当日两相交付。其田地山场，今将字号四至条段亩步开列于后：

一、唐字四百一十六号，计捌分捌厘柒毫。东至谢能静田，西至谢能迁田，南至路，北至能静田，土名青林原恨垅。

一、唐字贰百二十三号，土名过水垅，计田捌分壹厘壹毫。东、南至谢开先田，西、北至谢显先田。

一、唐字贰百号，土名黄坞口，计田贰亩贰分玖厘贰毫。东至山，西至、北至地，南〔至〕尚贤田。

一、唐字六百七十八号，土名南山桥头，计田贰分玖厘贰毫。东至溪，西、南、北至谢开先田。

一、唐字六百十一号，土名李木坞口，计田壹亩肆分肆厘贰毫，地壹分捌厘叁毫。东至谢景继地，西至谢显先地，南、北〔至〕山。

一、陶字贰拾叁号，六保，土名伦子坑口，计田伍亩贰角五十步。东、北至境，西至□李叔俊田，南至行路。

一、唐字七百四十一号，土名郡坑源，计田伍亩。东至山，西至坑，南至山，北至坑。

一、唐字七百七十一号，土名郡坑口，计田〔空缺〕。东至田，西至路，南至圳，北至坑。

一、唐字六百二十五号、二十六号、二十七号，土名见住基，吴升住基及东畔红梅园，共计地贰亩。

开住后竹园山地壹角。东至显先田及坟，西至路及显先地，南至田及溪，北至大开岭与水，下至显先地。

一、户下各处田山陆地字号亩步不等，一时誊写该载不尽，自有
　　经理及原买文契可照。

右许前项田山、基地、屋宇自卖之后，一听能静照契收租受税，
永远〔管〕业。未卖之先，即不情（曾）与家外人重复交易。如有一
切不明及家外人占拦，一听立（买）人行官理治，仍依此文为凭。今
恐无凭，立此文契为用。

永乐捌年四月十五日　　　　　　　李务本　（押）　契

主盟母亲　谢氏荣娘（押）

见交易人　谢曙先　（押）

依口代书族叔　李仲积　（押）

通过该文契所载，可知李务本户在洪武末至永乐初年，家庭屡遭不
幸。先是其父李舒于洪武三十一年（1398）病故（见永乐元年黄册），当
时李务本年仅五岁，即契文中所言"幼丧父亲，惟与母谢氏孤苦难立"这
一情节；而后其义父胡惟善又于永乐八年（1410）病故（黄册载为永乐九
年，文契载为永乐八年，当以文契为准）；与此同时，其本人又"感患甚
危，恐难存命"（按黄册所载李务本于永乐十年病故），当时李务本年仅
14岁，尚未成丁，而家中其余也只有母亲和两个年幼的妹妹。正是在这一
危难之时，才不得不将其田地山场等地产全部卖掉。而这在封建社会里并
非个别现象，如上所述，由于天灾人祸的打击而被迫出卖土地，也是当时
土地买卖的重要原因之一。

当然，李务本户的这次土地买卖，是由其母主盟，将全部田产卖给了
母舅谢能静的。该契文中已载明，谢能静本是李务本的舅父。这一点在现
存其他徽州文书中亦可找到佐证。如从《建文元年祁门谢翊先批契》①中
即可看出，李务本的母亲谢氏荣娘乃是谢能静的姐姐。又，李务本户永乐
二十年黄册中载有"本图内民田伍亩肆分叁厘壹毫，系受批到谢能静户下
田"，这也说明谢李两家存在亲戚关系。所以，李务本户永乐八年的这次
土地买卖，实际上是在亲族之间进行的一次田土交易。从李务本户的整个
土地买卖情况来看，前已叙及，在四十余年间的18次田土交易中，涉及
不同人户达13家。而这18次交易的对方全是外姓人家，如谢氏、汪氏、

---

① 《徽州千年契约文书》宋元明编第一卷。

王氏等等，明显看出土地买卖不只是在同姓宗族之间进行的。另一方面又同样可以看出，该户的土地买卖之中，亲族之间的交易仍占有相当大的比例。即该户的土地买卖，有相当部分是在李务本与其母舅谢能静之间进行的。按黄册和清单所载共有六次，交易数量也超过了与其他户所进行的交易。在明代，法律条文上已经没有田土买卖亲邻优先之类的规定；实际发生的土地买卖交易，也已大大冲破了亲邻之间交易的界限。但是，田土买卖之际，宗族势力的影响与亲族优先的惯习，仍然存在。李务本户的土地买卖情况也正是如此。

然而，在谢李两家亲属之间的田土交易中，又有应特别注意者，这就是通过土地买卖互相进行田土诡寄。

在李务本户黄册及田地山场清单中有两处提到诡寄田土之事。

一是在李务本户永乐元年黄册新收项下，有两号田土，一为 10.43 亩，系买到谢尹护户下田；一为 5.585 亩，系买到谢乞安户下田，其下注有"此贰号系谢能静诡寄田亩"。即这两号田原本是谢能静置买的田土，却以李务本户置买田土的名义而寄在该户名下。其背后因由是："能静因见甥幼无差，将自己田壹拾陆亩零诡寄务本户内。"[①]

一是在该户的田地山场清单中，有一号"田壹拾亩零，坐落土名岭西，系买谢能静田，李务本故后，能静通同谢氏，一应置买文契搬移能静处收执，今称诡寄"。即李务本户下的田土诡寄到了谢能静户下。通过前引《明永乐八年祁门县李务本卖田地山场白契》这一文契可知，在永乐八年（1410）李务本已"与母亲商议"，"将承父户下应有田山、陆地、住基、屋宇，尽行立契出卖与同都住人母舅谢能静名下"，所以所谓"一应置买文契搬移能静处收执"，在形式上也是通过土地买卖进行的。

关于这一点，在现存的李务本户卖与谢能静的几份土地买卖文契中，亦可看到一些端倪。前引《明永乐四年祁门县李务本卖田白契》、《明永乐五年祁门县李务本卖田白契》（甲）、《明永乐五年祁门县李务本卖田白契》（乙），以及《明永乐八年祁门县李务本卖田地山场白契》，这几份文契都是以李务本的名义将田土卖给谢能静的，但全是白契，即均未经过官方税契，都没有进行过割。特别是其中多有重复交易，例如，在《明永乐四年祁门县李务本卖田白契》这一文契中，已明确写有将"土名黄坞口，

---

①　中国第一历史档案馆藏《明朝档案·宣德十年祁门谢能静供状》。

田贰亩贰分玖厘二毫”这一号田土卖给了谢能静，但同一号田土又在《明永乐八年祁门县李务本卖田地山场白契》这一文契中出现。又如，李务本户的“本都六保土名轮子坑口，经理陶字贰拾叁号，其田陆亩”这一号田土，已在《明永乐五年祁门县李务本卖田白契》（甲）文契中卖出，但该号田土又在《明永乐五年祁门县李务本卖田白契》（乙）及《明永乐八年祁门县李务本卖田地山场白契》中多次重复出现。此种情况在正式的土地买卖中当然是不允许的。这恐怕只能用买卖为假，诡寄是真来加以解释。又，在清单中还明确写有“永乐拾贰年能静退还景祥田壹拾壹亩，逐号开写于后”，其中几乎全是在上述白契中已卖过的田土。上面列举的黄坞口一号田土也在其内。所以，上述李谢二户之间的土地买卖，其间虽有李务本户“准还能静先后借用财谷”这一情节①，但通过土地买卖的形式来诡寄田土，也是很清楚的。

即使在明初的历史文献中，亦可见到很多有关诡寄田土的记载。例如，《御制大诰》即申令：“将自己田地移垎换段，诡寄他人，及洒派等项，事发到官，全家抄没。若不如此，靠损小民。”②《大明律》中也有此条：“若将田土移垎换段，挪移等则，以高作下，减瞒粮额，及诡寄田粮，影射差役，并受寄者，罪亦如之。其田改正，收科当差。”③明代黄册制度的颁布及其以后每十年一大造，都一再申明严禁田土诡寄之事，如若作弊，“事发问罪从军”，“将诡寄田土尽行没官”④。洪武二十年（1387）二月，《明实录》在记载鱼鳞图册这一重要制度时，亦特别提出了诡寄之事：“浙江布政使司及直隶苏州等府县进鱼鳞图册。先是，上命户部核实天下田土，而两浙富民畏避徭役，往往以田产诡托亲邻、佃仆，谓之铁脚诡寄。久之相习成风，乡里欺州县，州县欺府，奸弊百出，谓之通天诡寄。于是，富者愈富，而贫者愈贫。”⑤李务本户黄册抄底及清单中所录谢李两家互相诡寄之事，正可以与这里所言以田产诡托亲邻的所谓铁脚诡寄相印证。富户诡寄田土，从明初开始就是一个普遍现象，它是明代地主逃避封建国家赋役的主要手段之一。

---

① 中国第一历史档案馆藏《明朝档案·宣德十年祁门谢能静供状》。
② 《御制大诰·诡寄田粮第三十九》。
③ 《大明律》户律，《田宅·欺隐田粮》。
④ 《后湖志》卷四至卷一〇。
⑤ 《明太祖实录》卷一八〇，洪武二十年二月戊子条。

（三）关于封建宗法制度与财产继承

李务本户宣德七年（1432）黄册开除项下载："男子成丁壹口侄景祥，比先继男李务本户，为因兄弟相继，昭穆不应，今准告，收回本图亲兄李景昌户。事产：转除本图民田地贰拾陆亩玖分陆厘贰毫，于宣德柒年正月推过割与本图李景昌为业，田贰拾陆亩柒分玖厘伍毫，地壹分陆厘柒毫。"实在项下载："事产：民田伍亩肆分叁厘壹毫。"这样，李务本户从原来具有30余亩田地的地主身份，一下子降到只有5亩多田地的一般农民境地。从表面上看，这是由于李务本户在无子立嗣时违犯了封建宗法制度所致，但其背后却反映了谢李两姓宗族对李务本户的土地财产之争。

从前文所示有关李务本户的族谱来看，先是由李舒承继其父李得新；洪武三十一年（1398）李舒病故后，由其子李务本承继。永乐十年（1412）李务本又病故，而李务本没有儿子，无人承继。在此前后，李务本的母亲谢氏荣娘或通过买卖，或设法诡寄，将田地山场最后全部转移到其弟谢能静处。谢氏荣娘显然是站在谢家的立场上而欲使其土地财产最后归谢氏家族所有。其弟谢能静，据现存其他文书资料可知，也正是在永乐至宣德这一时期，通过各种途径发展起来的当地一个颇有势力的新兴地主①。可以说，对于李务本户的土地财产，谢能静亦不无乘机兼并之意。

另一方面，同族李胜舟等更不想让李务本户的土地财产流入外姓。在李务本死后，李胜舟遂执意立其子景祥承继李务本户。李景祥与李务本虽是同族，但并非亲族，当时年仅两岁，且为李务本之弟。对于立李景祥为嗣，谢氏并不同意。而立嗣之后，实际上景祥"自来不与阿谢同居共食，疏远不行奉养"②。所以，立嗣继户只是一个手段而已。而李家对谢能静等在李务本户危难之际置买其土地这一点根本不予承认。这从李务本户黄册抄底及其田地山场清单的记载中即可反映出来。李家抄录这两份文书的目的，就是为了留一份底账，以备日后查核之用。清单中一开始就开列了李舒户（即李务本户）被谢能静"占业"的各号田土。通过上述介绍的现存几张李务本的卖田文契可知，这些田土多是由谢氏荣娘主盟以李务本的名义已经卖给了谢能静的。但李氏均将其称之为"占业"。占业一词，在宋

① 参阅拙文《明初地主积累兼并土地途径初探》，《中国史研究》1990年第3期。
② 中国第一历史档案馆藏《明朝档案·宣德八年祁门李阿谢供状》。

元以来的土地文书和诉讼文书中经常出现，乃是"占据"、"包占"、"侵占"、"强占"、"霸占"他人产业之意①。即，李氏本家对谢氏荣娘与谢能静之间的交易根本不予承认。清单中又称"李务本故后，能静通同谢氏，一应置买文契搬移能静处收执"云云；最后还列举了谢能静占匿李家其他钱物的两条事实："鲍六家湾、古溪二处山上杉木，能静陆续砍斫，货卖入己。宣德六年景祥状告老人谢尹奋，未完。宣德叁年卖梨树坞木价首饰银玖两，封付能静处，执匿不分。凭托谢志道、谢能迁浼取未还。"李、谢两家虽有姻亲关系，但因土地财产承继等而产生的矛盾显而易见。

　　总之，李胜舟等是欲想通过立嗣继承的手段，以达到并吞李务本户土地财产的目的。实际上，李务本户土地的绝大部分最后也都归并到了李胜舟户（后为李景昌户）下。不但如此，就连谢能静批给李阿谢的五亩多土地也被李景祥据为己有，"专收租利"。为此李阿谢不得不以"兄弟相继，昭穆不应"而上告②。在李务本无子这种情况下，按封建宗法制度规定，需摘立同宗昭穆相当之人，即同宗之中相当于李务本的下一辈人来承继。这一点，在明初的法律中也作了明确规定。《大明令》中申明："凡无子者，许令同宗昭穆相当之侄承继。先尽同父周亲，次及大功小功缌麻。如俱无，方许摘立远房及同姓为嗣。"③《大明律》也规定："若立嗣，虽系同宗而尊卑失序者，罪亦如之。其子亦归宗，改立应继之人。"④ 而李务本所立的继承者李景祥并不是他的下一辈人，是他的同宗兄弟，此即是所谓"兄弟相继，昭穆不应"，谢氏遂因此准告而保住了其最后一点土地财产。

　　封建宗法制度为中国封建社会统治的一大支柱，它对封建社会的各个方面都有很大影响。到了明清时代，封建宗法势力虽有所变化，但其影响仍顽固地存在着。就地主制经济而言，在财产继承、土地买卖等方面仍然要受到封建宗法制度的约束和乡族势力的干涉。在聚族而居、"最重宗法"⑤ 的徽州地区更是如此。

　　中国封建社会到了明清时代，社会经济等各方面的发展都注入了新的因素，出现了新的变化。但作为封建社会的一些本质的东西，仍在发挥着

---

① 参阅《名公书判清明集》卷五至卷九，《户婚门》等。
② 中国第一历史档案馆藏《明朝档案·宣德八年祁门李阿谢供状》。
③ 《皇明制书》卷一，《大明令·户令》。
④ 《大明律》户律，《户役》。
⑤ 嘉庆《黟县志》卷三，《地理·风俗》。

它的作用。尤其在明初，更是如此。在考察封建地主制经济时，对政治势力、宗法制度等诸因素也不能忽视。土地财产之流动，家业之兴衰，贫富之变迁，又常常是以封建国家赋役的重负、大户豪绅的欺压、天灾人祸的打击为背景的。从分析明初黄册抄底的几件文书之中，或许可以得到这样一个启示。

第五章　万历九年清丈归户亲供册

在安徽省博物馆收藏的徽州文书中，有一本《万历九年清丈二十七都五图归户亲供册》①。该册纵 28.1 厘米，横 26 厘米，厚约 3 厘米。连皮计 648 页。封面、封底均为牛皮纸。封面题"万历玖年清丈贰拾柒都五图归户亲供册"。正文计 637 页，皮纸墨抄。其所载主要内容是，经过万历九年清丈二十七都五图所属各户的归户田土税亩及麦米税额。该文书本属安徽省博物馆藏二十七都五图黄册底籍系列文书中的一种，它不仅是考察明代黄册底籍的珍贵资料，亦为研究明清时代的农村经济结构提供了宝贵素材。

一　曾乾亨与休宁万历九年清丈

如上所述，《万历九年清丈二十七都五图归户亲供册》这一文书，属于安徽省博物馆藏二十七都五图黄册底籍系列文书中的一种，是与二十七都五图黄册底籍一起被保存下来的。系清初抄本。据二十七都五图黄册底籍载，可知该文书的所属地点是明代南直隶徽州府休宁县二十七都五图②。

从其封面所题即可得知，该文书的攒造，与张居正在万历时期推行的有名的土地清丈运动密切相关。土地清丈是张居正赋役改革的基础。为实行赋役改革，张居正于万历九年至十年（1581—1582）曾在全国范围内大力推行土地清丈。历史记载表明，这一清丈在大多数地区是认真执行了的，因而取得了很大成效。但论者也指出，其在某些地方亦有草率从事、弄虚作假的。因此，首先必须对与该文书的攒造有直接关系的休宁万历九

---

① 安徽省博物馆藏 2：24582 号。
② 详见本书第六章。

年清丈加以考察。

休宁万历九年清丈是在曾乾亨的主持下进行的。

曾乾亨（1538—1594），字于健，号健斋，江西吉水人。万历五年（1577）进士，授合肥令，调休宁，擢监察御史，累官大理少卿。曾乾亨出身官宦世家。父存仁，官至云南布政使，"初为仪曹郎，大礼议起，力排何渊，议非是直，声彻海内"，又曾抗抑宦官，忤旨被逮系诏狱①。兄同亨，官至工部尚书，加太子少保，颇有政绩。曾乾亨生于浙，少被父"携宦闽、粤、黔、滇间"②。21 岁中举，其后师从著名理学家罗洪先。注重经世致用，曾说："学问全在用处，见用处有效，方是学。"③ 40 岁举进士，开始仕宦生涯。曾乾亨为官堪称清正廉明，刚直不阿。《明史》称："乾亨言行不苟，与其兄并以名德称。"④

曾乾亨举进士后除合肥令，又调休宁，其中还有一番政治背景。史载："丁丑（万历五年）成进士。适江陵夺情辅政，先生（即曾乾亨）业具疏且上。而邹尔瞻疏先入，谪戍黔。先生因为尔瞻赋夜郎赋，其词激烈悲愤。稍闻之，当事者会除合肥令。合肥衢固剧，先生幼知四方，善理剧。已移休宁，休宁剧视十合肥，然无以难也。……休固腴而嚚，又善诉。当事以尔瞻故，日伺状寔，与邑以为蠹。先生若不闻……"⑤

关于休宁难治，他处亦有记载："休易（邑）故新都岩邑，民俗习于贾，称多财黠讼。讼不胜，卒能以财致强有力者，术胜之。先有令兹邑者，以卒易败，而邑遂号难治矣。"⑥

然而，合肥与休宁的难治，并没有难倒曾乾亨。先是，曾乾亨任合肥令，政绩卓著，遂"由合肥著名"。万历七年（1579），移治休宁。当时，"客有讽侯（曾乾亨）者曰：'今天子明圣，综核尚严，而休易俗狡悍，多积蠹，其政莫若猛。猛则取赫，赫在旦夕耳。'侯曰：'令称亲民，焉用猛。且天子仁覆天下，岂欲以严绳下哉。将用法，以成其仁也。……为政者独患率易耳，易而猛，政之敝也。苟急于名，如民何？敢谢客。'于是，

---

① 《刘大司成集》卷八，《明大理左少卿健斋曾先生墓志铭》。
② 同上。
③ 同上。
④ 《明史》卷二二〇，《曾乾亨传》。
⑤ 《刘大司成集》卷八，《明大理左少卿健斋曾先生墓志铭》。
⑥ 《郊居遗稿》卷五，《曾侯健斋年丈考绩序》。

下车召邑父老子弟，至诚谕之，期与更始。……虑讼易烦而简之，虑刑易严而宽之，虑举动易轻而慎重之，虑吏胥易肆而防范之……因其地以宜其民，酌其时以矫其治……而神精至意深入于民，真若一家之相为周旋，一体之相为联属也。以故侯初至无赫赫之名，居二年而政通人和，上下胥悦。"① "其治大氏略近功，持大体，务教化，薄诛罚，有古循吏之遗风焉。"② "比三年而政成，四境大治。所部章十数上，推贤惟令君。"③ "后先荐书凡十数上，当事败，乃召入侍御史。"④

曾乾亨治休宁的主要政绩有，改靡曼奢侈之俗，申里胥党政之教，朔望视学，肃诸生讲书，重教右文；平冤息讼，案巨猾，磔渠魁，不搞牵连；鞫伪券，杜请托，蠲进牒礼金，树清廉之风；等等。而其最大的政绩，即是他在休宁主持的万历九年清丈，及其以后赋役黄册的攒造。对此，明后期文坛领袖之一、徽籍人汪道昆著有《经野记》，作了专门记述，其中说：

　　岁辛巳（万历九年），诏有司经野制赋，严如期。令君（曾乾亨）亟请缓之，开国之籍未去也。所部申令日至，后期者坐不共。庶司皇皇，宇内骚动。令君则曰，是在法，皇皇何为。乃博讨而深求，周取而独断。既逾月而始定章程，列八议上上官，条二十事示境内。则又曰，法具矣，是在人。邑二百有十里，里为图，图有正，则以驯谨者一人职之。小事从隅都质成，大事专达。郭以内合一里而各为隅，隅有四。其外人二百里而各为都，都三十有三。隅正治隅，都正治都。小事则稽于众而决其成，大事专达，然必择可而使，务得端靖长厚者一人职之。如是而令之三，申之五，有众咸作。然后为期日，并履亩而赴工。日有稽，夕有报，旬有会，月有要，具告几终。令君躬行周视，路冕弗具，车徒弗烦，千里裹粮，箪食壶浆弗敢进。于是而绳不法，饰不虔，戮不用命。比税驾，以次报成。盖经始于岁八月下旬，迄岁十有一月而毕事。⑤

① 《郊居遗稿》卷五，《曾侯健斋年丈考绩序》。
② 《刘大司成集》卷八，《明大理左少卿健斋曾先生墓志铭》。
③ 万历《休宁县志》卷七，《艺文志·经野记》。
④ 《刘大司成集》卷八，《明大理左少卿健斋曾先生墓志铭》。
⑤ 万历《休宁县志》卷七，《艺文志·纪述》。

通过该文记载，首先可以看出，曾乾亨主持的休宁万历九年清丈，有着不同寻常的背景。它并不是当时一般地方官自发搞起的局部的土地清丈，而是属于张居正在全国推行的土地清丈运动的一部分。众所周知，张居正是动用朝廷力量、屡下诏旨推行土地清丈的。特别是在其颁布的《清丈条例》中规定，各地都要"定清丈之期"①。"后期者坐不共"，如不按期完成，即受查处。所以，当时各地的土地清丈是在强大的政治压力下进行的。而"庶司皇皇，宇内骚动"局面的出现，还有另一个原因。这就是由于清丈本身的难度所造成的。土地清丈绝非一般政务，它是确定千家万户地权所有、税粮多少的非常复杂繁重的一件大事，在短时间内，对于已被零碎分割、犬牙交错的各业户所有的千万块地段，履亩丈量，一块块地确定其亩步、四至、税则、业主、分庄等等，谈何容易。"惟丈量一事，须聪明强力、耐劳而肯尽心、又习知方田之法者，始能究竟其事。"②而万历九年的土地清丈，又是按新的规则要求，官民田土均为一则，并且是按所谓税亩制的计量方法来进行清丈的。更何况土地清丈，总是要受到隐占田产的大户豪绅之百般阻挠，阻力极大。所以，明代在此之前，只是在朱元璋开国时期进行过一次大规模的土地丈量。洪武时期所攒造的鱼鳞图册，包括休宁县在内在很多地方一直被沿用到万历时期，故曾乾亨有"开国之籍未去也"之说，而对万历时的土地清丈当时则有"百年旷举"之称。此外，对曾乾亨来说，当时还承受着朝廷当权者"日伺状寔"的压力。

在这种强大的政治压力之下所进行的土地清丈，确有草率从事、弄虚作假者。那么，休宁县的具体情况又如何呢？

关于曾乾亨在休宁主持的万历九年土地清丈的具体做法，通过《经野记》以及其他文献记载，可以看出主要有以下几点。

第一，曾乾亨首先是在调查研究的基础上制定了有关章程。曾乾亨对上述当时在土地清丈方面的巨大压力，既没有皇皇不知所措，也没有弄虚作假、草率从事，而强调在于是否有方。"是在法，皇皇何为"。他首先花费相当时间进行调查研究，博讨深求，周取独断，制定了有关章程，"列

---

①　《明神宗实录》卷一〇六，万历八年十一月丁卯条。

②　《天下郡国利病书》原编第七册，《常镇》，引《镇江府志·均田法》。

八议上上官，条二十事示境内"。可惜，其具体内容如今已不得而知了。别的史籍也有这方面的记载："会江陵兴度田役，下苦束湿，公不疾不徐，事集民苏。"①

第二，章程制定之后，曾乾亨即强调在于用人。"法具矣，是在人。"他特别慎重隅正、都正、图正等人选，对图正，"则以驯谨者一人职之"，对隅正、都正，"务得端靖长厚者一人职之"，小事从隅都决成，大事专达。对曾乾亨在休宁主持的土地清丈的成功，当地"诸长老言，令君得人焉尔矣"。汪道昆还评论说："非都鄙乡遂之良不授成，非丘里之良不授事，由是良者作气，否者革心。""有非常之人，而后有非常之事；有非常之事，而后有非常之功，令君是也。"②

第三，制定了周密严格的工作计划。整个清丈定有期日，且"日有稽，夕有报，旬有会，月有要"。

第四，曾乾亨本人则亲自深入实际，"躬行周视"，以身作则。别的史籍亦载："躬自行邑，暴衣露冠之劳凡数月，极其勤笃。"③ 这也可以说是曾乾亨为官的一贯作风，后来他代表朝廷，以监察御史的身份阅视大同边务时，亦是"单车按行部落，所至钱谷纤细必核，而材官即大帅肮众议，不少贷"④。

第五，极为重要的是，曾乾亨本人能够做到十分廉洁，一尘不染。当土地清丈实际进行时，他是自带干粮在全县躬行周视，"路冕弗具，车徒弗烦，千里裹粮，箪食壶浆弗敢进"。如果我们将考察的范围稍扩大一些，即可知这里所言并非夸大之词。曾乾亨在休宁以及其整个的仕宦生涯中，一直都十分清廉。史载，曾乾亨在休宁"诸所为籍亩平徭，一切成自手中，垢弊顿清。各具有政书著为洁法，岁可省浮额数十百缗，它羡金倍是。邑当税券，往事率为黠胥乾没地，不肖者至取以润囊橐，而间出其赢赂要津。先生业自矢，择邑人之敦谨者使主进，令民各自以所输金籍记之，季终上其籍于郡大吏而委金焉，先生手自削牍而已。休人谓二百年来亡是也。有邑尉某者，样为新茗以献，及发函，金厄也。且日召尉而归

① 《邹子愿学集》卷六，《大理寺左少卿健斋曾公传》。
② 万历《休宁县志》卷七，《艺文志·经野记》。
③ 万历《休宁县志》卷七，《艺文志·邑侯曾公去思亭碑》。
④ 《邹子愿学集》卷六，《大理寺左少卿健斋曾公传》。

之，竟亦绝口不言其廉。平不苟类此"①。对于曾乾亨的廉洁，其他史籍亦多有记载。"公莅邑五载，不受一钱一丝，冰霜之操如一日。""信如抚台上治状，一埃不染，万钧莫挠是已。"② "休宁故壮县，人多以簠簋损志，而公冷冷冰操泊如也。""公最严，关键取与廉。"③ "卒之日，行李如洗，至不能具屦车。"④

第六，严格执法。正因为曾乾亨在土地清丈中做到了深入实际而又十分清廉，所以他能够严格执法，"绳不法，饰不虔，戮不用命"。

总之，曾乾亨在土地清丈中的这一套举措可谓十分得法。其对于后世，亦不无启迪之处。可以说，曾乾亨乃是属于封建社会里极少数公正廉明而又十分精明强干那种清官之列的。

由于曾乾亨在土地清丈中极为认真而又得法，故休宁万历九年（1581）的土地清丈取得了很大成效。

众所周知，万历以前明朝的土地制度基本上是承继前代，有官田与民田之分，而官田、民田之下又分成各种不同的等级，其科则极为繁多。休宁县的情况也是如此。其官田科则即"至百三十"⑤。繁杂的等级科则，不但给赋役的征调带来极大麻烦，亦为里胥作弊提供了可乘之机，"等则既多而里胥得上下其手"⑥。作为中国封建社会赋役制度史上的一次重大改革，将"官民田地山塘均作一则起科"⑦，即是通过万历九年（1581）的土地清丈而开始实现的。前已叙及，万历九年的土地清丈是按新的规则进行的。经过万历九年清丈，官民一则，田土计量实行税亩制。所谓税亩制，即是把各类不同等级田土的实际面积（几何面积）都换算成相应的纳税面积。这样就大大地简化了以前有关不同等级田土的繁杂的纳税科则。应指出的是，万历清丈时所实行的税亩制，是仍按田土种类与等则，分类换算，最后仍分田、地、山、塘几大种类，而各有不同的科则，其与清代编审册中实行的"尽折实田一则起科"的税亩制尚有区别。据万历三十五年（1607）修《休宁县志》卷三《食货志》所载，万历九年清丈以后休

---

① 《刘大司成集》卷八，《明大理左少卿健斋曾先生墓志铭》。
② 万历《休宁县志》卷七，《艺文志·邑侯曾公去思亭碑》。
③ 《邹子愿学集》卷六，《大理寺左少卿健斋曾公传》。
④ 《刘大司成集》卷八，《明大理左少卿健斋曾先生墓志铭》。
⑤ 万历《休宁县志》卷七，《艺文志·经野记》。
⑥ 《天下郡国利病书》原编第二二册，《浙江》下，引《义乌县志·田赋书》。
⑦ 康熙《休宁县志》卷三，《食货志》。

宁县各类田土的实际面积与税亩面积的换算比率见表3。

表3　　　　　　　　**万历九年定休宁县税亩等则与税粮科则表**

田土类别	一等正地	二等正地	三等正地	四等正地	上田	中田	下田	下下田
每亩步数	30	40	50	60	190	220	260	300
每亩科则	麦	2升1合4勺						
	米	5升3合5勺						

续表

田土类别	上地	中地	下地	下下地	山	塘
每亩步数	200	250	350	500		260
每亩科则	麦	1升9合8勺7抄			1升7勺	2升1合4勺
	米	3升8合7勺1抄3撮			1升7勺	5升3合5勺

注（1）万历九年清丈，"山不论步量计分亩"①。

（2）城中各等正地归田税。河潭归田税。芦荻洲归地税。

其次，休宁县经过万历九年（1581）的土地清丈，清出了相当数量的隐匿田土。休宁县在清丈前"原额官民田地山塘五千一百八十一顷一亩二分六厘二毫"，经过万历九年清丈，"实在官民一则田地山塘五千六百九十二顷六十六亩二分八厘五毫"②，共清出隐匿田土五百余顷。而休宁县负担的税粮总额并没有改变，因此使浮粮问题得以解决。汪道昆说："先是，税粮千二百石失额而浮。既籍，则为之核实黜浮，视故额无所加损，土田均矣。""予度朗原，营白狱，穷率水，匿商山，足迹几遍四境，所至经界毕正，比屋称平。"③万历十年（1582），即值大造黄册，曾乾亨利用土地清丈取得的成果，又"清黄册，大加厘正，夙弊一清"④。

①　中国社会科学院历史研究所藏《休宁县都图地名字号便览》。

②　万历《休宁县志》卷三，《食货志》。

③　万历《休宁县志》卷七，《艺文志·经野记》。

④　万历《休宁县志》卷四，《官师志·名宦》。

又，曾乾亨在休宁主持万历九年土地清丈之际，同时还利用行政的力量，有组织地攒造和印刷了大量的鱼鳞图册。至今，在万历《休宁县志》中，还可看到当年曾乾亨为刊刷"保簿"（鱼鳞图册）而写的一个布告，其文如下：

> 休宁县为酌定刊刷保簿，以便稽查，以垂永久事。照得国初丈量，原设保簿，便民经业，立法甚善。今奉明旨清丈，民业更新，若照先时保簿画图填写，费用浩繁，致势家则有，弱民则无，后世疆界纷更，稽查实难。为此欲垂永久，酌定画一之规，行令总书等锓梓印刷，广布流行，以遗金业人民，使有凭据，后世本本相同，不致滋生异议。为尔诸民奕世悠远之计，所愿世世相承，人人共守，不蹈去籍之害，而增让畔之风，岂非本县与地方所深幸哉！
>
> 　　　　　　　　　　　　　　　知休宁县事吉水曾乾亨书①

当时攒造的鱼鳞图册，作为万历九年（1581）土地清丈的一个成果，其后直至明末，乃至清初，在相当长的一段历史时期内，一直在发挥它的作用。这些鱼鳞图册尚有不少被保留至今，而成为研究明清社会经济史的珍贵文书资料。

本文所介绍的《万历九年清丈二十七都五图归户亲供册》这一文书，即是曾乾亨主持的休宁万历九年土地清丈中所攒造的另一种文书。对在认真而又富有成效的土地清丈中所攒造的这一珍贵文书，无疑应该认真地加以研究和利用。

二　归户册的由来、种类及其研究价值

众所周知，作为明代土地制度和赋役制度的基本册籍，有鱼鳞图册和黄册。鱼鳞图册以田为主，而户从之；黄册以户为主，而田从之。那么，归户册是怎样一种册籍呢？它与鱼鳞图册和黄册的关系如何呢？其由来又从何谈起呢？

所谓归户册，即是将同一业户所有的分散于不同都图、不同地点的各

---

① 万历《休宁县志》卷三，《食货志》。

色田土，都汇集到该业户名下而攒造的一种土地文书。《明史·食货志》载："神宗初，建昌知府许孚远为归户册，则以田从人，法简而密矣。"①或据此认为，归户册是明代后期才出现的一种土地文书。其实不然，归户册的由来可以追溯到南宋时代。

南宋李椿年以户部侍郎主持绍兴经界事，曾建言攒造砧基簿。"今欲乞令官民户各据画图了当，以本户诸乡管田产数目，从实自行置造砧基簿一面，画田形坵段，声说亩步四至、元典卖或系祖产，赴本县投纳点检，印押类聚，限一月数足缴赴，措置经界，所以凭照对画到图子审实，发下给付人户，永为照应。日前所有田产，虽有契书，而不上今来砧基簿者，并拘入官。今后遇有将产典卖，两家各赍砧基簿及契书，赴县对行批鉴，如不将两家簿对行批鉴，虽有契帖干照，并不理为交易。县每乡置砧基簿一面，每遇人户对行交易之时，并先于本乡砧基簿批鉴。"② 攒造砧基簿之制，在南宋乃至元代，不少地方都实行过。绍兴十二年（1142），"诏人户田产，多有契书，而今来不上砧基簿者，皆没官③。又如，《名公书判清明集》中载，"照得朱氏七契，一契印于绍定三年，六契印于嘉熙四年，其印于嘉熙四年者固若可疑，但所置施文霸桑地，其一亩已于绍熙四年经官，批上砧基簿，其二亩一角十九步又于庆元五年经官，批上砧基簿，又该载嘉定六年分书，并有官印官押分明……"④ 又，"……三房之子皆其犹子，虽不立嗣，而祭祀不绝矣。故绍定二年十月，立砧基簿，簿首言长男熙甫既亡，不愿分产……簿尾系通一、母陈氏着押，兄弟同签，是有父命明矣。砧基文书，皆已印押讫"⑤。

对宋元以来史籍中所言砧基簿，论者多将其归于鱼鳞图册一类文书。但如上述史籍所载，所谓砧基簿，其上虽"画田形坵段，声说亩步四至"，而其所载内容，乃是"本户诸乡管田产数目"，是以田系户，其上既钤官府印鉴，同时又着业户签押。严格说来，它与以保或图为单位，按田土坵段顺序攒造的，以人从田的鱼鳞图册是有区别的。"图者，以土绕人也；

---

① 《明史》卷七七，《食货一》。
② 《宋会要辑稿》第一二三册，《食货六·经界》。
③ 《文献通考》卷五，《田赋考五》。
④ 《名公书判清明集》卷六，户婚门，《争田业·王直之朱氏争地》。
⑤ 《名公书判清明集》卷八，户婚门，《立继类·嫂讼其叔用意立继夺业》。

所以立砧基册者，以田归户也，所以稽常税而定科差。"① 不难看出，其实砧基簿即是将业户所有的散在诸乡的各色田土归到一起而攒造的一种归户册。

在南宋的土地经界中，一些地方还攒造有户产簿、类姓簿等。"知婺州赵恩夫行经界于其州，整有伦绪，而恩夫报罢。士民相率请于朝，乃命赵师嵒继之。后二年，魏豹文代师嵒为守，行之益力。于是向之上户析为贫下之户，实田隐为逃绝之田者，粲然可考。凡结甲册、户产簿、丁口簿、鱼鳞图、类姓簿二十三万九千有奇，创库匮以藏之，历三年而后上其事于朝。"②

元代亦有关于类姓簿的记载。王祎记元末肃政廉访使董守悫均役之法："至正十年，肃政廉访使董公由浙西移镇浙东。……首下令，使民有田者，各以状自陈所有之田几何；复俾各都之役于官曰里正、曰主首者，与练习田事之人，履亩而核其得业之人为谁；又稽故所藏籍，以质其是否；三者克合，乃定著为籍。其以田之图相次，而疏其号名、亩税粮之数，与得业之人于下者，曰'流水'，亦曰'鱼鳞'。以人之姓相类，而著其粮之数于后者，曰'类姓'。以税粮之数相比，而分多寡为后先者，曰'鼠尾'。每籍于部者三，一上于廉访司，一上总管府，一以留其本州县。"③

以上宋元史籍中所言"类姓簿"，又为何种册籍呢？读一下明代的有关记述即可明了。嘉靖《浦江志略》载："大明洪武十有四年，造田土流水文册，共三百四十册。内开，每都金都长一名，保长一十名。每遇造册之年，照号挨踏入册，图画田地山塘段样，开载原业某人，今业某人，及米麦科则数目，庶毋隐漏飞诡，查明方上四截文册。田土类姓文册。共三百四十册。随流水编造，如一都一保，田土不拘另籍，或张姓李姓选作一处，以便查考。"④ 这里所言洪武十四年所造"田土流水文册"，即是指洪武时期攒造的鱼鳞图册。而随同鱼鳞图册一起攒造的"田土类姓文册"，则是对田土"不拘另籍"，按同一人户"选作一处"；并按同姓类编。编造这种类姓簿主要是为了便于查考。但这种以田从人的类姓簿，显然亦是

---

① 《天下郡国利病书》原编第七册，《常镇》，引《镇江府志·均田法》。
② 《宋史》卷一二六，《食货上一·农田》。
③ 《王忠文公集》卷九，《婺州路均役记》。
④ 《浦江志略》卷三，《官守志·册籍》。

一种归户册。

在遗留至今的徽州府休宁县《明洪武十九年拾都陆保罪字保簿》① 这一鱼鳞图册实物中，第三百二十五号业户汪售甫、汪保下附有这样一段注文："乡保簿见业是汪售甫、汪保二人，官印保簿是见业汪再、汪善二人。今详查归类庄户，并洪武十九年紫阳书院对同棋盘米麦册，俱是汪售甫、汪保名目，并无汪再、汪善名目。又且汪再、汪善分厘与原签山分厘大不相侔，决是誊官印者之谬录也。"很明显，这里所说的"归类庄户"，即是当时攒造的一种归户册。

关于明代归户册的记载，除上述已言及者外，还可举出一些例子。例如，崇祯《松江府志》载："（隆庆）三年己巳，佥事郑元韶尽数清丈，悉去官民召佃之名，分作上、中、下三乡定额，田有字圩号数，册有鱼鳞归户。至今田额以是为准。"② 又如《益阳县志》载："万历初为归户册，以田从人。"③ 海瑞在言及江南丈田时说："江以南丈田事，付之田地坐落之里排，其册谓之经，即部科题请大小流水鱼鳞册之谓。归粮于丁粮坐落之里排，其册谓之纬，即部科题请归号册，一贮布政司，一贮府，一贮州县之谓。一经一纬，组织成衣。"④ 这里所言归号册，即归户册，而且它是"部科题请"的，表明其攒造相当普遍。

宋元以来至明代攒造的归户册类文书，从其内容上看，大致有以下几种。一是以一户为单位，将其所有的散在各处的全部田产汇到一起，而各自攒造的归户文书，如宋元时代的砧基簿，即是此种文书。二是只将一保或一图的鱼鳞册所登录的各号田土，按户头归并到一起而攒造的鱼鳞归户号簿，如中国社会科学院历史研究所藏《弘治九年抄录鱼鳞归户号簿》⑤，即是此种文书。三是以一个保或一个图为单位，将其下所属业户在各都图的所有全部田土，都分别归到各业户名下而汇集攒造的归户册。这种归户册有"鱼鳞归户册"、"吊号归户册"、"归户亲供册"等名称。如

① 北京图书馆藏 16828 号。
② 崇祯《松江府志》卷八，《田赋一》。
③ 同治《益阳县志》卷五，《田赋志一》。
④ 《海瑞集》下编，《书牍类·复唐敬亭》。
⑤ 《徽州千年契约文书》宋元明编第一一卷。参阅拙文《弘治九年抄录鱼鳞归户号簿考》，《明史研究》第 1 辑，1991 年。

中国社会科学院历史研究所藏《明黟县归户鱼鳞册》①、《遂安县吊号归户册》② 等。本文介绍的《万历九年清丈二十七都五图归户亲供册》，大体亦属此种文书。但其与鱼鳞归户册又略有区别，除田土数字之外，还载有归户的税粮数额。四是按同姓类编的归户册，如田土类姓文簿等。此外，在明代还有一种以一户为单位、按黄册四柱式攒造的税粮归户册，即黄册归户底籍。如《万历至崇祯二十七都五图三甲朱学源户册底》③。该册为一包含有若干子户的大户所造的税粮归户册。实为将大户的通户税粮，按田亩分摊于其下各人户的一种税粮归户册。

　　通过以上考察可知，宋元以来当经理田土、清丈土地之际，随同鱼鳞图册的攒造，多亦编造有归户册一类的文书。可以说，归户册这种文书的攒造相当普遍。这是因为，从某种意义上说，归户册亦是当时赋役制度的实施所必须攒造的一种土地文书。宋代以后，土地逐渐成为赋役征调的主要对象，其地位越来越重要。因此，经理田土，已成为封建统治者巩固其政权基础的头等大事。于是，土地清丈之类的举措在宋代以后曾多次实施。举其要者，有南宋的绍兴经理，元代的延祐经理，明代的洪武丈量、万历清丈，清代的顺治、康熙丈量等等。在土地清丈中，首先攒造的是鱼鳞图册。如前所述，鱼鳞图册是以田土为主，每一份鱼鳞图册，都是将一个保或一个图的田土的各个坵段编号为序，通过履亩丈量，对每一号田土的等级、四至、亩步、税额、业主、分庄等等，都详细登录在册。这样，鱼鳞图册便成为宋代以后官府掌握土地的最重要的册籍，为其赋役征调的基础。但是，单有鱼鳞图册还不能实现赋役的征调。因为赋役征调的直接对象是人，总是通过人、以人户为单位而进行的。所以，还需要一种以户为主、登录各人户占有土地详细情况的册籍。于是，以鱼鳞图册为基础而攒造的归户册一类的册籍便出现了。至明代，又出现了作为赋役征调的另一种基本册籍黄册。黄册以人户为主，鱼鳞图册以土地为主。二者虽互为表里，但黄册所需要的各人户占有土地的数量和税额亦不能由鱼鳞图册直接来提供。所以，仍然需要归户册这样的册籍。当然，归户册又不同于黄册，其上不载人丁内容。某种意义上说，归户册是介于鱼鳞册与黄册之

　　①　《徽州千年契约文书》宋元明编第一九卷。
　　②　中国社会科学院历史研究所藏 1000181 号。
　　③　安徽省博物馆藏 2：24529 号。

间、实现二者互为表里的一种册籍。

所以，一般经过土地清丈，在攒造鱼鳞图册的同时，亦都造有归户册。关于归户册攒造的具体做法，多是在清丈田土的同时，对鱼鳞图册所编每一号田土，都分别印制一种小票，其上载有字号、土名、清丈亩步、田则、税额、所属业主都图姓名等，颁发给该号田土的业主收执，然后业主执此小票，在其所属都图亲供归户。这种小票在明代称为"归户票"。其由来至迟可追溯到元代。元"至正二年，浙东海右道肃政廉访司檄绍兴路总管府，以余姚州田赋未均，乃属同知州事刘侯（刘辉）专治其事。……侯受檄以来，出宿公宇，日一还问太夫人起居而已。昼夜悉心，须发为变。田一区，印署盈尺之纸，以给田主，谓之乌由，凡四十六万余枚。田后易主，有质剂无乌由不信也。"①又，余阙《均役记》中载，"至正十年秋……义乌县则复以衢州路铭事范公琇为之辅，而总管陈伯颜不华总领之。……令即浹，乃保以一正属民履亩而书之，具其田形、疆亩、主名，甲乙比次以上官，官按故牒而加详核之。曰鱼鳞册，以会田；别为右契，予民使藏之。曰乌册，以主业其征之。所会曰鼠尾册，以诏役"②。以上史籍中所言"乌由"、右契，都是按田土坵段或鱼鳞册的编号，发给其所属业主的凭证，显然即是归户票之类的凭证文书。

难得的是，在徽州文书中，至今还保存有不少万历清丈时颁发的清丈"归户票"、"分亩归户票"、"分税归户票"等实物。如休宁县《万历十年汪保分亩归户票》③，该件为皮纸，纵 26 厘米，横 15 厘米，墨迹填写。四周有线框。顶栏横印"分亩归户票"几个大字。票上钤有两方小红印。其文如下：

分　亩　归　户　票

贰拾肆都贰图奉本县明示，丈过田地山塘，每号照丈积步，依则清查分亩，给发小票，业人亲领，前付该图，亲供归户。仍执凭票。

计　开

丈过土名所坞，恭字一千三百五十五号，计积一百叁拾贰步叁分

---

① 《说学斋稿》卷上，《余姚州核田记》。

② 《中国历代食货典》卷一五〇，《赋役部》。

③ 《徽州千年契约文书》宋元明编第三卷。

壹厘五毫，下则田税五分零玖毫，系本都一图九甲汪保户，见业户丁（空）。

执此票证。

万历拾年七月二十三日　　公正　洪良法　　票

又如休宁县《万历十年吴明坤分税归户票》①，该件为皮纸，纵23厘米，横14.5厘米，墨迹填写。四周有线框。顶栏横印"分税归户票"几个大字。票上钤有三方小红印。其文如下：

分　税　归　户　票

贰拾叁都叁图今奉县主明示，丈过田地山塘，每号照丈积步，依则查清分亩，给发小票，业人亲领，前去付该图亲供归户造册。执此证。

计开

丈过土名庄前，盖字叁千贰百捌拾陆号，计则中田肆百柒拾伍步贰分。

税

二十三都一图五甲吴杰户，见业吴明坤存证。

万历拾年八月初六日　　图正　胡天赦　　票

归户票多为各都图分别印制的，故名称、格式略有不同。从其所载文字可以看出，归户票的作用主要有二，一是业主据此"前付该图，亲供归户"，攒造归户册；二是业户"仍执凭票"，作为该号土地所有者的凭证之一。

那么，通过土地清丈而攒造的归户册这种土地文书的研究价值又如何呢？

众所周知，鱼鳞图册作为宋元以后登录土地各方面资料的基本册籍，对于探讨中国封建社会后期的土地制度等，具有很高的研究价值。但鱼鳞图册的记载是以田土为中心，并非以人户为中心，每册鱼鳞图册登载的土地情况只限于一个保、或一个图的土地范围。而各户的土地占有情况，特

---

① 《徽州千年契约文书》宋元明编第三卷。

别是占有土地较多的人户，并不只限于在本保或本图占有土地，常常是跨图、跨都、甚至跨县占有土地。因此，仅据一个保、或一个图的鱼鳞图册来统计各户的土地占有情况是不完全的。只有通过一个都、一个县、乃至一个省的同时期的完整的鱼鳞图册资料进行统计，才能得出各户土地占有的完整资料。而这，在今天可以说很难做到。因为现在保存下来的数量有限的鱼鳞图册，或所属时间不同，或所在地区各异，零散而不完整；少数保存完好的鱼鳞图册，也只能作出关于一个保或一个图的不完全的土地占有统计。而归户册的攒造是以人户为中心，它登录的是该户当时土地占有方面的全部资料。特别是有关一个图的归户册，其上汇集了该图各业户土地占有方面的完整的数字。这不仅为研究封建社会的土地占有情况提供了宝贵数字，亦为分析当时农村的经济结构提供了完整资料。因此，就封建社会的土地占有和农村经济结构的研究方面来说，归户册是比鱼鳞图册更为珍贵的一种土地文书。

三　二十七都五图田土资料统计
及其经济结构分析

《万历清丈二十七都五图归户亲供册》（以下简称《二十七都五图归户亲供册》）的登载格式是：

首先为"图总"（册首所列该图田亩税粮总额）内容。先列"新收"项目，载外都外图推来官民田地山塘的税亩数额及麦米税额，先为总额，其下分列田地山塘各类田土的具体数额。次列"开除"项目，载外都外图收去官民田地山塘各项，但只抄有项目名称，具体数额均缺。再次列"实在"项目，载该图业户所有的官民田地山塘实在的总数额及麦米税额，其下具体只抄有田的税亩及麦米税额，其余均缺。

其次，从第一甲开始，分别登载每甲各户归户田土的具体内容。每甲先列"甲总"，即该甲业户所有田土税亩及麦米税额总数。其次分载各户归户的田土税亩及麦米税额。

每户所载内容有三大部分。第一部分列"实丈本图"官民田地山塘内容。先载总额，其次按田地山塘顺序，详细开列各类土地的每笔田土所属的鱼鳞字号、土名和税亩数额。第二部分为"新收"外图外都"带丈推来"官民田地山塘内容，先列本都外图，后列外都外图，亦均详细开列每笔田土所属的鱼鳞字号、土名和税亩数额。第三部分是"实在"官民田地山塘内容，先列该户田土税亩数额及麦米税额总数，其次分列田地山塘各类田土的税亩数额和麦米税额。

如前所述，明代攒造黄册格式规定，在各里文册前面，均须"照依式样，类总填图"①，亦即《明史》所云"里编为册，册首总为一图"②，简称图总。所谓填图，即是在"其各里册首，类为图以总其税粮、户口之数"③。填图为明代黄册攒造的重要事项之一。遗憾的是，迄今尚未发现遗存的明代黄册图总文书实物。应该说，《二十七都五图归户亲供册》册首所列图总，与明代黄册之图总或许会有所区别，但也不会相去甚远，它当有助于我们对明代黄册图总的了解。兹将《二十七都五图归户亲供册》的图总、第一甲甲总以及第一户的登载格式抄录如下，以资参考。

　　贰拾柒都伍图归户亲供册
　　新收
　　　外都外图推来官民田地山塘一十七顷六十一亩八分五厘三毫三丝
　　　　　麦三十三石四斗三升四勺　米七十四石二斗八合七勺
　　　一则官民田一十顷四十九亩七分四厘四毫二丝
　　　　　麦二十二石四斗六升四合五勺　米五十六石一斗六升一合四勺
　　　一则官民地三顷四十亩八分一厘六毫六丝
　　　　　麦六石七斗七升三合　米一十三石一斗九升四合
　　　一则官民山三顷五十亩七分二厘五丝
　　　　　麦三石七斗五升二合七勺　米三石七斗五升二合七勺
　　　一则官民塘二十亩五分七厘二毫
　　　　　麦四斗四升二勺　米一石一斗六勺
　　开除
　　　外都外图收去官民田地山塘
　　　　　麦　　　米
　　　一则官民田

---

① 正德《大明会典》卷二一，《户部六·户口二·攒造黄册》。
② 《明史》卷七七，《食货一·户口》。
③ 《明太祖实录》卷二〇三，洪武二十三年八月丙寅条。

　　麦　　　　　米
一则官民地
　　麦　　　　　米
一则官民山
　　麦　　　　　米
一则官民塘
　　麦　　　　　米
实在
　　官民田地山塘三十一顷九十五亩八分六厘八毫六丝
　　　　麦六十一石四斗一升一合四勺　米一百三十八石二斗六升二合
　　　　田二十顷三十四亩三分二厘八丝
　　　　麦四十三石五斗三升四合五勺　米一百八石八斗三升
　　（以下缺）

一甲总
　　实在
　　　　官民田地山塘七顷四亩三分七厘九毫六丝
　　　　　麦一十三石一斗四升五勺　米二十八石八斗九升八合四勺
　　　　一则官民田四顷一十五亩五分五厘三毫六丝
　　　　　　麦八石八斗九升二合八勺　米二十二石二斗三升二合一勺
　　　　一则官民地一顷二十一亩二分八厘五毫八丝
　　　　　　麦二石四斗一升　米四石六斗九升三合八勺
　　　　一则官民山一顷六十三亩三分四厘二丝
　　　　　　麦一石七斗四升七合八勺　米一石七斗四升七合八勺
　　　　一则官民塘四亩二分
　　　　　　麦八升九合九勺　米二斗二升四合七勺

正管里长
　　一户王茂
　　今实丈本图官民田地山塘三顷九十七亩九厘五丝
　　　　麦七石七斗九升四合五勺　米一十七石八斗二升七合二勺
　　　　得字二百九十六号　后塝坞口坂前　田税六分八毫

　　　　四百六十五号　　土名李家充口　　田税八分八毫

　　　　……

　　得四百六十七号　　　李家充　　　　　地税九厘四毫

　　　　……

　　得字三号　　　　　　干子岭　　　　　山一分

　　得字五百四十九号　下充堨坞　　　　塘二厘三毫

　　　　……

新收

　　本都一图带丈推来官民田地山塘一顷一十七亩八分七厘四毫四丝

　　必字一千四百四十三号　丫圵　　田五分七厘六毫五丝

　　　　……

　　必字三千二百二十四号　下槽坑　地六厘九毫

　　　　……

　　必字一千四百号　　烂田大湾山　　山二分

　　淡字三千一百七十六号　　竹木坞　　塘一分六厘

新收

　　二十六都二图带丈推来官民田九分二毫

　　　　　麦一升九合三勺　　　米四升八合三勺

　　才字三千二百十三号　　　紫耳躲　田七厘六毫

　　　　……

新收

　　二十六都五图带丈推来官民地山四亩六分九厘一毫四丝

　　　　　麦五升五合四勺　　　米六升六合二勺

　　过字四百三十号　　　藤溪岭　　地三厘一毫

　　　　……

〔实在〕

　　官民田地山塘五顷四十七亩三分四厘五丝

　　　　　麦一十石三斗一升三合八勺　米二十三石二升四合六勺

　　一则官民田三顷四十七亩七分一厘一毫八丝

　　　　麦七石四斗四升一合　米一十八石六斗二合六勺

一则官民地七十六亩一分四厘二毫四丝

　　麦一石五斗一升三合　米二石九斗四升六合七勺

一则官民山一顷一十九亩八分八厘七毫二丝

　　麦一石二斗八升二合八勺　米〔一〕石二斗八升二合八勺

一则官民塘三亩五分九厘九毫

（麦米缺）

以下，即据该册所载资料，对二十七都五图的人户构成、土地占有以及经济结构等情况作一统计与分析。

首先，看一下二十七都五图的人户构成情况。

二十七都五图是按明代赋役黄册制度的里甲编制组成的。前已叙及，按明初开始实行的黄册制度，以一百一十户为一里（又称图），推丁粮多者十户为长，每里编为十甲，每甲有一户里长户，十户甲首户。先后以丁粮多少为序，凡十年一周，轮流应役。又有带管、畸零，附于甲后。通过《二十七都五图归户亲供册》所载，可以看出其人户编制与明代的里甲制度是相符的。只是由于从洪武十四年（1381）开始实行黄册制度，到万历九年（1581），已整整经过200年，二十七都五图各甲的户数已不尽相同。以下，据《二十七都五图归户亲供册》所载，将该图人户构成情况列表如下，见表4。

表4　　　　　　　**万历九年二十七都五图人户构成表**

户　别	一甲	二甲	三甲	四甲	五甲	六甲	七甲	八甲	九甲	十甲	总计
里长户	1	1	1	1	1	1	1	1	1	1	10
有产户	10	9	9	10	9	17	10	8	4	14	100
无产户	3	3	5	4	2	0	3	5	7	1	33
绝　户	4	3	3	4	6	4	5	3	6	3	41
实在户数	14	13	15	15	12	18	14	14	12	16	143

通过表4可以看出，二十七都五图共分十甲，每甲有一名里长户，这与明代里甲制度的规定完全相符。但《二十七都五图归户亲供册》上关于

甲首户的记载并不十分明确，有的户明确标识其为甲首户，"甲首一户"
某某，有的户则没有标识。而对每户田产多少、有无的记载则十分清楚。
一般说来，有田产户多为甲首户，无田产户多为畸零户等。但这种情况也
不是绝对的。到了明代后期，甲首户之中亦有田产全无者。如在《万历三
十年大造二十七都五图黄册底籍》中即可看到此种情况①。从表4可以看
出，当时二十七都五图各甲的有产户和无产户的户数多不相同，所以其各
甲的甲首户数亦不会是整齐划一的。又，在《二十七都五图归户亲供册》
上登载的无产户之中，通过与该图万历十年、二十年、三十年、四十年等
黄册底籍对照可知，其中又有一些绝户，全户人丁的年龄都在100岁甚至
200岁以上，显然这类绝户实际上已不存在。这是明代后期黄册中常见的
一种现象。该归户册中登载的户数共计184户，其中上述一类绝户计41
户，因此其实在户数当为143户。在黄册制度实行经过200年之后，该图
里甲编制上出现上述一些变动，应当说并不奇怪。总之，当时二十七都五
图的里甲组织基本上完整存在，其赋役册籍的攒造与赋役征调等仍然是在
里甲制度之下运作的。众所周知，里甲组织既是明代赋役征调的基层组
织，亦是明代农村社会构成的基本单位。所以，《二十七都五图归户亲供
册》所记载的资料，无疑为考察明代农村的阶级构成、经济结构等提供了
一个最基本的依据。

关于业户占有土地的情况，先看一下二十七都五图业户占有土地的自
然形态及其分布情况。据该归户册所载资料统计，二十七都五图全图业户
占有土地的总额及各类土地面积与所占比例，请看表5。其业户占有土地
的地域分布情况见表6。

表5　　　　万历九年二十七都五图业户占有各类土地面积及其比例表

单位：税亩

类　别	总　额	田	地	山	塘
面　积	3195.8686	2034.3208	553.3173	573.2514	34.9800
％	100	64	17	18	1

---

① 安徽省博物馆藏2：24527号。

表6	二十七都五图业户占有土地分布表				单位：税亩

都图	本 图	本 都 他 图			其 他 都 图
		一图	三图	六图	（计16个都、42个图）
面积	1434.0153	802.2265	182.9397	440.4304	336.2567
%	45	45			10

　　通过表5、表6的统计可以看出，万历九年二十七都五图业户占有的土地共计为3195.8686亩，这些田土分别属于6719个鱼鳞字号地段，平均每个字号地段约为0.5亩左右。其地域分布情况是：本图为1434.0153亩，占45％；外都外图为1761.8533亩，占55％。其有一半以上的田土是在外都外图，所呈现的无疑是一种分散状态。而在外都外图之中，属于本都他图者为1425.5966亩，亦占全图总额的45％，所以又可看出，其业户占有的土地主要是分布于本都范围之内。但各业户在其他都图亦占有相当数量的土地，据归户册上所载，这些都图有西南隅、一都、二都、三都、四都、五都、八都、十一都、十三都、十四都、十七都、二十四都、二十六都、二十九都、三十都、三十一都等等，计16个都、42个图。总之，业户占有土地的分布情况相当分散。应指出的是，这仅是在各处高山阻隔、交通不便的徽州地区所显示的状况。而在其他平原地区，业户占有土地分散的情况当更甚于徽州地区。南宋朱熹在经界田土时曾说，各"田业散在诸乡"，"散漫参错，尤难检计"①，明人桂萼亦云，"诸色田土散漫参错，难以检讨"②。业户占有土地的分布情况呈现出极为分散的状态，乃是与中国封建社会所具有的一些基本特质密切相关的。在中国封建社会里，土地私有由来已久，相当发达，实行诸子均分制，允许土地买卖等，因而使田土地段的分割日益严重，土地转移相当频繁。这就使各土地所有者的田土分布情况，必然呈现出犬牙交错、极为分散的状态。这种情况在开发历史长的地区尤为突出。《二十七都五图归户亲供册》所记载的资料，即十分明显地表现出中国封建社会后期业户占有土地方面的这一特点。

　　其次，看一下二十七都五图各类业户占有土地的具体情况。

---

① 《晦庵先生朱文公文集》卷一九，《条奏经界状》。
② 《桂文襄公奏议》卷八，《进任民考疏》。

如上所述，万历九年二十七都五图实际共有 143 户，除去 33 户无产户，占有土地的业户共为 110 户。这些业户共占有土地 3195.8686 亩，按全图户数平均每户有土地 22.3487 亩；按占有土地的业户平均每户占有土地 29.0534 亩。前已叙及，万历九年清丈时，休宁全县田地山塘总额为 569266.285 亩，而万历十年休宁县籍户口共 41830 户、179260 口（平均每户 4.285 口）①，即平均每户占有土地 13.609 亩，每人占有土地 3.176 亩。可以看出，二十七都五图平均每户占有土地的数量要高于休宁县的平均水平。据万历《休宁县志》卷首《舆地各图·隅都图》及《二十七都五图归户亲供册》的有关记载可知，二十七都位于休宁县南部率水（新安江上游支流之一）两岸，属于河谷平原地区，平地相对要多一些；而二十七都五图即在率水之滨霞瀛（清代称下盈）一带。二十七都五图平均每户占有土地的数量高于休宁县的平均水平，当与其所处的地理位置有关。

在分析二十七都五图各类业户的土地占有情况时，首先必须对明清时代农村各阶级、阶层的一般土地占有量作一考察。即，按一般标准，一个农夫所能耕种的土地是多少，一个自耕农户所占有的土地是多少，一个地主的最低土地占有量是多少，等等。这些问题当然会因时代、地区、人口密度、农业生产率以及各户人口多少等诸因素的不同而异，在考察一般情况的同时，还应因时因地作具体分析。

"夫数口之家，一人蹠耒而耕，不过十亩。"② "金陵上田十亩，一夫率家众力耕。"③ "瘠田十亩，自耕尽可足一家之食。"④ 明清时代，关于一个农夫所能耕种的土地一般为 10 亩左右的记载，在当时的史籍中多有所见。又《学庵类稿》云，明嘉靖时"西苑地五顷七十亩，岁用农夫五十人、老人四人耕获，天子常临观之，向有户部官提督。中废，至是乃复"⑤。这里所示，当时一个农夫所能耕种的土地亦为 10 亩左右。从上述记载还可看出，10 亩左右这一数字，亦是作为一个自耕农的最低的土地占有量。清人章谦在言及佃户的土地耕作量时说，"上农佃二十亩，口必多；中、下以次而降"。"工本大者，不能过二十亩，为上户；能十二三亩者为

---

① 万历《休宁县志》卷三，《食货志》。
② 《天下郡国利病书》原编第二二册，《浙江》下，引《义乌县志·田赋书》。
③ 《方望溪全集》卷一七，《家训·甲辰示道希兄弟》。
④ 《杨园先生全集》卷五〇，《补农书（下）·策邬氏生业》。
⑤ 《中国历代食货典》卷三五，《农桑部》。

中户；但能四五亩者为下户。"① 从其中亦可看出，当时自耕农的一般土地占有量当是在 10—20 亩左右，而占有 20 亩以上土地的自耕农，一般即是上农。由此还可推知，占有 30 亩以上土地的人户中即有土地出租者。而在农业生产率较发达的一些地区，占有 50 亩左右土地、家庭人口又少的人户即可成为地主，或者说，某些地区地主的最低土地占有量为 50 亩左右。事实上，明清时代江南地区的小户地主多只占田几十亩，占有百亩以上土地的人户已是少数，乃属较富裕的地主之列了。

以上只是就明清时代江南地区的一般情况而言。若就徽州地区来说，前文已经指出（见本书第四章），由于地处山区，耕作条件异常艰苦，依山垦田，费工费力，视他郡农力过倍。所以，徽州地区一个农夫所能耕种的土地一般只能在 10 亩以内，与此相应其各阶层的一般土地占有量亦要少于其他地区。

这里，再引用一下 1950 年 9 月统计的休宁县土地改革时的有关资料，以资参考。当时全县共有 39523 户，占有土地计 298325.895 亩。其中各阶层占有的土地情况是：（一）地主、富农（包括半地主式富农、地主兼工商业、工商业兼地主、债利生活者、富农、佃富农）共 1779 户，占有土地计 104063.083 亩，平均每户占有土地 58.495 亩；（二）小土地出租者（包括工商业兼小土地出租、小商业、小商贩、手工业、小商人、自由职业）共 3313 户，占有土地计 30001.233 亩，平均每户占有土地 9.06 亩；（三）中农共 10347 户，占有土地计 70624.098 亩，平均每户占有 6.826 亩；（四）贫农（包括贫民、雇农、工人）共 23864 户，占有土地计 55205.528 亩，平均每户占有土地 2.313 亩②。

参照以上考察和有关资料，以下试对二十七都五图各类业户占有土地的具体情况作一分析。

关于二十七都五图各业户占有土地总额（田地山塘）的分类情况见表 7。其业户占有田的数额的分类情况见表 8。

从表 7 所列业户占有的土地总额（田地山塘）来看，在占有土地不满 10 亩的业户之中，占有 5—10 亩（不满）的业户有 12 户，若当时自耕农的最低土地占有量为 10 亩左右，那么这些占田不满 10 亩的农户还需依靠

---

① 《清经世文编》卷三九，《户政一四·备荒通论》。
② 《休宁县志》卷五，《农业》（1990 年出版）。

租种一些他人的土地等才能生活，当属于半自耕农阶层。其次是占有 5 亩
以下的农户，这些农户主要依靠租种他人土地为生，是一些拥有少量土地
的佃农，这类人户数量最多，共有 43 户，占全图人户的 30%。此外，在
二十七都五图中还有 33 户无产户，这些田产全无的人户，无疑多是完全
依靠租种他人土地为生的佃户。总之，由拥有少量不等土地和田产全无的
农户构成了二十七都五图的贫雇农阶级，这些农户均需程度不同地租种他
人的土地才能生活。

其次，二十七都五图中占有 10—20 亩土地的农户有 18 户，占全图总
户数的 13%；占有土地面积计 267. 6372 亩，占全图业户占有土地总面积
的 8%，平均每户占有土地 14. 869 亩。如上所述，按当时一个农夫的土地
耕作量和农业生产率计算，可知这类农户即是一般的自耕农阶层。而占有
20—30 亩土地的农户则为"上农"，即是较富裕的自耕农了，这类人户在
二十七都五图中共有 12 户，占全图总户数的 8%；占有土地面积计
278. 1826 亩，占全图业户占有土地总面积的 9%，平均每户占有土地
23. 182 亩。

表7　　　　　　　　二十七都五图各业户占有土地总额分类表　　　　　单位：税亩

业　户 占有土地类别	户　　数		面　积（累计）	
	实　数	%	实　　数	%
无产户	33	23	0	0
0—5 不满	43	30	87. 6734	3
5—10 不满	12	8	93. 5074	3
10—20 不满	18	13	267. 6372	8
20—30 不满	12	8	278. 1826	9
30—50 不满	13	9	499. 6767	16
50—100 不满	5	4	364. 7168	11
100 以上	7	5	1596. 0573	50
总　　计	143	100	3187. 4514	100

表8　　　　　　　　　　**二十七都五图各业户占有田的数额分类表**　　　　　　单位：税亩

占田类别	户　　数		面　积（类计）	
	实　数	%	实　　数	%
无田户	50	35	0	0
0—5 不满	37	26	74.1711	4
5—10 不满	13	9	102.3930	5
10—20 不满	15	10	209.1390	10
20—30 不满	11	8	281.3780	14
30—50 不满	11	8	404.2778	20
50—100 不满	2	1	144.1040	7
100 以上	4	3	810.1758	40
总　计	143	100	2025.6387	100

　　在二十七都五图中还有一些占有30—50亩土地的业户，共13户，占全图总业户的9%；计占有土地面积499.6767亩，占全图业户占有土地总面积的16%，平均每户占有土地38.437亩。关于这类人户的所属阶层，应该说比较复杂。若其人丁较多，平均每人占有的土地并不多，则仍属自耕农这一阶层。若其人丁较少，即有部分土地需出租，则为小土地出租者。特别应指出的是，明清时代徽州地区多有外出经商的人户，与此同时，他们在徽州本地亦常拥有数量不等的地产，其地产一般多出租他人。而在占有三五十亩土地的经商人户中，既有资本微薄的小工商业者，亦有资产颇丰的富户。现存徽州文书中即不乏此类例子。如《嘉靖四十年孙时立阄书》① 中所述事例，孙时父子因"经商"而"生计用是颇遂，资产用是益新"，至嘉靖四十年（1561）析分家产时，积有本银近2000两，而土地只有120余亩，按三子均分，除银两外，每户仅有土地42余亩（包括存众应得部分）。这些土地全部出租他人耕种。又如《万历二十八年休宁洪岩德等立阄书》② 所载，洪岩德兄弟"苦志江湖，创积数十年"，致"家业颇丰，创造厅楼房屋"多所，而其田产亦只有120余亩，按三房均分，每户仅为44余亩（包括存众应得部分）。这些土地亦全部出租他人耕

① 《徽州千年契约文书》宋元明编第五卷。
② 《徽州千年契约文书》宋元明编第七卷。

种。这些析分后的新户头虽然拥有的地产不多，但全部出租他人耕种，特别是由于经商而家资颇丰，所以其当属于商人兼地主这一阶层。

在二十七都五图中占有 50—100 亩土地的业户共 5 户，占全图总户数的 4%；计占有土地面积 364.7168 亩，占全图业户占有土地总面积的 11%，平均每户占有土地 72.943 亩。单从拥有土地的数量来看，这类业户已是该图中少数占有土地较多的业户，当属靠出租土地或主要靠出租土地为生的人户，即地主或富农之列了。而据现存徽州文书中记载的资料统计，明清时代一些富户在析分家产之后，各新户头所拥有的土地数量，一般多不足百亩，而这些土地亦都全部出租，其仍属地主或富农阶层。例如，据《嘉靖二十二年歙县余程氏立阄书》① 所载，歙县凤山余兰，本为乡之"隐君子也，明天子荣以冠带而弗受，乡邦益重之"。嘉靖二十二年（1543）析分家产，按三份均分，其子每户分有土地 62 余亩（包括共业应得部分）。这些土地仍全部出租。又如，《隆庆六年祁门方佐等立阄书》② 载，祁门方佐兄弟叔侄于隆庆六年（1572）析分家产，按二份均分，每户分得土地 89 余亩。内除 5 亩多自佃外，余皆出租。再如，《雍正五年休宁黄楷等立阄书》③ 载，黄楷等其家本"承祖父遗资本典业"，其后又续置地产，雍正五年（1727）析分家产，按四份均分，每户分得 54 余亩，皆全部出租。

该图占有百亩以上土地的人户共 7 户，占全图总户数的 5%；计占有土地 1596.0573 亩，占全图业户占有土地总面积的 50%，平均每户占有土地 228.008 亩。明人吕坤说："梁宋间百亩之田，不亲力作，必有佣佃。"④二十七都五图中这类少数占有土地最多的业户，即多属于以出租土地为生的地主阶层。他们或为完全靠出租土地为生的一般地主，或为地主兼商人高利贷者，或为商人高利贷者兼地主，等等。不过，对这些占有百亩以上土地人户的具体情况，尚需作进一步考察。结合万历十年、二十年二十七都五图大造黄册底籍⑤所载资料，这七户占有百亩以上土地人户的具体情况见表 9。

---

① 《徽州千年契约文书》宋元明编第五卷。
② 同上。
③ 《徽州千年契约文书》清民国编第六卷。
④ 《实政录》卷二，《民务·小民生计》。
⑤ 安徽省博物馆藏 2：24527 号。

表9 二十七都五图占有百亩以上土地人户表

户　名	土地亩数	人丁数	户等	户籍	里甲职役
王　茂	547.3405	69	上户	军籍	一甲里长
朱　清	305.6265	48	上户	匠籍	三甲里长
朱　洪	203.6334	25	中户	民籍	二甲里长
陈　章	176.0080	29	中户	民籍	五甲里长
金万政	138.7560	45	中户	军籍	十甲里长
朱　广	115.1109	18	中户	民籍	六甲里长
王齐兴	109.5820	52	中户	军籍	七甲里长

　　据文献记载和徽州文书提供的资料，可知中国封建社会里一些拥有众多人口和土地的大户，就其本身经济存在的具体形态来说，大致可分为累世同居共业，与析产分户这样两种形态。前者是极少数，后者是大量的，主要的。而在析产分户这一形态之中，又可分为析产随即分户，与析产而未正式分户这样两种情况。所谓析产而未正式分户者，即是，一个大户其下子孙业已分居，分成了经济上各自独立的子户，但在官府的册籍上仍作为一户而并未正式分户。由于封建国家的赋役政策和封建宗族势力的影响等原因，致使析产而未正式分户这种情况在封建社会里多有存在。据其他有关文书所载资料可知，表9中作为二十七都五图占有百亩以上土地人户之一的朱清户（万历二十年后户长为朱学源），即是这样一个析产而未正式分户、其下包含有众多子户的一个大户。据《万历至崇祯二十七都五图三甲朱学源户册底》①所载，在万历四十年（1612）朱学源下的子户共有40多户。这些子户在经济上是独立的，子户间存在的土地买卖关系跟子户与外户间的土地买卖关系完全相同，各子户占有的土地数量差别很大，多者近百亩，少者不足1亩，两极分化十分明显。当时该户在官府的册籍上仍作为一户登记在册，占有土地500余亩，这一数字即是其各子户占有土地数字的总和，而其通户税粮，即按各子户占有的土地数量分摊于各子户名下②。

---

① 安徽省博物馆藏2∶24529号。
② 参阅本书第十一章。

　　值得注意的是，如表9所示，二十七都五图中占有百亩以上的7户中，有4户是军户或匠户，朱清户即是其中的一个匠户。又，二十七都五图中占有土地最多的两户，以及人丁最多的几户，亦均为军户或匠户。这是因为，有明一代国家的赋役政策规定，军籍、匠籍"不许分居"①。所以在明代的军户、匠户之中多有人口与土地较多的大户。由此我们还可以推知，表9中所列其他几户占有土地百亩以上、而又人丁颇多的军户，如王茂、金万政、王齐兴等，他们亦很可能是像朱清户这样的包含有众多子户的大户。当然，析产而未分户、大户之下包含众多子户的情况，并不只限于在军户、匠户中才有，在民户中亦不少见。表9中所列民户朱洪即是一个业已析产分户、包含有四个子户的大户。据《二十七都五图归户亲供册》载，万历九年朱洪户下有户丁（即子户）朱大，占有土地 24.2216 亩；朱滨，占有土地 57.3416 亩；朱滔，占有土地 61.0051 亩；朱淳，占有土地 61.0651 亩；通户占有土地计 203.6334 亩。该户于万历十年大造黄册时归并为一户，充当万历十二年里长户。此户情况或可解释为朋充里长的一种类型。

　　综上所述，通过二十七都五图各阶层占有土地数量的巨大差别，可以明显地看出当时该图所存在的三个不同阶级。若大致以占有土地不满 10 亩和田产全无的农户作为当时的贫农和佃农，那么，从统计中可以看出，这类人户最多，共有 88 户，占全图总人户的 61%；而其占有的土地合计仅为 181.1808 亩，只占全图业户占有土地总面积的 6%，平均每户占有土地 2.059 亩。这即是该图人户最多、而占有土地最少或根本不占有土地的贫雇农阶级。其次，若大致以占有土地 10—50 亩作为当时的自耕农与小土地出租者，那么，这类人户共有 43 户，占全图总人户的 30%；计占有土地面积 1045.4965 亩，占全图业户占有土地总面积的 33%，平均每户占有土地 24.314 亩。这可以说是该图以自耕农和小土地出租者为主的中等阶级。再次，若大致以占有土地 50 亩以上作为当时的地主或富农，其总共只有 12 户，仅占全图总人户的 9%；却占有了 1960.7741 亩土地，占全图业户占有土地总面积的 61%，平均每户占有土地 163.398 亩。这即是二十七都五图中人户最少而占有土地最多的地主富农阶级。

　　而从该图业户占有田的数额的分类情况，亦可看出大致相同的阶级划

---

　　①　正德《大明会典》卷二一，《户部六·户口二·攒造黄册》。

分。如表 8 所示，该图的无田户共有 50 户，占田 10 亩以下的业户亦有 50 户，二者合起来共有 100 户，占全图总业户的 70%；计占田 176.5641 亩，占全图业户占有田的总面积的 9%，平均每户占田 1.766 亩。这类业户显然是由佃农和贫农构成的该图的贫雇农阶级。该图占有 10—50 亩田的业户共有 37 户，占全图总业户的 27%；计占田 894.7948 亩，占全图业户占有田的面积的 44%，平均每户占田 24.184 亩。这类业户可以说是由自耕农及小土地出租者等组成的该图的中等阶级。该图占有 50 亩以上田的业户共有 6 户，只占全图总业户的 4%；计占田 954.2798 亩，占全图业户占有田的总面积的 47%，平均每户占田 159.047 亩。这类业户显然即是该图人户最少而占田最多的地主富农阶级。

　　总之，在二十七都五图之中，一方面由人户最多（约为百分之六七十）、而占有土地最少（不到 10%）的佃农和贫农构成了该图的广大的贫雇农阶级，他们或全部地，或部分地，均需租种他人的土地才能生活；另一方面则存在一个人户很少（不到 10%）、而占有土地最多（约为百分之五六十）的少数的地主富农阶级，他们则靠出租土地，剥削为生。正是由于这两方面在土地占有上的巨大差别，土地过于集中在地主富农一方，而形成了封建社会中的地主剥削佃农的地主制经济方式，形成了地主与农民两大阶级的对立。在二十七都五图中还存在一个以自耕农、小土地出租者为主的中等阶级。尽管其在全图中仍占有一定比例（约为 30%），但与由地主和佃户构成的地主制经济相比，自耕农经济并不占有优势。还应指出，像徽州这样的地方，又一直是佃仆制盛行的地区。而佃仆，一般只是以"小户"的身份附属于大户之下，不入"公籍"，即在黄册、归户册之类官府攒造的册籍上，对他们是没有记载的。所以，如果我们再考虑到佃仆这一贫苦农民的最底层，那么，当时农村的贫雇农阶级所占的比例以及地主制经济所占的比重，则要更大。应该说，地主制经济为其主体，自耕农经济占有一定比重，此即是二十七都五图的经济结构。

第六章　万历二十七都五图黄册底籍

黄册底籍，作为明代里甲中保存的一种黄册文书，在当时是广泛存在的。而在今天，它却十分难寻。特别是有关一个图的黄册底籍，更是如此。1989 年 10 月笔者在安徽省博物馆查阅徽州文书档案时，发现该馆所编有关鱼鳞图册的目录中，有一号写为"万历二十七都五图契约底册四本"①，借出一看，实为明代黄册底籍抄本。这一有关一个图的连续四个大造之年的黄册底籍，对于明代黄册乃至其他社会经济制度的研究，具有很高价值。

一　文书介绍

安徽省博物馆藏万历二十七都五图黄册底籍共四册：

第一册，纵 28.4 厘米，横 26 厘米，厚约 1.5 厘米。连皮计 248 页。封面为牛皮纸，墨迹题"万历拾年大造贰拾柒都五图黄册底"。正文计243 页，均为皮纸墨迹抄本。载第一甲至第九甲各户人丁事产，第九甲残缺，第十甲全佚。

第二册，纵 28.4 厘米，横 26 厘米，厚约 2 厘米。连皮计 274 页。封面为牛皮纸，墨迹题"万历贰拾年大造贰拾柒都第伍图黄册底"。正文计263 页，均为皮纸墨迹抄本。载第一甲至第十甲各户人丁事产，保存完整。

第三册，纵 28.2 厘米，横 26 厘米，厚约 2 厘米。连皮计 308 页。封面为牛皮纸，墨迹题"万历叁拾年大造贰拾柒都五图黄册底"。正文计295 页，均为皮纸墨迹抄本。载第一甲至第十甲各户人丁事产，保存基本完好。

① 安徽省博物馆藏 2：24527 号。

　　第四册，纵 28.2 厘米，横 26 厘米，厚约 2 厘米。连皮计 368 页。封面为牛皮纸，墨迹题"万历肆拾年壬子大造贰拾柒都伍图册底"。正文计 358 页。均为皮纸墨迹抄本。载第一甲至第十甲各户人丁事产，第三甲缺一户，第六甲开头缺佚。

　　关于这四册黄册底籍中所载内容，各册详略略有不同。其中第一册、第二册人丁部分多只载总数，有所省略。第三册、第四册人丁事产登载均十分详备。兹以第一册《万历拾年大造贰拾柒都五图黄册底》为例，将其开头及第一户所载各项内容按原格式摘要抄录如下：

万历拾年大造伍图黄册底籍
第一甲排年　　上户
一户　王　茂　二十七都五图　军户
旧管
　　　人丁　男妇六十七口　　男子五十五口　　妇女一十二口
　　　官民田地山塘　四顷一十一亩一厘三毫九丝
　　　　官田地　四亩八分
　　　　　田　八分
　　　　　地　四亩
　　　　民庄田地山塘　四顷六亩二分一厘三毫九丝
　　　　　田　二顷三十二亩八分六厘
　　　　　地　七十七亩三分九厘二毫二丝
　　　　　山　九十七亩五分一厘四毫
　　　　　塘　四亩四分四厘七毫七丝
　　　民瓦房　六间
新收
　　　人口　正收男妇二十一口　　成丁三口　　不成丁一十六口
　　　　　　　　　　　　　　　　妇女大二口
　　　今奉清丈
　　　民田地山塘　一顷九十七亩二分二厘五毫三丝
　　　　正收丈收升科田山　八十二亩九分二厘九毫
　　　　　田　六十三亩八分六八
　　　　　山　一十九亩一分二厘二毫二丝

転收民田地山塘　一顷一十四亩二分九厘六毫三丝

田　八十八亩四分三厘六毫

买本图内田

四分一厘　再叉石壁头　四年买本〔图〕王初户

一亩三分八厘三毫　李村洪家充　四年买本〔图〕
陈章户

（以下均为买各户田地山塘细目，格式相同，从略）

开除

人口　正除男妇一十九口　成丁一十五口　不成丁二口
妇女大二口

官民田地山塘　六十一亩三分二厘三毫七丝

正除奉例丈除官田地塘　一十亩一分九厘四毫七丝

田　一亩

地　八亩三分九厘六毫

塘　七分九厘八毫七丝

転除民田地山塘　五十一亩一分二厘九毫

田　三十七亩一分九厘一毫

卖与本图人户田

六亩一分七厘　学田干等处　四年卖与朱洪户

七分九厘四毫　长风树　四年卖与程相户

（以下均为卖与各户田地山塘细目，格式相同，从略）

实在

人口　六十九口　男子五十七口　妇女大一十二口

官民田地山塘　五顷四十六亩九分一厘五毫五丝

田　三顷四十七亩七分一厘一毫八丝

地　七十六亩九厘三毫五丝

山　一顷一十九亩五分一厘二毫二丝

塘　三亩五分九厘九毫

民瓦房六间

万历十六年奉上司明文复查改造实征册

实征

官民田地山塘　五顷四十七亩四厘六毫

田　三顷四十七亩六分一厘一毫
地　七十六亩一分四厘二毫
山　一顷二十亩一分二厘
塘　三亩五分九厘

很明显，这里所载格式与明代史籍中的有关记载是相同的。在第三册和第四册的正文开头，原文中分别题有"二十七都五图万历三十年黄册底籍"、"万历四十年壬子岁大造五图黄册底籍"字样；此外第四册第九甲开头还有下列记载："一户王叙，系直隶徽州府休宁县里仁乡二十七都第五图，匠籍，充当万历四十九年分里长"，所以，这四册文书分别为万历十年、二十年、三十年、四十年南直隶徽州府休宁县里仁乡二十七都五图的黄册底籍，是很清楚的。

但这几册文书抄录成册的时间，尚须作进一步考证。其中第一册《万历十年大造二十七都五图黄册底籍》中，大多数户的实在项后还有"复查改造实征"一项，其中有的户下则明确记有"万历十六年奉上司明文复查改造实征册"等文字。从书写行款和字体来看，复查实征一项是与前面的内容一体抄写的，并非后来添加的。因此可以看出该册抄录成册的时间当在万历十六年（1588）以后。又，在该册抄写的字体中，数处将"玄"字写成"亥"字，"玹"字写成"珜"字，"铉"字写成"铵"字，等等，均为讳笔。如该册第三甲宋积高户实在项下载："不成丁一口，弟亥，年三岁"；第一甲排年王茂户开除项下载："卖与本都三图田五分五厘，二十坞，万历九年卖与朱珜贵户"；第四甲吴瑄户新收项下载："民地五分三厘，万历八年买七都一〔图〕吴时铵户"，等等。如众所知，明代无此忌讳，这是到清代康熙年间，为避讳皇帝玄烨的名字，才有的忌讳。所以可以看出该册抄录成册的时间是在清康熙年间。其余三册，从书写的字体和册本的行款形制来看，各册均不相同。第二册字迹潦草，记载简略；第三册、第四册的记载十分详细，字迹也很工整，但字体亦各不相同，可看出是在不同时间分别抄成的。特别是其中均未发现玄字讳笔的写法，似为明末或清顺治时抄本。

关于黄册底籍，前文已经指出，其即是明代里中保存的作为赋役征调依据的黄册底册（见本书第二章）。黄册底籍一语，正史之中虽少记载，而在徽州文书及有关志书中则可见到这一说法。例如，《弘治元年祁门吴仕昌立

〈竹字阄书〉》① 中载："洪武二十四年黄册一本，竹勾收，彦材、彦洪、吴志善三户底籍。"《嘉靖四十五年歙县吴膳茔经理总簿》② 中亦载：

> 查存册簿契凭目录于后　　有〇者（下残）
> 军匠民册二本
> 黄册底籍　洪武四年〇　洪武十四年〇　洪武二十四年一本　永乐元年一本　永乐十年三本　永乐二十年二本　宣德七年二本又一付　正统七年二〔本〕　景泰三年二〔本〕　天顺六年二〔本〕　成化八年二〔本〕　成化十八年二〔本〕　弘治五年二（本）　弘治十五年二〔本〕　正德七年二〔本〕　嘉靖元年二〔本〕　嘉靖十一年二（本）　嘉靖二十一年二〔本〕　嘉靖三十一年　嘉靖四十一年
> 清册　赖字号　及字号　万字号 ……
> 本户底籍一样三本……

又，《歙西溪南吴氏先茔志》所收崇祯时撰写的《重修先茔志凡例》中说：

> 今增续者，查元明丈量清册，黄册底籍，清丈新册字号、步亩、弓口、见业、分装、四至，及原谱志诸文契书，族中各宅家藏遗墨，有实据者，方敢收入，不敢杜撰一字。……③

以上文书及志书中所言"清册"，即指当时图保之中保存的鱼鳞清册。从上述引文中可以看出，黄册底籍均是与鱼鳞清册并提的。在这些文书和志书的整个记载之中，黄册底籍被频繁引用，且多与鱼鳞清册相提并论。所以，黄册底籍即与鱼鳞清册一样，乃是当时里甲之中普遍保存的一种黄册底册。

---

① 《徽州千年契约文书》宋元明编第五卷。
② 原件藏台湾国立中央图书馆。
③ 嘉庆《歙西溪南吴氏先茔志》，《重修先茔志凡例》。

二　二十七都五图黄册底籍考证

明中叶以后，黄册制度败坏废弛的倾向日益严重，或变乱版籍，脱漏户口；或欺隐田粮，影射差役，奸弊丛生。"如户籍中间，有将军户改作民、灶等籍者，有将民户捏作军、匠等籍者，以致户籍错乱，无凭查理；如田粮中间，有开多收少者，有有收无除者，有洒派各户者，有产去税存者，以致朦胧飞走，无凭查算，奸弊多端，难以枚举。"[①] 到明代后期，黄册多成具文，至有伪册之称。此时，黄册制度的种种弊端暴露无遗，其彻底败坏的趋势无可挽回。朝廷之中已有以实征册取代黄册之议，如万历四十年（1612）光禄寺少卿徐必达即主张"照实征文册造送后湖，不必查驳"[②]；而地方上也出现了按"田亩取齐，另编里甲"之举[③]，如天启中浙江嘉兴府海盐县所实施的均田均役改革。

但是，另一方面，当时若要彻底废除黄册制度这一祖宗之法，绝非易事。切莫说上上下下保守势力之百般阻挠，就是改革者所推行的一些措施，也不能完全抛开黄册制度这一旧的框架。所以，即使到明代后期，黄册制度虽然已经发生动摇，但并未被完全废止。这时期的黄册在一些地方某种程度还发挥着它的作用。这从不少地方志和其他史籍的有关记载中即可看出。或仍按黄册征收税粮，或照依黄册佥派差役。如福建泉州府永春县，由于遭受虎灾，加之兵火扰乱，豪强隐没等原因，永乐以后，民多逃绝，到明代中叶，田亩愈失，税粮赔贱，里甲受累，十分严重。隆庆至万历初年，遂有均田之议，历经知县刘三锡、陈九仪、许兼善等主持的土地丈量，大力清查整顿，终于查实通县田土数额，"比之原额已为赢余，足以均匀分配贱米，就照黄册版籍逐户挨名清查，分列总撒数目"[④]，其下所录，即是通过这次均田运动所确定的黄册县总和各都都总大要。从中可以看出，当时政令实施仍是以里甲组织运作的，税粮征收也是按黄册制度进行的。又如，海瑞在《金大户申文》中说："严州府淳安县为急办鹰平杉木，以资工用事，抄蒙本府牌，奉浙江布政使司劄付，奉钦差总督军门胡

① 《后湖志，卷五，《事例二》。
② 《后湖志》卷一〇，《事例七》。
③ 天启《海盐县图经》卷六，《役法》。
④ 万历《永春县志》卷七，《赋役·均田缘由》。

批呈前事，仰县掌印官作速清查黄册，丁田最多殷实上户，从公金定朱批大户四名，开具都图年貌，密封送府揭查取解等因，依蒙行。……为此卑县查册有多田，兼博访素有蓄积之家，金正户四人，稍次者一人朋之，共八人。……今将正身的名都图，理合备由申禀施行。"① 说明当时仍依黄册金派差役。

在黄册的攒造方面，既有百般作弊者，也仍有依式攒造者，总的情况是问题日趋严重，但遵违莫一。所以，即使是对明代后期的黄册，也不能一概加以否定，尚须作具体分析。

那么，被保存下来的徽州府休宁县万历时期的这几本黄册底籍情况又如何呢？

首先，让我们来看一下万历十年大造的二十七都五图黄册底籍。在这本册籍中，每户新收项下所载田土面积之前都写有"今奉清丈"四字，其下还有"正收丈收"一目。显然，这本黄册的攒造，是与万历时期张居正实行的土地清丈密切相关的。

关于张居正在万历时期所推行的土地清丈，以及曾乾亨在休宁所主持的土地丈量，本书第五章已有专门叙述。如前所述，张居正的土地清丈，在全国多数地区还是取得了很大成效，其不但为赋役制度的改革奠定了基础，同时也为鱼鳞图册及赋役黄册的重新攒造创造了很好的条件。而休宁县的万历九年（1581）清丈在曾乾亨的主持下也是认真执行了的。史载：

> 括地令下，单车周行四境，定则壤，称均平。已值大造，清黄册，大加厘正，凤弊一清。②

即，休宁县经过万历九年清丈之后而攒造的黄册，是与以前大不相同的。所以，这种利用土地清丈成果而攒造的黄册值得注意，应该研究而加以利用。

其次，在万历十年二十七都五图的黄册底籍中，各户之下还附有一项"万历十六年复查改造实征"的内容，即万历十六年（1588）该图实征册的内容。所谓实征册，即是地方官吏在实际征税编徭时使用的一种赋役文

① 《海瑞集》上编，《淳安知县时期·金大户申文》。
② 康熙《休宁县志》卷四，《名宦》。

册。很明显，如果黄册是按照实际情况攒造的，二者应当一致，赋役黄册所载各项数额即是实征文册的基本依据。而在肆意作弊、黄册已成伪册，或黄册造后又混乱推收的地方，其实征文册与所解黄册又大不相同。所以实征文册所载内容又可成为验证该地区黄册真伪与可信程度的重要资料。

如前所述，与该图黄册底籍一起，还有一本《万历九年清丈二十七都五图归户亲供册》同时被保存下来，它也是验证该黄册底籍的一份十分珍贵的资料。

以下仅选万历十年二十七都五图黄册底籍中实在项下所载田地山塘总数较多者10户，分别与各户万历九年清丈归户亲供册中所载田地山塘总数，以及万历十六年实征所载田地山塘总数作一比较，见表10（单位：税亩）。

表10

户　　名	万历九年清丈归户册	万历十年黄册底籍	万历十六年实征
王　茂	547.3405	546.9155	547.046
朱　清	305.6265	305.0825	304.6927
朱　洪	203.6334	203.6334	204.057
陈　章	176.008	179.644	179.28
王齐兴	109.582	108.693	107.78
金　清	96.5208	96.8265	96.807
陈　沧	86.469	86.469	87.086
王　时	68.242	68.445	68.919
程大宾	52.136	52.136	53.3505
朱　瑾	49.592	49.592	49.489
总　计	1695.1502	1697.4369	1698.5072

通过这一比较可以看出，万历十年黄册底籍中实在项下所载各户田地山塘总数，与万历九年清丈归户册中所载田地山塘总数相比，其中有3户略有增加，3户略有减少，其余4户完全相同；增加与减少的数量都很小，总计数字相比，10户共增加2.2867亩，仅占0.13%。而万历十六年实征与万历十年黄册底籍相比，增加者6户，减少者4户，10户总计增加仅

1.0703 亩；占 0.06%。显然，这种数量很小的差别，很难说明它是由于攒造黄册时故意作弊、弄虚作假造成的。总的看来，三者基本一致，可以证明万历十年黄册底籍中所载田地山塘数字是可信的。

第三，如前所述，现在被保存下来的黄册底籍共有四册，分别为万历十年、二十年、三十年、四十年这四个连续大造之年的黄册底籍，因此，这四册之间也可以加以对比，互相鉴别。经对比表明，人户方面，各户户长姓名在四册之中多有不同，户长姓名发生变化的占多数；各户登载顺序在四册之中也有变动；并且各册之中均载有新立户者。事产方面，四册所载各户田地山塘总数每次大造都不相同，并非抄誊旧册。

第四，与这四册黄册底籍一起被保存下来的还有一册《二十七都五图三甲朱学源户册底》①。该册本是万历四十年（1612）、天启四年（1624）、崇祯六年（1633）、崇祯十六年（1643）及崇祯十七年（1644）"清理朱学源户下各人户归户册籍"。朱学源户，系二十七都五图三甲里长，为一大户，朱学源为户长，其下实分为若干独立的子户。该册籍即是将朱学源户的通户税粮，按田亩分摊于其下各子户的一种税粮归户册，实为一种大户税粮落实到各子户的归户实征册。带有私家文书性质，可信性较高。该册所载万历四十年清理朱学源户通户实在事产为"民田地山塘河五顷贰亩五分零一毫八丝六忽"，这与万历四十年黄册底籍上所载该户实在事产数字分毫不差。由此可证明，该图万历四十年大造黄册仍是当时各户实征税粮的依据，并非伪册。

以上，仅就这四册黄册底籍中所载事产方面的情况，作了一些简略分析。从其人丁方面的记载来看，明代黄册中存在的一些弊病则反映得十分明显。其中万历二十年黄册底籍中人口方面的登载极为简略，只记人口几口，姓名、年龄等均不载。又，在这四册黄册底籍中，每甲末尾几户的人口年龄多在百岁甚至二百岁以上，这类人户下多注有"绝军"、"民绝户"，并且事产全无。实际上都是一些名存实亡的绝户，而每次大造仍照旧开报。造成这种弊病的原因是，"此等绝户，彼处官司惮于申豁，以故册中不敢开除，节年造报，徒淆耳目，无补实数。"②"缘各该有司恐失旧

---

① 安徽省博物馆藏 2：24529 号。
② 《后湖志》卷一〇，《事例七》。

额，故凡绝户，只于实征册内开除，而黄册则仍存户籍。"① 此外，不少户的人丁总数，多年一直不变，隐漏丁口之弊亦十分明显。

总之，通过以上几个方面的介绍与分析，可以了解到，这几册黄册底籍在事产方面的记载，即有关田亩税粮的记载十分详备，比较可信；而有关人丁方面的记载，则多有省略，弊病明显。这也是反映了明代后期黄册的一种通病。海瑞说："黄册田从实报，丁多隐匿，多是合众人之田注于户首一人之下。"② 不过，只要采取实事求是，谨慎分析的态度，对其中所载资料，是完全可以加以研究利用的。如今，遗留下来的明清契约文书档案虽为数颇多，但像该黄册底籍这类的有关一个图的比较完整而又详细的土地与人口资料，却是极少，因而十分珍贵。其对于明代黄册乃至明清社会经济史的许多方面的研究，诸如黄册制度、里甲组织、土地所有、土地买卖以及明清农村经济结构等等，无疑都具有很高价值。

三　黄册攒造与里甲编制

二十七都五图的这四册黄册底籍，各册均以人户为中心进行登载。而对各人户，在以四柱式分别登载其人丁事产之前，首先填写的是有关该户本身基本情况的几个事项，即"里甲格眼"。如《万历十年二十七都五图黄册底籍》中所载：

　　　第一甲排年　　　　　上户
　　　　　一户王茂　　　　二十七都五图　　　军户
　　　　……
　　　第二甲排年　　　　　中户
　　　　　一户朱洪　　　　民户　　　万历拾贰年里长
　　　　……
　　　第三甲排年　　　　　上户
　　　　　一户朱清　　　　充当万历十三年里长
　　　　……

---

① 《后湖志》卷一〇，《事例七》。
② 《海瑞集》上编，《淳安知县时期·金大户申文》。

　　第四甲排年　　　　　下户
　　　一户王时　　　　充当万历十四年里长
　　……
　　第五甲排年　　　　　中户
　　　一户陈章　　　民（户）　　充当万历十五年里长
　　……

又如，《万历三十年二十七都五图黄册底籍》中所载：

　　第四甲排年
　　　一户王正芳　匠（户）……
　　甲首第一户　　　　　　　　　　甲首第六户
　　　一户王福寿　民　……　　　　一户倪四保　民　……
　　甲首第二户　　　　　　　　　　甲首第七户
　　　一户朱大兴　民　……　　　　一户程友仪　匠　……
　　甲首第三户　　　　　　　　　　甲首第八户
　　　一户朱文魁　民　……　　　　一户朱文节　伯象　军……
　　甲首第四户　　　　　　　　　　甲首第九户
　　　一户王美　　民　……　　　　一户王英　民　……
　　甲首第五户　　　　　　　　　　甲首第十户
　　　一户朱大斌　父景和　民　　　一户吴瑄　民　……
　　……

　　应指出的是，在现存的二十七都五图的四册黄册底籍中，所抄录的各户基本项目不尽相同，其中各有不同的省略，但综合起来，仍可看出明代黄册制度规定的登载人户基本情况的各个项目。这些项目是：

　　（1）编次格眼。即按每里十里长户，百甲首户，共一百一十户，分为十甲，每甲一里长户，十甲首户，轮流应役这一编制原则，而编定各户在里甲中的职役及其应役时间顺次。如上引二十七都五图黄册底籍中所载，"第几甲排年"为某某户，某户"充某某年里长"；第几甲"甲首第几户"为某户，某户"充某某年甲首"等等。这在每次大造时都要按里甲编制的要求预先编定排好，明载黄册之上。这是明代黄册上各户之前首先登载的一个项目，称为"编次格眼"①。史载：

> 里甲之制。洪武十四年始诏天下编赋役黄册，以一百一十户为一里，同一格眼谓之一图。推丁粮多者一（当为十）人为长，在城曰坊长，在乡曰里长。余一百人分十甲，每一甲则一长，管摄甲首十户。丁粮绝少及鳏寡孤独不任役者，附于格眼外，谓之畸零户。②

明代黄册上的编次格眼又称"里甲格眼"、"册眼"：

> 我朝十年攒造一次，名为黄册，前列里甲格眼，后开人户丁产税粮，分别旧管、新收、开除、实在，已是定规。③
>
> 又有国初兵革之后流散还集之民，田产多晓实迹，钱粮依旧在户。始焉人丁存在，暂能办纳；终焉户口流亡，无可追征。是以贻累各都人民，坐令照粮赔贩。至今各都各图册眼之中，尚有人户姓名，历百数十岁而未削去者，以其粮存而莫敢开除也。④

在二十七都五图的四册黄册底籍中，排在各甲甲首户之后的一些户名，其上则标有"带管"字样；此外，还载有一些"绝户"、"立户"等。

（2）户等。即分上户、中户、下户三等人户。

（3）户长姓名及其承继情况。如万历三十年册中第二甲朱祐生户下载："甲首第十户，一户朱祐生，承义父汪护，民〔户〕。"

（4）乡贯都图。关于明代黄册各户之下开写乡贯的情况，弘治三年（1490）南京吏科给事中邵诚等奏准："一件备开乡贯。洪武永乐等年各处黄册，有于各户项下，开写乡都图保者，有只写本都本图者，即今壳面多有虫蛀泯烂，格眼不存，虽知某府某县，不知何乡何图。一遇揭查，无从辨认。照得弘治五年例该大造黄册，合无通行天下司府州县，今后造册，

---

①　《后湖志》卷五，《事例二》。

②　嘉靖《香山县志》卷二，《民物志·徭役》。

③　章潢《图书编》卷九〇，附《授时任民·清籍》，文渊阁四库全书影印本，上海古籍出版社2003年，第971册，第718页。

④　隆庆《潮阳县志》卷七，《民赋物产志·田赋》。

各户项下备写某府某州某县某乡某图军民等籍"①。二十七都五图的四册黄册底籍中，大多数户下的乡贯均省略不载，但亦有少数户下开写了乡贯都图。如前引万历十年册中第一甲排年王茂户下，即载有"二十七都五图军户"，又如，万历四十年册中第九甲排年王叙户下亦载：

> 正管第九甲
> 　　一户王叙　　系直隶徽州府休宁县里仁乡二十七都第五图
> 　　匠籍　充当万历四十九年分里长

（5）户籍。各户所属户籍分为军籍、民籍、匠籍、灶籍等等。其细目有很多种，一般黄册上反映的只是这些大的类别。

如前所述，明代的里甲制度是在大造黄册的过程中建立起来的。载于黄册之上反映各户基本情况的编次格眼等项目，正是该图里甲编制的一个写照。以下即据二十七都五图黄册底籍所载资料，以万历三十年二十七都五图的里甲编制为例，看一下该图的里甲编制情况，见表11。

表11　　　　　　　万历三十年二十七都五图里甲编制情况表

甲别	户别						户等			户籍		
	里长	甲首	带管	绝户	立户	合计	上	中	下	军	民	匠
一甲	1	13	0	4	0	18	1	1	12	2	11	1
二甲	1	10	4	4	8	27	0	1	22	0	23	0
三甲	1	11	2	4	0	18	1	0	13	0	13	1
四甲	1	10	4	4	0	19	0	0	15	1	12	2
五甲	1	10	0	7	0	18	0	1	10	0	10	1
六甲	1	10	8	4	0	23	0	1	18	0	18	1
七甲	1	11	3	4	0	19	0	1	13	2	12	0
八甲	1	10	2	4	0	17	0	1	12	1	12	0
九甲	1	7	5	5	0	18	0	0	13	0	11	2
十甲	1	10	6	3	2	22	0	1	18	3	16	0
总计	10	102	33	44	10	199	2	7	146	9	138	8

① 《后湖志》卷五，《事例二》。

据《万历三十年二十七都五图黄册底籍》所载，二十七都五图全图共有199户，除去44户绝户，实在155户。全图分为十甲。每甲有一户里长户；甲首户的情况是，有六个甲的甲首户均为十户，三个甲超过十户，一个甲不足十户，全图共有甲首户102户。可以看出，其基本上仍是按每里正管一百一十户，分为十甲，每甲一户里长户、十户甲首户这一里甲编制原则组成的。册中的登载顺序是从第一甲到第十甲依次登载；每甲所载次序是，先里长户，"第几甲排年"某某；次甲首户，"甲首第一户"某某，"甲首第二户"某某，等等。再次，附于甲首户之后又有带管畸零户；最后则是所谓"绝户"。各甲所附带管畸零户和绝户均为数不等。此外，在该大造之年如有告明官府新立户者，则附于该甲末尾。

按明代黄册制度规定，每里推丁粮多者十户为长。从二十七都五图黄册底籍中所载来看，这一点十分明显。万历三十年册中该图的十户里长户，其中除一两户外，其余均为该图丁粮最多者。其拥有人丁与土地的情况见表12。

表12　　　　　　万历三十年二十七都五图里长户人丁土地情况表

甲别	里长户名	人丁（口）		土地（亩）		户等	户籍
		实数	位次	实数	位次		
一甲	王 茂	69	1	383.7377	2	上户	军户
二甲	朱 洪	18	10	73.8726	6	中户	民户
三甲	朱学源	48	3	420.93066	1	上户	匠户
四甲	王正芳	27	8	72.907	7	下户	匠户
五甲	陈 章	27	8	50.893	10	中户	民户
六甲	朱 贵	16	11	69.10083	8	中户	民户
七甲	王齐兴	50	2	274.0667	3	中户	军户
八甲	陈元和	31	6	101.8286	5	中户	军户
九甲	王 叙	33	5	16.8993	56	下户	匠户
十甲	金万钟	44	4	117.9695	4	中户	军户

从人丁来看，除六甲里长朱贵户的人丁较少外，其余各里长户的人丁数，均属该图人丁最多的前十户之列。从土地来看，除九甲里长王叙占有

的土地少外，其余各里长户占有的土地数，亦均属该图占有土地最多的前十户之列。再从户等来看，该图 155 户之中，定为上户者两户，中户者七户，二者总共只有九户，而其中有八户是里长户。所以，绝大多数里长户仍为该图丁粮最多者，这是一个基本事实。但其中也有少数里长户属下户者，亦值得注意。又，从二十七都五图这四册黄册底籍来看，自万历十年至四十年（1582—1612），该图各甲的里长户皆系世充，无一变动。其中有五户户长的姓名也一直未变。关于明代的里长，嘉靖《香山县志》说："轮年在官者曰见年，里长空歇者谓之排年，十岁而周，凡长，自洪武来皆岁更。宣德初，用户部建言，择丁产之尤殷者充之，自是非有大故者不更。成化以后，丁粮消长，代换无定。"① 就徽州地区而言，"祖制，编立里长，隶以甲首，十年一役，均其劳也；切照徽郡山乡，里户俱是承祖遗下，值待贫难告脱。有甲户丁粮殷实过于里户者，往往预将田粮诡寄，以避告扳当里之患。是以造册之年，告脱告移，分户立户，讼端纷起"②。由于里长多系承祖世充，时间一长，其中不免有变贫难者；而至明代中后期，亦不乏里役朋充的现象。因此，二十七都五图里长户中有少数属下户者，并不奇怪。

关于二十七都五图的甲首户，在万历三十年册中都是明确标出的，分隶于各里长之下。全图共有甲首 102 户。各甲甲首户数虽已有不同，但其中多数甲的甲首户均为十户，仍可看出每一里长管十户甲首这一明代里甲定制。各甲在甲首户之后，又多附有一些人户，其中多数人丁事产很少，甚至事产全无。在万历三十年的黄册底籍中，并没有标出其在里甲中的职役身份，但在该图万历十年的黄册底籍中，对附于甲首户之后的人户则明确标有"带管"字样，所以可知万历三十年册中这类人户亦即是里甲中的带管或畸零户。每甲所附带管畸零人户不等，全图共有 33 户。

黄册里甲编制中的带管户，是与一百一十户正管户相对而言的，一般多是各里（图）一百一十户正管户以外的、但仍须纳粮当差的一些剩余户，在黄册中则附于各甲甲首户之后。就纳粮当差这一点来说，其与正管户并无区别。而他们在里甲中的身份次序也是有所变动的，其中丁粮多者在以后的大造中多有被编充甲首者。例如，万历十年册七甲第十二户载：

---

① 嘉靖《香山县志》卷二，《民物志·徭役》。
② 天启《休宁县官解赋役全书》。

"带管一户潘希远"，至万历二十年册即被编充甲首，万历三十年册载："甲首第六户：一户潘希远。"又如，万历十年册八甲第十一户载："带管一户陈仕"，至万历三十年册中即被编充甲首："甲首第十户：一户程延隆，承陈仕。"又如万历二十年册二甲第十二户载："一户汪护，带留〔管〕民户"，至万历三十年册中亦被编充甲首："甲首第十户：一户朱祜生，承义父汪护"，等等。

关于畸零户，洪武十四年（1381）规定："鳏寡孤独不任役者，则带管于一百一十户之外，而列于图后，名曰畸零。"[1] 洪武二十四年（1391）又定："其畸零人户，许将年老残疾，并幼小十岁以下，及寡妇、外郡寄庄人户编排。"[2] 在明代许多场合，常将带管、畸零二者合在一起相提并论。而实际上，畸零户也是不免于当差服役的[3]。乃至官府所议条文中亦有明确规定，如嘉靖三十九年（1560）十月户部尚书高耀奏准大造黄册事宜中即说："今一里一都人户，通计若干，内除正管里长、甲首共一百一十户外，其带管畸零若干，均派于十里长名下，轮年应役。"[4] 在现存的二十七都五图的这四册黄册底籍中，只有"带管"的提法，而均无"畸零"的记载。

此外，值得注意的是，万历三十年册中在甲首户之前，出现了"甲首有粮第几户"与"甲首第几户"这样两种不同的提法，而带管畸零多不明确标出。又在万历四十年册中，第三甲里长户下共 17 户，包括一些绝户在内，全都标为甲首户。这些似乎表明，至明代后期，随着赋役制度的改革与一条鞭法的实施，赋役制度中的土地与税粮问题更加突出，而甲首与畸零的界限已显得很模糊了。

在带管畸零人户之后，各甲又多附载一些"绝户"。其户名之下明确标有"绝军"、"民绝户"、"绝匠"等字样。如万历三十年册中第一甲最后一户：

一户朱张寿　绝军
　　人口男不成丁二口　本身二百卅五　侄千里二百一十五

---

① 正德《大明会典》卷二一，《户部六·户口二·攒造黄册》。
② 同上。
③ 参阅鹤见尚弘《关于明代的畸零户》，〔日〕《东洋学报》第 47 卷第 3 号，1964 年。
④ 《明世宗实录》卷四八九，嘉靖三十九年十月戊戌条。

民瓦房一间

第三甲最后一户：

第十七户
一户徐奉　绝匠
实在　　　　人口二口　男子不成丁一口　本身八十五
　　　　　　　　　　　妇女一口　　　　妻韩氏七十三
民瓦房三间

第五甲最后一户：

第十七户
一户詹旺　民绝户
实在
人口四口　男子不成丁二口　本身一百四十四
　　　　　　　　　　　　　男齐隆一百二十二
　　　　　　妇女二口　　　妻王氏一百卅八
　　　　　　　　　　　　　男妇程氏一百一十五
民瓦房三间

万历三十年册中共载绝户44户，其中民绝户7户，匠绝户1户，军绝户最多，计36户。这些绝户人丁的年龄多在百岁乃至二百岁以上，实系名存实亡。但每次大造黄册仍照旧开报。前已叙及，造成这种弊病的原因，主要是由于各级官府恐失旧额，故而黄册中不敢开除。至万历十一年（1583），南京管理黄册官员条议上奏，并经圣裁，"今次解册，但有田产已尽而户籍虚存者，悉听该科驳行彼处官司，逐一查核，除军匠二籍仍存原户，以备查考，一切民户，果系故绝，明白填注，俟下轮黄册，即作开除"①。但从现存的万历三十年和万历四十年黄册底籍的记载来看，其中民绝户依然有登记在册者，积弊仍存。

_____

① 《后湖志》卷一〇，《事例七》。

四　人户继承与告明立户

如上所述，二十七都五图黄册底籍中，各户长姓名与前一届大造相比发生变化者，多注有其继承关系，从而为我们考察当时人户的承继与变迁情况提供了宝贵资料。

从二十七都五图黄册底籍中可以看出，当时各人户的承继关系是多种多样的。就亲属系统来说，有承父、祖父、伯父、叔父、兄等，以上为父系方面；在母系方面则有承外祖、舅等；又有妻系方面之承岳父者。此外还有承义父者，即非亲属系统的异姓氏之间的承继。兹录黄册上的有关文字记载，举例如下。

承　父："一户高旺　承故父全"（万历二十年册一甲）
　　　　　"一户朱朝道　承故父朱雷"（万历四十年册十甲）
承祖父："一户吴天保　承故祖吴和"（万历二十年册二甲）
　　　　　"一户朱良佑　承伯祖添芳"（万历三十年册八甲）
承伯父："一户吴榛　承故伯存孝"（万历二十年册七甲）
　　　　　"一户洪源　承故伯洪龙"（万历四十年册九甲）
承叔父："一户朱祖光　承故叔朱社"（万历二十年册十甲）
　　　　　"一户王祥　承故叔王美"（万历四十年册四甲）
承　兄："一户宋甲毛　承故兄积高"（万历二十年册三甲）
　　　　　"一户谢廷奉　承故兄使"（万历三十年册一甲）
承外祖："一户金宗社　承外祖詹佑"（万历三十年册一甲）
承　舅："一户汤旺　承故母舅汪振"（万历四十年册九甲）
承岳父："一户陈方　承故外父朱胜付"（万历二十年册五甲。据万历十年册该户实在项下载："婿陈方年六十四岁"，可知这里所说"外父"即是岳父）
承义父："一户朱良　承故义父汪显"（万历四十年册十甲）

据黄册底籍所载资料，隆庆六年至万历四十年（1572—1612）二十七都五图人户承继关系分类统计（户数）见表13。

表 13　　　　　　万历二十七都五图人户承继关系分类统计表

大造年份	承继关系									
	父亲	祖父	伯父	叔父	兄	外祖	舅父	岳父	义父	不明
万历十年	5		1	1	1	1			5	
万历二十年	10	8	1	8	8			1	3	5
万历三十年	11	3	5	3	4	3	1		5	5
万历四十年	8		1	2	4		1		2	
总　　计	34	11	8	14	17	5	2	1	15	10

　　按万历十年（1582）黄册所载，实为隆庆六年（1572）至万历十年这一轮大造之内容，所以据万历十年至四十年四册大造黄册底籍所载资料而进行的统计，其时间乃是隆庆六年至万历四十年（1572—1612）。

　　从表13可以看出，在人户的各类承继关系中，仍以承继父系亲属者占大多数，其中又以父子相承占第一位。而承继母系、妻系亲属者则是少数。引人注目的是，作为非亲姻关系的异姓氏之间的承继，即承义父者，也有相当数量。如万历十年册中载，一甲甲首程相，"承故义父朱宗盛，……本身系万历元年来继义父宗盛为嗣，今自入籍当差"。这种情况，多是本身"无子而乞养异姓子承继"①，但以不乱宗族为合法。《大明律》中有如下条款："其乞养异姓义子以乱宗族者，杖六十。若以子与异姓人为嗣者，罪同，其子归宗。"②作为异姓义子，入继后一般当改从义父之姓，然而，从黄册底籍中可以看出，其中又多有复原姓者。如万历十年册中载："一户高全，原籍义父汪姓，今复姓高。"同册又载："一户朱社嵩，原籍故义父汪起……本身原系本甲朱嵩户次弟，系万历四年来继义父汪起为嗣，今承籍当差。"黄册中人户承继的真正意义，当是在于"承籍当差"。

　　按万历四十年黄册底籍所载，二十七都五图共199户，内有绝户43户，实在156户。从隆庆六年至万历四十年（1572—1612）这40年间，该图户长姓名发生变化者共99户，不变者57户，即大多数户的户长姓名发生了变化。其中有18户在这40年间每户户长姓名发生了两次变化。如

---

① 正德《大明会典》卷二一，《户部六·户口二·攒造黄册》。
② 《大明律》户律，《立嫡子违法》。

万历十年册一甲所载方侃户，至万历二十年册即载，"一户方廷贵承故叔侃"；至三十年册又载，"甲首有粮第六户：一户余铎承故舅方廷贵"。再如万历十年册三甲所载吴仔户，至万历二十年册即载，"一户吴天龙承故叔仔"；至四十年册又载，"甲首第二户：一户吴长富承故兄天龙"。因而按表13统计，该图40年间户长姓名发生变化者共为117户次。明代中期以后，黄册中多有不以现在人名立户，而"袭用已故者"之弊①。从二十七都五图黄册底籍的记载来看，除少数户长姓名多年一直没有变化、仍存在袭用已故者之弊外，大多数户长姓名都有变动，尚不属于此种情况。

据现存黄册底籍统计，在隆庆六年至万历四十年（1572—1612）这40年间，二十七都五图共有新立户者23户。明王朝关于人户分析的规定首先是，凡军、匠等籍人户皆"不许分居"②，"必民户人丁数多，许令分析及出姓归宗，或另立户籍。俱编入正图"③。其次是，凡分析另立户籍者必须告明官府，以确保其编入里甲，作为正管户当差。

二十七都五图黄册底籍中所载分析立户的具体情况，大致有以下几种：

一是从本户之下分析出来的。如万历十年册一甲所载程兴户："本身原系本〔甲〕程保同户，今奉例告明析出本〔户〕，另立户籍当差。"又如万历二十年册二甲载："告明分析：一户朱信，民，系朱洪户分出。"等等。

第二种情况是在外生长，今回乡置产，立户当差。如万历十年册六甲载："新立一户：一户朱八英，……本身原在嘉兴府生长。今回原籍置有田，奉例告明，随产附入本〔都〕本〔图〕六甲下立户当差。"如万历三十年册二甲载："第十六户：立户，一户朱作……本身系淮安生长，今回置产当差。"等等。

还有一种情况是，原无户籍，值大造之年，告明立户当差。如万历三十年册二甲载："第十五户：立户，一户朱仲……本身原无户籍，告明立户当差。""第十九户：立户，一户朱伊……本身原无户籍，奉例告明立户。"等等。

---

①　《明世宗实录》卷四八九，嘉靖三十九年十月戊戌条。
②　正德《大明会典》卷二一，《户部六·户口二·攒造黄册》。
③　《明世宗实录》卷四八九，嘉靖三十九年十月戊戌条。

　　黄册大造之年新立户者，多附载于每甲末尾。而至下次大造，即按正管户对待，正式编入图甲之内。如前面所举万历十年册一甲程兴户事例，其在万历十年为新立户者，则附于该甲末尾，为该甲第十七户。至万历二十年大造，即作为正管户，编为甲首第十户，载于正图之中。《明实录》载巡按福建监察御史胡华言编里甲事："如一里长以十甲首为则，十里长以一百户为率。户有贫难，以殷实者佥替；甲有缺少，以分析者补凑。使彼此不至多少，则贫富适均，而差遣平矣。"① 前已指出，关于里甲编制，明王朝是以尽量维持原有人户的稳定与延续为基本原则的。但随着时间的推移，里甲中的人户难免会有贫难或消亡。这样，在一定的场合之下，析户遂成为维持里甲人户稳定与均衡的一个补充性措施。

　　关于户的移动，万历十年册六甲载："一户金铉，原籍故父金岩寿，民下户。全户万历二十年黄册推与十一都图当差。""一户倪寿得，民下户。……奉例告明并入十五都五图，全户一户。""一户朱嵩，民下户。……奉例告明并入十五都五〔图〕，全户一户。"可以看出，这种户的移动，必须告明官府；又，在万历二十七都五图的四册黄册底籍中，只记载了这三户全户迁出，所占比率很小。

五　口与户的分类

　　在现存的二十七都五图的四册黄册底籍中，关于人口的登载情况，详略各有不同。其中万历十年和二十年两本册籍中较为简略，万历二十年册中所载最为简单，其每户旧管、新收、开除、实在项下一般只载有人口多少口。而万历三十年和四十年两本册籍中所载人口情况则很详细。兹以万历四十年册一户所载人口事项为例，摘抄如下：

　　　　正管第十甲
　　　　　一户金万钟
　　　　　　旧管　人丁计家男妇四十五口
　　　　　　　　　男子三十三口　妇女十二口
　　　　　　　　　事产……

---

　　① 《明孝宗实录》卷一五八，弘治十三年正月己卯条。

新收 人口男妇十口

正收男九口

成丁一口 侄孙君辅〔万历〕二十年在外生长今回
入籍

不成丁八口

侄孙法〔.万历〕三十二年生 侄孙寄寿三十三年生

宠三十七年生 翔凤三十九年生

灌三十八年生 旺孙三十九年生

继宗三十八年生 德昌四十年生

转收妇大一口 侄孙媳宋氏三十五年娶宋大女

事产……

开除 人口正除男九口 成丁八口

侄景三十三年故 侄鼎三十五年故

侄果三十四年故 侄义成三十三年故

侄双三十三年故 侄孙汶三十六年故

侄孙滨三十七年故 侄孙卿三十八年故

不成丁一口 侄印三十三年故

事产……

实在 人口四十六口

男三十三口 成丁二十三口 本身四十九〔岁〕

侄孙岩节六十六 德爱四十五

每五十七 德宽四十五

澡四十六 滔四十六

溧四十三 文成四十三

德绶三十二 淙三十三

潢二十五 新成二十五

君锡二十三 鸣年二十四

德祥二十一 明二十二

富成十八 德旺十八

君时十一 君辅二十一

山六十一 义男富隆

不成丁十口 侄天成十四 侄五成十三

<table>
<tr><td>侄孙法九</td><td>寄寿九</td></tr>
<tr><td>宠四</td><td>灌四</td></tr>
<tr><td>翔凤二</td><td>旺孙二</td></tr>
<tr><td>侄　德昌一</td><td>侄孙继宗二</td></tr>
<tr><td>妇大十三口　妻许氏四十七</td><td>侄媳吴氏五十八</td></tr>
<tr><td></td><td>陈氏六十一</td></tr>
<tr><td>侄孙媳吴氏四十六</td><td>侄孙媳陈氏五十三</td></tr>
<tr><td>洪氏六十三</td><td>汪氏六十七</td></tr>
<tr><td>王氏四十五</td><td>程氏四十六</td></tr>
<tr><td>程氏四十五</td><td>程氏二十七</td></tr>
<tr><td>陈氏二十七</td><td>宋氏二十</td></tr>
</table>

如上所示，在万历二十七都五图的四册黄册底籍中，其旧管、新收、开除、实在项下都载有各户的人口情况。旧管项下所载有关各户的人口内容，即是上一个大造之年的实在人丁情况，但其下只有男妇总计多少口，男子多少口，妇女多少口，较为简略。尽管如此，亦可从万历十年（1582）的黄册底籍中得知其前一个大造之年，即隆庆六年（1572）各户人丁的简略情况。

新收项下所载人口内容，即是在该大造十年之内各户新增加的人口。其中包括新出生的人口，本户男子新娶到的媳妇等。还有在外生长、今回入籍当差者，如万历四十年册第三甲载，"甲首第九户：一户项兴才，……新收：人丁正收男成丁一口，侄岩得，在外生长，今回入籍当差"。应指出的是，这四册黄册底籍中所载"在外生长今回入籍当差"者，不下几十人，并非个别现象，从这里也可看出，当时徽州人多有长年在外经商者。又有来本户入继者，如万历十年册第三甲载，"甲首一户吴初保，……新收：人口男子成丁一口，本身系万历元年来继义父吴盛为嗣，今自收籍当差"；万历三十年册第一甲载，"甲首有粮第十户，一户王琴承故祖显富，……新收：人口转收男子成丁一口，本身自幼继父胜宗为嗣，今承户当差"。以及先年出继、今回宗入籍当差者，如万历四十年册第一甲载，"一户王茂，……新收：人口正收男子十五口，成丁三口，侄岩生，万历二十年生，先年出继，今收入籍当差"。此外，还有前册漏报、补收入籍者，等等。

开除项下所载人口内容，即是在该大造之年各户死亡的人口，以及本户人丁出继他人为嗣者、析出人丁另立户当差者，等等。

新收项下又分正收与转收，开除项下又分正除与转除。所谓正收，即是绝对的增加，如新出生的人口，或在外生长今回入籍当差者，等等；转收，即是相对的增加，如来本户入继者，或本户新娶到的媳妇，等等。正除，即是绝对的减少，如人口死亡等；转除，即是相对的减少，如本户人丁出继他人为嗣者，等等。

实在项下所载人口内容，即是在该大造之年的实在人丁情况，包括人丁总数；男子多少口，成丁多少口，不成丁多少口；妇女大口即成年女子多少口。新收、开除、实在各项之下除载总数外，还详细列出各人的姓名及其生年（新收项下）、亡年（开除项下）、年龄（实在项下）等；所有各项之下，男子均以16—60岁为成丁，其余为不成丁，分别登载；而未成年女子，即妇女小口，在这四册黄册底籍中均未登载。

据现存万历二十七都五图四册黄册底籍中所载资料统计，该图万历十年至四十年（1588—1612）人口情况，见表14、表15。

表14　　　　　万历十年至四十年二十七都五图实在人口总数表

年　份	总　计			男　子		妇女
	总数	男子	妇女	成丁	不成丁	大口
万历十年	1046					
万历二十年	1018	592	326			326
万历三十年	991	655	336	396	259	336
万历四十年	1009	671	338	403	268	338

表15　　　万历二十年至四十年二十七都五图新收与开除人口总数表

年　份	新　收				开　除			
	总计	成丁	不成丁	妇女大	总计	成丁	不成丁	妇女大
万历二十年	223				251			
万历三十年	165	42	86	37	177	92	46	39
万历四十年	155	32	106	17	138	76	49	13

　　按，因现存万历十年黄册底籍有所缺佚，万历二十年黄册底籍人口登载事项简略，故表 14、表 15 中的统计有空缺。又，万历十年的人口总数，系据万历二十年册旧管项所载而统计的。

　　必须指出的是，表 14、表 15 中的人口数字虽是据黄册底籍所载而统计的，但它并不是二十七都五图当时实际存在人口的准确数字，只可作为估计二十七都五图实际人口情况的一个参考数字。

　　首先，表 14 据二十七都五图四册黄册底籍所载而进行的人口统计，是包括一些绝户在内的。这些绝户的人丁年龄多在百岁甚至二百岁以上，早已名存实亡。以万历四十年黄册底籍为例，册上所载共 199 户，其中绝户为 43 户，男 82 口，女 20 口，计 102 口。所以，若除去这些绝户人口，万历四十年黄册底籍所载实在人口当为男 589 口，女 318 口，计 907 口。此外，在其他人户中，黄册上也登有少数百岁以上早已故去的人口。汪道昆在评论曾乾亨主持的休宁县万历九年（1581）土地清丈时说："明年，民间当更版，按旧版浮者且六千丁。令君悉召三正赴丛祠，与之约：力诎则弛，赢则张，弛则虽丁壮不与，张则虽老弱不复。具曰惟命。力役于是乎平。"① 总之，黄册上所载人口数字，有一部分是名存实亡的虚报的人丁，即所谓浮丁。这是问题的一个方面。

　　另一方面，黄册所载人口数字，更存在大量的漏报现象。这首先是不载妇女小口的问题。从有关文献记载以及现存黄册文书档案来看，明代中期以后的黄册，一般多不载妇女小口，这是普遍现象。即使登载，册上所记数字也是很少的。现存二十七都五图的这四册黄册底籍中，亦均不载妇女小口。如上表所示，册中所载男子不成丁数字一般在二百五六十口。所以，二十七都五图黄册底籍中漏报的妇女小口的人数，大约亦相当于这个数字。

　　其次，男丁漏报的现象也很严重。如万历四十年册一甲金尚伊户载："新收：人口正收男子成丁一口，侄大海，万历二十一年生，前册漏报，今收入籍。"其中有收为义男而隐漏者，如万历十年册二甲朱宽户载："新收：人口男子成丁一口，义男社稷，系隆庆元年生，前册漏报，今收入籍。"又有因在外生长而漏报者，如万历四十年册二甲朱师孔户载："新收：人丁男妇二口，正收男子成丁一口，男旭，在陕西泾阳县生长，前册

_____

　　① 万历《休宁县志》卷七，《艺文志·经野记》。

漏报，今收入籍；转收妇女大一口，妻金氏，万历三十一年娶到东南隅一图金华女。"等等。仅从现存的黄册底籍所载来看，此种漏报人丁为数相当不少。万历十年册中有 12 人，三十年册中有 22 人，四十年册中有 13 人。不难看出，其实际漏报的人丁数还要大大超过这些数字。

此外，从这四册黄册底籍中还可看出，又有所谓增减年甲，即隐瞒年龄，不当成丁，以躲避徭役的做法。如万历十年册五甲金社保户实在项下载："侄岩寿，年十六岁，前减年甲，今从实报。"又如，万历四十年册七甲王齐兴户实在项下载："东九年十五岁，前册减甲，今从实报。"等等。

而大户隐漏丁口的问题更为严重。以二十七都五图三甲里长朱学源户为例，其在万历十年册（户长系朱清）中即载有"二丁前册漏报"，万历三十年册中载有三丁前册未报，万历四十年册中又载有三丁未报。据《万历至崇祯二十七都五图三甲朱学源户册底》①载，万历四十年（1612）该户下实际所属子户共有 40 余户，以平均每户最少有二至三人计算，该户当时实际拥有人口至少当在百口左右。但万历四十年黄册底籍中载该户人口只有 48 口，相差一倍以上。该图其他大户恐怕亦存在类似情况。

综上所述，明代中期以后黄册中虽然存在登载绝户等虚报人丁的弊病，但其漏报人口的种种问题更为突出。毋庸置言，其漏报人口的数字要大大超过虚报的数字。所以，就二十七都五图的人口总数而言，其实际存在的数字则要大大超出黄册上统计的数字，乃无疑问。而且，至明代后期，黄册上漏报人口的问题愈加严重。

以下，据万历四十年二十七都五图黄册底籍所载资料，按各户人口多少分类，就该图户的类型试作一统计分析，参见表 16。

表 16　　　　　万历四十年二十七都五图户口人数分类表

每户人口类别	户数	合计人口		户　籍			户　等			里 甲 职 役		
		口数	成丁	军	民	匠	上	中	下	里长	甲首	带管
20 以上	9	364	179	4	1	4	2	4	3	8	1	0
6—19	19	180	71	1	14	4	0	3	16	2	17	0
1—5	128	363	153	6	121	1	0	0	128	0	82	46

① 安徽省博物馆藏 2∶24529 号。

万历四十年黄册底籍所载共 199 户，除去绝户 43 户，实在 156 户。如表 16 统计所示，每户人口有 20 口以上者共 9 户，仅占该图实在总户数的 6%；而其合计人口却有 364 口，占该图实在人口的 40%；其成丁人数计 179 人，占该图成丁总人数的 44%，平均每户有成丁人数近 20 人。按黄册所载，这九户之中人口最多的一户达 69 口，最少的一户也有 27 口，如果加上妇女小口，实际上都在 30 口以上。这些人口众多的人户多为军户或匠户，其原因，自然与明朝的军户、匠户不许分居的政策有关，而在明初为保证军需，官府也多是金充人口众多的殷实大户来充当军户和匠户的。而后，军户、匠户之中亦有不少败落者；但其中不少人户则一直作为人口众多的大户而维系下来。他们同时也是该图占有土地最多的一些人户。从户等来说，这些人户又多是上户或中户；该图的大多数里长也是由他们来担任的。

人口有 6—19 口的人户，在二十七都五图共有 19 户，占该图总户数的 12%；其合计人口为 180 口，占该图总人口的 20%；其成丁人数计 71 人，占该图成丁总人数的 18%，各户的成丁人数少者为 2 人，多者为 6 人，一般为 3—5 丁。其中有三户为中户，其余均为下户；二户为里长户，其余均为甲首户。这些户可以说是二十七都五图的中等人户。

而人口在五口以下的人户，二十七都五图共有 128 户，占该图总户数的 82%；其合计人口为 363 口，占该图总人口的 40%；其成丁人数计 153 人，占该图成丁总人数的 38%，其中有三丁者仅 1 户，有二丁者 30 户，其余近百户每户均为一丁。这些人户多占有土地很少，或田产全无，均为下户。有 82 户为甲首户，46 户为带管畸零户，带管畸零占 1/3 以上。他们即是二十七都五图人户最多而又最为贫穷的所谓单丁下户。

六　土地所有与阶层分析

明代农村的土地所有情况到底怎样？其各阶层占有土地的具体情况又是如何？有关史籍所载多语焉不详。而二十七都五图黄册底籍所载，乃是有关一个图的长达数十年的各业户的土地所有情况，为我们在这一方面进行个案分析提供了十分宝贵的原文书档案资料。

前已叙及，作为明代后期的黄册文书，二十七都五图黄册底籍所载人口方面的情况弊病较多，而其所载土地方面的资料则是可信的。这一点，通过这些黄册底籍本身所载内容亦可得到证明。例如，查阅一下万历十年的黄册底籍，首先就会发现该黄册的攒造，除了遵循明代黄册的一般攒造格式之外，还特别利用了万历土地清丈方面的一些成果。在该册中，许多业户的新收项下均写有"今奉清丈"及"正收丈收升科"等款目，开除项下则写有"正除奉例丈除"等款目，如该册一甲排年王茂户载：

> 新收　……今奉清丈
> 　　　民田地山塘　一顷九十七亩二分二厘五毫三丝
> 　　　　正收丈收升科田山　八十二亩九分二厘九毫……
> 　　开除　……正除奉例丈除官民田地塘　一十亩一分九厘四毫
> 　　　　　　　　　　　　　　　　　　　　　　　七丝……

所谓"正收丈收升科"田土，即是指通过万历九年清丈而清查出来的过去从未登载于官府册籍之上的隐匿土地，故称正收升科田土；而"正除奉例丈除"田土，则指有税无产浮粮土地数额。如该册第三甲王宗林户开除项下载："正除奉例丈除有税无产浮粮田地山塘三亩六分四厘七毫"；又如，该册第四甲朱宗得户开除项下载："正除奉例丈除有税无产浮粮山塘四亩六分四厘七毫"，等等。兹将万历十年黄册底籍所载各户"正收丈收升科"与"正除奉例丈除"田土统计如下，见表17。

表 17　　　　万历十年黄册底籍载丈收升科与奉例丈除田土统计表　　单位：税亩

类　　别	田土总计	田	地	山	塘
丈收升科	487.8652	264.9498	133.1598	78.0576	10.752
奉例丈除	278.3323	68.6411	129.0424	71.9662	8.1411

由于现存万历十年册黄册底籍有所缺佚，故表17资料是据册中所存152户（包括34户绝户）的有关资料而统计的。在这152户之中，载有"正收丈收升科"田土者计86户，占其户数的57%；载有"正除奉例丈除"田土者122户，占其户数的80%。可以看出，该图绝大多数户下都载

有此类田土。据表 17 统计，这些业户的丈收升科与奉例丈除田土共计766.1975 亩，占 152 户所有全部田土（2822.0256 亩）的 27%。此类土地，既有业户多年一直未报的隐匿田土，又有业户长期赔纳的有税无产浮粮，但过去却都载于黄册之上，为明代赋役制度中的一大积弊。然而，如前所述，徽州府休宁县经过曾乾亨主持的万历九年（1581）土地清丈，接着又值万历十年大造，遂"清黄册，大加厘正，夙弊一清"①。万历十年黄册底籍登载的丈收升科与奉例丈除等有关资料，正可与有关的史籍记载互相印证，同时，它也无疑向我们表明了遗存至今的二十七都五图黄册底籍的可信性。

以下，即据二十七都五图四册黄册底籍各户实在项下所载资料，对该图土地所有的具体情况作一统计与分析。

首先，看一下二十七都五图业户所有的各类土地面积，请见表 18。

表 18　　　　　　万历二十七都五图业户所有各类土地面积统计表　　　　单位：税亩

年　份	田土总计	田	地	山	塘
万历十年	3209.2191	2028.8714	558.7486	575.7462	35.1256
万历二十年	3058.6688	1931.3243	541.7459	552.9404	32.289
万历三十年	3385.14053	2214.67631	562.18497	573.82367	33.04582
万历四十年	3403.05169	2195.45343	575.493172	601.203515	30.6548

需要说明的是，现存万历十年黄册底籍册尾有部分残缺，故表 18 中万历十年的统计数字，利用了万历二十年黄册底籍部分业户的旧管项下所载资料。又，现存黄册底籍中个别业户实在项下只载田土总数，其田、地、山、塘各项细数不明，所以表 18 中田、地、山、塘各项数字总和，与田土总计一项数字略有不符。

如众所知，就明代土地的种类而言，其大别仍有官田与民田之分。"官田，官之田也，国家之所有，而耕者犹人家之佃户也；民田，民自有

---

① 康熙《休宁县志》卷四，《名宦》。

之田也。"① 然而，到明代后期，由于土地私有与土地买卖的发展，官田与民田的差别已逐渐消失。至万历九年（1581）张居正在全国推行土地清丈运动，实行官民一则，官田更是名存实亡。不过，在黄册一类的官府册籍上，官田在名义上还是存在的。在万历十年的黄册底籍中，官田与民田仍分别登载。二十七都五图官田土地面积统计见表19。

表 19　　　　　万历十年二十七都五图官田土地面积统计表　　　　单位：税亩

官田总计	田	地	山	塘
19.625	9.665	5.476	4.218	0.266

　　二十七都五图的官田分别登载于各户之下，共有9户。从表中可以看出，当时该图的官田面积很少，总计19.625亩，仅占该图业户所有土地总面积（3209.2191亩）的0.6%。

　　据表18统计可知，二十七都五图各业户所有土地的总计面积，在万历时期各大造之年不尽相同，最低为3058余亩，最高达3400余亩，但均在3000亩以上。按万历九年休宁县土地清丈，新丈田地山塘共569266.285亩，当时休宁县共分213图，平均每图有土地2672余亩②。清人章谦说："一图之大者五六千亩，小者二三千亩。"③ 所以，依占有的土地面积而论，二十七都五图在休宁县可以说是一个大图，其在江南地区亦可算得上一个中等的图。

　　如前所述，大造之年黄册底籍中各户实在项下所载，乃是以该户旧管即前轮大造实在为基准，加减其在该大造十年新收与开除之数额，而核实的该户所有的人口与土地数字。以下，即据万历二十七都五图四册黄册底籍各户实在项下所载土地资料，对该图各户土地所有的分类情况，试作一统计与分析，参见表20。

---

① 《日知录集释》卷一〇，《苏松二府田赋之重》。
② 万历《休宁县志》卷三，《食货志》；卷一，《舆地志》。
③ 《清经世文编》卷三九，《备荒通论上》。

表20　　　　　　　　　二十七都五图业户土地占有分类表　　　　　　单位：税亩

业户占有土地类别（亩）	万历十年		万历二十年		万历三十年		万历四十年	
	户数	土地类计	户数	土地类计	户数	土地类计	户数	土地类计
无产户	30	0	22	0	14	0	11	0
0—5	43	86.137	46	82.735	48	74.728	52	89.983
5—10	13	104.083	16	112.229	17	118.955	21	149.743
10—20	17	243.537	21	307.775	36	558.067	29	442.813
20—30	12	278.029	15	367.138	10	254.157	16	392.123
30—50	14	534.364	15	554.402	18	665.557	14	523.159
50—100	5	365.226	7	553.687	6	415.144	8	537.515
100 以上	7	1597.843	4	1080.703	5	1298.533	4	1267.715
总　计	141	3209.219	146	3058.669	156	3385.141	156	3403.052

从表20的统计中可以看出，万历时期二十七都五图业户占有土地的类别，大致分如下几种情况。

首先，前已叙及，明清时代江南地区自耕农的最低土地占有量一般为10亩左右。若以此为标准，占有5—10亩土地的业户可视为自耕农兼佃农；占有5亩以下的业户则为佃农兼自耕农。统计表明，二十七都五图的这两种业户的户数，在各大造之年一直占大多数，其中尤以占有5亩以下的业户为最多。这两种业户在万历十年大造有56户，二十年为62户，三十年为66户，四十年达74户，平均在64户以上。此外，如果再加上无产户，这三种业户在各大造之年均达80户以上，皆超过其实在总户数的二分之一，高者甚至在60%以上。然而，这类业户占有土地的数量却是最少。其合计占有土地的数额平均只占6%左右。不难看出，此类业户即是属于二十七都五图人户最多而又占有土地最少的贫雇农阶层。

其次，二十七都五图之中又有相当数量的业户，占有10—50亩左右的土地。其合计户数及占有土地的数量，均占该图实在总数的三分之一左右或略强一些。这类业户的所属阶层情况较为复杂。如果是人口不多的业户，占有10—20亩土地者当属自耕农；占有20—30亩土地者即是较富裕的自耕农；而占有30亩以上土地的人户中则有出租土地者。如果一户人口较多，其中有的业户则仍需佃种他人土地。总之，在这类业户中，既有自耕农，又有自耕农兼佃农，乃至有小土地出租者。但总的看来，这类业户可以说是属于该图的中等阶层。

从统计中可以看出，二十七都五图占有50亩以上土地的业户是很少的。与该图实在总户数相比，其户数在各个大造之年所占比例均不到10%。其中占有百亩以上土地的业户只有几户，所占比例则在5%以下。但该图业户所有土地总数的50%—60%，都是属于他们占有的。在这些业户之中，亦有少数业户人口众多，以人均占有土地的数量来说并不为多；又，拥有众多人口与土地的大户，其下多分为经济上各自独立的子户，子户之间占有土地亦有差别，其中也有占较少土地者。但是，从总体上看，这些业户人均占有土地的数量要远远高于其他业户的。出租土地不能不是他们所占有的土地的主要经营方式。前已指出，在遗存至今的徽州文书中，即有不少只占有五六十亩土地而全部出租经营的事例。如果把50亩左右的土地，视为徽州地区地主占有土地数量的最低点，那么，二十七都五图这些户数很少而又占有土地最多的业户，即当多属于该图的地主或富农阶层。

总之，有关二十七都五图各业户占有土地数量的分类统计与分析，十分清楚地告诉我们，一方面，该图存在着一个人户最多但占有土地最少，因而必须靠租佃他人土地才能生存的贫雇农阶层；另一方面，又存在着一个人户最少但占有土地最多，而必须靠出租土地为生的地主富农阶层。土地占有上的巨大差别，正是形成地主——佃户制经济，即地主制经济的根本原因。从经济结构来说，自耕农经济在该图中亦占有一定比例，但无论从人户上说，还是从占有的土地数量来说，地主制经济都一直占主导地位。

七　土地买卖及其性质

嘉靖时江西巡抚胡琏奏言该省攒造黄册的积弊时说：该省"田少人多，粮繁差重。每遇造册年分，埋没影射，奸宄百出。所在州县，虚粮日增，多者万计，少亦不下数千百石。其他诡寄亲识，潜认粮差，飞洒都图，零分开合，犹细故也。揆厥所由，皆由图册苟简，格式不一，以滋多弊。且如册中所载田地山塘，有都图而无土名，甚至并都图无之；税粮有升斗而无正耗科则，甚至并升斗而无之；田地有开除，不注出卖主名；税粮有新收，不注承买主名。沿讹袭舛，查核无从，改窜挪移，靡所不至。此虚粮之孔穴也"①。

如果我们将现存的二十七都五图的黄册底籍与上述胡琏所言加以对比，就会发现万历时徽州府休宁县所造黄册还是有所不同。即以册中所载田地山塘为例，如前引原文书内容所示，这几册黄册底籍所载各项田土细目，既登面积，又载土名，同时并附有应纳税粮数目。其中对各项田土的新收与开除，即田土买卖的登载尤为详细，既载总数，又一笔笔分列各次买卖细目。田土新收项下，每笔均写有何年买何都图何户；开除项下即写明何年卖与何都图何户；有的册中还均注明各块田土的所属鱼鳞字号，等等。所以相对而言，可以说二十七都五图的黄册底籍仍属依式攒造者。

这里，我们还可以通过遗存的土地买卖文契原件，来进一步验证二十七都五图黄册底籍的有关记载。现存徽州文书中有一件《万历三十八年休宁金尚伊卖山赤契》②，原文如下：

> 二十七都五图住人金尚伊户等，今因缺少使用无措，自情愿将承祖山一号，坐落土名祭公坑，新丈过字八百八十五号，其新立四至，东至田，西至朱学源户下田，上田石塝中心，直上降，南至后金王山，北至正源山脚路田。四至内山内取一厘整山，出卖与同都人王仁元名下为业。三面议作时值价银一两整。其银契当日两相交足，别无领扎。山未卖之先，并无重复交易，一切不明等事，尽是卖人之当，不及受人之事。其税粮候大造年自行推入买人户内输纳。其山买人使用管业，即无异说。但系变卖，本家自行取收，不许刁难阻滞。今恐人心难凭，立此卖契存照。
>
> 　万历三十八年九月初六日立卖契人　金尚伊（押）契
> 　　　　　　　　中　见　朱积团（押）
> 　　　　　　　　　　　　王应元（押）
> 　　　　　　依口代书人　朱　周（押）
> 　今领契内价银并收足讫。同年　月　日再批（押）契

----

① 《明世宗实录》卷一三六，嘉靖十一年三月庚午条。
② 《徽州千年契约文书》宋元明编第三卷。

该契文系赤契，钤有数方"休宁县印"。其卖契人"二十七都五图住人金尚伊户"，在《万历三十年大造二十七都五图黄册底籍》，以及《万历四十年大造二十七都五图黄册底籍》中均有记载，为该图第一甲"甲首有粮第三户"。又查万历四十年黄册底籍，金尚伊户开除项下载有："山一厘，土名祭公坑，三十八年卖与本甲王茂。"黄册中的记载与契文所述，除买主姓名不同外，其他内容均都一致。契文所载买主是王仁元，而黄册底籍中所记为王茂。再查万历四十年黄册底籍中王茂户，其实在项下人丁中则记有："侄孙……仁元四十五〔岁〕"。由此即可明了，王仁元乃为王茂户下之户丁，即子户，契文所载为其子户姓名，而黄册所录即其户长姓名，二者实为一回事。又，王茂户新收项下亦记有："山一厘，土名祭公坑，万历三十八年买本甲金尚伊户"，与金尚伊户下的记载，以及买卖文契中所述都完全相符。总之，当时买卖文契中的有关记载，即实际发生的土地买卖，在现存的二十七都五图黄册底籍中即可找到印证。

以下，即据二十七都五图四册黄册底籍新收与开除项下所载资料，对该图各业户在万历时期的土地买卖作一统计与分析。请看以下诸表（表21、22、23）：

表21　　　　万历二十七都五图业户买入土地统计表　　　单位：税亩

大造年份	总　计	田	地	山	塘
万历十年	559.8897	410.8788	55.7552	92.0097	1.246
万历二十年	653.419	500.3724	76.1118	72.2176	4.7172
万历三十年	833.70295	691.5476	71.60513	67.411	2.76912
万历四十年	632.95794	483.59832	57.29968	89.242185	2.7657

表22　　　　万历二十七都五图业户卖出土地统计表　　　单位：税亩

大造年份	总　计	田	地	山	塘
万历十年	435.1099	322.7865	47.6744	63.657	0.992
万历二十年	832.0603	630.5649	89.536	105.1731	6.6552
万历三十年	474.37381	378.61789	49.19671	44.61485	1.9891
万历四十年	598.82898	481.79734	47.78584	64.28728	5.0241

表23 万历二十七都五图业户买卖土地比例表 单位：税亩

大造年份	万历十年	万历二十年	万历三十年	万历四十年
所有土地总计	2822.0256	3058.6688	3385.14053	3403.05169
买卖土地总计	994.9996	1485.4793	1308.07676	1231.7869
买卖土地占%	35	49	39	36

  首先要说明的是，因万历十年黄册底籍末尾略有缺佚，该册只载有118户的田土买卖资料，因此，表21与表22中有关万历十年（1582）二十七都五图业户的田土买卖资料，均是根据现存118户的资料而统计的，表23中万历十年的"所有田土总计"，亦是根据相应的118户的资料而统计的。

  万历二十七都五图的四册黄册底籍中所载各业户之间的一笔笔田土交易，充分表明，该图业户当时进行的土地买卖相当频繁，买卖土地的总量亦颇为可观。从表21、表22的统计中即可看出，该图业户在万历时期各大造十年间买入的土地，均在600亩以上（按，万历十年559.8897亩这一数字，是仅据现存八个甲零五户的资料而统计的，因此，若以全图统计，其亦当超过600亩），多者达800余亩；其卖出土地均在400亩以上，多者亦达800余亩。按表23统计，各大造十年买入土地与卖出土地总计，实际均达千亩以上。其与该图业户所有全部土地相比，所占比例均超过三分之一，高者近二分之一。这一比例，不能不说是相当高的。

  那么，这些业户间的土地买卖的具体情况是怎样的呢？其性质又如何呢？黄册底籍中关于这方面的记述极少。不过，其有关记载亦透露出某些端倪。先看表24所举有关地主商人买卖土地的一些事例。

表24 万历三十年二十七都五图地主商人买卖土地事例表 单位：税亩

户 名	旧 管	新收（买入）	开除（卖出）	实 在
王 茂	403.4785	63.5513	83.2921	383.7377
朱学源	337.514	104.33136	20.9147	420.93066
王齐兴	172.847	105.1797	2.732	274.0667
陈元和	96.855	10.8531	5.8795	101.8386

续表

户　名	旧　管	新收（买入）	开除（卖出）	实　在
金万钟	134.188	22.908	39.1265	117.9695
朱　作	0	41.698	0	41.698
朱世蕃	0	24.409	0	24.409
朱　伟	0	32.4845	0	32.4845
朱诚侄	0	17.44405	0.43	17.01405
合　计	1144.8825	422.85901	152.3748	1414.14871

表24所列户名，均为万历三十年二十七都五图黄册底籍中所载事例。其中王茂、朱学源、王齐兴、陈元和、金万钟等五户，为该大造之年实在土地在百亩以上，即该图占有土地最多的几户，一般说来，他们当属该图的地主阶层。其余朱作等四户，均是万历三十年大造该图三甲下新立户头，在各户户名之下分别注有如下文字：

朱　作："本身系淮安生长，今回置产当差。"

朱世蕃："本身系淮安生长，今回置产，立户当差。"

朱　伟："本身系淮安生长，今回置产，奉例告明，立户当差。"

朱诚侄："本身浙江生长，今回置产立户。"

如众所知，明清时代徽州人长年外出经商，几遍全国各地。黄册中所载这些在外生长而回乡者，多系商人身份，当属无疑。很明显，这些新立户者，乃是因在外经商赚了钱，回乡"置产"，即购买土地，而立户当差的。他们的置产，属于商人购买土地，恐怕亦无疑问。

表24所列，即是这些可明显判断出其为地主或商人身份者之买卖土地情况。从表中可以看出，这些人户的土地买卖有如下特点。第一，买卖土地总量相当可观，与该图全部业户土地买卖总计数字相比，所占比例很大。仅以表中九户统计，其在该大造之年共买入土地422.85901亩，卖出土地152.3748亩，买卖土地共计575.23381亩，这一数字，占万历三十年大造该图全部业户土地买卖总计（1308.07676亩）的44%。第二，买入土地量要大大高于卖出土地量，为其1.8倍。还应指出的是，二十七都五图作为地主与商人身份买卖土地者，实际上不只这九户，所以，其买卖土地总量及所占比例，都要高于上述统计。总之，可以看出，地主与商人

为当时主要的土地买卖者，而且，从整体上看，地主与商人又多是属于买者一方的。

而从遗存至今的徽州地区大量的买卖土地文契来看，出卖土地者的大多数，或因"里役缺银"，"甲首正差无措"，"钱粮紧急"；或因"衣食不给"，"缺谷食用"，"日食难度"；或因"葬父"、"葬母"、"葬夫"、"出嫁"、"娶亲"、"病重"等急用；以及"欠债"、"年荒缺用"等等①。可以看出，出卖土地者多为广大的贫苦农民阶层。所以，土地买卖的频繁和发展，主要反映了封建国家的压榨、地主阶级的剥削与小农的迅速破产。

从根本上说，地主商人等购买土地，多不是一种投资活动，仍属积累赀产性质。特别是从整体上看，在土地买卖中，地主与商人为主要买方，广大贫苦农民为主要卖方，土地买卖最终使地产流向封建地主阶级一方，而成为中国封建社会地主特别是庶民地主兼并土地的主要手段。尽管如此，土地买卖作为中国封建社会的特征之一，就其性质而言，还要更复杂一些。从二十七都五图黄册底籍所载亦可看出，土地买卖交易是广泛存在于当时农村各阶层之中的。一些地主大户也不只是仅仅购买土地，其卖出土地的数量亦相当可观。如表24中所示，有的占有土地多的人户，在某些年份卖出土地量甚至超过买入土地量。在当时的土地买卖契约中，因"管业不便"等而出卖土地者也有一定数量。大户与大户之间亦发生土地买卖。土地在地主阶级内部也有流动。土地买卖使地主制经济处于一定的动态之中而富有某种活力。从某种意义上说，土地买卖也是中国封建社会地主制经济自我调节的一种形式。而土地买卖的频繁与发展，最终亦成为瓦解封建自然经济与冲击封建传统制度的一个重要因素。

---

① 参阅《明清徽州社会经济资料丛编》第一、二辑，中国社会科学出版社1988年、1990年。

第七章 万历至天启休宁汪氏实征册

中国社会科学院历史研究所藏《万历至天启休宁汪氏实征册》一册，册纵 34 厘米，横 32 厘米，厚约 2 厘米。计 209 页，正文 179 页。皮纸，墨迹抄本，间有红笔批注。各页骑缝钤有小红印，印文为"汪寿南印"。书口贴有"万历十年黄册"、"万历二十年黄册"等纸签。封面题："实征：万历拾年、万历贰拾年、万历叁拾年、万历肆拾年、天启贰年。玉房己誊。"其下钤"汪寿南印"一方。该册系徽州府休宁县汪氏家族抄存的与明代后期实征册有关的一本簿册文书。本章即以该文书为中心，对明代黄册与实征册相关诸问题试作一考察。

一 黄册与实征册

实征册，亦称实征文册，即是地方官府每年实际编徭征税时所使用的一种赋役文册。如前所述，明代黄册就是为了征调赋役而攒造的基本册籍。故所谓实征，原本即是指据黄册之实在而征之：

> 盖造册之式，先旧管，次新收，次开除，而以实在终焉，原非一定不可增减之制。使各该衙门依式据实攒造，既以此为赋役黄册，则实征之钱粮，即此册所谓赋也，实征之人丁，即此册所谓役也，又何不同之有哉？①

> 十年大造，无或后期，缘民间之消长而核其实，即实在之数而定其征，此万世法守也。②

---

① 《后湖志》卷一〇，《事例七》。
② 同上。

在明代的文献记载中多有"黄册实征"的提法。如成化重修《毗陵志》载：

> 洪武二十四年攒造黄册，本府所隶四县实征官民田地山滩塘荡圩埂等项总四万五千三百四十五顷二十亩九分一厘。……
>
> 成化十八年黄册实征官民田地山滩塘荡淹圩埂地六万一十七百七十七顷七〔十〕五亩五分五毫。……①

又如嘉靖《江阴县志》载：

> （洪武）二十四年攒造黄册，实征官民田地山滩九千九百一十一顷三十亩五厘二毫。……
>
> 嘉靖二十一年黄册实征官民田地山滩一万一千四百一十六顷二十一亩二分。……②

总之，黄册所载人丁事产即是实征文册的根据，是依黄册实在之数来定实征册的内容的；如果黄册是按实际情况攒造的，这二者在内容上应当是一致的。然而，"赋役稽版籍，一岁会实征，十年攒造黄册"③。即，黄册是每十年攒造一次，而实征须岁岁进行。由此遂形成实征册与黄册之不同。因为，即使是按照实际情况攒造的黄册，也存在其本身不可克服的缺陷。黄册制度虽然规定每十年一大造，但仍不能赶上现实社会生活中人口和事产的变化进程。特别是明中叶以后，人口流动迅速，常有变动；土地买卖频繁，不时推收，十年一造的黄册制度就更难于反映这种迅速变化的社会客观情况。弘治时大学士丘濬说：

> 天道十年一变。十年之间，人有死生，家有兴衰，事力有消长，物直有低昂，盖不能以一一齐也。唐人户籍，三年一造。广德之诏，

---

① 成化重修《毗陵志》卷七，《食货·财赋》。
② 嘉靖《江阴县志》卷五，《食货记·田赋》。
③ 《图书编》卷九〇，《赋役版籍总论》。

且欲守令据见在实户，量贫富等第，不得依旧帐籍。况今十年一造，十年之中，贫者富，富者贫，地或易其主，人或更其业，岂能以一律齐哉？今宜每年九月，人民收获之后，里甲入役之先，布政司委官一员，督府州县官造明年当应赋役之册。先期行县，俾令各里，开具本里人民军、民、匠、灶其籍各若干，仕宦役占其户各若干，其余民户当应役者总有若干，量其人丁事产，分为九等，一以黄册为主。册中原报人丁有逃亡事故，田地有沉斥买卖，必须买者、卖者两户相照，典当者不具，审实造册。州县上之府，府上之司，委官亲临其地，据其现在实有，以田丁相配，参错斟酌，定为九等则例，随据州县一年该应之役几何，当费之财几何，某户当某役，各填注其下。轻而易者，则一力独当；重而难者，则合众并力。贫者任其力，富者资其财，必尽一年之用而无欠无余。造成三册，一留司，二发府州县。①

很明显，丘濬在这里所阐述的"天道十年一变"之理，正是当时社会经济迅速发展变化的反映。并指出，十年一造的黄册已与这种发展变化不相适应，而主张，地方州县每年都应结合黄册"造明年当应赋役之册"。丘濬对这种赋役册，虽未起个名称，但这种依据社会经济发展变化情况而每年随时编造的赋役册，其性质，显然与实征册是相同的。因为实征文册的最大特点就是比较灵活，钱粮有亏空，征收有变动，可根据实际情况的发展变化而随时清查编造，无须十年一大造；内容实际，比较真实有用。

其实，在江南一些经济发达、土地买卖频繁、流动较快的地区，早在明初就出现了实征册，别称白册，崇祯《松江府志》所载《徐文贞公论白册青由书》中说：

阶少时见里中率以八月成白册，九月散青由，至十一月民输税且毕矣。……国初设立黄、白二册，黄册十年一造，白册一年一更。盖缘吴下田亩卖买不常，故有田千年主八百之谣。若候十年推收，则钱粮必责原户包纳，强梁者得利拖延，贫弱者笞箠赔贩，其弊必多。故令民间另造实征文册，粮随田转，田去粮除，名曰白册，实为民便。②

---

① 《大学衍义补》卷三一，《制国用·傅算之籍》。
② 崇祯《松江府志》卷一二，《役法二》。

有明一代，白册在江浙等地区一直是存在的，万历《青浦县志》载："府县总书。是役有黄册总、白册总二项，而白册总掌一岁银米出入之数，尤为紧要。"①

有的地方编审均徭时，将白册与黄册同时作为根据，视同等重要。嘉靖《江阴县志》载："丁田之役，以黄、白册籍，按丁田多者为上户，编重差；次者为中户，编中差；少者为下户，编下差。或一户编一差，或数差，或数十差；或数户朋一差，是为均徭。"②

明中叶以后，黄册制度走向败坏，其弊病更为突出，特别是加上人为作弊，黄册越来越远离实际。又，社会经济的发展变化比以前加快，"黄册既定，仍复不时推收，以致混乱"③。因而实征文册与黄册之不同则愈加明显。

隆庆时南京湖广道试监察御史陈堂奏言："国制十年大造黄册，凡户口、田赋之役，新旧登耗之数，无不备载。所以重国本而存故实也。今沿袭敝套，取应虚文，奸吏得以挪移，豪强因之影射，其弊不可胜穷。臣尝询之，盖有司征钱粮、编徭役者自为一册，名曰白册，而此解后湖之黄册，又一册也。有司但以白册为重，其余黄册，则惟付之里书，任其增减。凡钱粮之完欠，差役之重轻，户口之消长，名实相悬，曾不得其仿佛。"④ 万历十一年（1583）南京户科等衙门管理黄册给事中余懋学等的奏疏中亦说："臣等窃见今次各处解到新册，查与上轮旧册相对，有户口事产收除实在全册相同，一字不易者。盖缘彼处官吏、里书，习于常套，止将旧册照式抄誊，苟且了事。其彼中催征编派，则另有实征文册，与见解黄册大不相同。"⑤ 万历二十年（1592）南京户科等衙门管理黄册给事中颜文选等奏疏中又说："夫解部有黄册，则州县有实征，盖据黄册之实而征之，此祖宗立法意也。今州县如册派征者，虽未必尽无，而实征之籍不同于黄册之数者，十之八九。推原其故，以先年黄册既定，复听民不时推收，以致混乱。及至大造，既厌清查之难，又惧驳查之罪，委之积书，

① 万历《青浦县志》卷三，《役法》。
② 嘉靖《江阴县志》卷五，《食货记·徭役》。
③ 《后湖志》卷一〇，《事例七》。
④ 《明穆宗实录》卷六八，隆庆六年三月庚子条。
⑤ 《后湖志》卷一〇，《事例七》。

誊旧塞责，遂成故套。"① 等等。

因而至明代后期，朝廷关于黄册与实征册遂有一些具体规定和新的议论。隆庆元年（1567），直隶巡按御史董尧封奏准置实征白册，五年一造；"定粮差。当以黄册为准。吴中又有白册，书册（册书）辗转滋弊。宜置实征白册，五年一造，其私立者禁之。……报可。"②

隆庆时，又有实征文册与黄册并解南京后湖事例："查隆庆六年，各州县尚以实征文册与黄册并解贮湖备查。迩来渐致浸湮，州县之弊从此起矣。"③

至万历时则有以实征核黄册之议，前引万历二十年（1592）颜文选等的奏疏中即条议责成黄册道官，吊取实征簿籍，以查对黄册差讹。随后，户部复议中说："近因有司听民推收无时，兼之积猾里书隐射飞诡，以致实征成数与黄册迥不相同。今科臣条议及此，诚为有见。合移咨各省直抚按官，责成黄册道官，吊取实征簿籍，逐项磨对，有差讹者改正明白，方准解部。"④

而万历二十一年（1593），南京吏科给事中陈容淳又奏准照实征造黄册："臣查得二十年分黄册，如浙江所属州县，应天所属六县，宁国所属五县，及广德、建平等处，不依旧册，俱照实征，简而不繁，核而可据。百年积弊，一旦更新，诚为明方之式也。伏乞敕下该部，转行各省抚按官，其册之已解与造之已完者，势难另造，姑准收查；其经始攒造者，务照浙江、应天实征之例，永为定式。敢有仍前混造者，容臣等指名参奏，则由此而后，万历三十年之册皆真实有用。"⑤

乃至万历四十年（1612），有的大臣竟提出"照实征文册造送后湖，不必查驳"之议，"今寺臣曰：后湖黄册，皆祖洪武旧本誊写，与实征文册不同，有图籍之名，而不足核田赋厄塞之实。此言良是。至谓照实征文册造送后湖，不必查驳"⑥。这实际上是一种以实征册取代黄册的主张，而遭到保守大臣的激烈反对，终未实行。

---

① 《后湖志》卷一〇，《事例七》。
② 《明穆宗实录》卷一三，隆庆元年十月庚寅条。
③ 《后湖志》卷一〇，《事例七》。
④ 同上。
⑤ 同上。
⑥ 同上。

　　若从整体上说，与黄册相比，明代后期各地的实征册情况又不尽相同。在肆意作弊、一味抄誊旧册、黄册已成伪册，或黄册造后又混乱推收的地方，其实征册与所解黄册大不相同。而在黄册攒造尚比较认真的地方，黄册所载各项仍是实征册所定内容的基本依据，其实征册与所解黄册虽亦有差别，但这种差别并不很大。遗存至今的徽州文书表明，徽州地区的实征册情况即属后者。

二　汪氏实征册与黄册之比较

　　关于汪氏实征册的所属时间，如其封面所题，为万历至天启时期，已属无疑。该册之中还录有"休宁县为清查隐粮以正版图事"所写的一个告示，并载有"十二都一图田土"数字。那么，其所在地点是否就是徽州府休宁县十二都一图呢？以下，就汪氏实征册的所属地点再作一简略考证。

　　该册所载"万历二十年黄册实征"部分，记有汪氏"华房"之下各户姓名及其实征税额，其中一户称"汪有寿"。而在中国社会科学院历史研究所收藏的徽州文书中，有一本《天启二年汪有寿立收税簿》①，簿中明确载有"天启二年七月谷旦十二都一图三甲汪有寿立收税簿"，该簿所载汪凤、汪应选、汪文新、汪黑龙等人名，以及荣、华、富、贵四房等等，都与汪氏实征册中所载完全相同，所以这两件文书所载汪有寿实为一人，并可知汪有寿为十二都一图人。又，这两件文书中均多载有"鳞"字田土字号，从现存的《休宁县都图地名字号便览》②以及有关的土地买卖文契，均可证明，万历时期十二都一图鳞字号田土乃属徽州府休宁县。例如，《万历二十一年休宁汪文观卖田赤契》③载：

　　　　十二都一图汪文观，今将续置田一号，坐落土名扛桐坞，原黎字一千一百十九号，今丈鳞字一千六百十二号，计税三分三厘二毫，计租三秐十五斤，〔每秐〕计重天平子二十六斤。其田东西四至，自有保簿该载，不在（再）开写。今因本家缺少使用，自情愿凭中立契出

---

① 中国社会科学院历史研究所藏徽州文书 1000222 号。
② 中国社会科学院历史研究所图书馆藏。
③ 《徽州千年契约文书》宋元明编第三卷。

卖与同都汪文诲、文诞名下为业。……其税粮候至造册之年，在本户起割，推入买人户内，本家即无异说。今恐无凭，立此卖契为照。

　　万历二十一年十一月十七日立契人汪文观（押）　　契

　　　　　　　　　　代笔男汪　侃（押）

　　　　　　　　　　中见人汪佛寄（押）

该契为赤契，其上钤有三方"休宁县印"。此外，《万历二十一年休宁汪文诏卖田赤契》①所载亦可证明十二都鳞字号属休宁县；又，汪文诏也是汪氏实征册中的户名之一。总之，现存其他一些徽州文书所载，确切地证明了汪氏实征册这一文书的所属地点为明代徽州府休宁县十二都一图。

　　应指出的是，现存汪氏实征册这一文书，并不是当时的实征册原本，而只是有关一个家族族产部分的，万历至天启黄册实征的各项土地税额。但这一文书也直接反映了该地区当时黄册实征的许多情况。如今，关于明代实征册的文书已十分难寻，故汪氏实征册则成为研究明代黄册与实征册的宝贵素材。

　　正如其封面所题，汪氏实征册这一文书册中所载，即是按万历至天启几次黄册大造时间为序，分五部分登载其各轮黄册实征内容。册中各部分内容的具体登载形式与黄册的四柱式相同，即分旧管、新收、开除、实在四大项。但其内容几乎全是田地山塘等土地税额，只在少数地方注有"丁"几口。其中又有"丁半口，折米一升"，"丁四分，折米八升"，"丁一分半，折米三升"（见该册"万历三十年黄册实征"部分）之类的记载，显然，这里的"丁"，是指一条鞭法实行之后作为赋役核算单位之丁，而不是作为人口单位的丁。

　　该册所载，除万历十年部分外，其余各部分开头都分别冠以"万历二十年黄册实征"、"万历三十年黄册实征"、"万历四十年黄册实征"、"天启二年黄册实征"字样。这表明，该实征册所载即是各次黄册大造所定内容，或者说这里的实征仍是据黄册之实在而征之，其实征仍以黄册为依据。从内容上说，该实征册并不是脱离黄册的另外一种册籍。

　　首先可以看出，该实征册所记各项田土的实征税额，均是依据黄册所载而定的，其中绝大多数与黄册上的记载相同；亦有少数几笔田土与黄册

────────

① 《徽州千年契约文书》宋元明编第三卷。

所载不同，其下则注有文字说明。如该册"万历四十年黄册实征"部分"进贤兄"实在项下载：

> 天甫户该麦二升四合三勺〇二五一四，米六升〇〇三抄六二一四。〔注〕内赎回文谦边九亩段田三厘三毫，在天甫户分纳，因三十年黄册谦边错作地税收，今仍作地税分纳，计麦六勺五五七一，米一合二勺七七五二九。

这里是说，黄册上错将该笔田税作地税，今实征册仍照黄册，作地税分纳。又如，"天启二年黄册实征"部分玉房实在项下载：

> 内扒汪村桥田二分，计麦四合二勺八，米一升〇七勺，暂入应立兄弟分纳。系万历三十八年二月，诏伯取汪村桥田一分卖与金房，前轮黄册已收税入应选户，至万历四十年诏伯赎回前田。其税此轮黄册失记扒还诏伯，今暂作应选户分纳，待下轮黄册扒还诏边。内多扒一分，系抵今轮册前金房代诏伯纳粮之数。

这里是说，该笔田土先是卖出，后又赎回，但黄册上并未及时改正，今实征册则仍依黄册，待下轮黄册改正。又如，"天启二年黄册实征"部分汪华户"张仙会"新收项下载：

> 地九厘九毫，天启三年十二月扒收本图三甲汪文谏户。〔注〕原万历四十一年　月，张仙会买东北隅一图　甲　刘东升、文元户，因前轮黄册误入谏户，故今轮黄册扒入华户。

这里是说，该号田土前轮黄册误入别人名下，今轮黄册作了改正。再如，"天启二年黄册实征"部分载"仁四房五户麦米"：

> 实共麦一石七斗五升二合九勺八四二〇二七。〔注〕内比前总数麦多一升五合一勺五一七三二四，系万历四十年黄册书算手将文谏户误开除者，今仁四房照粮平磨于前。

这里所言，亦是表明实征册上的数字是跟着黄册走的。此外，还有一些例子，不再赘述。

从以上这些事例，不难看出，该实征册所载各项内容几乎均是依据各轮黄册所载而定，乃至黄册上搞错了的，实征册也只好将错就错，多是等到下轮黄册才予以改正。

然而，上述这些事例本身也说明了汪氏实征册与黄册不同的一面。作为实征册，其与黄册又是有区别的。钱粮有亏空，征收有变动，即使不是大造之年，亦可随时清查编造实征册。该册中录有休宁县"为漏粮复造实征册"而发布的一个告示，其文如下：

> 休宁县为清查隐粮以正版图事。照得奉例清丈，其事系各都图公正经手开报，百结总数，合对原额，而奸民妄称粮多，遂致私改则步，缺粮二百余石，上误国课，下紊版籍，皆系公正、里书之罪也。今本县详细清查，据各图开来册总，复与原额相合，尔民体谅本县实心，殊可为喜。但册虽归图，而人户原票尚未改正，切恐奸民将来指倚原票，妄行告扰，其弊将不可胜穷也。且粮数一日不清，则尔辈责成一日不能脱卸，岂不终为身家之累乎？为此示仰各都都正、都总，公同图正、册里、书算，务要正身到县，各照本县发下清查过册总粮数，详分归户。而各户原日改则弊票，许同都正验明，各户开具总单，赴县交投，将弊票涂抹附卷，仍听本县照今清查另给归户印票，以为尔子孙世守可也。其各图倘有丈粮后续卖续买税业，黄册已经推收，而金业未改，仍在卖主图内，若不复注推出，收入买主之户，恐与原总不合，亦当谅给官票，许各图对会推收，彼此可以相通，而总数不致缺少。其有黄册后卖买契业，不得一概混推。如有仍前影射虚推，及重入不合原数，不照推单者，即系欺隐，坐归公正办纳本粮，仍另治罪，申报院道本府，大枷究遣。其各役当思钱粮重役，俱要正身查造，完日到县，眼同都总，对会实征。定限半月之内呈递。如违，仍令见年里长，带同都图总正，册呈（里）书算，照卯赴比。敢有坐视迟延，先行拿责枷号不恕。故示。

通过这一告示可以看出，在万历九年清丈以后，休宁县的实征粮额，与黄册所定数额相比，曾一度减少二百余石，经过清查之后，实征才与黄册原额相合。

随后，该册又抄录有十二都一图全图业户万历九年清丈的各项田土的总计数额及其黄册税粮：

原额黄册：麦六十八石一斗七升六合九勺；
　　　　　米一百五十八石三斗九升四合。
今查各图带丈田土三十四顷八十二亩九分三一七。
　　　　　麦六十八石三斗九升六合七勺；
　　　　　米一百五十八石八斗六合六勺。
清出遗漏：麦二斗一升九合八勺；
　　　　　米四斗一升四合六勺。

接着又载，"万历十五年，本县为漏粮复造实征册，对黄册漏落少注麦米于后"，其下载有汪氏各户在这次清查中的结果。兹据其所载，作表如下（表25）：

表25　　　　　　　万历十五年汪氏各户实证与黄册比较表　　　　单位：石

户　名	汪文谏	程　通	汪廷升	汪长得	汪文甫	汪仁智	汪　社	汪　华
比黄册多麦	0.1383	0.0791	0.0085	0.0146	0.0062	0.0056	0.0617	0.0115
比黄册多米	0.1688	0.1977	0.0198	0.0357	0.0137	0.0115	0.1527	0.026

通过上表所列可以看出，黄册上所载汪氏各户应征税粮均有漏落，或者说，万历十五年（1587）所造实征册，汪氏各户的税粮都要多于黄册。实征册与黄册之不同显而易见。

在该册"二十年黄册实征"部分的新收项下，则具体载有黄册上漏落而由实征册所增补的各笔田土税额，称为"实征册正收"。如："地四厘一毫，奉例汪文谏户实征册正收。"等等。

又，同属休宁县，本书第六章所介绍的《万历十年二十七都五图黄册底籍》这一文书中，其各户实在项后，又多载有"复查改造实征"一项，或称"复查遗漏改造实征"，有的业户下则写得更为详细："万历十六年奉上司明文本县丁爷复查改造实征文册","万历十六年奉上司明文各都图复造实征册"。这些记载,与前引汪氏实征册中所言"万历十五年本县为漏粮复造实征册",似为一回事。按万历十年二十七都五图黄册底籍的有关资料统计,在该图 118 户中,经过复查改造实征,其各户所有土地总额与万历十年黄册相比,发生变化了的业户共有 74 户,其中土地总额增加者 47 户,减少者 27 户。这 118 户万历十年黄册实在土地总额为 2801.3606 亩,万历十六年实征土地总额为 2811.1073 亩,实征册较黄册共增加了 9.7467 亩。

　　尽管实征与黄册有所不同,但总的看来,直至万历时期,徽州地区一直是以黄册作为实征的基本依据的,实征册并非是完全脱离黄册的另外一种册籍。并且是在每次黄册大造之后,即使发生土地买卖,也不许推收,仍以黄册所定粮额为准进行实征;土地买卖均须等到下轮黄册大造时才可进行推收。在遗存至今的大量的徽州土地买卖文契中,多照例写有"其税粮候至大造之年听从买主起割","其税粮候至册年听买人起割认纳"等等,即是证明。如《万历三十六年祁门谢文元卖田赤契》①载:

　　　　十西都谢文元,原买受胡周兴水田一备,坐落本保,土名金盘坵,田计大小三坵,共大晚硬租七秤零四斤。其田亩步四至,悉照鳞册可证。今因无钱用度,自情愿托中将前田尽数立契转卖与族叔谢孟鸾兄弟名下为业。二面议值价纹银四两三钱伍分整,其价并契当日两相交付明白。其田未卖之先,即无家外重付(复)交易。倘来历不明,尽是卖人成(承)当,不及买人〔之〕事。自成交之后,各不许悔,如先悔者,甘罚白银五钱公用。所有税粮候大造之年胡周兴户起割,听自买主入户,供解无词。今恐无凭,立此卖契为照。
　　　　万历三十六年二月十五日　立卖契人谢文元(押)
　　　　　　　　　　　　　　　　　中见人胡记兴(押)

　　该契文中所言胡周兴的一块田土出卖之后,又经一次转卖,但因不值大造之年,故税粮一直未有过割,均须等至大造之年才能过割。不过,到明末,徽州地区这种情况也发生了变化。土地买卖必须候至册年推收的制

---

①　《徽州千年契约文书》宋元明编第三卷。

度，也变为可随时推收。这一变化发生在明末天启年间，从当时徽州府所颁发的一件契尾中即可看出，其文如下：

徽 州 府 契 尾

天字一百四十六号

　　直隶徽州府为辽饷亏额已多，杂饷久无确数，谨按省定数，按数定期以足饷额事。奉户部颁行辽饷册，开坐派徽州府递年税契银一万两解部济辽等因，奉此养（仰）查，本府向系十年大造，方行税契，故上轮于四十八年为始，遵照部文，改用府尾，本府已经颁行格式，发属推收，攒造黄册，今已终局。以后民间置买，若仍照旧例，十年税契，则银每年一万之数，何从措处？必遵部颁册，开年年税契，方足饷额。为此，合行另置鸳鸯尾式，颁发各属，照式印刷，编立字号，同簿送府请印，转发各属，凡民间置买产业，责令随买随税，每两上纳税银三分，给票付与该轮册里、书算收执，以候十年大造，总汇造册。其大尾给与纳户粘契，坐尾同簿缴府。如过一月不税者，该诸人并卖主出首，产业平没入官，一半给还原主。务要一契一尾，毋许二三张粘连，混乱漏数，并有契无尾，与用县印尾者，即系隐匿漏税，查出定将册里书算，依律以漏税重究不贷。须至契尾者：

　　计开

　　一　休宁县十八都八图程良辅买到　　都五图吴圣初，土名　，
　　　　田契一张，价银一十两四钱整，该纳税契解部济边银三钱一
　　　　分二厘整。

　　　　　　右给付买主程良辅收照。

　　天启五年五月　日给

　　府（押）①

该契尾所载告诉我们，徽州府在明代一向是十年大造，方行税契推收；其随买随税的实施，乃是因为天启年间辽饷加派所致。此外，在同期的徽州土地买卖文契中，亦可找到其由十年税契改为随买随税的佐证，如《天启

---

① 《徽州千年契约文书》宋元明编第四卷，《天启五年休宁程良辅买田契尾》。

五年休宁程应佳卖田赤契》① 中载：

> 五都十图立卖契人程应佳，今因管业不便，自情愿将承祖阄分得田一业，坐落土名王家园，系新丈玉字四百六十九号，东至吴乐田，西至路，南至吴□田，北至程积田。其四至内共计税一亩二分八厘六毫，计租一十三础，本身□得全业，凭中出卖与同都二图吴　名下为业。当日三面□议时值价纹银一十二两五钱整。其银当日收足讫，并无厘毫挂欠。其田随即听从买主管业。倘有重复交易、内外人拦阻一切不明等事，尽是卖人之当，不涉买主之事。其税粮奉新例，随即推入买主户内，办纳粮差。其有上手来脚，缴付不便，日后要用，刷出存照。今恐无凭，立此卖契，永远存照。
>
> 　　天启五年十二月十八日立　卖契人程应佳（押）
>
> 　　　　　　　　　　　　　　中见人程应俨（押）
>
> 　　　　　　　　　　　　　　代笔人程朝邦（押）
>
> 　　今就契内价银两相交足讫，不别立领扎。再（押）批。

这里所言"其税粮奉新例，随即推入买主户内"，正可以与前引"随买随税"的规定互相印证。又，在《天启六年休宁洪八老卖坟地赤契》② 中亦有此类记载："其税粮今奉新例，随即推收。"与此同时，徽州地区黄册与实征册的编造也出现了新的做法，即因随时推收而"攒造递年实征黄册"，请看《天启七年休宁吴大兴推收照会票》③ 所载：

> 二十三都九图遵奉部劄、县主，新金随即推收，攒造递年实征黄册事，据本图一甲吴大兴世体户，将一　推　都五字三千五百十二号，土名进边楼房，一　则地税四厘整，天启四年七月推与本都本图本甲本户丁世顺为业办纳。
>
> 　　麦　　　　　　　　　米
>
> 天启七年八月二十日

---

① 《徽州千年契约文书》宋元明编第四卷。
② 同上。
③ 同上。

候契尾印过再上官册改正

契价未见

从这里可以看出，当时已是根据随时推收的情况，每年都要攒造新的实征黄册，这与以前的做法，如汪氏实征册中所记载的那样，基本是依据前轮黄册所定而进行实征，则是大不相同了，但这里所言"递年实征黄册"，主要还是属于实征册的性质。该地仍在攒造十年大造的黄册。正如前引契尾中所言，其业户"随买随税"的税票，必须"付与该轮册里、书算收执，以候十年大造，总汇造册"。事实上，明代徽州地区的十年大造黄册，一直没有废止，直至明朝灭亡。

三　汪氏族产结构与所有形态

前已指出，汪氏实征册所载，主要是有关汪氏家族族产万历至天启的实征情况。据该册所载资料分析考证，可知万历至天启时汪氏家族所属各房分支大致如下：

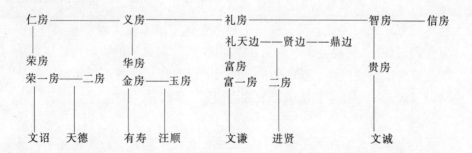

从这一简略的示意图中可以看出，汪氏家族本是一个门房众多、分支复杂的家族。其在万历十年（1582）前后，大体分为仁、义、礼、智、信五房。其中礼房又分"天边"（即"谦边"）、"贤边"与"鼎边"。又，信房在该实征册中只有一两处提到，册中多数场合只提仁、义、礼、智四房，简称"仁四房"。万历二十年（1592）以后，荣、华、富、贵四房又分别成为仁、义、礼、智四房的承继者。其中荣房又分荣一房和荣二房，华房之下又分金房和玉房（汪氏实征册的封面即提有"玉房己誊"四字），富房又分富一房和富二房。

册中所载，按万历十年、二十年、三十年、四十年、天启二年五次黄册大造为序，分为五大部分。

其第一部分，首先分别记载汪文谏等五户万历十一年（1583）的实征数额。在各户开头分别题有以下文字："万历十一年十一月二十二日清三甲里长汪文谏户税"，"万历十一年十月初七日清吴隆户税户丁汪社金业"，"万历十一年十月二甲里长汪永玘税"，"万历十一年十月十九日清汪华户税金业名汪华甫"，"万历十一年十月二十日清六甲汪廷升户税"。每户首记"田地山塘共"多少亩及其税粮额，以下分列田地山塘各多少亩及粮额。关于这五户的实征税亩及税粮见表26。

表26　　　　　　**万历十一年汪文谏等五户实征税粮表**

单位　税亩：亩　税粮：石

户　名	税　亩					税　粮	
	计	田	地	山	塘	麦	米
汪文谏	75.3502	33.6466	7.62	33.1616	0.922	1.2459	2.4991
汪　社	18.4815	16.851	0.41	1.2205		0.3818	0.9304
汪永玘	44.3644	14.4224	9.696	20.163		0.7188	1.367
汪华甫	19.7511	14.655	4.404	0.6561		（缺）	
汪廷升	26.023	22.635	1.163	2.225		（缺）	
总　计	183.9702	102.21	23.293	57.4262	0.922		

值得注意的是，册中在记载各户实征税亩及税粮之后，即载有该家族的共业田土，如汪文谏户下载："仁四房共田十三亩一分六厘三毫二丝五，四房平业各三亩二分九厘○八一二五；地共五亩八分二厘二毫二丝，四房平业各一亩四分五厘五毫五五；山共三十三亩一分六厘一毫六，仁（下缺），义（下缺），礼（下缺），智（下缺）；塘六厘二毫，四房平业（下缺）。"其中所载"山共三十三亩一分六厘一毫六丝"，与该户前面所记税粮总额中的山的数额完全相同（参见表26汪文谏户山的数额）。又如，汪社户下载仁四房"共地四分一厘"，与该户所记税粮总额中的地的数额也完全相同，等等。这表明，该册开头所载汪文谏等五户税粮总额，有相当

一部分为汪氏家族的共业田土。由于仁、义、礼、智四房承祖的共业田土主要是在这五户之中，因此该册中多称"仁四房五户"，而这一称呼也就成了该家族承祖共业田土的代称。

各户在登载共业田土之后，即按仁、义、礼、智等四房为序，分别开写共业田土在各房的合得分数，并以四柱式，加减其新收与开除之各项数字（如田土买卖等），而核实该房的实在田土数额及其税粮。可以看出，该家族的共业田土，虽然分别载在各户名下，但其各户（或各人）所得，乃是按照宗族房分关系，依诸子均分制的原则，另外加以分配的。册中所载关于共业山的分法即可说明这一点。其文如下：

> 今将各户山总开派各分数于后：
> 汪文谏户山三十三亩一分六厘一毫六丝，
> 又分入汪文甫户山九亩三分六厘，
> 吴隆户山一亩二分二厘五丝，
> 汪永玘户山七分七厘三丝，
> 汪华户山八厘二毫，
> 汪廷升户山二亩二分二厘五毫，
> 共山四十六亩七分五厘六毫四丝。

（按，以上所载各户山，除汪文甫户外，即是册中开头部分各户之下所载仁四房共业山的数字。——笔者）

> 内除义房己买山三亩三分三厘二毫三丝四忽，
> 内除礼房己买山一亩六分九厘七毫三丝四忽，
> 内除智房己买山一亩六分五厘七毫一丝，
> 三共除山六亩六分八厘六毫七丝八忽，
> 仍山四十亩六厘九毫六丝二忽。作四股分，每股该山一十亩一厘
> 　　七毫四丝。
> 仁房该山一十亩一厘七毫四丝，内除五亩二分七厘六毫七丝入
> 　　义、礼、智业，仍山四亩七分四厘七丝。
> 义房该山一十亩一厘七毫四丝，又买仁房山三亩五分一厘七毫八
> 　　丝，又，己买山三亩三分三厘二毫三丝四忽，共山一十六亩

八分六厘七毫六丝三忽。内除九亩三分六厘分扒入文甫户，
仍山七亩五分七毫六丝三忽。

礼房该山一十亩一厘七毫四丝，又买仁房山八分七厘九毫四丝五
忽，又，己买山一亩六分九厘七毫四丝三忽，共山一十二亩
五分九厘四毫二丝八忽。内谦、贤各该山六亩二分九厘七毫
一丝四忽。

智房该山一十亩一厘七毫四丝，又买仁房山八分七厘九毫四丝五
忽，又，己买山一亩六分五厘七毫一丝，共山一十二亩五分
五厘三毫九丝五忽。

其后所载则为"万历十一年十月计开四房承祖山并续置山"的各项具体数
额。所谓"承祖山"，即指前项四房共业山；每房所得数额，亦即是"作
四股分每股该山"的数字。上面所引原文十分清楚地告诉我们，册中各户
之下所记共业田土是另有分法的，也就是按宗族房分平均分配。首先是按
仁、义、礼、智四房分作四股；而礼房本身又再均分为两股，分为"谦
边"和"贤边"。

该部分最后又载有"万历十一年十月二十四日派各户纳秋粮条编总"
一项，其下所载实为汪氏仁、义、礼、智各房在汪文谦等五户之内的承祖
遗产份额的实在情况。其具体数额见表27。

表27　　　　　　　万历十一年汪氏各房承祖遗产实征税粮表

单位　土地：税亩　税粮；石

房　分	田地山塘合计	麦	米
仁　　房	19.514367	0.3633	0.80885
义　　房	25.5469	0.4598	0.9936
智　　房	37.78738	0.6712	1.4532
礼房谦边	14.66846	0.2442	0.4921
礼房贤边	28.00644	0.5295	1.2048
总　　计	125.523547	2.268	4.95255

表27所载各房份额，即是汪氏实征册中仁、义、礼、智四房"派各

户纳秋粮条编"的数字，它与该册一开始在汪文谏等五户之下所核实的仁、义、礼、智各房实在数字是相同的。如果说该册开始是从户的系统登载汪氏族产的，而这即是从宗族房分系统记载族产的。同样，在万历二十年至天启二年的黄册实征部分，亦均载有同类数字。详见表28。

表28　　万历二十年至天启二年汪氏各房承祖遗产实征税粮表

单位　税亩：亩　税粮：石

万历二十年				万历三十年			
房分	税亩	麦	米	房分	税亩	麦	米
华　房	49.28725	0.8363	1.735	华　房	55.50962	0.952	1.9941
荣一房	6.66543	0.1186	0.2553	文诏伯	4.566585	0.0747	0.1446
荣二房	9.5213	0.1733	0.3821	天德兄	8.43363	0.1597	0.3318
富一房	14.73335	0.2423	0.4882	文谦伯	15.805695	0.277	0.5642
富二房	18.184	0.3226	0.6889	进贤兄	15.29759	0.2657	0.5527
贵　房	29.169	0.573	1.0711	文诚伯	21.09513	0.3489	0.6936
总　计	127.56033	2.2661	4.6206	总　计	1120.70825	2.071	4.281

续表

万历四十年				天启二年			
房分	税亩	麦	米	房分	税亩	麦	米
华　房	51.83209	0.873	1.7956	华　房	51.965066	0.8734	1.7992
文诏伯	4.287251	0.0681	0.1301	应立兄	4.326939	0.0706	0.1335
天德兄	5.3271	0.0918	0.1891	俊　侄	5.3271	0.0918	0.1891
文谦伯	16.07959	0.2763	0.5777	文谦伯	16.09959	0.2767	0.5788
进贤兄	15.699745	0.2708	0.5605	进贤兄	15.732745	0.2698	0.5588
文诚伯	14.992425	0.2388	0.4543	贵　房	10.972262	0.1707	0.3127
总　计	108.218201	1.8188	3.7073	总　计	104.423702	1.753	3.5721

表27、表28所示，均是对汪氏整个家族的承祖遗产，在其下所属仁、义、礼、智等各大房中的分配，及其独立经营之后的实在情况。承祖遗产

只是汪氏族产的第一个层次。而各大房之下，按宗族关系，又同时存在其他不同的层次。在各个层次，除了承继的族产之外，还有自己置立的族产。汪氏实征册自万历二十年至天启二年，对该家族华房族产各个大造之年的情况均作了较详细的记载。兹以万历二十年黄册实征为例，华房所属各户麦、米及人丁数见表29。

表29　　　　　　　　万历二十年汪氏华房各户实征税粮及人丁表

单位　税粮：石　人丁：口

户　名	麦	米	丁
仁四房五户（承祖）	0.8401	1.7445	0
汪迟保	0.3853	0.9634	1
程　通	0.3829	0.9541	0
汪　凤	0.3892	0.973	1
汪义甫	0.3706	0.9242	1
朱进禄	0.3757	0.9393	1
吴进法	0.3905	0.9764	1
汪有寿	0.7753	1.5673	1
汪阿吴	0.3374	0.8435	0
汪阿胡	0.3436	0.8565	0
汪义祀	0.3949	0.9872	0
汪二德	0.2314	0.5951	0.5
汪文甫	0.4577	0.9978	1
邵　使	0.1475	0.3687	0
总　计	5.8211	13.691	7.5

继登载华房各户实征税粮及人丁数额之后，册中又载有下列文字：

共麦五石八斗二升一合一勺　　内金房麦一斗七升八勺

玉房麦一斗三升四合七勺

铨己麦五升一合

华众共麦五石四斗六升四合六勺

金玉各该麦二石七斗三升二合三勺

共米一十三石六斗九升一合　内金房米四斗二升七合

玉房米三斗三升六合七勺

铨己米一斗二升六合五勺

华众共米一十二石八斗八勺

金玉各该米六石四斗四勺

这一记载告诉我们，华房之下又分为金房和玉房，属于华众的税粮在总计之后，是按金房和玉房平均分纳的。而金、玉二房又各有自己的税粮，这是不包括在华众税粮之内的。但它在下一个层次，即金房或玉房各自的范围内，仍按同样的原则进行分纳。"户门税粮原系众者，各房分纳。"① 这种税粮的分纳，也正说明了这些田产是属于众存族产性质。关于万历至天启华房税粮实征总的情况，请看表30。

表30		万历至天启汪氏华房实征税粮总表			单位：石
大造年份	华房各户麦米总计	华众麦米		各房（户）己麦米	
		实额	%	实额	%
万历二十年	19.5121	18.2654	94	1.2467	6
万历三十年	26.9078	24.0365	89	2.8713	11
万历四十年	28.407	24.4072	86	3.9998	14
天启二年	32.212	24.53237	76	7.67963	24

表30所列"各房（户）己麦米"一项，除华房下属的金、玉二房自己的麦米之外，还有华房之下其他一些房户自己的麦米，如万历二十年册中所载"铨"己麦米，天启二年册中所载"选边"、"镇边"、"镗边"己麦米，等等。这些各房（户）的己麦米，在华房各户麦米总计中所占的比例，万历二十年只有6%，而到天启二年已达24%，几近四分之一。但总的看来，华众麦米在华房各户麦米总计中所占的比例还是很高的。

---

① 《窦山公家议》卷一，《管理议》。

此外，汪氏实征册中在各房共业族产之后，又载有"社"、"会"、"堂"等一些社、会组织占有的土地及其税额。其社、会组织的名称有周王会、元宵会、观音会、张仙会、文溪社、光裕堂、鼓乐等等。其中有称"华会周王会"、"本门张仙会"者。可以看出，这些社（会、堂）产分别属于该家族的不同房分，也是该家族不同层次房分族产的一部分。

总之，在汪氏家族的各个房分、各个层次都存在相当数量的族产，其所呈现的是一种多层次多分支的结构。

所谓族产，即"众存产业"，一般是该家族全体成员或部分成员共同所有之财产。但这种众存产业，就其所有形态来说，又有两种情况，一是众存未分，二是共业分股。遗存至今的文书档案有关族产的具体记载表明，至明清时代，那种尚未析分清楚而作为家族全体成员或部分成员共同所有的族产，即所谓"众存"，或某某"众"所有之族产，已是少数。这主要是一些祖坟茔地、祠产、役田等。而族产之大多数，虽未正式析分，仍采取一种同族共业形式，但其家族各房分人户依诸子均分制的原则合得几股，却是十分清楚的。在许多家族，即使祖坟茔地，也作了如此析分。而这也正是族产呈现出多层次多分支结构的根本原因。但这种析分所得产业，又与"己业"有所不同。其在形式上仍与族众保持一种共业关系。族产虽已分股但在形式上依然存在。可以说其所采取的乃是一种共业分股的方式。

这种族产的共业分股方式，从上面介绍的汪氏家族各层次的族产中已不难看出。如在仁、义、礼、智四房这一层次的族产，即按"四房平业"，"作四股分"；华房之下分为金、玉二房，即以二股均分。此外，册中关于这方面的具体记载也颇为不少。如该册万历四十年黄册实征部分"文诚伯"户下载："三甲排年田五分九厘一毫，土名汪坑。内俊杰该十股之四，田二分三厘六毫四丝，已入己名下，递年粮编自纳；内仁四房该十股之六，田三分五厘四毫六丝，递年汪有寿纳麦八合，米三升。"等等。可以看出，这种家族的共业土地，每个共业者本身该得多少都一清二楚。

尽管作了如此析分，但由于其在形式上保持着一种共业关系，这种共业族产在整体上仍作为一个独立的经营单位而存在。汪氏实征册中的记载也表明了这一点。

然而，既然已经分股，这种产业便开始失去了"族众"所有的性质。各户（人）分得的股份，则不可避免地要投入到买卖、典当等交换过程中去。在汪氏实征册的新收与开除项下，关于这类土地买卖及其他流动等方面的记载相当不少。

买卖。汪氏实征册中关于共业族产买卖的记载很多，如万历二十年黄册实征部分"华房"新收项下载："山八分七厘九毫四丝五忽，原买仁房山六股之一，万历十九年十二月贵房转卖本家。"又如，万历三十年黄册实征部分"文谦伯"开除项下载："山四分三厘九毫七丝二忽五，原买升伯山十二股之一，万历二十三年卖与汪有寿业。"再如，前文提及的《天启二年汪有寿立收税簿》①（汪有寿属汪氏华房）中载："天启二年八月玉房二股，富房一股买汪阿徐同子之龙弟，文新户推八丝三忽入汪，一毫六丝六忽入汪顺户，鳞字一千九百七十九号，牛石坟山，山税二毫四丝九忽，价银九两。其坟山玉房与富房三股买，富房买一股，计税八丝三忽，付价三两；玉房买二股，计税一毫六丝六忽，付价六两。"除同族之间外，族产在异姓之间即族外也有买卖，如万历四十年黄册实征部分"金房"开除项下载："鳞字二千五百二十七号、二千五百三十九号田一亩六分四厘，万历四十年卖与本都三图　甲朱新端户。"

典当。《天启二年汪有寿立收税簿》中载："（万历）四十七年三月文诚叔当：……二千七百三十六号一分三厘，二千七百三十七号三分一厘五一，内入俊杰转入玉房二分八厘五一，入金房三厘，郝坞，本边同业并己业，并土地亭竹山及郝坞三家山，谏户二处山约计二分，实一分六。当银八两。其二千七百三十七号山，文诚叔共税三分一厘五一，已于万历三十年取贴明边外，首相连山约税二分八厘五一入俊杰，四十年转入玉房，仍存华、富、贵共业山一块，贵房合得山税三厘，今当入本家。"等等。

对换。万历二十年黄册实征"华房"新收项下载："田五分五厘，万历十九年十二月对换杰兄税，收李惟仁户。"其开除项下又载："田一分四厘二毫，土名增坡坦，万历二十一年正月对换保边基地，入十甲汪社户。"等等。

扒分。如万历四十年黄册实征部分汪华户文溪社开除项下载："田二分三厘二毫七五，万历三十六年华分社业，扒入三甲进法户。田二分八厘，万历三十六年玉房买保兄、九成兄弟分社业，扒入义甫户。田二分七毫，万历四十年玉房买俊杰边分社业，扒入义甫户。"等等。

另一方面，从册中所载又可明显看出，族产的买卖、典当、对换、扒

分等这些土地交换行为，与族外之间的交易很少，其绝大部分都在本族之间进行。这显然与族产所采取的共业形式有很大关系。

在明清时代的一些大家族中，土地等赀产多按诸子均分制的原则进行了析分，析分后的赀产则归各子户所有，各自独立经营。但在这种家族之中同时又常常保存一些族产，或存众未分，或共业分股，以此作为维系宗族势力统治的经济基础。然而，共业分股只不过保留着族产的形式而已，它已失去了族众共同所有的性质。表明析产分户乃是中国封建社会发展的一个主要潮流。

第八章　清初二十七都五图三甲编审册

安徽省博物馆藏《清初二十七都五图三甲税粮编审汇编》①，一册，纵29厘米，横23厘米，厚约2厘米。正文计409页。册内除个别地方微残外，保存基本完好。封面为厚皮纸，册页为皮纸。册页均雕版印刷乌丝栏，墨迹书写。封面无题字。首题"二十七都五图三甲"各户姓名，该文书所载，实为清初徽州府休宁县二十七都五图三甲各户，顺治八年至康熙四十年（1651—1701）历次编审（共十次）税粮推收和实在之汇编。这一文书在内容上，又与本书介绍的万历时期二十七都五图黄册底籍，以及万历至崇祯二十七都五图三甲朱学源户册底，互相衔接。其不仅为研究清初编审册与明代黄册的关系提供了文书实物，亦为考察该图里甲变迁、土地所有、土地买卖等提供了宝贵资料。

一　清初编审册与明代黄册

明代的黄册制度到了清初又如何呢?

清顺治开国，统治尚不稳固，无暇创制立法，多照搬明制。"凡攒造黄册，顺治初每十年一次举行。十三年议准，直省黄册，五年攒造一次。"② 其后，顺治"十六年复准，黄册仍照旧例十年一造"③。清初曾攒造过黄册这一点，遗存的徽州文书亦可证明。如《康熙元年祁门县津贴造册银两帖文》④ 载：

---

① 安徽省博物馆藏 2：24554 号。
② 康熙《大清会典》卷二四，《户部八·赋役一》。
③ 同上。
④ 《徽州千年契约文书》清民国编第一卷。

江南徽州府祁门县为赋役黄册事。照得大造编金书算，多有偏累，良民受害。光继前任知县廖，酌议一六、二七、三八、四九、五十甲轮流编金，苏困均役外，合议津贴造册纸劄工食，并解册盘缠银两，给付现充书算人役攒造，立石永为定规，拟合给帖付照，以便收取。为此，帖仰各里各排花户，各照户内实在丁米数目，悉照新例议贴银两，照数敷付应役之人，以便攒造黄册。里排毋得阻挠，花户毋得短措，如有顽梗抗违，不行津贴者，许现役册书指名呈县，以凭拘究。朋役造册、解册，决不轻贷。须至帖者：

计开

每名照议定例，本甲并花户共贴银一百两整。

右帖给十一都一图册书吴鸿蛟。　　　准此。

康熙元年二月初二日给

帖（押）

然而，清初黄册的攒造已纯属具文，因其繁费无益，而于康熙七年（1668）终于下令停止。凡攒造黄册，康熙"七年题准，直省钱粮，每岁终巡抚造送奏销册一本，开载地丁款项数目；又造送考成册一本，开列已完、未完分数；又五年编审，造送增减丁口册籍，立法详尽。其每十年一造黄册，繁费无益，停止攒造"①。康熙《无锡县志》亦载："国朝定鼎以来，惟顺治十三年丙申攒造一次，解至京师，合京省之册堆积如山，徒费民脂，究归无用。康熙五年丙午，又应轮造，科臣疏题，奉文停止。自此遂省民间烦费，真革弊厘奸之大端也。"②

从上述记载中还可看出，清初在攒造黄册的同时，也实行了五年编审之制。十年一造册，五年一编徭，明代业已实施。"故事，里甲应各办之次年，即金均徭，民颇病其数。天顺中，改为上下五年，名曰两役。"③ 嘉靖时，浙江按察司佥事郑元韶"请以五年一编徭役，著为令"④。等等。

---

① 康熙《大清会典》卷二四，《户部八·赋役一》。

② 康熙《无锡县志》卷二七，《户口》。按，作为十年一大造的赋役黄册在清初虽已停止，清代仍有冠以"黄册"名称的各种官文书。清代黄册已与明代赋役黄册的性质不同，但应用范围很广。凡因事缮造文册随题本进呈御览者，因其册之封面概用黄色，统称黄册。诸如钱粮报销，营建工程等等，主要用于经济财政报销方面。又，清代宗人户籍簿亦称黄册。

③ 《天下郡国利病书》原编第二二册，《浙江》下，引《海盐县志·食货篇》。

④ 康熙《松江府志》卷三四，《名宦》。

　　然而，明代始终是以十年大造黄册为其基本赋役制度的，五年编审之制，乃是由黄册制度衍生出来的，从整体上看，它仍属于黄册制度之内。而清初的五年编审之制，则是继黄册制度正式废除之后，作为当时一项基本的赋役制度而实施的。

　　如果把清初的编审与明代的黄册大造相比，则不难看出，二者既有承继的一面，又多有不同之处。

　　清初编审的主要内容，仍是人丁与土地两大项，其所造册籍格式，亦以旧管、新收、开除、实在四柱式登载。如《乾隆元年休宁十三都一图编审红册》（参见图版十三）① 载：

　　　　肆甲一户　汪酉益　　　　　　　的名
　　　　　旧管
　　　　　　成丁贰口
　　　　　　　田税壹拾陆亩玖分叁厘捌毫伍丝壹忽
　　　　　　　地税叁厘　　　　折实田税贰厘贰毫壹丝肆忽
　　　　　　　山税无　　　　　折实田税
　　　　　　　塘税无
　　　　　　　共折实田税壹拾陆亩玖分陆厘陆丝伍忽
　　　　　新收
　　　　　　　对明 田玖分柒厘　师字壹百肆拾壹号　土名下渡头门
　　　　　　　　　　口段　买本甲汪懋隆户 对同

　　　　　　　对明 田玖分捌厘　芥字贰仟叁拾贰号　　土名仁安塘
　　　　　　　　　　买本甲汪懋隆户 对同

　　　　　（下略）
　　　　　开除
　　　　　　　对明 地壹厘　芥字肆千贰百陆拾贰号　土名溪口中
　　　　　　　　　　街　　卖本甲汪懋隆户 对同
　　　　　实在

---

① 上海图书馆藏 563360—61 号。

　　　　成丁　　　　　　（红批）加一丁
　　　　田税
　　　　　　地税　　　　折实田税
　　　　　　山税　　　　折实田税
　　　　　　塘税
　　　　　　　　　　共折实田税贰拾贰亩捌分贰毫叁忽

再如《清初二十七都五图三甲税粮编审汇编》中所载：

　　一户　朱学源
　　　康熙二十年册
　　　旧管
　　　　　田（略）　　　地（略）　　　山（略）　　　塘（略）
　　　新收
　　　　　男字一千七百八十号　小坞口　田五分二厘　买本都二
　　　　　图三甲朱元亨户
　　　　　……
　　　　　效字二千三百五号　上园　地二厘七毫六丝〔买本甲〕
　　　　　刘忠户
　　　　　……
　　　　　必字六千一十号　周坞鹑头尖　山七厘　买十一都三图
　　　　　七甲金三瀛户
　　　　　……
　　　开除
　　　　　效字一千五百六十一号　饭罗坞口　田九分九厘六毫
　　　　　〔卖本甲〕李福户
　　　　　……
　　　实在
　　　　　田四十一亩八分四厘六毫八丝七忽
　　　　　地一百三十二亩三分一厘五毫三丝一忽
　　　　　山一百二十三亩五分九厘九毫
　　　　　塘一亩四分九厘五毫

共折实田一百六十八亩三分五毫九丝五忽

此外，清初编审，亦设里甲书算等职役，可以看出仍是通过里甲组织来进行的。康熙时刊刻的《编审事宜》叙及浙江编审时说："各里之有里书，经管推收造册，此不可少之役，各省攸同也。"①

而清初编审与明代黄册大造之不同亦很明显。

从内容来说，黄册以人户为主，每户均载有户籍、户等，以及其在里甲中的职役等，以作为其被征调赋役的依据。而清初编审册一般不载这些，只载人丁几口。特别是清初人丁的编审原则各地很不相同，有按等则编审的等则丁统计法，有按户编审的户丁统计法，有量田计丁的田丁统计法，有以田赋折丁的粮丁统计法，还有朋丁统计法等等，五花八门，不胜枚举。由于人丁多是折算而来，所以最后得出来的往往并非整数，常带有"分"、"厘""毫"等尾数。这样，清初编审之人丁，与明代黄册上登载的人丁，二者已属不同概念。黄册上登载的人丁，分为成丁与不成丁等，其主要目的是为了服徭役，是力役之征的丁；而且，又因黄册兼有户籍制度之属性，故其上还载有妇女大小口等，所以，黄册上登载的丁仍是一种人口单位。而清初编审之人丁，则是一条鞭法实行之后，丁差已主要变为银差，并且南方业已斟酌田亩而编丁，"因米添丁"，即所谓丁寓于田，丁乃是一种银差核算单位，而不属于人口单位了。

事产方面，黄册除了登载土地之外，还载有房屋、头匹（牲畜）、车船等；清初编审册籍中所载则只有土地一项，并且将田地山塘最后一律换算成"折实田"亩的数字。明万历之后，黄册所载虽已改用税亩制，但田地山塘仍分别登载，而各自核算其税粮。编审册籍中登载的田地山塘，最后则都变为折实田而统一核算其折色银两。所谓折实田，即是将地、山、塘等的土地面积，各按一定的比例而均折算成相应的田的亩数。例如，据康熙五年（1666）休宁县《赋役全书》②所载资料，其折算比例如下：

类别	田一亩	地一亩	山一亩	塘一亩
折实田	一亩	七分三厘八毫	二分二厘一毫	一亩

---

① 康熙《编审事宜》，安徽省图书馆藏。
② 安徽省图书馆藏。

而徽州府歙县的折算比例又有所不同①:

类别	田一亩	地一亩	山一亩	塘一亩
折实田	一亩	五分六厘一毫	四分三厘四毫	一亩一分九厘一毫

"尽折实田一则起科，是税亩有定式矣。"② 编审册籍中最后以折实田统一核算，则为税粮的征收变为折色银两、一条鞭法的彻底实施提供了条件。

此外，清初的编审一般是五年为期，与明代黄册的十年一大造也是不同的，等等。

总之，清初的编审在形式上与明代的黄册大造有相同之处，二者明显有承继的一面，但在实质上，二者又有更多的不同之处。其所反映的，正是明末清初中国封建社会赋役制度史上的一次深刻变革。

不过，在从明万历前后一条鞭法开始实施，到清雍正时摊丁入亩正式实行这一改革过程中，在从明代黄册制度的以人户为本，以力役之征为主，到清代的一条鞭法的彻底实行，基本废除以人身为直接奴役对象的封建徭役这一历史变革中，清初的编审制度仍属一种过渡性的举措。

如上所述，清初的编审之制，从实质上说，已与明代的黄册制度有很大不同。如其人丁编审，皆变为丁银之征，并已斟酌田粮编金。史载："国家定为五年一编审之令，稍得以视其税粮之高下，而酌其户口之登耗，庶几丁役可均。"③ "夫今之编审，皆因米添丁，则已计田矣。"④ "我国家爱民如子，恐民力不齐，贫户丁钱不能时输，乃酌盈剂虚，视地缓急，稍均丁于地，以纾丁困。"⑤ 然而，在清初实行的编审制度中，丁与粮仍是分开的，丁自为丁，粮自为粮，尚未完全做到丁随粮行，地丁合一。

---

① 据乾隆《歙县志》卷五，《食货志上·赋役·田赋》所载资料。
② 康熙《休宁县志》卷三，《徭役》。
③ 《清经世文编》卷三〇，《户政五》。
④ 同上。
⑤ 同上。

　　国家编审之令，丁自为丁，粮自为粮。粮固随业推收，无可易者。而至于丁之多寡不一，未尝如秦人虐政。……复于田税外，校其浮财物力，以为轻重，第于编审之年，有司稍以粮之损益而均其丁。其间有不能无轻重者，犹冀五载一编，通检贫富，斟酌行之。①

　　正由于编审之中丁与粮是分开的，就丁论丁，仍存在独自编审这一环节，因此，在实际编审过程中，即如黄册攒造一样，而弊病百出。"或粮数石而一丁，或粮十数石而二三丁，或粮数升而一丁，甚或无粮而有丁，或有粮而无丁。推原其故，总由积书上下其手，富者巧于贪缘，因之粮多而丁日减，贫者无力周旋，因之粮少而丁日增。"②"吏胥经手，因缘为奸，增新丁则放富升贫，除故丁则移甲换乙，百弊丛生，莫可究诘。然则五年编审，特为若辈舞文渔利之期。"③ 在徽州府休宁县也是如此。康熙时休宁知县廖腾煃说：

　　　查休宁县康熙二十年编审，只增人丁九丁，增银一两六分零。康熙二十五年编审，只增七丁，增银八钱二分零。不知计利甚少，而贻害无穷者也。查休宁一轮编审，册里即纠合里下，科敛各图出钱，大图十两，小图八两，共计二百二十图，计银不下二千余两，名曰公堂礼，以送县官。又每图向例，举报书算二名，一图十甲，一甲之内约二十余户，册里按户索钱，名曰册里礼。及报上名，又派出上下使用规礼，或十六两，或二十两不等，名曰造册礼。种种弊害，言不能尽。计五年编审一次，民间约费万金。④

　　至雍正、乾隆时期，随着保甲制的普遍实行，即有停编审行保甲之议，雍正四年（1726），直隶总督李绂上"请改编审行保甲疏"，其中说："第每逢编审之岁，民间派费甚多。有里书、里长之费，有州县造册之费，有院司道府吏书纸笔之费，有部册之费，有黄绫纸张解册诸费，悉向里户公派，迫索甚于丁粮。各省皆然，而直隶尤甚。臣查直隶丁银，业已照粮

①　《清经世文编》卷三〇，《户政五》。
②　同上。
③　同上。
④　《海阳纪略》卷下，《为条陈编审并各款通详两院文》。

均摊，是编丁之增损，与一定之丁银，全无关涉，而徒滋小民烦费，似宜斟酌变通。"① 而在康熙五十一年（1712）议准"滋生人丁，永不加赋"，以及雍正七年（1729）前后实行"摊丁入亩"，即完全实行一条鞭法和地丁合一的条件之下，编审制度已丧失了其历史职能和作用，乾隆三十七年（1772），清政府宣布"嗣后编审之例，著永行停止"②，编审制度终被废止。

关于清代实行的编审制度，还有一个问题应提及的是，一般文献记载和有关著述论及编审，多只言人丁编审。那么，清代编审制度的内容到底有哪些呢？对此，尚需再作一点探讨。

黄六鸿在《论编审》中说："编审之时有二，一在十年大造，将钱粮户口攒造黄册，进呈御览，所以重民数也。一在五年均役，清核丁差，所以苏民累也。今黄册停造，惟五年均役，直省遵行无异。夫均之事亦有二，一田与役并均，一专均役而不均田。"③ 这里所言编审时有两种情况，一是"田与役并均"，一是"专均役而不均田"，即编审中确实存在专门审丁而不核田的做法，但总的来说，编审是既审丁又核田，对土地赋税的审核推收也是编审的主要内容之一。

遗存至今的文书档案可确凿地证明这一点。中国社会科学院历史研究所藏《康熙三十九年浙江遂安县张宗王收税簿》④ 一册，封面题"清康熙三十九年　月吉旦　收税簿"；扉页又题："十七都三图九甲张宗王收税簿"，标题四周刻印双线框，"都"、"图"、"甲"、"收税簿"等字亦均为刻印字体，其余字为墨迹填写。标题处及册页间均钤满汉合璧"遂安县印"。册内首载康熙三十九年遂安县为编审届期、置造推收册簿而发布的一个告文，其文如下：

　　遂安县为编审届期等事，康熙三十九年九月二十五日蒙本府正堂加一级蒋信牌，九月二十三日奉布政使司加二级赵信票，康熙三十九年九月十七日奉巡抚都察院加五级张、总督福浙部院郭宪票，前事行司到府转行仰县查照宪行及来文事理，文到即将康熙四十年编审一应

---

①　《清经世文编》卷三〇，《户政五》。
②　《清高宗实录》卷九一一，乾隆三十七年六月壬午条。
③　《清经世文编》卷三〇，《户政五》。
④　中国社会科学院历史研究所藏 1000187 号。

事宜，遵照前届定例，均田均役，毋任豪强诡寄，里胥作奸，隐漏差徭，紊乱成规等因。蒙此合就□□□□仰　　都　　图里书，即便置造推收册簿，遵照宪行，颁发三连收付报单付里，务要验明业户税过原契，开列田地山塘鱼鳞字号、土名、坵段数目，填入付单收里，查照付单填明收单，业户将单报县，收付明白，毋许舛错隐漏，朦混推收。各照单登填簿内，送县以凭查核，发造底册，转解施行。须至簿者：

右　　　置　　　簿

康熙三十九年　　　月

县（押）　　　（钤"遂安县印"）

其次所载，即为张尚宗户所收各号田土的具体情况，格式如下：

一　收田一亩二分，系　　字　　号，土名后塘蒙正塘下，买到本都本图十甲张义和户，东至　西至　南至　北至

其中"张义和户"处钤有该户"会同讫"条形小红印。其他所收各号田土，亦均钤有原卖主各户"会同讫"条形小红印。

该告文中所言"付单"、"收单"，安徽省图书馆藏《编审事宜》①（言康熙浙江编审事）中即载有其样式。兹录付单文字如下：

某　县　过　付　单

某县为编审事，今于本月　　日　据本图几甲产户某，将户内后开号产推付与某都某图几甲某名下，照数照号收户办粮，不得隐漏。过付是实。

计开

一　付田若干　　某字几十几号

一　付地若干　　某字几十几号

一　付山若干　　某字几十几号

一　付荡若干　　某字几十几号

---

① 安徽省图书馆藏2：38567号。

　　一　付基地若干　　某字几十几号
康熙某年某月　日　　　某都某图里书某　　　押
　　　　　　　　　　　某甲册书某　　　　　押
县

　　该书同时载有"某县回收单"、"某县过付存查单"、"某县回收存查单"等式样。以上这些均为当时浙江编审推收时所使用的各种文书。而在徽州文书中，亦遗存有同类的编审文书。如《康熙五十年休宁县清查诡寄飞隐业税单》①，其文如下：

　　　　休宁县正堂庄，为编审为经国之要务等事。为照编审乃增丁均赋大典，上届编审之后，民间买卖田地等业，自应乘时尽数推收明白，以均徭役，以杜诡寄，合行给单填报。为此，单仰该户即将买卖过税亩，按照字号、土名、税亩、实价，逐一自行填注单内，同印契限日内交与册役，汇齐缴县查核。至于诡寄地亩，隐漏税契，与受同罪，新例甚严。凡从前无知误为诡寄隐漏者，乘此编审之际，急为推收明白，各自立户。如敢仍前欺隐，察（查）出告发，田业入官，按律究拟不贷。须至单者：
　　　　计开
　　　　收入己户办粮，并无隐漏，收单是实。
　　　　右单给　　　　户　　准此
　　康熙五十年　　　　月　　　　日给（钤"休宁县印"）
　　县（押）

　　以上诸文书言及编审时，或称"均田均役"，或称"增丁均赋"，可见清核人丁与推收钱粮仍是清代编审的两大内容，并无疑问。
　　那么，清代编审所编造的册籍又有哪些呢？就徽州地区来说，其大致有编审红册、推收册、实征册等。这从《海阳纪略》中的有关记载即可看出，该书所收《禁革编审陋规示》中载："一革，向例民间买业，每一号科征色税银一钱二分，照红册推收号数查征，约计科银千有余两。本县一

①《徽州千年契约文书》清民国编第一卷。

概屏绝，并不扰累，合宜凛遵。……一革，每图册里向例，送红册编审，派送经承常礼银一两六钱，又交领实征册常礼银一两六钱，又领推收册常礼银一两二钱，又领审过红册常礼银八钱，又送经承赟见礼银一、二两不等。"① 编审红册又称"丁口税亩编审红册"，为各次编审所造正册，其上所载，以户为纲，各户之下既登丁口数目，亦载税粮推收。前引《乾隆元年休宁十三都一图编审红册》及《海阳纪略》所云"照红册推收号数查征"，即是证明。中国社会科学院经济研究所亦收藏有一批清初的编审红册，如《乾隆二十六年休宁县编审红册》等。推收册则主要登载各户田土买卖推收事项，仍以四柱式核算，其上亦载有丁口数目。而实征册，除以四柱式登载各户丁口、税亩外，还详细载有其该征各项税粮银两。如中国社会科学院历史研究所收藏的休宁县编审实征册一册，原题《十八都三图九甲收税归户实征钱粮清册》②，册中叶永清户实在项下载：

> 实在
> 　成丁三口　银三钱五分五厘四毫六丝七忽
> 　　　田一十三亩七分九里四毫九丝一忽
> 　　　地七亩二分二厘三毫
> 　　　山六分
> 　　　塘一分一厘五毫
> 　共折实田一十九亩三分七厘三毫八忽
> 　该征钱粮银一两三钱七分七厘七毫七丝九忽九微
> 　　　漕项银五分一厘七毫三丝九忽一微
> 　　　南米二斗五升四勺一抄
> 　　　黄豆一升三合八勺二抄

从这里可以看出，清初编审册所征税粮已是以银为主，而明代黄册所征始终是麦米为主，二者之变化与不同，颇为明显。这正反映了明末清初赋役制度乃至社会经济方面的变革。

---

① 《海阳纪略》卷下，《禁革编审陋规示》。
② 中国社会科学院历史研究所藏7001430号。

二　里甲变迁

明代的里甲制是因黄册制度的实施而建立起来的，随着黄册制度的衰败，里甲制也发生了深刻变化。但在清初，里甲制度依然广泛存在。其根本原因之一，即是清初实行的编审制度的需要。清初的编审制度乃是在里甲组织之下运作的。

里甲在清代多称图甲，为清初编审人丁与税粮的基本单位。"以阖县之都图里甲，合都图里甲田粮之数而均分之，使衰多益寡，无偏多偏少之弊。盖粮由产派，差照粮行。粮之数定，而差亦于是定焉，亦无畸轻畸重之虞。"① 这就是均田均役，即清代编审的主要做法。从遗存至今的清代编审文书来看，其各种册籍亦均是按图或按甲编造的。如前引中国社会科学院历史研究所藏休宁县编审《十八都三图九甲收税归户实征钱粮清册》②，其不仅载有各户的丁口税粮，而且一开始还登录"甲总"：

九甲总
　实在
　成丁二十口　银二两三钱六分九厘七毫八丝
　　　　田九十七亩二分五厘四毫九丝二忽
　　　　地五十五亩九分三毫八忽
　　　　　　　　折田四十一亩二分五厘六毫四丝七忽
　　　　山一亩五分五厘
　　　　　　　　折田三分四厘二毫五丝五忽
　　　　塘九分三厘六毫
　共折实田一百三十九亩七分八厘九毫九丝四忽
　该征钱粮银九两九钱四分一厘六毫一丝八忽四微
　　　　漕项银三钱三分三厘三毫三丝二忽九微
　　　　南米一石八斗六合六勺六抄四撮
　　　　黄豆九升九合六勺九抄七撮

① 《清经世文编》卷三○，《户政五》。
② 中国社会科学院历史研究所藏7001430号。

里甲不仅是编审的基本单位，更是编审之役的实际执行者。一里之中，业户贫富不同，田亩多寡各异，官司岂能家至户询，而不得不假手于里书，取裁于公正。编审之际，官府总掌大要于上，里甲具体承办于下，乃是势所必然。

里甲中主持编审一事的主要是里长、里书，或称册里、册书。其中里书一职至关重要，实握各里编审大权。"窃念均田均役，久奉宪行，其如所定捆束，皆由图蠹把持，图书掌握。"① "向例每里设立里书一名，专管本里田亩推收造册。"② "江浙各县，每于经制吏书之外，每里各有册书一名，或号里书，或称扇书，专司书算，似不可少。然此辈智昏于见金，术工于舞弊，乘今大造之时，每人各出顶首银若干，买定里区。至造册之弊，移甲换乙，漏富差贫，即前花分诡寄之弊，皆出其手。"③

徽州地区亦是如此。徽州文书遗存的《康熙二十四年休宁陈含可等卖田赤契》，附有"业户收税票"与"业户割税票"④，从其中所载即可看出册里的作用：

业 户 割 税 票

　　休宁县为推收过税事，据　　都　　图　　甲业户（空缺），买到　　都　　图　　甲户丁　　名下业价契文，已经税印，合给印票，付业户执赴该图图正，照契金业归户。仍赴册里推收，核入实征，业户自行纳粮当差，不得隐漏。敢有不行税契，无此合同印票，私相推收，不纳税粮者，查出依律究治，决不轻贷。须至票者：

　　康熙　　年　　月　　日给

县

《清初二十七都五图三甲税粮编审汇编》这一文书中，每页均钤条形小红印，印文为"二十七都五图册书金正茂印"。据清初《休宁县新丈都

---

① 《清经世文编》卷三〇，《户政五》。
② 安徽省图书馆藏《编审事宜》。
③ 《清经世文编》卷三〇，《户政五》。
④ 《徽州千年契约文书》清民国编第一卷。

图字号乡村地名便览》① 所载，金正茂又是二十七都五图第十甲的排年里长。徽州地区自明代以来，既有里书、册书，又有册里。所谓册里，本是各里第十甲排年里长，而第十甲排年，皆值大造之年，于是专管造册，或又称册年里长。其中不少里分，里书以及平时钱粮推收等，皆由册年里长兼管。二十七都五图的情况即是如此。

还应指出的是，里书或册书一职，多系世袭，故此辈熟知里甲情况，而成为其作弊的一个条件。"据嘉善县申称，里长犹十年一换，册书则祖父相仍。其图内之孰强孰弱，悉知也；某田之孰肥孰瘠，悉知也；某可欺隐，某可摊赔，悉知也。老奸辣手，上下挪移飞洒，挖塘匿田漏赋，无所不致。即严刑之下，不吐分毫。"②

此外，清初催征钱粮，清丈土地等等，亦均为里排与里书之责。如众所知，继明末之后，清初保甲组织兴起扩大，制度亦趋完善。但各地多呈里甲制与保甲制并行的局面。里甲组织仍广泛存在。其在社会经济方面仍发挥着主要作用。保甲制取代里甲制，乃是清代中期以后的事情。而在徽州地区，其时间更晚。

另一方面，在明末清初中国封建社会赋役制度发生重大变革这一背景之下，里甲制度本身也随之出现了深刻变化。清初里甲与明代里甲之不同亦十分明显。

其最突出的一点即是，清代在江南不少地区已实现了按田编里，而不再是按户编里了。如前所述，明代黄册制度所实行的里甲制，乃是以人户为中心，以田从人，原则上每一百一十户编为一里，每里分为十甲，每甲由一里长户统十甲首户；十年之内，自第一甲至第十甲，挨次轮流应役。每逢大造之年，即预先编定各里甲人户及其应役顺次，造为册籍，是为黄册。其后即以黄册为基本依据而征调赋役。在明代之前，几千年来中国封建社会所实行的赋役制度的根本原则，一直是所谓有田则有租，有身则有役，历代相承，皆循其旧。这种赋役制度实质上是建立在对人身直接奴役的基础之上，以人身奴役为主。明代黄册制度即是这种以人身奴役为主的封建徭役制的延续。然而，到了明清时代，中国封建社会经济已经发生了很大变化。社会经济的发展变化与以人身奴役为特征的封建徭役制之间的

---

① 安徽省图书馆藏 2：38589 号。
② 安徽省图书馆藏《编审事宜》。

矛盾，愈加突出。黄册里甲采取十甲轮流应役制，须把人户牢固地束缚在土地上，须以里甲间人户经济实力的均衡和稳定为前提。而明代土地私有发展扩大，造成了人户间占有土地的巨大差别；土地买卖更加频繁，致使人户的消长与贫富处于经常的变动之中。沧海桑田，变化无常，里甲编制均衡的被打破不可避免。特别是工商业的发展，更为人口的流动提供了客观条件，并使赋役的纳银化成为可能。到明代后期，黄册里甲制的种种弊病暴露无遗。在江浙一带社会经济发展较先进的地区，已出现了实行"照田编里"、废除按户编里的主张与改革，呼声很高。这种均田均役的改革，当然受到保守势力的百般阻挠。直到清初，按田编里才真正实现。

按田编里，亦称"均图"，如松江地区，其具体做法是，"先将该县田地，通盘打算，均分若干图，每图应均准熟田若干亩；一图分立十甲，每甲应准熟田若干亩。无论绅衿役民，一并照田编甲。则田必入图，图无亏田"①。在湖南益阳县，"国朝顺治十五六年大造均图归户。后因节年开垦，各里有多有寡，康熙二十一年复造图册，以期均平。至五十年，废甲编区，区不限粮，而民始称便矣"②。按田编里的实施，无疑表明黄册里甲制的性质发生了根本变化。

当然，清初仍有很多未实行按田编里的地区，如徽州等地。即使在这种地区，里甲制也发生了很大变化。如果将清初二十七都五图三甲的情况，与明万历时期该图该甲的情况作一对比，即可看出其间的变化与不同。请看表31。

表31　　　　　　　　明末清初二十七都五图三甲情况对比表　　　　　土地单位：税亩

年　份	里长户		甲首户		其他人户	
	户数	土地类计	户数	土地类计	户数	土地类计
万历十年	1	305.0825	10	59.4893	4	11.992
万历四十年	1	502.50186	10	99.73588	4	33.68755
顺治八年	1	302.1327	9	71.00556	29	599.39487
康熙十年	1	286.63038	10	228.79859	31	994.54634
康熙四十年	1	286.19458	11	316.38699	41	1374.93757

---

① 《清经世文编》卷三〇，《户政五》。
② 同治《益阳县志》卷五，《田赋志一》。

明万历十年（1582）二十七都五图三甲共有 15 户，合计占有土地 376.5638 亩，如表 31 所示，其中有里长户 1 户，占有土地 305.0825 亩，占该甲土地总数的 81%；甲首户 10 户，占有土地总计为 59.4893 亩，占该甲土地总数的 16%；其他人户 4 户，占有土地总计为 11.992 亩，仅占该甲土地总数的 3%。可以看出，该甲人户仍是按明代的里甲制的规定，主要是由一里长户与十甲首户构成的。至万历四十年（1612），这种情况变化不大。

清顺治八年（1651），该甲人户增至 39 户，合计占有土地 972.53313 亩，其中有里长户 1 户，占有土地 302.1327 亩，占该甲土地总数的 31%；甲首户 9 户，占有土地总计为 71.00556 亩，占该甲土地总数的 7%；其他人户 29 户，占有土地总计为 599.39487 亩，占该甲土地总数的比例已上升到 62%。

至康熙四十年（1701），二十七都五图三甲人户已增至 53 户，合计占有土地 1977.51914 亩。而据《万历十年大造二十七都五图黄册底籍》① 所载，当时该图实际共有人户 152 户，合计占有土地 3209.2191 亩。二者相比，康熙四十年三甲一个甲的人户数字，已达万历十年该图全图户数的三分之一；其合计占有土地的数量几近三分之二。可明显看出，其人户数量与规模已大大超过了明代的里甲制。特别是从里甲的人户构成来看，康熙四十年该甲仍有里长户一户，占有土地 286.19458 亩，占该甲土地总数的 14%；甲首户 11 户，占有土地总计为 316.38699 亩，占该甲土地总数的 16%；其他人户 41 户，占有土地总计为 1374.93757 亩，占该甲土地总数的比例达 70%。即，该甲其他人户的数量已为里长户与甲首户之和的三倍多，其合计占有土地的数量也在三分之二以上。这就是说，清初的二十七都五图三甲，已不再是像明代那样，由一户里长户和十户甲首户为主而构成的，大大打破了明代里甲的基本规制。

应指出的是，二十七都五图三甲里长朱学源户，本属该图占有较多土地而又人口众多的一个大户，在明代一直属匠籍。因黄册制度规定，军匠皆不许分户，所以该户在明代，实际上是一个析产而未正式分户、其下包含有众多子户的一个大户。这些子户在经济上是各自独立的。到了清初，

---

① 安徽省博物馆藏 2：24527 号。

这些子户便纷纷"告明分析",正式立户。在二十七都五图三甲编审册中,凡新立户头之下皆注有"告明分析"或"告明立户"字样,从顺治八年到康熙四十年（1651—1701）该册所载告明分析立户者共 36 户,其中绝大多数即原系朱学源户下的子户。告明分析新立的户数,为原有的里长户和甲首户户数的三倍多,前者大大超过了后者。清初二十七都五图三甲告明分析立户的情况见表 32。

表32　　　　　清初二十七都五图三甲告明分析立户情况表

立户时间	顺治八年	康熙十年	康熙二十年	康熙二十五年	康熙三十五年	康熙四十年
户数	22	3	5	2	1	3

当然,以上是仅就二十七都五图三甲的情况而言的。但清初里甲规模的扩大,并非个别现象。从总体上看,康熙以后,各地随着人口的迅速增长,里甲人户增加,乃是不言而喻的事实。或按田编里,或规模扩大,清初里甲虽然广泛存在,但可以说是有里甲之名而无里甲之实了。

三　土地所有与土地买卖

如上所述,《清初二十七都五图三甲税粮编审汇编》这一文书所载,实为清初徽州府休宁县二十七都五图三甲各户,顺治八年至康熙四十年（1651—1701）历次编审税粮推收和实在之汇编。这十次编审的时间分别是:顺治八年（1651）、顺治十三年（1656）、康熙元年（1662）、康熙六年（1667）、康熙十年（1671）、康熙二十年（1681）,康熙二十五年（1686）、康熙三十年（1691）、康熙三十五年（1696）、康熙四十年（1701）。除康熙十年至二十年是相隔十年,其余均为每五年编审一次。册中各户均以四柱式载其历次编审内容。其新收与开除项下所载,即是该户在前五年间的土地买卖内容;而实在项下所载,则是各户在该编审之年实际所有的土地数字。其中分列田、地、山、塘各类田土税亩的具体数字,最后则有该户全部土地折实田的一笔总计数字。以下,据该册所载资料,对清初二十七都五图三甲业户的土地所有与土地买卖作一统计与分析（参见表33）。

表 33　　　　　清初二十七都五图三甲业户占有土地总额分类表　　　　单位：折实田

业户占有土地类别	顺治八年				康熙六年			
	户数		面积（类计）		户数		面积（类计）	
	实数	%	实数	%	实数	%	实数	%
0—5 不满	6	15	8.48631	1	5	13	7.74262	1
5—10 不满	3	8	19.59277	2	1	2.5	5.00534	1
10—30 不满	25	64	469.81386	57	19	49	338.1086	31
30—50 不满	4	10	152.83748	19	9	23	356.25534	33
50—100 不满	0	0	0	0	4	10	219.87727	20
100 以上	1	3	170.4446	21	1	2.5	155.09181	14
总　计	39	100	821.17502	100	39	100	1082.08098	100

续表

业户占有土地类别	康熙二十年				康熙四十年			
	户数		面积（类计）		户数		面积（类计）	
	实数	%	实数	%	实数	%	实数	%
0—5 不满	4	8	12.61286	1	7	13	14.36123	1
5—10 不满	6	13	47.07665	3	5	9	38.79125	2
10—30 不满	21	45	491.69296	32	20	38	441.53228	25
30—50 不满	9	19	371.62101	24	11	21	449.74938	26
50—100 不满	5	11	331.62789	22	9	17	638.72298	37
100 以上	2	4	270.54742	18	1	2	156.54623	9
总　计	47	100	1525.17879	100	53	100	1739.70335	100

从表33统计的各项数字可以看出，清初二十七都五图三甲业户的土地所有情况有如下特点。

首先，随着里甲人户增加，该甲业户占有土地的总量呈不断增长的趋势。表33所列各项土地数字，均是以"折实田"为单位而统计的，如果按田、地、山、塘税亩为单位统计，上表中所列各年份二十七都五图三甲业户占有土地总计则依次为，顺治八年（1651）：972.53313 亩；康熙六年（1667）：1258.68144 亩；康熙二十年（1681）：1747.70858 亩；康熙四十年（1701）：1977.51914 亩。这些统计数字，十分清楚地告诉我们，从顺治八年到康熙四十年，二十七都五图三甲业户占有土地的总量一直在持续增长。康熙四十年该甲的土地总计已是顺治八年的二倍多。如果与明万历时期相比，这一趋势则更为明显。万历十年（1582）该甲只有人户15户，占有土地总计为376.5638亩，其中有5户属于根本没有土地的无产户。而至康熙四十年该甲业户已有53户，占有土地总计达1977.51914亩，已是万历十年的五倍多。

其次，该甲业户各阶层的土地占有结构亦有所变化。万历时期该甲占有的土地，主要为里长户和甲首户所有，占90%以上；而其中又以里长朱学源户所有的土地为最多，占80%以上。至清初，从顺治八年到康熙四十年，里长朱学源仍是该甲占有土地最多的一户，但从表33的统计来看，其在该甲业户所有土地总量中所占的比例，则降为20%—10%左右，到康熙四十年，只占9%。而其中占有10—30亩土地以及30—50亩土地的业户，即自耕农和小土地出租者，这一阶层所有的土地在该甲土地总量中所占的比例甚高，顺治八年占75%，康熙六年占64%，康熙二十年占56%，康熙四十年占51%。如上所述，该甲清初有一批告明分析新立户者，其占有10—50亩土地的业户，即多属于这些新立户者。顺治八年至康熙四十年（1651—1701）二十七都五图三甲新立户者的土地占有情况见表34。

从顺治八年至康熙四十年，二十七都五图三甲新立户者计36户，关于其占有土地的情况，如表34所示，除有2户在10亩以下，2户在50亩以上之外，其余32户占有土地的数量均在10—50亩之间，其中多数为自耕农或小土地出租者，当属无疑。

表34　　　　清初二十七都五图三甲新立户者土地占有情况表　　土地单位：折实田

占有土地类别	顺治八年		康熙十年至四十年	
	户数	面积（类计）	户数	面积（类计）
0—5 不满	0	0	1	4.88538
5—10 不满	0	0	1	9.9442
10—30 不满	18	367.03336	5	93.6433
30—50 不满	4	152.83748	5	198.80747
50—100 不满	0	0	2	153.28714
总　计	22	519.87084	14	460.56749

　　二十七都五图三甲业户土地所有增长的主要手段，即是土地买卖。该编审册中所列新收与开除项下，详细登载了各业户一笔笔土地买卖数字。每笔均载有田土字号、土名、田土类别、土地面积、卖主所在都图及户名等。表35、表36、表37所列，即是据该编审册所载资料而统计的二十七都五图三甲业户土地买卖情况。

表35　　　　　　　清初二十七都五图三甲业户买入土地统计表　　　　单位：税亩

编审年份	总计	田	地	山	塘
顺治八年	84.3395	76.5682	3.0603	4.655	0.056
顺治十三年	117.601	101.8658	12.6442	3.036	0.055
康熙元年	174.09445	148.26	20.3084	5.30685	0.2192
康熙六年	67.07129	47.85375	4.7198	14.31314	0.1846
康熙十年	278.73567	257.05706	12.28861	8.79	0.6
康熙二十年	457.43155	374.76957	32.55334	48.03764	2.071
康熙二十五年	215.57371	182.54039	19.1026	13.71417	0.21655
康熙三十年	122.76097	100.03837	12.4634	10.0592	0.2
康熙三十五年	106.055	92.7052	10.7708	2.452	0.127
康熙四十年	253.53593	221.57656	16.52151	14.56405	0.87381

表36　　　　　　　清初二十七都五图三甲业户卖出土地统计表　　　　单位：税亩

编审年份	总计	田	地	山	塘
顺治八年	36.1819	23.9634	1.6805	10.338	0.2
顺治十三年	52.1128	49.6367	0.7671	1.635	0.074
康熙元年	16.86639	15.8785	0.66789	0.3	0.02
康熙六年	7.32615	6.34505	0.9781	0.003	0
康熙十年	36.92645	26.1868	8.8285	1.91115	0
康熙二十年	210.49297	195.53169	8.0113	6.77998	0.17
康熙二十五年	230.93853	191.45379	21.41402	17.75817	0.31255
康熙三十年	50.5159	43.2874	6.2358	0.9827	0.01
康熙三十五年	75.357	67.8152	6.6148	0.82	0.107
康熙四十年	111.99525	97.97443	5.22052	8.57	0.2303

表 37　　　　　　　　　清初二十七都五图三甲业户买卖土地比例表　　　　　　　　　单位：税亩

编审年份	顺治八年	康熙元年	康熙十年	康熙二十年	康熙三十年	康熙四十年
所有土地总计	972.53313	1199.45592	1509.97533	1747.79082	1805.3442	1977.51914
买卖土地总计	120.5214	360.67464	390.05956	667.92452	619.78911	546.94318
买卖土地占%	12	30	26	38	34	28

　　表35、表36所统计的，均为清初二十七都五图三甲业户在各轮编审之年的土地买卖情况。除康熙十年至二十年（1671—1681）这一轮编审相隔十年之外，其余各轮编审均为五年。表中所列，即为五年之间该甲业户买入和卖出各类田土及其总计数字。表35与表36相比可以看出，除在康熙二十五年这一轮编审，卖出土地的数量略高于买入土地的数量之外，其余各轮编审该甲业户买入土地的数量，则大大高于卖出土地的数量。一般前者多高出后者数倍。如康熙元年（1662）买入土地为174.09445亩，卖出土地仅为16.86639亩，买入土地为卖出土地的11倍多。又如康熙十年（1671）买入土地为278.73567亩，卖出土地仅为36.92645亩，买入土地为卖出土地的七倍多。不难看出，大量买入土地，正是清初二十七都五图三甲业户土地总量持续增长的主要手段。

　　大量购买土地者，一般多系原来占有土地较多的业户。此外，其中又有不少为新立户者，颇引人注目。据编审册载，不少新立户者在告明立户的编审之年多购买了大量土地。如"康熙十年册，一户朱森玉，告明立户"，买入田43.4637亩，山1.05亩，计44.5137亩。又如"康熙二十五年册，一户朱有光，告明立户"，买入田52.87514亩，地6.3478亩，山10.06717亩，计69.29011亩。又如"康熙四十年册，一户朱宜光，告明立户"，买入田93.17145亩，地0.12657亩，山0.03亩，塘0.231亩，计93.55902亩，等等。这种情况，与万历二十七都五图黄册底籍中所载情形，"本身在外生长，今回置产立户"，即商人回乡置买土地的事例，极为相似。所以可以推知，清初二十七都五图三甲这种短期内大量置买土地的新立之户，恐怕其中多有商人回乡置买土地者。

　　表37所统计的，系以十年为期，累计二十七都五图三甲业户土地买卖的交易量，与同期该甲土地所有总量而进行的比较。其中顺治八年的土

地买卖交易量，为明末崇祯十五年至清顺治八年（1642—1651）这十年间的统计，相比之下，其土地买卖不多，土地买卖交易量占土地所有总量的比例较小。这显然与当时正值明清鼎革之际，时局未定有关。不过，总的来说，明末清初的动乱对徽州地区的影响并不算大。所以，从康熙初年开始，该甲土地买卖即迅速增加，其所占比例亦显著增大，至康熙二十年高达38%，康熙以后平均在30%以上，即占三分之一左右。说明其土地买卖相当频繁，交易颇为可观。

第九章　黄册制度的几个基本问题

前已指出，历来关于明代黄册的研究，多偏重于黄册制度本身的考察。然而，即使关于黄册制度本身的研究，至今仍有不少问题学者之间的看法并不一致，分歧很大。本书前几章在考察有关明代黄册的各种文书的同时，对黄册制度史方面的一些问题亦有所叙及。本章则拟结合有关文献记载与文书档案，对明代黄册制度的几个基本问题，再进行一些探讨。

一　里甲编制原则与图保划分

明代里甲是怎样编成的？它的编制原则是什么？这并非是关于里甲制的一个形式问题，而是有关明代黄册制度的基本问题之一。对此，日本学者曾作了较为深入的探讨。但其看法颇不一致，或认为明代里甲是以人户为单位而编成的，或认为其是在自然村的基础上编成的（请参阅本书第一章）。

其实，关于明代黄册里甲的编制原则，明朝很多史籍中的有关记述是很清楚的，以下再引用几则记载。正德《大明会典》载：

> 洪武十四年，诏天下府州县编赋役黄册。以一百一十户为里，推丁多者十人为长，余百户为十甲，甲凡十人。岁役里长一人，管摄一里之事。城中曰坊，近城曰厢，乡都曰里。凡十年一周。先后则各以丁数多寡为次。每里编为一册，册首总为一图。鳏寡孤独不任役者，则带管于百一十户之外，而列于图后，名曰畸零。①

---

① 正德《大明会典》卷二一，《户部六·户口二·攒造黄册》。

万历《嘉定县志》云：

> （洪武）十四年，诏天下十年一编黄册。以一百一十户为里，推丁粮多者十户为长，余百户为十甲。岁役里长一人，摄一里之事。十年而周，终而复始，故曰排年。①

《天下郡国利病书》载：

> 国初编审黄册，以人户为主。凡一百一十户为一里。里长之就役，以丁数多寡为次。是赋役皆以丁而定，丁之查核安得不明也。后渐参验田粮多寡，不专论丁。②

洪懋德在《丁粮或问》中说：

> 国初之制，以人丁之多少而制为里甲，粮因从之。于是而有版籍之丁，则系以口分世业之田。田有定而丁有登降，田虽易主，而丁不能改其籍。③

此类记载颇多，不再赘述。这些记载很清楚地告诉我们，明初黄册里甲编制的基本原则是"以人户为主"，"以一百一十户为里"。正因为如此，这种以特定户数为原则而编制的黄册里甲，与宋元以来实行的乡村都保制并不一致，二者是有区别的。嘉靖《太平县志》载："国朝洪武中遣官疆理天下，乃去保立都图，特税粮上中下则，仍依各乡之旧。"④ 但实际上，在江南的许多地区，在建置以人户为主的黄册里甲的同时，又不得不保留鱼鳞图册制度所必须实行的以经界地域为主的都保制，二者既有某种交叉，又各自成为系统。因而形成了明代不少地方乡村基层建置的十分复杂的局面。

人们在探究明代乡村基层建置时，经常会遇到这样的问题：不少地方

---

① 万历《嘉定县志》卷六，《田赋考（中）·徭役》。
② 《天下郡国利病书》原编第二二册，《浙江》下，引《海盐县志·食货篇》。
③ 《中国历代食货典》卷一五二，《赋役部》。
④ 嘉靖《太平县志》卷二，《地舆志下·乡都》。

在都之下既有图的建置，又有保的建置，那么，都图与都保到底是怎样一种关系呢？其历史演变情况又如何呢？

如众所知，关于都保制，北宋神宗时实行保甲法，其制以十户为一保，五十户为一大保，五百户为一都保，后改为五户为一保，二十五户为一大保，二百五十户为一都保。分别设保长、大保长、都保正和副保正。实为当时的乡兵组织与乡村基层行政区划。其后或改里为乡、都两级，或都、里并行，或仍维持乡、里之制，各地不一。其中不少地区的乡、都区划，一直延续到后代。那么，明代一些地方的都保区划，与宋元时期的都保制是一种什么关系呢？这种都保，与黄册里甲所建立的都图又是否完全相同呢？有的学者认为："都、保为保甲制的两级单位，与都、图同义。不论民间契约，还是历史文献，保与图都可以通用。"①

其实，明代各地乡村基层建置并不统一，称呼也多种多样。南北方区别很大；即使在南方，各地也不尽相同。明代一些地方的都保区划，与宋元时期的都保制在形式上有某种继承关系，但其内涵又有所不同，已不是保甲制的两级单位。明代一些地方的都保区划与保甲制，二者虽都使用同一个"保"字，却是两种不同的概念，不可混淆。而明代黄册里甲建立的都图（图即里），更与都保有别；其都保建置乃属于田土经理系统，主要源于南宋土地经界实行的都分十保之制。"都统保，大率十"②。明初开始直至明代后期，在江南不少地方同时存在的都图与都保，实为两种不同的地方建置。图与保，二者既有某种交叉，又各自成为系统，区别十分明显。

嘉靖《浦江志略·疆域志》载：

> 大明洪武十有四年，定图籍，隶于隅都。民以一百一十户为一图，共图一百六十有六，每图设里长一人，十年一役。……
>
> 都分十保。县共三十都，每都设都长一人。每都各分十保，设保长一人，专管田地山塘古今流水、类姓等项印信文册，防民争夺。

其下又载：

---

① 张传玺主编《中国历代契约会编考释》（下），北京大学出版社1995年版，第713页。
② 《苏平仲文集》卷六，《核田记》。

浦江地袤百里，以县统乡，以乡统都，以都统图，如身使臂，臂使指，势联属而民用一矣。不但是也，保分矣，而经界之法不紊；区画矣，而税粮之责有归。分画之详，维持之密，即古者井邑丘甸之遗制也。①

这里十分明确地告诉我们，明代浦江县于洪武十四年建立黄册里甲以后，在都之下实际上有两种建置系统，一为都图，以人户划分为主，属黄册里甲系统；一为都保，以地域划分为主，属鱼鳞图册系统。兹据该志所载资料，将洪武时期浦江县都图与都保划分情况列表如下（表38）。

表38　　　　　　　　洪武浦江县都图与都保建置情况表

都名	一	二	三	四	五	六	七	八	九	一〇
图数	9	7	4	4	4	5	4	4	4	4
保数	10	10	10	10	10	10	10	10	10	10

续表

都名	一一	一二	一三	一四	一五	一六	一七	一八	一九	二〇
图数	5	3	9	7	9	12	8	8	5	6
保数	10	10	10	10	10	10	10	10	10	10

续表

都名	二一	二二	二三	二四	二五	二六	二七	二八	二九	三〇
图数	4	7	4	5	5	8	2	3	2	1
保数	10	10	10	10	10	10	10	10	10	10

通过表38可以看出，洪武时浦江县各都之下虽均分为十个保，但其所置图数却各不相同，少者仅为一个图，多者达十二个图。这显然是因为，保是以地域为界，而图是以人户划分，即二者的划分标准不同所致。

徽州地区的情况也是如此。关于明代该地都图与都保划分情况，有关方志中虽无明确记载，但从遗存至今的徽州文书中却可看出，如在徽州府

①　嘉靖《浦江志略》卷一，《疆域志·乡井》。

休宁县、祁门县等，明代各都之下亦有都图与都保两种不同的建置，各都之下一般分为十保，系鱼鳞图册的经界区划；而都之下所属各图却为数不等，乃是以人户为主的黄册里甲编制。以休宁县十二都为例，通过遗存的土地买卖文契可知，该都在万历清丈以前，下分十保，其一至十保所属鱼鳞字号分别为黎、首、臣、伏、戎、羌、遐、迩、壹、体等十个字号①。而十二都之下图的建置却只有三个图，后缺第二图，仅为一图和三图②。图与保的建置并不相同。

又如该县十都，中国国家图书馆藏有《明洪武十九年十都六保罪字保簿》一册③，即属休宁县十都六保洪武时期丈量的鱼鳞册，由此可知，明初该县十都六保经理为"罪"字号。簿中还载有如下文字："六保罪字保长，前半是汪克进造，后半是汪士良造。"正可以与前引《浦江志略》中当时保长是专管土地经理的说法相印证。又从遗存的土地买卖文契中可知，十都四保的经理字号为"民"字④。如众所知，宋元以来的土地经理字号均以《千字文》为序。所以，若再联系《千字文》中的原文顺序（……推位让国，有虞陶唐，吊民伐罪，周发殷汤，坐朝问道，垂拱平章，爱育黎首，臣伏戎羌……），以及上述十二都的土地经理字号，即可推知，明初休宁县十都、十一都之下亦均分为十个保。而其图的建置却是，十都：三个图（后缺一图，仅有二图和三图）；十一都：七个图（后缺二、四、五、六、七图，仅有一图和三图）⑤。图与保的建置亦不相同。

明代休宁县共有三十三个都。从遗存的土地买卖文契中可知，明初休宁县三十三都八保的土地经理字号为"尊"字号⑥。而尊字在《千字文》原文中是第三百二十七个字，由此亦可推知，明初休宁县各都之下保的建置，除个别都会有出入外，绝大多数都之下均分为十保，共有三百二十余保。而洪武十四年该县"编户二百四十七里"⑦。图与保的建置之不同，十分明显。

再如祁门县，从现存的土地买卖文契中可知，其九都、十一都各有十个土地经理字号，均分十保。其十都原亦分为十保，因明初析为十东都与

---

① 参阅拙文《弘治九年抄录鱼鳞归户号簿考》，《明史研究》第一辑，黄山书社1991年。

② 万历《休宁县志》卷一，《舆地志·方域》。

③ 中国国家图书馆藏16828号。

④ 《天顺六年休宁县杨元观卖田赤契》，《明清徽州社会经济资料丛编》第一辑，第46页。

⑤ 万历《休宁县志》卷一，《舆地志·沿革》。

⑥ 《成化八年休宁江源卖山赤契》，《明清徽州社会经济资料丛编》第二辑，第449页。

⑦ 万历《休宁县志》卷一，《舆地志·方域》。

十西都，则十东都领上五保，十西都领下五保①。又据土地买卖文契载，明初祁门县五都五保为"水"字②，六都六保为"夜"字③，八都四保为"龙"字④，十二都三保为"章"字⑤，十三都一保为"羌"字⑥，再参考《千字文》所载原文顺序，即可得知，该县五都、六都、七都、八都以及十二都等各都之下亦均分为十个保。而这些都的图的建置却与保的建置大不相同⑦。有关这些都的图与保的建置情况请看表39。

表39　　　　　明初祁门县五至十二都都图与都保建置情况表

都名	五	六	七	八	九	十东	十西	十一	十二
图数	1	2	2	2	2	2	1	2	3
保数	10	10	10	10	10	5	5	10	10

让我们再来看一下有关明代里甲编制的其他一些论述。

吕坤在其《实政录》中指出："有人户之里，有地土之里。人户之里，所谓以籍为定，某里某甲之人也。地土之里，所谓画野分郊，某里某甲之地也。盖古者人里居，田井授，故人地合而为一。今也地在此，居在彼，故人地分而为二。契书所写卖主之里甲，地里甲也；买主之里甲，人里甲也。此处不可不辨。"⑧ 由于明清时代常常是"人地分而为二"，而黄册里甲又是以人户为中心而编制的，即所谓"以籍为定"，故出现了所谓人户之里与地土之里之别。

徐必达《南州草》载："洪武十四年编赋役黄册，其法论户不论田。于是，户均田不均，而欺隐之弊萌生。"⑨ 天启《海盐县图经》载："按里长以人户编金，不取齐于田粮，自是祖宗定制。盖缘黄册各户下明注田粮

① 参阅拙文《徽州府祁门县龙凤经理鱼鳞册考》，《中国史研究》1994年第2期。
② 《弘治八年祁门方宪卖田赤契》，《明清徽州社会经济资料丛编》第二辑，第43页。
③ 《弘治十五年祁门僧人元亨卖山赤契》，《明清徽州社会经济资料丛编》第二辑，第478页。
④ 《万历二年祁门程寿卖山赤契》，《明清徽州社会经济资料丛编》第二辑，第513页。
⑤ 《正统十三年祁门章克余卖山赤契》，《明清徽州社会经济资料丛编》第二辑，第440页。
⑥ 《景泰七年祁门章思锪卖山赤契》，《明清徽州社会经济资料丛编》第二辑，第442页。
⑦ 万历《祁门志》卷四，《乡市》。
⑧ 《实政录》卷四，《治民之道·改复过割》。
⑨ 《南州草》卷三，《奏疏》。

多寡，役轻重照之差拨，政无患不均也。"① 即按人户编佥，以田从人，乃是明代里甲编制的定制。

崇祯《嘉兴县志》载："窃照嘉兴府秀水、嘉善二县，皆自嘉兴县一县分出，盖宣德四年事也。彼时原以户籍分田地，故嘉、秀田地有坐落嘉善界内，即嘉善县田地亦有坐落嘉、秀界内者。又如海盐分出平湖，崇德分出桐乡，各有错壤，二百年来非一日矣。"② 即明代嘉兴、秀水、嘉善等地有名的错壤嵌田问题，其根本原因，乃是由于当初分县时是"以户籍分田地"，即以人户为主编制里甲而造成的。

万历《余姚县志》载："隅都之制，定于洪武二十四年，为里凡三百又二。见《大明一统志》。及观旧乘所称初今里数，又与载在令甲者不同。则虽名为里，实以编户，而非制地也。户有盈耗，故里有损益。"③ 所谓"虽名为里，实以编户，而非制地"，正道出了明代里甲编制的根本原则。

林希元在《与俞太守请赈书》中说："同安五十图，一图十里长，各带十甲，该人一百一十户。……又，赈济只照都图里长甲首，不问寄庄客户。不知里长所辖甲首，各散处外都，近者五六十里，远者一、二日程。"④

叶春及在《石洞集》中亦说："我朝黄册，里一图焉，亦图其户耳。盖人绣错而居，图于东而移于西；田地则星分棋置，千古不易。故人不可以图拘，而田则可以图得也。惟以田而系人，不以人而系田，是以增损出入莫可踪迹。……今彼此殊方，田宅异所，一里之人，目不相识，一甲之田，足不相蹑，欺隐之罪，里长虽同，未尝实以责之，是以弊如牛毛，难数之矣。黄册固尝随里通计封内田地，第有数而无图。"⑤ 叶春及在这里亦言，由于黄册里甲是"图其户"，"以田而系人，不以人而系田"，则人虽同里而互不相识，田虽有数而不落实，遂造成了许多无法克服的弊病，因而他提出了"既图里甲，复图田地"的主张。

《天下郡国利病书》引《镇江府志》所载："国初承兵乱之后，所在萧条。人聚者，地始辟；人稀者，地亦荒。地无主，则丘墟；邑无人，则

①　天启《海盐县图经》卷六，《食货篇第二之下·役法》。
②　崇祯《嘉兴县志》卷九，《食货志·土田》。
③　万历《余姚县志》卷一，《舆地志·隅都》。
④　《林次崖先生文集》卷六，《书·与俞太守请赈书二》。
⑤　《石洞集》卷二，《应诏书四·安民生》。

空城。故州县不得不计户以定里。如江南华亭，大县也，计八百里；四川遂宁，亦大县也，才十四里，皆非其疆界之实数也。邑既计户以定里，故册亦以田而系户。"① 这里说得很清楚，计户定里乃是明代各地编制里甲的一个普遍原则。当然，按户编里的实施，并不仅仅是因为明初兵乱、人烟稀少所致，还有更深层次的原因。

都图里甲与自然村的关系又如何呢？让我们仍以徽州府休宁县为例，看一下《休宁县都图地名字号便览》② 中的有关记载。该书原题"海阳都谱"，清初抄本。所载为明末清初休宁县各都图的建置，所属鱼鳞字号与地名（即自然村落），以及明末至清初的演变情况。从该书所载可知，万历清丈以后，休宁县各图所属只有一个鱼鳞字号，即黄册的里甲编制与鱼鳞图册的字号划分已趋于一致，从而表明，该县自明初以来不同于黄册里甲编制的鱼鳞图册都保区划已被废除。而从其各图所属地名来看，绝大多数图皆属有两个以上的自然村，特别是其中又有同一自然村落分属几个图的，这种情况亦相当不少。兹以该书所载十六都为例，摘引如下：

> 十六都共十三图，缺六、七、八、九、十图。
> 　一　图：牛坑、坑口、大路上、长干塝、前山、率口。
> 　二　图：牛坑、阜上、溪东、长干塝、前山。
> 　三　图：率口、沙淡上、后底田。
> 　四　图：率口、前坑口、长干塝。
> 　五　图：草市、湖容、洪天塘。
> 十一图：率口、井坞。
> 十二图：草市、率口。
> 十三图：下草市、师姑潭、屯溪。

清初十六都各图的建置情况与明万历时期相同，没有变动。通过这里所载可以看出，该都各图所属自然村均在两个以上，其中所属自然村多者如一图为六个，二图为五个。而又多有同一自然村分属几个图的情况，如牛坑、前山、草市均分属两个图，长干塝分属三个图，率口则分属五个

---

① 《天下郡国利病书》原编第七册，《常镇》，引《镇江府志》。
② 中国社会科学院历史研究所藏。

图。既然里图是以一定人户为标准而编制的，一旦拘定数目，必定分析割补，或数村并为一图，或一村分属几图，乃在所难免。

再看一下长江三角洲一带的情况。在长江三角洲水乡一带，明代及清初里图之下多有所谓圩的设置，亦称圩甲。那么，圩甲与里甲的关系又是怎么一回事呢？

据嘉靖《太仓州志》载，所谓圩，乃是"一方之田，不论多寡，周回有沟，沟有堤防者，则谓之圩"①。即，圩本是一种水利设施，为田土分布的一种自然形态，因而圩的面积大小不等。而这些地方的黄册里甲组织亦无例外，仍是按一定人户为标准而编制的，上述同一《太仓州志》即载：

> 按今定户籍之制，必画十甲为一图。图置一里长，差科出焉，其法循编排之格，以周年为限。又合数图为一都，都大者则分上、下区，区置一粮长，租税责焉，其法简（佥）富殷之家，而不限以年。里长者凡有司无远近设之，惟粮长则置于赋多之地。②

也正是因为里甲是按一定人户为标准而编制的缘故，"必画十甲为一图"，所以，在这些地方图之下所属圩的数量则很不相同，有一图下属一圩者，又有一图之下属有三四圩、五六圩，甚至十几圩、二十几圩者。仅以《太仓州志》所载为例，其卷五《乡都》项下，详细载有各图所属田圩字号。例如："中乡，旧崑山惠安乡分置，管都二。东一都，五里，四十圩。十五图，九圩：景、果、可、帝……；十六图，十七圩：糜、衣、岁、芥……；十七图，八圩：西恶、东恶、东贤、西贤……；十八图，四圩：因、坐、恃、能；十九图，二圩：皇、鳞"③。等等。兹将该州之下各图所属圩数相同者分类加以统计，即如下表（表40）：

表40　　　　　　嘉靖太仓州各图所属圩数分类统计表

每图圩数	1	2	3	4	5	6	7	8	9	10	11
类计图数	35	52	36	25	23	22	14	14	13	5	4

---

① 嘉靖《太仓州志》卷五，《乡都》。
② 同上。
③ 同上。

每图圩数	12	13	14	15	16	17	18	19	22	26
类计图数	2	6	6	3	2	3	1	1	1	2

据嘉靖《太仓州志·乡都》所载，明代太仓州的建置共分为5乡、29都、277里（图），图之下共属1499个圩，平均每图约5.4圩。但实际上正如表40所示，各图所属圩数很不相同。现存《太仓州志》乡都部分略有残缺，表40是根据该志所载270个图的资料而统计的。从表40可以看出，其各图所属圩数，有一图一圩者，类计有35个图；又有一图属2圩或3圩、4圩、5圩，直至19圩、22圩等等，最多者有二个图均属有26圩。总之，各个图之下所属圩数多不相同。其根本原因，就是因为明代的黄册里甲组织，乃是以人户为主，每图之下必分十甲；而圩本属田土的自然分布形态，面积大小不等，其所属人户多少则自然不同，故黄册里甲编制各图所领圩数亦多不相同。又，以经理土地为中心而攒造的鱼鳞图册，在这些地区即以圩为单位进行编造，故称某某圩鱼鳞册。遗存至今的苏州地区的一些鱼鳞图册，多称某某圩鱼鳞清册。如，南京图书馆藏《康熙十五年分奉旨丈量销圩鱼鳞清册》，日本东京大学东洋文化研究所藏康熙十五年丈量长洲县诸田圩字号鱼鳞清册，等等①。所以，尽管圩与黄册里甲亦有某种关系，然而，它只是里图之下所属的一种地域划分，圩甲之甲与里甲之甲二者并不相同，从根本上说，其乃是属于以地域区划为主的鱼鳞图册系统，则十分明确。

以上，只是就里甲编制的基本原则所进行的一些考察。而当其实施之时，不多不少，完全按一百一十户为标准而编制里甲，显然是行不通的。在以人户为主的原则之下，必然还要照顾到其他一些因素，诸如贫富差别、地缘关系等等。所以，明王朝在确定以人户为主编制里甲这一基本原则的同时，又不得不颁行一些补充性的措施。

措施之一，允许各里甲在一百一十户正管户之外，有带管畸零人户的存在。洪武十四年（1381），首次在全国推行黄册制度时即规定，"鳏寡孤

---

① 参阅鹤见尚弘《中国明清社会经济研究》，学苑出版社1989年版；《关于南京图书馆藏康熙十五年丈量一种长洲县鱼鳞图册》，《东方学论集》，1987年。

独不任役者，则带管于百一十户之外，而列于图后，名曰畸零"①。洪武二十四年（1391），奏准攒造黄册格式时又规定："凡编排里长，务不出本都。且如一都有六百户，将五百五十户编为五里，剩下五十户，分派本都附各里长名下，带管当差。"② 里甲之中编排的这种带管畸零户，特别是带管户，其目的之一，即是为了把以一百一十户为标准编制里甲的原则，限制在一定的地理范围之内。由此看来，里甲编制虽以人户为主，但在某种程度上又是与人户聚居的自然村落相结合的，二者具有一定的统一性。

措施之二，在里甲人户中划分户等。《明实录》载，洪武十七年（1384），"上谕户部臣曰：'今天下郡县民户，以百一十户为里，里有长。然一里之内，贫富异等。牧民之官，苟非其人，则赋役不均而贫弱者受害。尔户部其以朕意谕各府州县官，凡赋役必验民之丁粮多寡，产业厚薄，以均其力'"③。洪武十八年（1385）《御制大诰》中又重申："置造上、中、下三等黄册。朝觐之时，明白开谕，毋得扰动乡村，止将黄册底册，就于各府州县，官备纸劄，于底册内挑选上、中、下三等，以凭差役，庶不靠损小民。"④ 在以人户为主而编制的里甲中，如若忽略贫富差别这一因素，就必然造成赋役不均，小民受害，里甲也难以维持下去。黄册里甲中户等制的划分，正是基于"一里之中，贫富异等"这样一种现实，而必须实施的一项举措。

二　里甲应役方式

那么，以一百一十户为原则而编制的里甲又是如何应役的呢？

不少史籍多言明代徭役类别有四：曰里甲，曰均徭，曰驿传，曰民壮。其实，就大的类别而言，明代徭役主要有两大类，一是里甲正役，一是杂泛差役，均徭、驿传、民壮等，均可视为杂泛差役。"国朝役民之制，有里甲，有均徭，有驿传等。里甲谓之正役，其余皆泛役也。"⑤ "国朝役

---

① 正德《大明会典》卷二一，《户部六·户口二·攒造黄册》。
② 同上。
③ 《明太祖实录》卷一六三，洪武十七年七月乙卯条。
④ 《御制大诰，造册科敛第五十四》。
⑤ 嘉靖《惠安县志》卷七，《职役》。

民之制，里甲谓之正役，其均徭、驿传皆泛役也。"①

洪武二十六年（1393）所定《诸司职掌》载："赋役。凡各处有司，十年一造黄册，分豁上、中、下三等人户，仍开军、民、灶、匠等籍，除排年里甲依次充当外，其大小杂泛差役，各照所分上、中、下三等人户点差。"② 这里告诉我们，明初里甲正役与杂泛差役的应役方法有所不同，里甲正役为依次充当，而杂泛差役则按户等点差。

里甲正役的主要内容即是，催征钱粮，勾摄公事。所谓勾摄公事，具体地说主要有，在官承符呼唤；出办上供物料，支应官府杂费；清勾军匠，根捕逃亡，押解罪犯。此外，在大造之年还负责攒造黄册，等等。那么，关于里甲正役又是如何应役的呢？其基本方式，即是依黄册上的编排次序，按甲轮差，十年一周，循环应役。前引《诸司职掌》中所说"排年里甲依次充当"，即是此意。而其他史书上的有关记载也十分明确，兹再举几例：

> 国初验丁粮以为役，每坊都置里长十，甲首百。每年甲〔里〕长一管甲首十，照依编定年分，赴官催征钱粮，勾摄公事，解送军匠等役。此为正役，外此皆杂役也。③

> 正役为里甲。……里甲保图三十二里，每里十甲，岁役一甲。每甲十一户，一为里长，十为甲首，每十年轮役一次。④

> 里长，本县原额四十九里。成化壬辰，知县张逻归并作二十五里，共二百五十甲。每年一甲轮役，而甲首因之。户有消长，故十年一编。⑤

> 国朝役民之制，一里十甲，更番应者谓之正役，其余俱谓之泛役。……里甲，凡家十为甲，别推一产力多者为之长，甲十为里。里有百家，并十长一百一十家，循环役之。每岁里长以其甲之十家，出办上供物料，及支应官府一岁经常泛杂之费。至第十甲，编造黄册，

---

① 万历《慈利县志》卷九，《职役》。
② 《诸司职掌》户部，《民科·户口》。
③ 正德《新城县志》卷三，《食货·徭役》。
④ 嘉靖《裕州志》卷三，《田赋志·征役》。
⑤ 嘉靖《罗田县志》卷二，《食货志·徭役》。

则有书手一人，贴书二人。①

役法有四，曰里甲，曰均徭，曰驿传，曰机兵。里甲役起于户，每百一十户为一图，图为十甲，甲有长，以统其十户〔原注：籍在坊谓之坊长，籍在里谓之里长〕。岁轮一甲应役。其初催钱粮，勾摄公事而已。其后官府供应，一切取办，而里甲称累。②

国朝役制，一里十甲，挨次轮差。有正役，谓之里甲；有泛役，谓之均徭。正役凡十家为甲，别推有产力者为之长，一里之地，为十甲者共一百一十家，循环应役。③

今制，一里人户一百一十，中择物力厚者十户为长，各领十户，输（轮）流供役于官，率十年周而复始。④

十甲轮年，照宇内通行事例，未始不安于法制之内。⑤

从遗存的黄册底籍之类的文书中，亦可看出里甲正役是按甲轮差，十年一周。如《万历十年大造二十七都五图黄册底籍》⑥中载："第二甲排年，中户，一户朱洪，民户，万历十二年里长。……甲首一户朱祖耀，即祖成，原籍故伯朱邦，民下户，充万历十二年甲首。……""第三甲排年，上户，一户朱清，充当万历十三年里长。……甲首一户吴初保，原籍故义父吴盛，民下户，充万历十三年甲首。……"即，在大造黄册时，对里甲各人户所充职役与年份，都预先编好，此后十年即按编定次序，挨甲轮差。其与文献记载正可以互相印证。

而杂泛差役的应役方式，在明初则无一定之制，只是按户等随时点差。"其大小杂泛差徭，各照所分之等，不拘于一定之制，遇事而用，事已即休。"⑦然而，行之不久，其弊病便显露出来。"杂役金自丁力，非精衡则等淆，轻重稍或失平，苦乐遂至偏畸。"⑧"先是，徭役从里书推举，

---

①　《天下郡国利病书》原编第二六册，《福建》，引《泉州府志》。

②　《天下郡国利病书》原编第二六册，《福建》，引《漳州府志》。

③　嘉靖《德化县志》卷四，《役法》。

④　嘉靖《钦州志》卷三，《食货·里役均平》。

⑤　《天下郡国利病书》原编第八册，《江宁·庐安》，引《上元县志·田赋》。

⑥　安徽省博物馆藏2：24527号。

⑦　《大学衍义补》卷三一，《制国用·傅算之籍》。

⑧　《天下郡国利病书》原编第二二册，《浙江》下，引《海盐县志·食货篇》。

奸弊万端。"① 原来，这种所谓按户等点差之法，严格说来，并无一定标准，其大权多操纵在里长、册书手中，免不了放富差贫，挪移作弊。加之明中叶之后，差徭日益繁重，更是苦乐不均。所以自正统以后，遂出现了称之为"均徭"的改革。所谓均徭，即是将杂泛差役中的一部分差徭，主要是役使于官府衙门的一些经常性差役，预先编造均徭文册，查核丁粮多寡，编排上中下户，量计差役重轻等第，佥定挨次轮当，通融审编，均派徭役。从而使杂泛差役由临时性点差走向了制度化；编审权也在一定程度上由里长这一阶层转到了官府手中，减少了作弊的机会。均徭的应役方式也是按里甲挨次轮流承当：

> 杂役岁编谓之均徭。嘉靖以前，只轮甲编佥，随其岁值甲分，则尽甲内人户丁粮，以应一年之差。间有轻重不均之叹。②

> 均徭之役，十甲轮差，十年一次。正役歇后五年一著役。其编役之制，米一石准夫一丁，辨民老弱不任役与有员役及盐户当免。役者计一年该役额数，各以应役丁米，填各衙门差使。应出银者谓之银差，应出力者谓之力差。③

> 其里甲之外，又充均徭之役，亦分十年里甲，循环应役。每米一石折夫一丁，老病残疾及有职事者皆复其身。版籍十年一更，徭役亦十年一事。④

> 州县之徭，岁役一甲。里之甲十，率十岁而一周。弘治间知州董杰病其重也，乃令岁役两甲，以分其劳。⑤

> 凡里长以岁轮为见役，待次为排年。均徭则五年一编，里甲十年一役，盖庸调之意也。按均徭每岁每里以两甲审编，定为人、力二差。⑥

均徭的应役方式虽亦是挨甲轮充，但其周期并不一致，有十年一次

---

① 嘉靖《邵武县志》卷一二，《名宦》。
② 嘉靖《龙岩县志》卷上，《民物志第二·徭役》。
③ 《闽书》卷三九，《版籍志·赋役》。
④ 嘉靖《清流县志》卷二，《力役》。
⑤ 嘉靖《沔阳县志》卷九，《食货》。
⑥ 隆庆《仪真县志》卷六，《户口考》。

的，又有五年一次的，此外，也有三年一次的。其编审原则亦是如此，多数是丁田兼派，但既有以田而派者，也有以丁而派者。这是因为，均徭是先由地方官首创，而后逐渐在各地推广，由于各地的具体情况不同，所以其编审原则与轮役周期并不统一，而呈现多样化。

均徭的实施虽比临时点差进了一步，但小民困于赋役的问题并没有解决。"旧于十甲之内，十年轮当一差。虽曰一劳永逸，顾其应直之年，数繁役重，力且不胜。况以民事官，入役之初，常例费已不赀，而责办于上，需求于下，有编银一两，而费至十倍、百倍、数百倍者，苦乐不均。于是豪民巧为规避，户之低昂，吏得私易之，而低者反昂，昂者反低，民之穷困，十户而九。"① "往者徭以甲编，不问其多寡，民有不均之害。"② 于是在均徭之后又有十段法之改革。万历《新修南昌府志》载：

> （嘉靖）三十六年，抚院马　以坊都各甲丁粮多寡不同，而轮年编差轻重悬异，令各属总核十甲实在丁粮，分为十段，如一甲有余，割之以遗二甲；不足，取二甲补之，造十段册。③

《闽书》载：

> 按均徭旧规，十甲轮差。十段法将该县实差丁粮，以甲为次，分作十段，每年轮以一段编差。盖以十甲轮差，遇有本甲丁米多者，则银少而差轻；或有本甲丁米少者，则银少〔多〕而差重，未免有不均之叹。故更以十段，而均其丁米，所以使十年编银无多寡之异，而任役无轻重之悬。④

嘉靖四十四年（1565），巡按直隶御史温如璋奏议品官优免事，仿行十段锦册之法，被朝廷批准：

> 其法算该力差、银差之数，总计十甲之田，派为定则。如一甲之

---

① 《天下郡国利病书》原编第二三册，《江西》，引《吉安志·徭役》。
② 嘉靖《丰乘县志》卷四，《食货志》。
③ 万历《新修南昌府志》卷八，《典制类·差役》。
④ 《闽书》卷三九，《版籍志·赋役》。

田有余，则留以为二甲之用；不足，则提二甲补之。剂量适均，轻重合之。①

如同均徭法一样，各地先后实施的十段法也不完全相同。十段法的改革具有重要意义。它不只在形式上，已从内容方面对当时的赋役制度进行了较大的改革。它使明初以来以人户为赋役征调中心的黄册里甲制度，开始向以土地为摊派对象的新的赋役制度发生转变。十段法的实施为一条鞭法的改革创造了条件。不过，在十段法之中，从形式上仍可看到十甲轮差这一身影。这不能不说是黄册里甲的遗制。总之，从对里甲正役、均徭及十段法等这一简略的回顾之中，不难看出，十甲轮差乃是明代里甲的基本应役方式。它也可以说是黄册里甲的一个特征。

三　甲首户问题

所谓甲首户问题，主要是甲首户数问题，即，在明代黄册的里甲编制中，每里有多少甲首户呢？是只有十户甲首，还是有百户甲首？对此，不惟史书记载歧异，至今学界的看法亦颇不一致②。然而，它又不仅仅是关于甲首户的多少问题，实质上也是有关如何理解明代的甲首户乃至黄册制度的一个基本问题。

在正史之中，关于明代黄册每里甲首户数为十户的记载，影响较大的，首推清修《明史》，其在叙及明代黄册制度时说："洪武十四年诏天下编赋役黄册，以一百十户为一里，推丁粮多者十户为长，余百户为十甲，甲凡十人。岁役里长一人，甲首一人，董一里一甲之事。"③这里虽未明确记载黄册每里甲首有多少人，但从"岁役里长一人，甲首一人"一语中，自然可推算出每里之中的甲首为十人。其次，是《大明律》中"禁革主保里长"条的记载："凡各处人民，每一百户内，议设里长一名，甲首一十名，轮年应役，催办钱粮，勾摄公事。若有妄称主保、小里长、保长、主

---

① 《明世宗实录》卷五四三，嘉靖四十四年二月丁丑条。
② 关于明代甲首户数问题，中国学者多认为每里只有十户甲首；唐文基在《明代赋役制度史》一书中持每里有百户轮充甲首的观点。日本学者多持每里有百户甲首之说，但并未就这一问题作专门论证。
③ 《明史》卷七七，《食货一·户口》。

首等项名色，生事扰民者，杖一百，迁徙。"① 这里所言亦是每里设有十名甲首。而学者则多有持此说者。例如，著名中国经济史专家梁方仲先生，在其有关明代社会经济史的多篇论著中均认为，明代里甲每里只有十户甲首。梁氏所著《明代粮长制度》一书中说："每里之中，推丁多粮多的十户为里长。其余一百户分为十甲，每甲十户。每甲有'首领'一人，名曰甲首。"② 吴晗先生亦认为："每甲十户，设一甲首。每年以里长一人，甲首一人，管一里一甲之事。"③ 至今，学界在有关明史的论著中仍多有从此说者。

然而，我们又不能不注意明代其他正史、文集、方志等诸多史籍，以及文书档案中的有关记载。可以说，有大量史籍关于明代的甲首户数问题均明确记载：明代里甲每里有百户甲首。

先看一下《明实录》的有关记载：

（洪武十四年正月）是月，命天下郡县编赋役黄册。其法以一百一十户为里。一里之中，推丁粮多者十人为之长，余百户为十甲，甲凡十人。岁役里长一人，甲首十人，管摄一里之事。城中曰坊，近城曰厢，乡都曰里。凡十年一周，先后则各以丁粮多寡为次。每里编为一册，册之首总为一图。其里中鳏寡孤独不任役者，则带管于百一十户之外，而列于图后，名曰畸零。④

无需赘言，从这里"岁役里长一人，甲首十人"，及"十年一周"等记载中，则可明确看出，其每里之中设有百户甲首。而洪武十四年（1381）正月，正是明朝首次向全国推行黄册制度的时间，无疑，《明实录》的这一记载应使我们备加注意。实录中还有同类记载，例如：

---

① 《大明律》户律，《户役·禁革主保里长》。
② 梁方仲：《明代粮长制度》，上海人民出版社 1957 年版，第 86 页。此外，梁氏在其所著《一条鞭法》，《释一条鞭法》、《明代黄册考》、《明代一条鞭法的论战》、《论明代里甲法和均徭法的关系》等论文中均持同一说法。在《论明代里甲法和均徭法的关系》一文中，又有"甲首的人数问题"一节，专门论述了该问题。详见《梁方仲经济史论文集》，中华书局 1989 年版，第 39、230、273、304、580—584 页。
③ 《朱元璋传》，人民出版社 1987 年据三联书店 1965 年版重印本，第 184 页。
④ 《明太祖实录》卷一三五，洪武十四年正月条。

天顺元年八月丁酉。四川重庆府永川县民邓锜奏……洪武年间，每里百一十家内，以丁粮多者十家，逐年轮充里长，其余轮充十年甲首。遇有朝廷科征，里长自出十之三，十甲共出十之七，所以民有一年之劳，而有九年之逸。近年但遇科征，里长一钱无费，而遍取于一里百家之中，其间归于官者十一，而入于私者十九。是以里长日致富盛，甲首日益贫难。乞行有司禁革。①

这一记载告诉我们，明代的里甲制，是以一百一十户为一里，其中丁粮多者十家轮充里长，"其余轮充十年甲首"，即其余百户皆轮充甲首，一里之中有百户甲首乃不言而喻。而从其后所说"里长自出十之三，十甲共出十之七"之中，亦可推算出每里为百户甲首，因为若是每里只有十户甲首，甲首户数与里长户数相同，在制度上又怎能做出里长出十分之三，甲首出十分之七这样的规定呢？该奏议虽是县民所上，但"事下户部"，"上命行其说于天下"，被朝廷采纳，奏议中所言皆为当时通行的制度，亦无疑问。

再看实录中其他有关记载。

（弘治十三年正月）巡按福建监察御史胡华言六事。……一、编里甲。……乞通行两直隶并各布政司，今后轮当造册之年，令有司预先逐户查审，供结某户田粮新收开除数目，各图甲首某里足备，某里缺少。如一里长以十甲首为则，十里长以一百户为率，户有贫难，以殷实者佥替；甲有缺少，以分析者补凑。使彼此不至多少，则贫富适均，而差遣平矣。②

（嘉靖三十九年十月）户部尚书高耀等议上大造黄册事宜。……一、一里中，里长十人，各管甲首十户，带管几人，该役之年，并力从事。此旧制也。③

明代专门记载黄册事迹的《后湖志》中，亦有关于甲首百户的记载，"正德六年二月二十一日户部题准为赋役黄册事"中说：

① 《明英宗天顺实录》卷二八一，天顺元年八月丁酉条。
② 《明孝宗实录》卷一五八，弘治十三年正月己卯条。
③ 《明世宗实录》卷四八九，嘉靖三十九年十月戊戌条。

一、排年里长仍照弘治十五年册内应当，不许挪移。设有消乏，许于一百甲首户推选丁粮多者补充。……①

"嘉靖七年闰十月南京户科给事中赵永淳题准为重版图以固国本事"中说：

> 臣又查得各处解到赋役黄册中间，多不依式顺甲编造，俱紊乱穿甲攒造，假如里长赵甲下甲首钱乙等十名，即该顺次编附于里长赵甲之下，方可易于检阅查对。……②

章潢《图书编》载：

> 洪武十四年创编赋役黄册，以一百一十户为一图，选其粮多者十户为里长，余百户为甲首。十年轮役，催办钱粮，追摄公事。③

杨芳《赋役》论中说：

> 国朝之制，百十户为里，丁粮多者为长，每户十，甲首户百，即周人比长闾胥之职也。④

以上正史等史书中，关于每里之中设有百户甲首的记载，均十分明确，无需多加解释。而在明代的方志中，有关每里百户甲首的记载，更是多得不可枚举。兹举几例如下。南直隶《丹徒县志》载正德十五年（1520）该县里甲职役：

> 坊长二十二名，里长二百二十六名，甲首每里百名。⑤

---

① 《后湖志》卷八，《事例五》。
② 《后湖志》卷一〇，《事例七》。
③ 《图书编》卷九〇，《江西差役事宜》。
④ 《中国历代食货典》卷一五二，《赋役部》。
⑤ 万历《丹徒县志》卷二，《田赋·户口》。

南直隶《六合县志》载：

> 县一十九里，里统十甲。凡甲，为里长一，甲首十；凡里，为里长十，甲首百。历十年轮役一次，里长十有九人，甲首百有九十人。①

南直隶《吴江县志》载：

> 册役，每十年一造黄册。每里差其丁粮上户十家编为里长，次百家为甲首，轮年应役。②

江西《南康县志》载：

> 我国家立法，以百有十户为一里，同一格眼谓之一图。推丁粮多者为长，在城曰坊长，在外曰厢长，在乡曰里长。每图长有十，甲首户有百。又分为十甲，每一甲则一长管摄甲首十户。③

江西《瑞金县志》载：

> 国朝以一百十户编为一图，选其丁粮多者十户为里长，其余皆为甲首。十年而轮役一次，专以催办钱粮，追摄公事。④

湖南《常德府志》载：

> 今制，坊里长一，俱辖甲首十，照年赴官，催征钱粮，勾摄公事，解送军匠等务，此为正役也。⑤

广东《肇庆府志》载：

---

① 嘉靖《六合县志》卷二，《人事志·徭役》。
② 嘉靖《吴江县志》卷一〇，《徭役》。
③ 嘉靖《南康县志》卷二，《里籍》。
④ 嘉靖《瑞金县志》卷一，《地舆类·徭役》。
⑤ 嘉靖《常德府志》卷七，《食货志·徭役》。

  里甲为正役。国朝之制，一百一十户为里，里为一册，册为一图。丁粮多者为长，其户十，甲首户百。鳏寡孤独不任役者带管于一百一十户之外，列于图后，谓之畸零。①

河南《灵宝县志》载：

  制额里十长，长有十甲首，计户一百有一十。或有余户为畸零，不算焉。②

山东《青州府志》载：

  每十年一役者，里长原额一万六千八百七十名，甲首一十六万八千七百。各州县有差。③

北直隶《东安县志》载：

  国制，每甲十里，每甲里长一户，甲首十户。又有畸零户，此十户之外附余者。④

  同样，上述南北各地方志中有关明代每里设百户甲首的记载，也很清楚，无需多加解释。

  持每里十户甲首说者，对明代的甲首多作这样的解释："每甲十户，每十户之内，各有长一人，名曰'甲首'。"⑤ "十户中推一户为首领，名曰甲首。"⑥ 或"作为封建统治基层组织的负责人"来理解⑦。总之，是把明代的甲首作为一甲之"首"，或一甲之"长"来理解的。在明代实行的

---

①　崇祯《肇庆府志》卷一三，《赋役志·役》。
②　嘉靖《灵宝县志》卷上，《地理一·里甲》。
③　嘉靖《青州府志》卷七，《地理志·户口》。
④　天启《东安县志》卷二，《补遗·户口》。
⑤　《梁方仲经济史论文集》，中华书局 1989 年版，第 39 页。
⑥　同上书，第 304 页。
⑦　李晓路：《明代里甲制研究》，华东师范大学学报 1983 年第 1 期。

里甲制中，每里各甲之中是否有"首"或"长"呢？当然是有的，但其并不是由甲首来担当，这个首或长，即是各甲的排年里长。在有关明代里甲制的各种记载之中，对这一点都讲得很清楚。如丘濬《大学衍义补》所论《治国平天下之要·固邦本》中，专有"择民之长"一节，论及明朝时则说：

> 我朝稽古定制，于天下州县每百一十户为一里，十户为甲。每甲有长，在城谓之坊长，或谓之厢长；在外谓之里长，或谓之社长、保长。十年而一役之，役周而更造其籍。①

丘濬在同书中又说：

> 今制，每一里百户，立十长，长辖十户，轮年应役，十年而周。②

嘉靖《惠州府志》载：

> 每图分为十甲，每一长统甲首十，轮年应役，十年而周。③

嘉靖《香山县志》载：

> 在城曰坊长，在乡曰里长，余一百人分十甲，每一甲则一长管摄甲首十户。④

嘉靖《增城县志》载：

> 在城为坊，坊有坊长，长各有甲，甲各十户。在乡为都，都有里长，长各有甲，甲各十户，以相统辖。⑤

---

① 《大学衍义补》卷一八，《固邦本·择民之长》。
② 《大学衍义补》卷三一，《制国用·傅算之籍》。
③ 嘉靖《惠州府志》卷五，《户口志》。
④ 嘉靖《香山县志》卷二，《民物志第二·徭役》。
⑤ 嘉靖《增城县志》卷二，《地理志·坊都类》。

崇祯《肇庆府志》载：

> 图分十甲，一长统甲首十，轮年应役，十年而周。①

万历《淄川县志》载：

> 国初，以一长摄十户为甲，十甲为一里。②

崇祯《蠡县志》载：

> 洪惟祖宗之制，十家为甲，十甲为里，里置十长，分统百家。③

嘉靖《龙溪县志》载：

> 今制，每里置里长十，管甲首百，照依编定年分，赴官催征钱粮，勾摄公事，解送军匠等役，是为正役。④

以上这些记载，不但都明言明代里甲制中各甲之长，即是各排年里长，而且从其所用"统"、"辖"、"管"、"摄"等词语中，亦可看出各甲里长与十甲首之间的统辖关系。

梁方仲先生说："我认为甲首这一称谓，本来起源于户籍的编制，即里有长，甲有首。在明初'事简里均'的情况下，值年应役那一甲的甲首，便协助里长率领该甲其他九户来完成整个里的支应。"⑤ 即，按每里十甲首之说，明代的里甲制，在各甲十一户之中，除一户里长户、一户甲首户之外，还有九户不是甲首的人户，这九户当然也不是带管畸零户了，即是说，在甲首户与带管畸零户之间又有"一般人户"这样一个阶层。若如此，则明代里

---

① 崇祯《肇庆府志》卷一三，《赋役志·役》。
② 万历《淄川县志》卷一三，《里甲》。
③ 崇祯《蠡县志》卷一，《方舆志·乡社》。
④ 嘉靖《龙溪县志》卷四，《田赋》。
⑤ 《梁方仲经济史论文集》，中华书局 1989 年版，第 583 页。

甲制中的人户身份便依次是：里长，甲首，一般人户，带管，畸零。显然，这与明代里甲制所定的身份序列并不相符。如众所知，明代里甲制中的身份序列是：里长，甲首，带管，畸零，并无"一般人户"这样一个阶层。明代朝廷多次颁布的关于攒造黄册的诏敕中均证明了这一点。

梁氏又说："把甲首和一般人户（亦称'甲户'）分开，是有相当理由的。这点从《大明会典》卷二十'户部'七'户口'二'黄册'所载洪武二十四年奏准关于'攒造黄册格式'的规定中便可看得出来：'有司先将一户定式，誊刻印板，给予坊长、厢长、里长，并各甲首。令人户自将本户人丁事产，依式开写，付该管甲首。其甲首，将本户并十户造到文册，送各该坊、厢、里长。坊、厢、里长各将甲首所造文册，攒造一处，送赴本县……'"① 不错，在这一段文字中，似乎是将甲首与一般人户区别开来。但是，如果我们通读一下洪武二十四年（1391）奏准攒造黄册格式这一规定全文，对在同一规定中的下列条文，又不可忽视：

> 其畸零人户，许将年老残疾，并幼小十岁以下，及寡妇外郡寄庄人户编排。若十岁以上者，编入正管，且如编在先次十岁者，今已该二十岁。其十岁以上者，各将年分远近编排，候长，一体充当甲首。②

无疑，这正是有关编排里甲人户职役身份规定的一段文字。按这一规定，什么样的人户才能编入畸零呢？只许将年老残疾，并幼小十岁以下，及寡妇外郡寄庄人户才可作为畸零编排。而除此之外，即使是未成丁者，凡十岁以上，俱要编入正管，"候长，一体充当甲首"。由此不难看出，明代里甲体制中，在畸零户与甲首户之间，并没有一个既不是畸零户，也不是甲首户的所谓"一般人户"（或"甲户"）这样一个阶层。如果存在这样一个阶层，即每甲只有一户甲首，怎么能规定，凡十岁以上的人丁，俱要编入正管，"候长，一体充当甲首"呢？

又，在梁氏所引洪武二十四年奏准关于"攒造黄册格式"的这段文字中，的确有"该管甲首"和"人户"这样不同的文字，同样，通读一下全文，亦可看出"人户"一词并不是固定指哪一个阶层的，而是泛指的，如

---

① 《梁方仲经济史论文集》，中华书局1989年版，第581页。
② 正德《大明会典》卷二一，《户部六·户口二·攒造黄册》。

"邻图人户"、"上中下三等人户"、"畸零人户"、"全种官田人户"，等等。所以，"人户"二字当然亦可指甲首人户。而对"该管甲首"的提法自然要注意，不过，应问一句，为什么在甲首前面又特别加上了"该管"二字呢？其是否是与一般甲首相对而言的呢？当然，这一段文字的表述确有含混不清之处，以致可作出不同的理解。正因为如此，在其后明朝廷颁布的关于攒造黄册的诏令中，对此即有所改动。如弘治三年（1490）"十一月南京吏科给事中邵诚等奏准为黄册事"中载：

> 各处亲民衙门，照依旧制，不许团局造册，止令人户自将本家人丁事产，依式开供，付与该管里长，将本户并甲首共一十一户丁产亲供，付与见役里长。见役里长却〔即〕将十年里甲亲供丁产共一百一十户，攒做一处，定作册本，送与本管衙门。……①

又如，"正德六年二月二十一日户部题准为赋役黄册事"中载：

> 各州县黄册，照依旧制，不许团局攒造，止将一户定式，刻印给发坊、厢、里、保，着令人户自将本家人丁事产，依式开供，付与该管里长，其里长将本户并甲首共一十一户丁产亲供，付与正德七年见役里长。其见役里长即将十里长亲供丁产共一百一十户，攒做一处，定作册本，送与本管提调官。……②

此外，《明世宗实录》卷四八九所载户部尚书高耀等议上大造黄册事宜中③，亦有与此大体相同的文字内容，不再赘述。

如果我们将弘治三年（1490）和正德六年（1511）的这两段引文，与洪武二十四年（1391）的有关文字作一对照，则可看出，其中的"该管甲首"，已均作"该管里长"了，所以，洪武二十四年奏准攒造黄册格式中的"该管甲首"一语，当作该管里长来理解。而特别值得注意的是，在正德六年户部题准为赋役黄册事的这段文字中，亦有"人户"二字，但接着

① 《后湖志》卷五，《事例二》。
② 《后湖志》卷八，《事例五》。
③ 《明世宗实录》卷四八九，嘉靖三十九年十月戊戌条。

则有"其里长将本户并甲首共一十一户"的说法；此外，该题本中后面还有若排年里长"设有消乏，许于一百甲首户推选丁粮多者补充"等规定，明言每里有一百甲首，其"人户"二字即指甲首，乃属无疑。所以，将洪武二十四年奏准攒造黄册格式中的有关文字，作为区分"甲首"与"一般人户"的根据，从而证明每甲只有一户甲首，一里共有十户甲首之说，则难以令人信服。

关于明代里甲制中所定的人户身份序列，嘉靖《海宁县志》中所载十分明确：

> 国朝定制，凡府县都里，每十年一造赋役黄册，分豁上、中、下人户三户（等）。三等人户内，不拣军、民、灶、匠等籍，但一百一十户定为一里。内十名为里长，一百名为甲首；每里长一名，领甲首十名。其外又有一等下户，编作带管。又下为畸零，分派于十里长下，排定十年里甲，一（依）次轮当。①

即，里长之下为甲首，甲首之下为带管，带管之下为畸零，这就是明代里甲制中的人户身份序列。又，嘉靖《惠州府志》载：

> 正役曰坊长，曰厢长，曰里长，曰甲首。②

丘濬《大学衍义补》说：

> 惟今差役之法，有所谓里长、甲首、老人者，即宋里正、户长、耆长也。③

叶春及《石洞集》云：

> 力役出于力也，故身有役，为里正，为乡老，为甲首，为户丁，

---

① 嘉靖《海宁县志》卷二，《田赋志·徭役》。
② 嘉靖《惠州府志》卷五，《户口志》。
③ 《大学衍义补》卷三一，《制国用·傅算之籍》。

以追征，以勾摄，以供办正役也。①

按，这里所说户丁，即各大户之下所属子户，这些子户多已析产分居，经济上各自独立，但并未正式分户，仍在原大户户头之下，故称某某户户丁。此种情况明代后期已相当普遍。户丁在里甲中的身份与甲首相同。

甲首这一职役，主要是协助里长，完成里甲正役的各项差使，实为明代里甲职役系列中之最低级者。明代的里甲之役，一般是由"里长主之，甲首佐之"②，每年"役里长一人，甲首十人协办"③。

嘉靖《沈丘县志》载：

> 正役。里长，每里岁役一名，催办钱粮，勾摄公事。甲首，每里岁役十户，计丁力同里长买办走递马匹，出备日生公用。④

充当甲首户的标准是什么呢？洪武十四年（1381）编赋役黄册的诏令中说："鳏寡孤独不任役者，则带管于百一十户之外，而列于图后，名曰畸零。"⑤洪武二十四年（1391）奏准攒造黄册格式中又说："其畸零人户，许将年老残疾，并幼小十岁以下，及寡妇外郡寄庄人户编排。若十岁以上者，编入正管，……候长，一体充当甲首。"⑥从这些规定中，可以看出明王朝所划分的充当甲首户的范围是很广泛的，即除了鳏寡孤独等不任役者，凡有一定丁产而必须服役纳赋者，都要被编为甲首户。在明初，又尤其强调人丁方面，凡成丁者均编为甲首，以便轮流应役。当然，各地情况不同，其编排甲首的标准亦有差异。如《武进县志》载：

> 国朝役法，以编民一十一户为一甲。每甲推择丁田多者一人为长，是为田甲。甲领中产十户为甲首；其丁产不任役者，带管甲后，是为畸零。十甲为一里，每年轮一田甲应役，谓之里长，管摄十甲，

---

①　《石洞集》卷三，《惠安政书二·图籍问》。
②　嘉靖《建宁县志》卷三，《田赋志·里甲》。
③　嘉靖《江阴县志》卷五，《食货纪·徭役》。
④　嘉靖《沈丘县志·役法》。
⑤　正德《大明会典》卷二一，《户部六·户口二·攒造黄册》。
⑥　同上。

催办钱粮，勾摄公务。①

这里言甲首为中产户，即具备一定丁产有能力服役纳税者。

让我们再看一下明王朝的有关规定，正德六年户部题准为赋役黄册事中说：

> 各该州县先年造册官吏、里书人等，多有通同人户作弊，有将十岁以上幼男及分析丁多人户，俱作带管畸零，不肯另编图册，要将里分减少，窥免科差。今次造册，务要每里止许一百一十户，人丁果系十岁以下，或有年老残疾、单丁、寡妇及外郡寄庄纳粮当差人民，许作带管畸零，其十岁以上男子，并一应分析等项人口，俱要编入正图。且如十岁者，编作正图第十甲，至弘治十七年应当甲首，已该二十岁。其余十一岁以下者，亦要照依年分远近编排，轮当甲首。敢有故违，治以重罪。

该题本中关于文武官员遗下家人等则规定：

> 许将丁产尽数报官，编入正图甲首，纳粮当差。

关于庵观寺院又规定：

> 有田粮者，编入黄册，同里甲纳粮当差，务要开写某寺院庵观某僧或某道，应当某年里长甲首；无粮者编入带管畸零。违者治罪。②

从明王朝的这些正式规定中，则可明确看出，里甲制中甲首户的编排原则是，除优免者外，各种人户之下的人丁，包括新分析人户的人丁，以及凡有田粮者，都要编入正图，充当甲首，纳粮当差，其男子乃至未成丁者，"亦要照依年分远近编排，轮当甲首。"

嘉靖《获鹿县志》载：

---

① 《天下郡国利病书》原编第七册，《常镇》，引《武进县志·里徭》。
② 《后湖志》卷八，《事例五》。

　　　　鹿之编户，国初止一十四里，具见《一统志》及《大明官制》，后增至一十八里。夫增广里社，人皆谓户口土物之盛，亦有不尽然者。且一甲十户，户人有内不和而愿分割，另当甲首者；有远乡附籍，或寄庄婿户，不肯入甲，初时俱开作畸零者。夫甲首积多，久当并聚为里分矣；畸零积〔多〕，久当分列为甲首矣。大造之年，奉例查编，则〔增〕加里分。今十八社，有十老社，中五社，小三社。究其物力，中五不及十老之二，三小不及中五之一，不免分为三则，通融派差，犹夫十四里也。故曰增广里社，未必皆户口物力之盛。①

　　从这一段记载不难看出，里甲中的身份序列是，畸零户之上即为甲首户，甲中十户又均系甲首户。按照明王朝的规定，甲首人户析产分户后，应另当甲首；而畸零人户积多，则从其中分出甲首。因此，该县的新编里分，即由这些新分出的甲首编成，而由于甲首户的丁产物力毕竟有限，故新编里社的物力大不抵老里社。

　　其实，里甲中的身份序列，乃是一种职役系列，与户籍并无关系。而甲首这一称谓，亦非起源于户籍的编制。其乃是一种乡役名称，本由宋代的"税长"、"催头"演变而来。甲首之称可追溯到南宋时期实行的催科之法。南宋胡太初所著《昼帘绪论》中说：

　　　　有身斯有役，而民之畏役甚于畏死。盖百年治生，坏于一年之充役。而其患之大者在于催科，始则用财嘱托，期于脱免；中则逃亡死绝，被抑填陪；终则箠楚禁锢，连年莫脱，其势不至于倾家荡产、鬻妻卖子不止也。……今既行绍兴甲首之法，可免税长、催头之责，则应役者不过辑保伍、应期会而已，民亦不至甚悍而巧计以求免也。②

同书"催科篇"中又说：

　　　　今之作县者，莫不以催科为先务。而其弊有不胜言者，最是乡胥

---

① 嘉靖《获鹿县志》卷二，《地理·乡社》。
② 《昼帘绪论·差役篇第十》。

走弄，簿籍漫漶，不惟驱督不登，县受郡之责；抑亦逼抑过甚，民受官之害。迩者廷绅奏请，以十户为一甲，一甲之中，择管额多者为首，承帖拘催，自浙而江，往往行之已遍。①

即，宋代基层催科，原本责诸户长、催头等，至南宋绍兴时，则出现了所谓"甲首之法"，其法即是"以十户为一甲，一甲之中，择管额多者为首，承帖拘催"。所谓"一甲之中，择管额多者为首"，当是甲首一语的来源。可看出，当时一甲十户之中只有一户为甲首，其自然不无一甲之首这种意义。但这一甲之首的意义，乃指其所管税额多而言，本源于赋役催科制度，并非起源于户籍的编制，这一点十分明确。所以，甲首从一开始就是赋役制度方面的一种职役。

而至洪武十四年（1381）明王朝正式推行黄册制度时，即在明代的黄册里甲制度中，与南宋以来的甲首一名管人户九名之制又有所不同，出现了新的变化。

明代黄册里甲中的甲首也是一种职役称谓，或称"正管甲首"，即属于服正役的一百一十户之内的人户，为明代里甲职役系列中之一种。这方面并无大的变化。但其所设甲首户数则与以前不同，请看史书上的有关记载。《明实录》载：

> 洪武年间，每里百一十家，内以丁粮多者十家，逐年轮充里长，其余轮充十年甲首。②

永乐《乐清县志》亦载：

> 每隅都以一百一十户为图，编成十甲，内选十户丁田多者充里长，其余人户，每一十户为一甲，轮流充当甲首。③

而嘉靖《增城县志》中的记载最为详明：

---

① 《昼帘绪论·催科篇第八》。
② 《明英宗天顺实录》卷二八一，天顺元年八月丁酉条。
③ 永乐《乐清县志》卷三，《坊郭乡镇》。

　　役民之制，以黄册为定。每里统十甲百户，每甲十户，里有里长。在城居者为坊，坊有坊长，各辖人户十。凡人户皆为甲首，十年轮当，终而复始。里长当年，谓之见（现）役，其本图里公务，一应粮料违犯，勾摄督催，俱责之见役里长。其余年止征纳税粮，谓之排年。甲首当年，则于十户内论丁粮多寡，分派日生出应，邑中公用科敛，皆甲首出钱供办。俱以日生为率，不计财力，听其所占之日，强富或得其简，贫弱或处其繁，供办不匀。且常拘农民在官，有妨耕业。①

　　即明代一里正管百一十户中，十里长户之外，其余百户皆轮充甲首。明代里甲中之所以将凡应纳粮当差者皆编为甲首，之所以每里设百户甲首，从根本上说，乃是与明代里甲体制的特点，即十甲轮差制密切相关。如前所述，洪武初年，在江南一些地区曾实行过小黄册之法，其制基本上是每百户为一里，每里设一户里长，十户甲首。而洪武十四年（1381）以后在全国推行的黄册里甲制，为解决赋役不均，则以百一十户为里，采取十甲轮差制，里长由原来的一户增为十户，从而其甲首亦随之由原来的十户增为百户，按黄册上编定的年份，每年由一户里长带领本甲十户甲首充当现役，挨甲轮差，十年而周。这就是明代黄册里甲的最基本的特点。

　　至于《大明律》中"禁革主保里长"条"凡各处人民，每一百户内，议设里长一名，甲首一十名"这一记载，本书第二章已对其作了考证，从每里"百户"以及"主保"、"主首"等这些记载即可得知，该条文所反映的乃是洪武十四年之前小黄册之法时期的里甲情况，因为《大明律》早在洪武七年（1374）就已成文，故其保留有反映明初情况的条文并不奇怪。所以，它也不能作为明代黄册里甲每里十甲首说的一个根据。

　　此外，从现存的明代黄册文书来看，亦是每里为百户甲首。请参阅本书第六章。

　　总之，明王朝是把一切有能力纳税赋役的人户，都编为甲首，明代黄册里甲中的甲首，实质上即是明王朝封建国家统治下的编户齐民。甲首本是一种职役。明代的甲首已与宋代的甲首有所不同，不当作一甲"首领"来理解。其每里甲首户数，亦应以明实录等明代绝大多数史籍以及黄册文书所载为准，即每里实设百户甲首，清修《明史》的说法是不确切的。

————————

　　①　嘉靖《增城县志》卷九，《政事志·民庸类》。

四　户丁户考释

户丁是中国古代社会的一个常用词语。至中国封建社会后期，随着社会经济的发展变化，它又增添了新的含义。遗存的文书档案，为我们对明清时代户丁的解释提供了新的资料。

（一）户丁的一般含义

户丁一语，明代以前一般指一户之下的成丁男子。《元史·本纪》中统三年三月载："己未，括木速蛮、畏吾儿、也里可温、答失蛮等户丁为兵。庚申，括北京鹰房等户丁为兵，蠲其赋，令赵炳将之。"①《元史·食货志》亦载："十七年，遂命户部大定诸例：全科户丁税，每丁粟三石，驱丁粟一石，地税每亩粟三升。减半科户丁税，每丁粟一石。"② 这里所言户丁，又有与驱丁相对之意，户丁指一般民户之下的丁男，驱丁则指驱口即奴婢户下之丁。明代户籍与赋役的基本册籍黄册所载内容，分为人丁与事产两大项。人丁一词含义较广，包括男女人口。其中男称丁，男子十六至六十岁为成丁，其余为不成丁；女称口，成年妇女为大口，不成年妇女为小口。从遗存的其他明代文书来看，男丁亦有以口计的情况。明后期一条鞭法的赋役文书中多载有"成丁"几"口"的文字。在明代的政书和文献记载之中，对成丁男子，一般多简称丁，或成丁、丁男等。有关户丁的提法并不为多，其含义，一般仍多指一户之下的成丁男子。例如，《明英宗实录》载宣德十年（1435）九月事：

> 庚午，免德胜关富户原籍户丁徭役。时耆民翟原奏，本关富户王礼保等一千四百五十七户，俱系各布政司府州县取来填实京师，岁久贫乏，乞免原籍户下徭役供给。奏下行在户部，议免二丁。从之。③

正德《大明会典》载：

---

① 《元史》卷五，《本纪五·世祖二》。
② 《元史》卷九三，《食货一》。
③ 《明英宗实录》卷九，宣德十年九月庚午条。

（正统）七年，令天文生、阴阳生俱免差役一丁。陕西土军、土民余丁，若户丁有在边操备者，亦免杂泛差役。①

天顺八年，令在营官军户丁舍余不许附近寄籍，如原籍丁尽，许摘丁发回。②

《明世宗实录》七年二月载：

> 己未，户部条上大学士杨一清所题屯政事宜：……一、补屯丁。今军伍消乏，屯丁甚寡，宜下清军官将逃故军士清解，其有户丁愿从伍者，听。③

《明世宗实录》三十九年十月载：

> 戊戌，户部尚书高耀等议上大造黄册事宜：……一、攒造黄册之人，旧以里长户丁奸民充之，习为飞诡隐漏诸弊。今后许十里长于小民户内保举有身家通书算者应用。④

很明显，这些文献中所述户丁，均为一户之下的成丁男子，并且是指丁男个人而言的。这一点无需多加考释。

（二）徽州文书中所载户丁

然而，明代户丁一语的含义又不止于此。从遗存的明代契约文书所载来看，户丁并非仅仅指丁男个人，亦指一户，确切地说，乃是指正式载于官府册籍户头之下的子户而言的。相当多种类的文书所载均可证明。

嘉靖三十一年徽州府休宁县郑广税契尾载：

> 直隶徽州府休宁县为陈愚见筹边饷以少裨安攘大计事，奉府帖奉户部劄付前事，内开一应置买田产之家，照契书银两多寡，随宜坐以

---

① 正德《大明会典》卷二二，《户部七·户口三·优免差役》。
② 正德《大明会典》卷二〇，《户部五·户口一·丁口》。
③ 《明世宗实录》卷八五，嘉靖七年二月己未条。
④ 《明世宗实录》卷四八九，嘉靖三十九年十月戊戌条。

税银，亦要陆续解京，以备边用。仍造税粮青册，明开过割人户田亩粮税各数目，随黄册同解赴司查兑，仍行严法稽查，不许花销浪费，中间买田产人户，如产业已经过割，而无税银贮库，即系官吏侵费，定行从重参究治罪，奉此。又奉抚、按察院劄，案仰今后买业人户，该纳税银，照依定议，每价壹两，追收税银叁分贮库，年终解府类解，但有人民收买产业者，不行报税，依律合追价银一半入官等因，奉此。除依奉遵行外，今据本县五都五图户头郑才旺户丁郑广，于嘉靖　年月买到本都　图户头郑承户丁郑社长户内，用价银壹两捌钱，该税银伍分肆厘，今给天字八百七十九号契尾，粘连印发。须至出给者。

　　右给付买主郑广收执。　　　准此。

　　嘉靖三十一年四月初八日给。

　　县（押）（钤数方"休宁县印"）①

该契尾所载表明，郑广为郑才旺户头之下的户丁，郑社长为郑承户头之下的户丁，郑广购买了郑社长的土地，二者虽都称户丁，但并非代表个人。从该契尾前部分所载文字不难看出，其所录事宜是户与户之间发生的交易，他们都是作为"置买田产之家"、"买田产人户"或"买业人户"而登录于契尾之上的。契尾系明清时代业户置买土地之际赴官府纳税的凭证，皆由官府印制。该契尾的大部分文字系雕版印刷，只有少数文字为墨迹填写。其中"户头"、"户丁"等字皆系印刷字体。户丁作为户的代表，而出现在当时官府印刷的大量使用的文书之中，正说明了它具有相当的普遍性。

同类文书嘉靖三十一年休宁吕文曜税契尾载：

　　（前略）今据本县一都七图户头吕文曜户丁（空白），于嘉靖　年　月买到一都四图户头张廷永户丁张积户内，用价银十五两五钱，该税银四钱六分五厘，今给宙字一千六百十二号契尾，粘连印发。须至出给者。

　　右给付买主吕文曜收执。　　　准此。

<hr>

① 《徽州千年契约文书》宋元明编第二卷，《嘉靖三十一年休宁郑广买田税契凭证》。

　　嘉靖三十一年四月二十一日给。
　　县（押）①

　　前引郑广税契尾所载是户丁与户丁之间发生的交易，而该契尾所载，则是户头吕文曜与户丁张积之间的田土买卖，在这里户丁与户头也都是作为户与户之间而发生交易的。
　　《隆庆六年刘澳沐推单》所载亦是如此：

　　　　二十五都四图今将本图田产开除于后。一户刘仲兴户丁澳沐，今将除民山□厘□毫，土名社公山。（空白）今已推入二十七都一图游景荣户下为业。
　　　　隆庆六年又二月十一日　　　里长吴世重□□附②

　　该推单所载，是户丁刘澳沐在出卖田土之后，正式将其田产从本图户下开除，同时推入卖主所在图户下。这也是户丁与其他户之间发生的交易，一桩作为户与户之间的田土买卖交易及其推收活动。
　　再从万历清丈之际印发的、核实各块田土业主的"归户票"所载来看，亦可明了户丁的性质。如《万历十年汪保分亩归户票》：

分　亩　归　户　票

　　　　贰拾肆都贰图奉本县明示，丈过田地山塘，每号照丈积步，依则清查分亩，给发小票，业人亲领，前付该图，亲供归户。仍执凭票。
　　　　计开
　　　　丈过土名所坞，恭字一千三百五十五号，计积一百叁拾贰步叁分壹厘五毫，下则田税五分零玖毫，系本都一图九甲汪保户，见业户丁（空白）。
　　　　执此票证。
　　　　万历拾年七月二十三日　公正　洪良法　票③

　　① 《徽州千年契约文书》宋元明编第二卷，《嘉靖三十一年休宁吕文曜买产税契凭证》。
　　② 《徽州千年契约文书》宋元明编第二卷，《隆庆六年刘澳沐推单》。
　　③ 《徽州千年契约文书》宋元明编第三卷，《万历十年汪保分亩归户票》。

该归户票给发的汪保户不系户丁，但票上却印有"见业户丁"一项。而《万历十年吴玄湘等归户票》中"户丁"项下即登有业户姓名：

五　字　号　归　户　票

贰拾叁都玖图奉本县明示，丈过田地山塘，每号照丈积步，依则清查分亩，给发小票，业人亲领，付该图亲供归户。执此凭证。

计开

丈过五字贰千伍百六号，土名影山下，应拟下则地玖拾四步六分四厘，该税贰分柒厘〇四丝。给付本都本图一甲吴大兴户丁玄湘、应泰存照。

万历拾年八月十五日　图正　吴继宁　票①

万历丈量归户票中，在"户"之下多明确印有"户丁"或"见业户丁"一项，业主姓名或填在"户"处，或填在"户丁"处，说明户与户丁在作为独立的土地所有者一户这点上，性质是相同的。而在《万历十年吴玄湘等归户票》户丁项下，又登录着两个名字，更证明户丁一项不是指单个男丁，而是一户。

此外，徽州文书遗存的明后期相当多的"割税票"、"收税票"、"收税会票"、"推收照会票"等，在"户"之下都印刷有"户丁"一项，并多填有姓名。《万历十九年祁门冯志义割税票》载：

割　税　票

祁门县为黄册事，据　都　图　甲下户丁冯志义卖与西都　图甲　户户丁谢　该地三厘，已经纳税印契讫，合填印票，给付本人，付该图册书照票割税，推入本户造册当差。敢有刁难者，许呈禀重究。须至票者。

万历十九年八月二十五日　户

县（押）②

---

① 《徽州千年契约文书》宋元明编第三卷，《万历十年吴玄湘等归户票》。
② 《徽州千年契约文书》宋元明编第三卷，《万历十九年祁门冯志义割税票》。

《崇祯十七年戴盛户收税票》载：

收　税　票

拾捌都拾壹图遵奉县主爷爷为攒造黄册事，据本图一甲一户戴盛户丁（空白），一首字八十二号，计田税壹亩正，土名湖田，系崇祯捌年三月买到十五都叁图十甲朱五常户丁廷模户下，麦贰升壹合四勺，米伍升叁合伍勺。

　　崇祯十七年三月十八日　　　　册里　戴　泰
　　　　　　　　　　　　　　　　　书手　胡宗化
契尾　字　号　　　　　　　　　　算手　戴茂票
（后批）十七年入国兆户转收回元贞户①

在种类和数量都相当多的标印有"户丁"文字的徽州契约文书中，尤其能够说明户丁性质的，是有关本户的户丁与户丁之间推收土地与钱粮的文书。如《天启元年吴大兴户地税推收照会票》载：

推　收　照　会　票

二十三都九图遵奉〔县主〕攒造黄册事，据本图〔一〕甲一户吴大兴户丁吴世顺，一收　都五字三千四百八十五号，土名李回坵，一则地税五厘正，于天启元年三月买到本都本图本甲本户丁吴元吉，麦（空缺）米（空缺）。

　　天启元年八月二十二日　　　　册里　黄金扈
　　　　　　　　　　　　　　　　　书　　吴光达
　　　　　　　　　　　　　　　　　算　　邵　胡②

而《崇祯十年吴世顺本户推收票》中，通栏大字印刷的文书名称即称《本户推收票》，并明确标有"户丁一户"的字样，其文如下：

---

① 《徽州千年契约文书》宋元明编第四卷，《崇祯十七年戴盛户收税票》。
② 《徽州千年契约文书》宋元明编第四卷，《天启元年吴大兴户地税推收照会票》。

本　户　推　收　票

二十三都九图遵奉部、院事例，蒙县主爷佥点攒造黄册实征事，据图内一甲吴大兴户丁一户吴世顺，一收万字一千〇四十九号，土名赤山脚，一则山税贰厘正，于十年五月买到本户吴世昆户丁瑞雄，麦（空缺）米（空缺）。

里　　　黄时化

崇祯十年九月　　　日　　　册书　　吴　翔

验印契尾　　字号　　　算　　　胡同伦

契□银①

这两份文书告诉我们，在本户的户丁与户丁之间，与当时一般的户与户之间一样，也存在着土地买卖关系，并且亦须明白推收过割。这表明，户头之下的各个户丁在经济上是独立的，其相互发生的经济关系和需要在官方履行的手续，亦与一般户与户之间相同。此外，在攒造黄册推收过割之际，同一户下竟印刷有"本户推收票"，这既表明该户户丁众多，无疑也说明当时户丁户存在的普遍性。

总之，在遗存的徽州契约文书中，有颇多种类和数量的文书，在有关业户户主的项目之下，多列有"户丁"一项，且系印刷字体。这类文书大多属于土地清丈、土地买卖和税粮过割之类的文书。这类文书所载清楚表明，当时户头之下的户丁，是占有土地、有权买卖的土地所有者；户丁与其他户之间发生经济关系时，在作为一个独立的经济单位这一点上，与当时一般户的地位是相同的；户丁作为一个独立的经济单位，也得到官府的承认。户丁不只是指单丁个人，实作为户头之下的一个独立的经济单位即子户而存在的。

（三）福建保甲文册中所载户丁

那么，作为户头之下的子户而存在的户丁，是否是明代徽州一地独有的社会现象呢？并非如此。在保存至今的明《嘉靖泉州府永春县保甲文册》② 中，"户丁"一语亦频频出现，并且户丁均是作为"一户"而载于

---

① 《徽州千年契约文书》宋元明编第四卷，《崇祯十年吴世顺本户推收票》。

② 关于该文书的介绍与考证，参阅本书第三章。

该册之中的。

　　首先看一下《嘉靖泉州府永春县保甲文册》所载格式和具体内容，兹按原格式抄录其中两页文字如下（原文为竖写）：

第拾贰甲猿步村
　　一户林育胜民籍系本都里班李汉甲首成丁壹丁耕田
　　一户罗瑞贤民籍系本县捌都里班林鸾甲首成丁壹丁耕田
　　一户郑汝爱民籍系本都里班郑甫户丁成丁壹丁耕田
　　一户郑童仔民籍系本都里班郑甫户丁成丁壹丁耕田
　　一户王宗仰民籍系本都里班王琚户丁成丁壹丁耕田
　　一户周文六民籍系本都里班陈发甲首成丁壹丁耕田
　　一户陈德传军籍系本都里班郑甫甲首成丁壹丁耕田
　　一户陈仁用军籍系兴化卫屯军成丁壹丁耕田
　　一户林和忠军籍系兴化卫屯军成丁壹丁耕田
　　一户林和静军籍系兴化卫屯军成丁壹丁耕田
　　一户林椿军籍系兴化卫屯军成丁壹丁耕田

第贰拾壹甲
　　一户郭定秀军籍系本都里班郭赐户丁成丁壹丁耕田
　　一户郭定异军籍系里班郭赐户丁成丁壹丁耕田
　　一户郭尔逊军籍系里班郭赐户丁成丁壹丁耕田
　　一户郭定美军籍系里班郭赐户丁成丁壹丁耕田
　　一户林吴兴民籍系里班林荣养男成丁壹丁耕田
　　一户陈秉德民籍系里班苏汝洁甲首成丁壹丁耕田
　　一户邓贵和军籍系龙岩县万安里寓居本都成丁壹丁耕田
　　一户叶进昌系里班林洪招养男成丁壹丁耕田
　　一户陈秉富民籍系本都里班陈宁伯甲首成丁壹丁耕田
　　一户张饶亮民籍系本都里班郭赐甲首成丁壹丁耕田

　　《嘉靖泉州府永春县保甲文册》，是该县将其编制的所属各地基层的保甲组织向上级官府呈报的一种册籍。这种保甲文册的基本特点是，以人户居地为次进行编甲，凡是在当地居住的各类人户，不论其原编里甲如何，也不论"寓居"、"移住"、"招住"、"佣雇",以及卫所屯军等,均按其实在居止编入甲内。因而以人户丁粮为准而编制的黄册里甲组织遂被打乱,绝大多数是一村编为一甲。其次,论丁编甲。编入甲内者均为成丁。第三,每户登载的内容不但有原籍、来历,而且还有其所从事的职业,如"耕田"、"教读"、"耕读"、"裁缝"、"开铺"等等。第四,各户下没有税粮;外郡人虽正式编入甲内,但却申明当原籍差役,编甲的目的不是为了纳粮当差。这些特点,是与当时通行的保甲之法原则相符合的。《嘉靖泉州府永春县保甲文册》所载,正反映了明代后期农村村落各种人户杂处混居的一种实际状况。该册所载各类人户有:里长(该册中多称"里班")户、甲首户、户丁户、卫所屯丁户、外县移居(包括招住、寓居)户、养男户等。其中户丁户与其他各类人户一样,均是作为一户载于册中的。表明户丁户是当时农村普遍存在的各种独立人户之一。而且,一些户丁户在一户之下登录有"成丁贰丁",如"一户吴兴唯军籍系本都里班吴德户丁成丁贰丁耕田"、"一户林铎民籍系林观普户丁成丁贰丁耕田"等等。这更说明,户丁户并非指单丁个人,而是指"一户"。

现存《嘉靖泉州府永春县保甲文册》为一残册,相当多甲中所载皆有不同程度的缺佚。以册中现存资料为据进行统计,其各类户别数量及所占比例如下:

表41　　　　嘉靖泉州府永春县保甲文册各类户别数量及所占比例表

户别	里长户	甲首户	户丁户	屯丁户	养男户	移居户	其他户	总计
户数	21	433	291	13	9	115	8	890
%	2.3	48.7	32.7	1.5	1.0	12.9	0.9	100

表41虽然是一个不完全的统计,但从中亦可看出当时各类人户所占的大致比例。按该表统计,各类人户总计890户,其中里长户21户,占2.3%,这是由于里长户在当时农村中本来就是少数,又因该册中里长户缺佚尤多的缘故。甲首户最多,计433户,几占总户数的一半,这是由于黄册里甲编制中甲首户最多,每里110户中有100户甲首所致。而尤其值得注意的是,户丁户的数量也相当多,计291户,占总户数的32.7%,近三分之一。这充分说明了当时户丁户的存在绝非是个别现象,而是相当普

遍的。此外，外县移居户，包括招住户、寓居户，其数量也不少，达 115
户，占 12.9%，说明当时农村人口相互流动的程度亦值得注意。

如果我们对该册所载户丁户的所属户头情况作进一步分析，还可发
现，其中属于里长（里班）户下的，如"一户郑汝爱民籍系本都里班郑甫
户丁成丁壹丁耕田"、"一户林俊七军籍系本都里长林元统户丁成丁壹丁耕
田"等，这种情况占绝大多数，而属于甲首户下的只有极少数。在该册所
载 291 户户丁户之中，属于里长户下的 282 户，属于甲首户下的仅有 5 户，
有 4 户隶属情况不明。户丁户的户头绝大多数为里长户，这一事实对于我
们了解其形成原因具有重要意义。如众所知，明洪武十四年（1381）后所
实行的黄册里甲制度，其法以一百一十户为里。一里之中，推丁粮多者十
人为之长，也就是说，里长户一般均系农村中丁粮众多的人户，即多为大
户人家；而在甲首户中丁粮多者则是极少数。明代户丁户的形成，首先即
与大户人家人口和土地众多有密切关系。这一点，从永春县保甲文册所载
亦可看出。该册所载一个里长户下的户丁户数，一般都有 4、5 户，或有 7
户、10 户，甚至有 10 户以上者。如里长萧佛赐户下的户丁户共有 14 户，
而里长郑廷魁户下的户丁户竟达 16 户之多。这些拥有众多户丁户的里长
户，绝大多数都是丁粮多的大户人家，乃无疑问。究其原因，一方面在以
分散的小农经济为基础的中国封建社会里，析产分户已成为一种历史发展
趋势；另一方面又由于官府的赋役政策以及宗族势力的影响，致使许多大
户析产而未正式分户，往往形成一个大户之下包含众多经济上独立的子户
这种状况。所谓户丁，在一些场合之下，实际上即是指这种大户之下析产
而未正式分户的子户而言的。

另外还应指出的是，《嘉靖泉州府永春县保甲文册》所录 291 户户丁
之中，载明户头为军籍者 149 户，为民籍者 137 户。这说明，虽然明王朝
所定军、匠不许分户的政策，对明代析产而未分户状况的形成影响很大，
但这并不是根本原因。民户之中析产而未分户的现象亦相当普遍。故户丁
户所指亦包括民户等在内，从而表明了明代户丁户存在的普遍性。

至清代，黄册制度已废，然户丁户仍普遍存在。清代文书中的户丁亦
多属户的概念。如《嘉庆十四年休宁江同甫金业归户票》载：

金 业 归 户 票

休宁县贰拾肆都捌图奉县主明示，前丈过田地山塘步亩，依则纳

税。给付贰拾陆都陆图玖甲江同甫户见业户丁　　　领去亲供归户，执票存证。

　　原额敢字　　　　号
　　今丈五字陆佰叁拾柒、陆佰肆拾四号，土名白羊坞　则该分
　　计山税捌分整、陆分五厘
　　系契买贰拾四都捌图又七甲黄元中户丁日辉　出
　　嘉庆十四年十一月　　　日　图正朱忠宪付金业票①

　　文书中所言黄元中户丁黄日辉，具有出卖土地的户主身份，无疑代表一户。清代此类文书还可见到很多，这里不再枚举。关于清代的户丁户，康熙至乾隆直隶获鹿县编审册档案提供了有力的证据，册中所载表明，当时该县普遍实行的，即是以户丁户为单位而进行编审的②。

　　综上所述，明清时代户丁一语的含义有以下几个方面：第一，指一户之下的成丁男子。第二，指大户之下析产而未正式分户的子户而言。第三，从赋役制度方面说，户丁一语亦具有职役之意。叶春及说："力役出于力也。故身有役，为里正，为乡老，为甲首，为户丁，以追征，以勾摄，以供办正役也。"③ 显然，叶春及在这里是从职役的角度来谈里正、乡老、甲首和户丁的。当然，这里主要是说力役，但仍可看出，户丁也与里正、乡老、甲首等一样，亦是一种职役。

　　明清时代的户丁亦指大户之下析产而未正式分户的子户而言这一点，在明代经济史、社会史等的研究中应予以注意。它表明，当时一个大户之下常包含众多经济上各自独立的子户，这种现象相当普遍。这对于了解当时的人户构成与经济形态，无疑具有重要意义。

五　黄册人口登载事项

　　人口史研究，作为社会经济史特别是社会史研究的一个重要领域，历来受到学者的重视。近年来，有关中国人口史研究的论著发表颇为不少。

---

　　①　《徽州千年契约文书》清民国编第一卷，《乾隆三十五年休宁江立周卖山赤契之三》。
　　②　参阅潘喆、唐世儒《获鹿县编审册初步研究》，《清史研究集》第三辑，中国人民大学出版社 1984 年版。
　　③　《石洞集》卷三《惠安政书二·图籍问》。

其中在对明代人口尤其是明初人口的估计上，分歧很大，争论引人注目。1988 年，王其榘先生发表了《明初全国人口考》①一文，该文通过对《明实录》以及有关明代黄册的某些文献记载资料的考察，得出"明初人口在一亿以上"的结论。其基本论点是，明代黄册所记载的人口数字不包括妇女在内。文章最后还介绍了作为范文澜主编的《中国通史简编》第三编的作者叶蠖生、金灿然、唐国庆等同志的观点："洪武二十四年，全国郡县赋役黄册成，计户 10684435，丁 56774561。朱元璋造黄册，本意在查明供赋役的男丁数目，女口也许不在册内。"② 王文还特别指出，范文澜同志在 1950 年又重新提出："明初（人口），约 1.1 亿（男丁 5600 余万，加上同数妇女，总数在 1.1 亿以上）。"③ 而希望学界重视这一观点。

之后，1990 年王育民先生发表了《〈明初全国人口考〉质疑》④一文，论述了明代户籍制度并非"女口不预"，分析了明代方志中有关明代户口记载的种种形式，指出方志中记载的口是含妇女在内的，并对王其榘先生提出的各个论点一一作了辨析，而否定了明代黄册所载人口数字不包括妇女在内的说法。同年，葛剑雄同志又发表了《明初全国户口总数并非"丁"数——与王其榘先生商榷》⑤，以明初全国户口总数问题为论述中心，征引了为数颇多的明代方志中有关人口的记载与数字，附以统计表格，亦全面批驳了《明初全国人口考》的各个论据，否定了所谓明代黄册所载人口不包括妇女之说。

从总体上说，后两篇论文，即认为明代黄册所载人口亦包括妇女之说，论据较为充分，是有说服力的。不过，主张该说的论者在文中虽亦提及有关的文书档案，但仍主要是依据文献资料得出结论，即通过方志等文献记载，来论证黄册所载人口数字内容。人们不禁要问，从黄册这一文书档案本身来看，其所载人口事项到底有哪些呢？其所载内容究竟是怎样的呢？无疑，根据黄册文书档案本身记载的内容所得出的结论，更有说服力。所以，关于明代黄册所载人口数字是否包括妇女在内这一问题，还有必要通过黄册文书档案本身作进一步考察。

---

①《历史研究》1988 年第 1 期。

②《中国通史简编》，上海三联书店 1949 年版，第 540 页。

③《中国青年》第 34—35 期。

④《历史研究》1990 年第 3 期。

⑤《中国历史地理论丛》1990 年第 4 期。

在论述黄册文书档案本身关于明代户口的记载情况之前，应先对明代户帖与黄册的性质作一点考察。

如上所述，持明代黄册所载人口不包括妇女说者认为，"朱元璋造黄册，本意在查明供赋役的男丁数目"，"编造黄册的主要目的是征派赋役"①。不错，征派赋役是编造黄册的主要目的，故明代黄册又称赋役黄册。但黄册的编造还不仅仅限于赋役的征派。就黄册的性质而言，它既是有关明代赋役之法的基本制度，亦是有明一代实行的户籍制度。在中国古代，以人身为直接奴役对象的无偿徭役，在赋役制度中占有重要的地位，其愈古愈为明显。因此，户籍制度与赋役制度之间的关系历来十分密切，二者常常合而为一。但它们之间显然并不是没有区别的。中国古代很早就建立有独立的户籍制度。《周礼》即载有"司民掌登万民之数，自生齿以上，皆书于版"的户籍制度②。此后，这种户籍制度，遂受到历代王朝的重视，而且常常放在建邦立业的首要位置。朱元璋创立的明王朝亦是如此。

朱元璋早在建国之前，就曾实行"给民户由"制度。其在各地占据城池、建立政权的同时，即建邦立业伊始，就十分注意户籍的管理，令其大军在各地收拾户口版籍，以原报抄籍为定。洪武三年（1370），朱元璋颁布命令，在全国调查户口，正式推行户帖制度。《明实录》洪武三年十一月载：

> （辛亥）核民数，给以户帖。先是，上谕中书省臣曰："民，国之本。古者司民岁终献民数于王，王拜受而藏诸天府，是民数有国之重事也。今天下已定，而民数未核实。其命户部籍天下户口，每户给以户帖。"于是户部制户籍、户帖，各书其户之乡贯、丁口、名岁。合籍与帖，以字号编为勘合，识以部印。籍藏于部，帖给之民。仍令有司岁计其户口之登耗，类为籍册以进。著为令。③

户帖登载的内容，除了每户的人口状况以外，还有其事产情况，但户

---

①　《历史研究》1988 年第 1 期。
②　《周礼》卷三五，《秋官司寇·司民》。
③　《明太祖实录》卷五八，洪武三年十一月辛亥条。

帖的登载是详于户口而略于事产。它首先是朱元璋所建立的一种户籍制度。《明实录》又载,洪武三年二月,"上命中书省臣,凡行郊祀礼,以天下户口、钱粮之籍陈于台下,祭毕,收入内府藏之"①。从以上史籍所载不难看出,明初建立有独立的户籍制度,它的基本思想,正是基于《周礼》中所述自生齿以上皆书于版、献民数于王这种理念。

至洪武十四年(1381),朱元璋又在全国建立了黄册制度。《明史》范敏传载:"范敏,闽乡人。洪武八年举秀才,擢户部郎中。十三年授试尚书。……帝以徭役不均,命编造黄册。敏议百一十户为里,丁多者十人为里长,鸠一里之事以供岁役,十年一周,余百户为十甲。后遂仍其制不废。"②应该说,黄册的编造主要是为了征调赋役。而在明初,徭役的征派在赋役制度中仍占有很大的比重。然而,若没有完善的户籍制度,没有对人户的管理与控制,徭役的征派则难以实现。为达到对人户的有效管理与控制,它必须建立在完善的户籍制度的基础之上。黄册是在户帖的基础上编造的。如果我们将黄册与户帖加以对比,则可以看出,在户籍制度方面,黄册完全继承了户帖的一套做法。黄册正是户帖的继承与发展。所以,明代黄册作为封建统治者所制定的一种较为成熟的赋役制度,它既具有赋役制度的性质,亦不失户籍制度之属性,是包含着这两种制度的。关于这一点,黄册本身的内容所载十分明了,而明人的有关阐述亦很清楚,兹仅举几例:

> 今制黄册所载,人丁、事产二者其经也;旧管、新收、开除、实在四者其纬也。事产著田赋轻重之数,〔源〕流于《禹贡》九州厥田九等、厥赋亦九等之法也;人丁著户口登耗之数,权舆于《周礼》三岁大比、献万民之数于王之意也。③

> 谨按黄册所载,至为浩繁,其大要则天下之人丁、事产而已。人丁即前代之户口,事产即前代之田赋。……而今之人丁事产,则详备其数,而别为二条焉。盖见千古者其辞略,故合而为一;行乎今者其事悉,故分而为二,理固然也。④

> 所谓版者,即前代之黄籍,今世之黄册也。……民以此定其籍

贯，官按此以为科差。……版籍既定，户口之或多或寡，物力之或有
或无，披阅之顷，一目可尽。官府遇有科差，按籍而注之，无不当而
均矣。①

国朝洪武十四年始造黄册，定军民匠籍，凡十载乃更造。凡户
口、田赋悉从其制。②

《周礼》司民掌登万民之数，自生齿以上，皆书于版，异其男女，
重邦本也。国家十岁一献计，即此意。③

总之，黄册既是明代的赋役制度，同时亦为明代的户籍制度。对此，
明人的论述十分明确，记载颇多。当然，黄册作为户籍制度有关明代户口
的记载，在各个时期并不相同。关于其变化情况，后文将有所叙及。

在具体考察黄册的人口登载事项时，需先了解一下户帖所载人口
项目。

关于明代户帖的有关记载及其实物的遗存情况，本书第二章已做了介
绍。其中，《洪武四年徽州府祁门县谢允宪户帖》已被学界多次介绍和引
用，此不赘述。而中国社会科学院历史研究所和中国国家博物馆所藏户帖
被引用较少，兹录其人丁事产部分原文如下。

历史研究所藏《洪武四年徽州府祁门县汪寄佛户帖》④：

（前略）
一户汪寄佛　徽州府祁门县十西都住民　应当民差　计家五口
　　男子三口　成丁二口　本身年三十六岁　兄满年四十岁
　　　　　　　　　　　不成丁一口　男祖寿年四岁
　　妇女二口　妻阿李年三十三岁　嫂阿王年三十三岁
事产
　　田地无　房屋瓦房三间　孳畜无
　　右户帖付汪寄佛收执　准此

---

① 《大学衍义补》卷三一，《制国用·傅算之籍》。
② 嘉靖《邓州志》卷一〇，《赋役志·户口》。
③ 嘉靖《六合县志》卷二，《人事志·户口》。
④ 《徽州千年契约文书》宋元明编第一卷。

中国国家博物馆藏《洪武四年徽州府祁门县江寿户帖》①：

（前略）

一户江寿　系徽州府祁门县十西都七保住民见当民差计家三口

　　　　男子二口　成丁一口　本身年四十四岁

　　　　　　　　　不成丁一口　男再来年五岁

　　　　妇女一口　妻阿潘年四十四岁

　　事产

　　　　草屋一间

　　　　右户帖付江寿收执　准此

通过以上征引的户帖所载内容，可以看出，其所录人口项目，因各户人口的多少不同，而每户登录的繁简情况亦略有所异。但总的来看，户帖所载人口项目十分详备，不但分为男子、妇女，而且其下又各设细目。这些项目大体有三类，第一为各户人口总计项，即"计家"多少口；第二为"男子"人口项，先计总数，其下分为"成丁"与"不成丁"；第三为"妇女"人口项，亦先计总数，其下则分"大口"与"小口"。明代规定男子十六至六十岁为成丁，其余为不成丁。妇女大口系指成年女子，小口则指未成年女子②。

此外引人注目的是，户帖所载又有事产一大项，其下分田地、房屋、车船、孳畜等。对此，一般关于户帖的文献记载多未提及。而这些事产项目亦正是黄册所设事项，这一点，也恰恰证实了黄册与户帖二者之间的承继关系。

那么，黄册中的人口登载事项到底如何呢？

如上所述，黄册既是明代的赋役制度，亦为明代的户籍制度。尽管至今遗留下来的黄册文书档案很少，但近年来在整理和研究明清徽州文书档案的过程中，所发现的一些有关黄册的文书档案，无疑也是研究明代人口问题的第一手资料。

关于遗存的明代黄册文书档案，本书第二章已做了介绍。其中有关明

① 《中国历史博物馆馆刊》总第 7 期，1985 年。

② 《大元通制条格》卷一三《禄令·大小口例》载："至元二十五年三月，尚书户部承奉尚书省劄付：各衙门应支口粮人等，男子、妇人拾伍岁以上为大口，十肆岁以下至伍岁为小口，伍岁以下不须放支。"可作为参考。

初的黄册文书，迄今发现有《永乐至宣德徽州府祁门县李务本户黄册抄底》①、《永乐徽州府歙县胡成祖等户黄册抄底残件》② 等。这两件黄册文书并非原本，均为抄件。前者所载，为李务本户永乐元年（1403）、十年（1412）、二十年（1422）、宣德七年（1432）四个黄册大造之年的人丁和事产；后者所录，为胡成祖、黄福寿两户永乐二十年大造的人丁和事产（残件）。按明代黄册的登载格式，每户均分旧管、新收、开除、实在四大项，即所谓四柱式进行登载，每项之下均载人丁、事产内容。兹以《永乐至宣德徽州府祁门县李务本户黄册抄底》中永乐十年黄册为例，摘其登录人口的部分文字如下：

永乐十年
一户李景祥承故兄李务本户
　新收
　　人口四口
　　　正收妇女小二口　姐贞奴永乐四年生
　　　　　　　　　　　姐贞常永乐六年生
　　　转收男子二口
　　　　　成丁一口义父胡为善系招赘到十四都一图胡宗生兄
　　　　　不成丁一口本身景祥系摘到本图李胜舟男
　开除
　　　人口正除男子成丁二口
　　　　义父胡为善永乐九年病故
　　　　兄务本永乐十年病故
　　事产
　　　　转除民田三十七亩七分六厘九毫
（以下从略）
　实在
　　人口四口
　　　男子不成丁一口　本身年二岁

①　《徽州千年契约文书》宋元明编第一卷。
②　中国历史博物馆藏。参阅本书第二章。

妇女三口

　　大一口　　母谢氏年三十九岁

　　小二口　　姐贞奴年七岁

　　　　　　　　贞常年五岁

事产无

该文书虽为一抄件，但从其所载仍可了解到明初黄册登载的人口事项。其项目有：人口总计，即"人丁计家男妇"多少口；"男子"人口，先列总数，其下分"成丁"和"不成丁"；"妇女"人口，亦先列总数，其下分"大口"和"小口"。中国国家博物馆藏《永乐徽州府歙县胡成祖等户黄册抄底残件》所载人口事项，大体与此相同，其中亦分"男子"和"妇女"，而在妇女项下则载有"妇女大"多少口，说明妇女人口项下也是分大、小口入籍的。

　　关于遗存的明中叶的黄册文书，迄今发现有《成化嘉兴府嘉兴县清册供单残件》，该文书系"来自宋刻明印岳珂《桯史》（藏北京大学图书馆）一书的纸背"，为孔繁敏先生所发现①。该文书所载；系属嘉兴府嘉兴县不同都里的成化十八年大造清册供单残稿。清册供单，即大造黄册之际，里甲各人户亲自将本户人丁事产依式开写的报单，其格式与黄册所载相同，为攒造黄册的最初底稿。以下即是该供单所载有关人丁部分举例。

　　1.《桯史》目录页二 B 面纸背：

　　一户王阿寿今男阿昌　　民籍

　　旧管

　　人丁计家男妇五口

　　　　男子三口

　　　　妇女二口

　　事产（从略）

　　2.《桯史》卷十五页十五 B 面纸背：

――――――――――

　　①　参阅孔繁敏《明代赋役供单与黄册残件辑考》（上），载《文献》1992 年第 4 期。本文所引该文书原文系转引自孔文。

（前缺）

　　开除人口正除妇女大二口
　　　　母徐一娘于成化十一年九月内故
　　　　妻王官奴于成化十四年八月内故
　　实在
　　　人口男妇三口
　　　男子成丁二口本身年五十岁
　　　　孙男儿□官年（下缺）
　　　妇女大一口孙男妇年三十岁
　　事产（从略）

　　综观这些清册供单，其所载人口事项与明初徽州黄册抄底所载基本相同，有人口总计，亦称"人丁计家男妇"，由此可见，当时"人丁"一语是包括男女在内的。又有"男子"、"妇女"，男子项下分"成丁"与"不成丁"，但妇女项下只载"大口"，小口均省略不载，这是与明初黄册登载所不同者。
　　而《嘉靖四十一年严州府遂安县十八都下一图六甲黄册原本》① 则仍载有妇女小口，兹录其中一户所载人丁部分内容如下：

第陆甲正管
　　下户壹户洪彦亮原以故叔洪廷潮为户系浙江严州府遂安县拾捌都
　　　　下壹图民籍充嘉靖肆拾柒年甲首
　　旧管
　　　人丁计家男妇捌口
　　　　男子肆口
　　　　妇女肆口
　　　事产……
　　开除
　　　人口正除男妇叁口

---

① 上海图书馆藏 563792 号。馆题作"浙江严州府遂安县人口税收册"。

男子贰口

　　成丁壹口兄洪彦明于嘉靖叁拾伍年叁月内病故

　　不成丁壹口伯洪廷潮于嘉靖叁拾陆年捌月内病故

　妇女小口壹口伯母程氏于嘉靖肆拾年玖月内病故

事产⋯⋯

新收

人口正收男妇贰口

　男子不成丁壹口弟（侄）毛儿系嘉靖叁拾捌年生

　妇女小口壹口侄女白云系嘉靖肆拾年生

事产⋯⋯

实在

人口男妇柒口

男子叁口

　成丁壹口弟彦清即彦恩实年叁拾伍岁

　不成丁贰口

　　本身年肆拾伍岁见患疯疾

　　弟（旁改"侄"字）毛儿年叁岁

妇女肆口

　大口贰口

　　婶吴氏年肆拾伍岁

　　弟妇毛氏年贰拾伍岁

　小口贰口

　　侄女云玉年壹拾岁

　　侄女白云年贰岁

事产⋯⋯

关于明末的黄册文书，以安徽省博物馆藏万历十年、二十年、三十年、四十年黄册底籍所载内容最为详细完备。兹以《万历四十年大造二十七都五图黄册底籍》① 中一户所载内容为例，录其有关人丁部分的文字如下：

_____

① 安徽省博物馆藏 2：24527 号。参阅本书第六章。

正管第九甲

一户王叙系直隶徽州府休宁县里仁乡二十七都第五图匠籍充当万历四
　　　十九年分里长

　旧管

　　人丁计家男妇三十三口

　　　　男子二十口

　　　　妇女十三口

　　事产……

　新收

　　　人口正收男六口

　　　成丁一口　　　　弟正茂在外生长今回入籍当差

　　　不成丁五口　　　侄义三十五年生　　　侄道三十六年生

　　　　　　　　　　　侄余成三十七年生　　侄余禄三十八年生

　　　　　　　　　　　侄岩得三十九年生

　　事产……

　开除

　　　人口正除男不成丁五口

　　　　　　　　　　　侄恨三十四年故　　　侄得三十六年故

　　　　　　　　　　　侄孙玄三十六年故　　侄孙应三十八年故

　　　　　　　　　　　侄孙元三十七年故

　　事产……

　实在

　　　人口三十四口

　　　成丁十三口　　　侄孙悯三十六（岁）　孙德二十五

　　　　　　　　　　　侄慢四十六　　　　　男顺得十七

　　　　　　　　　　　侄孙儒三十五　　　　侄孙方三十三

　　　　　　　　　　　孙国珍二十五　　　　侄绍宗十八

　　　　　　　　　　　孙云相二十五　　　　侄余宾十六

　　　　　　　　　　　侄镇十九　　　　　　弟正茂十七

　　　　　　　　　　　（按：原文少一口）

　　　不成丁八口　　　本身七十三　　　　　兄初八十七

	侄时十三	侄义六
	侄道六	侄余成六
	侄余禄三	侄岩得二
妇女十三口	妻吴氏 七十五	弟妇吴氏五十二
	弟妇吴氏六十六	弟妇金氏四十八
	弟妇金氏六十六	弟妇吴氏四十五
	弟妇朱氏六十三	弟妇汪氏四十三
	弟妇汪氏五十五	侄媳陈氏四十
	弟妇陈氏五十	侄媳余氏四十
		侄媳汪氏五十

事产……

如上所示，在万历十年、二十年、三十年、四十年二十七都五图的黄册底籍中，其旧管、新收、开除、实在各大项内都载有各户的人口事项。旧管项下所载各户的人口情况，实为上一个大造之年，即前十年的实在人丁情况，但其下只有"人丁计家男妇"多少口，"男子"多少口，"妇女"多少口，较为简略。新收项下所载人口事项，即是在该大造十年之内各户新增加的人口，其中包括新出生的人口，本户男子新娶到的妇女，在外生长今回入籍当差者，以及来入籍者，或先年出继今收入籍当差者，等等。开除项下所载人口内容，即是在该大造十年之内各户死亡的人口，等等。实在项下所载人口事项，即是在该大造之年的实在人口情况，包括"人丁"（即人口）总数，"男子"多少口，"成丁"多少口，"不成丁"多少口，"妇女大"多少口。新收、开除、实在各项之下除载总数外，还详细列出各人的姓名及其生年（新收项下）、亡年（开除项下）、年龄（实在项下）等。所有各项之下，男子均分为成丁（16—60岁）与不成丁，分别登载。而在这四个大造之年的黄册底籍中，各户所载人口事项均包括妇女在内。但值得注意的是，其只登妇女大口事项，妇女小口均不登载。这与上述明中叶的黄册登载情况相同。

又据笔者查阅，中国国家图书馆藏《万历二十年严州府遂安县十都上一图五甲黄册残件》①，中国国家博物馆藏《天启二年徽州府休宁县二十四

---

① 中国国家图书馆藏 14237 号。

都一图五甲黄册草册》①、《崇祯五年徽州府休宁县十八都九图黄册残篇》②、《崇祯十五年徽州府休宁县二十五都三图二甲黄册底籍》③ 等黄册文书档案中，其人口登载事项与上述《二十七都五图黄册底籍》所载相同，各户所载人口亦均包括妇女在内，而妇女小口皆不登载。因篇幅所限，不再征引原文。总之，从遗存至今的明初至明末的黄册文书档案来看，其所载人口事项均包括妇女在内，确凿无疑。

　　如前所述，持明代黄册所载人口包括妇女说者，通过方志等文献记载，对这一观点亦作了论证。但对明代不同时期黄册所载妇女的具体情况，却没有作进一步考察。而通过现今遗存的明初至明末的黄册文书档案来看，既确凿无疑地证实了明代黄册所载人口事项均包括妇女在内，同时也向我们揭示了明代不同时期黄册所载妇女的一些具体情况，即，自明中叶以后，黄册所载女口一般多不包括妇女小口在内。当然，由于遗存至今的黄册文书档案毕竟有限，此种情况尚需结合方志等文献记载作进一步考证。

　　明代方志所载"户口之数据黄册也"④，这一点已无需多加论证。因此反过来通过明代方志所载人口数字，亦可看出明代黄册登载的某些情况。有为数颇多的明代地方志，在其所载人口总数之下，"异其男女"，明确地分别载有男、女人口数字，这当然是明代黄册所载亦包括妇女在内的重要佐证。而如果我们再进一步审视一下这些数字，就会发现，其中又有相当多的方志所载同期男、女人口数字，数额多少相差十分明显，请看表42。

表 42　　　　　　　　　明代部分方志所载男女人口数字表

所属地区	府县	时间	男子口数	妇女口数	资料出处
京师	永平府	弘治	151679	91695	弘治《永平府志》卷二
京师	威县	成化	9696	3155	嘉靖《威县志》卷四
京师	内黄县	弘治十五年	22867	16264	嘉靖《内黄县志》卷二
京师	蠡县	嘉靖	31832	17504	嘉靖《蠡县志》卷三

---

① 中国国家博物馆藏 1197 号。
② 中国国家博物馆藏 1202 号。
③ 中国国家博物馆藏 1203 号。
④ 嘉靖《钦州志》卷三，《食货·民数》。

续表

所属地区	府县	时间	男子口数	妇女口数	资料出处
南直隶	长洲县	隆庆五年	221255	72861	隆庆《长洲县志》卷七
南直隶	高淳县	弘治十五年	46218	21245	嘉靖《高淳县志》卷一
南直隶	句容县	天顺	128569	84067	弘治《句容县志》卷三
南直隶	徽州府	天顺六年	336295	174122	弘治《徽州府志》卷二
南直隶	铜陵	嘉靖四十二年	14893	5769	嘉靖《铜陵县志》卷四
南直隶	建平县	嘉靖元年	65814	20884	嘉靖《建平县志》卷二
南直隶	宿州	嘉靖	76084	46241	嘉靖《宿州志》卷二
浙江	会稽县	隆庆六年	40613	21391	万历《会稽县志》卷五
浙江	新昌县	万历六年	8507	4516	万历《新昌县志》卷六
江西	丰城县	正德七年	99472	23640	嘉靖《丰乘县志》卷四
湖广	汉阳府	正德七年	4035	2717	嘉靖《汉阳府志》卷五
湖广	光化县	正德七年	10235	4865	正德《光化县志》卷一
河南	沈丘县	嘉靖元年	3530	1943	嘉靖《沈丘县志·户口》
河南	尉氏县	成化十八年	27985	14676	嘉靖《尉氏县志》卷一
河南	夏邑县	嘉靖二十六年	15591	6901	嘉靖《夏邑县志》卷三

通过表42可以看出，这些方志中所载妇女口数要比同期男子口数少得多，数额相差甚大，其中多数地方的妇女口数仅为男子口数的一半左右。众所周知，按人口出生率的自然规律来说，一般男女性别口数虽不会完全相同，但其数量差额绝不会如此之大。这显然是由于人为方面的原因所造成的。此种现象正可以与上述黄册文书档案中所显示的不登妇女小口的情况互相印证。即，明代方志中登载的男、女人口数额相差之悬殊，正反映了攒造黄册时不登妇女小口的事实。又从该表可以看出，有此种情况的地区相当广泛。而表中所列亦仅为其中的一部分地区，所以可以明了，明代黄册中不登妇女小口的情况并非个别现象，而是相当普遍的。那么，这种情况在明代大致又是从何时开始的呢？

从一部分载有明朝各个时期人口数字的明代方志来看，其中洪武、永乐时期，即在明初，女口与男口的数额相差很小，有的地方甚至是女口多于男口；而有的地方早在宣德以后，有的地方则从天顺之后，总的说来至迟从明中叶开始，就可以看出其所登载的女口数额，越来越明显地少于男口数额。例如，嘉靖《六合县志》载，洪武二十四年（1391）的口数为

"男 6941、女 7154",永乐十年（1412）的口数为"男 7389、女 7094",可以看出洪武时是女口多于男口,而永乐时男女口数亦相差无几。接着该志所载天顺六年（1462）的口数为"男 11892、女 6161",至嘉靖三十一年（1552）口数则为"男 27283、女 8636",即女口已大大少于男口了①。又如嘉靖《汉阳府志》载,"永乐十年黄册……〔口〕男 15322、女17096","嘉靖十一年黄册……〔口〕男 19486、女 12505",亦是永乐时女口多于男口,而嘉靖时女口又大大少于男口②。嘉靖《沔阳志》载沔阳州洪武二十四年（1391）口数为"男 23109、女 24301",永乐元年（1403）口数为"男 23320、女 23552",而从宣德以后,所载女口逐渐减少,至嘉靖元年（1522）的口数已是"男 25340、女 13876"③。在北方也有此类例子。嘉靖《曲沃县志》载,洪武时口数为"男 62100、女60142",嘉靖二十七年（1548）口数为"男 90663、女 38420"④。

　　类似的例子还有不少。从这些事例不难看出,洪武、永乐时期各地黄册中所登男女口数相差很少,说明当时妇女小口是登记在内的。这也表明明初洪武、永乐时黄册所载户口数是接近实际的。明人叶春及说:"洪武诏天下,户置帖,书其乡贯、丁口、名岁,编给于民,其籍藏部。故册式以丁数多寡为次,人弗敢欺,法至重也。嗣而递减,将去其半,盖户帖少存,法网疏矣。"⑤"国初法严,隐丁,自令以下罪有差。今胥为政,故隐者多。"⑥嘉靖《昆山县志》亦云:"国初法令严密,不敢有漏籍者耳。"⑦但此种情况持续的时间并不长,至迟在进入明中叶以后,即明显可看出妇女登载的口数已大大少于男子的口数了。这说明,明代黄册不登妇女小口的情况由来已久。

　　当然,明中叶以后黄册不登妇女小口的情况也不是绝对的。如本书所引《嘉靖四十一年严州府遂安县十八都下一图六甲黄册原本》、《万历二十年严州府遂安县十都上一图五甲黄册残件》等文书,其各户人丁之中即载有妇女小口。从现今遗存的方志中来看,有的州县在明中叶以后仍登载妇

---

　①　嘉靖《六合县志》卷二,《人事志·户口》。
　②　嘉靖《汉阳府志》卷五,《食货志》。
　③　嘉靖《沔阳志》卷九,《食货》。
　④　嘉靖《曲沃县志》卷一,《贡赋志·户口》。
　⑤　《石洞集》卷四,《惠安政书三·版籍考》。
　⑥　《石洞集》卷一一,《志论四·肇庆府户口论》。
　⑦　嘉靖《昆山县志》卷一,《户口》。

女小口。如正德《临漳县志》载，弘治十五年（1502）该县的人口数为："男子 35118 口，男子成丁 16813 口，不成丁 18308 口；妇女 21906 口，妇女大 17913 口，小 3993 口。"① 从笔者查阅的数百种明代方志来看，明代中期以后登载妇女小口的情况毕竟是少数。又，即使登载，多数场合其所载人数也是极少的。如嘉靖《福宁州志》载嘉靖十一年（1532）该州户口数，"口 18365，男子 11245，成丁 9924，不成丁 1321；妇女 7120，大口 7070，小口 50"②。又如嘉靖《真阳县志》载该县嘉靖时户口数，"男子 8929 口，成丁 6593 口，不成丁 2336 口；妇女 4950 口，大 4926 口，小 24 口"③。《宛署杂记》中所载万历时宛平县的人口数字也是此种情况："人口男妇共 81728 口，男子 51213 口，成丁 38049 口，不成丁 13164 口；妇女 30515 口，大 29998 口，小 517 口。"④ 对此种现象，明代的有关文献记载解释说："胥云：不登小口，自昔已然；及上户，千乃一二。"⑤

关于明中叶以后人口登载的混乱情况，还有一点要提及的是，在明末少数地方的户口统计中确实出现了只计丁的事例。如万历《儋州志》载万历十一年（1583）该州户口数，"户 4136，……口 16463，男子成丁 15982，不成丁 481"⑥。这里所载口数，即为男子成丁与不成丁数字之和。又，万历《新修南昌府志》中谈及户口时说："按隆庆六年后，户几三十万，口几九十万，此著成丁者耳。"⑦ 可以明确的是，只是在少数地方出现了这种情况，并且多是在一条鞭法实行之后。

王育民先生在《〈明初全国人口考〉质疑》一文中，对明末《实录》中有三条在人口数字之后记有"半"字这一点作了如下解释："明代晚期《实录》中的三条人口数字之后的'半'字，或为半里之意。"即认为其"半"字为里甲制度中的半个里分。这一解释恐怕难以说得通。结合上述明末在实行一条鞭法之后所出现的少数地方的户口统计中只记丁的现象，笔者认为，明末《实录》中三条人口数字之后的"半"字，即是半丁之意。这里的丁乃是一条鞭法实行之后所编之丁，实质上它已不是人口统计

---

① 正德《临漳县志》卷三，《食货·户口》。
② 嘉靖《福宁州志》卷三，《户口》。
③ 嘉靖《真阳县志》卷六，《田赋志·户口》。
④ 《宛署杂记》卷六，《山字·人丁》。
⑤ 《石洞集》卷一〇，《志论一·顺德县户口论》。
⑥ 万历《儋州志》天集，《食货志·户口》。
⑦ 万历《新修南昌府志》卷七，《典制类·户口》。

单位，而是一种赋役核算单位，所谓"半丁"即"五分丁"。当时不但有"五分丁"，还有"二分丁"、"三分丁"等等。由于明末户籍制度的混乱，各地户口统计标准不一，或只记男子及妇女大口，而不记妇女小口；或男子妇女大小口并记；或只记一条鞭法中所编的丁数，等等。明末《实录》中所载人口数字，即是混合当时各地不同标准的人口统计的产物，故而出现"半"口的记载。显然，另一方面，也并不能以此证明当时《实录》中所记载的人口数字全部为赋役制度中所编的丁数。这种现象只是表明了明末户籍制度的混乱而已。

　　总之，尽管明中叶以后的户籍制度在其实行之中，出现了上述种种复杂情况，但从大多数地区来看，黄册上登载的人口数字仍是包括妇女在内的。若论及其原因，从赋税制度方面来说，亦不无缘由。明代从洪武年间开始实行户口盐钞制度，官给民支盐，民输粟于官，"计口支盐，计盐征米"①。永乐二年（1404），"大口令月食盐一斤，纳钞一贯；小口月食盐半斤，纳钞五百文"②。弘治时又改钞纳银，仍名钞。后不给盐，而按户口纳钞如故。明代黄册中多一直登录女口，亦与户口盐钞制度相关。"夫男丁算赋，幼待十年而登；女大小口，盖为给盐。自盐弗口给，而钞纳如故。"③"女大小口徒给盐，盐不口给而必登之，法如是耳。"④

　　以上主要就明代黄册的人口登载事项这一问题作了一些探讨。尽管从总体上看，明代黄册的人口登载事项一直是包括妇女在内，但这绝不等于说，明代中叶以后黄册上登载的人口数字是属实的，可信的。自明中叶以后黄册制度开始衰败，黄册之中关于人口方面记载的弊病尤为突出。对此，明朝人的有关论述颇多。可以说，至明代后期，黄册上记载的人口数字，与当时社会实际存在的人口数字，二者相差甚远。特别是一些像《实录》之类的大范围的人口统计，更是如此。前引万历《新修南昌府志》的作者在评估该府当时的人口总数时说："按隆庆六年后，户几三十万，口几九十万，此著成丁者耳。其未成丁及老病男女，奚啻百万，而每户未报者，总亦不下数十万，流民移户尚不在此数，是几二百余万口也。"⑤ 即，

① 万历《吉安府志》卷一三，《户赋志》。
② 《明太宗实录》，卷三三，永乐二年八月庚寅条。
③ 《石洞集》卷四，《惠安政书三·版籍考》。
④ 《石洞集》卷一〇，《志论一·顺德县户口论》。
⑤ 万历《新修南昌府志》卷七，《典制类·户口》。

在册的人口数字与实际存在的人口数字，二者相差一倍以上。当然，这里所言南昌府册籍登载的人口数字仅为成丁者，如上所述，此种情况在当时尚不是多数。但即使那些登有女口的黄册，其所载人口数字也是与当时实际存在的人口数字相去甚远，这是我们在利用这些数字时所必须注意的。

六　黄册制度与明代人口统计

随着中国人口史研究的展开，有关明代人口的研究亦十分活跃。相关论著发表颇为不少，提出的说法也多种多样。在这些研究与探索中，不乏真知灼见，大大推动了明代人口研究的深入和发展。但其中有些立论亦值得商榷。这里，谨就明代人口统计与黄册制度有关的几个问题略陈管见。

（一）所谓"不亏原额"说

如何评价明代开国即洪武时期所记载的人口数字，是明代人口数值研究中首先关注的一个热点。由于朱元璋先后制定了户帖与黄册这样较为严密的户籍制度，其治国又推行严刑峻法，政令实施基本到位，因而多数学者认为，洪武时期所记载的人口数字，比较接近历史实际，可信度较高。但现存史籍中记载着洪武时期三个年份不同的人口数字，即：

> 《明实录》洪武十四年十二月载，"是岁，计天下人户一千六十五万四千三百六十二，口五千九百八十七万三千三百五。"①
>
> 《明实录》洪武二十四年十二月载，"天下郡县更造赋役黄册成。计人户一千六十八万四千四百三十五，口五千六百七十七万四千五百六十一。"②
>
> 《诸司职掌》载，洪武二十六年"十二布政司并直隶府州人户总计一千六十五万二千八百七十户，人口总计六千五十四万五千八百二十一口。"③

---

① 《明太祖实录》卷一四〇，洪武十四年十二月条，台北中研院史语所校印本1968年版。
② 《明太祖实录》卷二一四，洪武二十四年十二月条。
③ 《诸司职掌》户部《民科·州县·户口》，载《皇明制书》卷三，《北京图书馆古籍珍本丛刊》46，第100页，书目文献出版社。

对这三个年份所载人口数字的解释，则出现了种种说法。其中之一是所谓"不亏原额"说，引人注目。葛剑雄认为，三个年份的人口数字相比，洪武二十四年（1391）的口数比洪武十四年（1381）的口数有较大减少，而洪武二十六年（1393）的口数又比洪武二十四年的口数有明显增加，"从洪武十四年至二十六年这 12 年间，明朝境内既没有大的自然灾害，也未发生什么战争和社会动乱，所以可以肯定这绝不是正常的人口增长，而是数字统计上的错误"。"可能之一，是洪武二十四年第二次造黄册时登记重点的变化导致了户口统计数的下降。朝廷在为洪武二十四年编造黄册作准备时就已规定：'比照十四年原造黄册，如丁口有增减者即为收除，田地有买卖者即令过割，务在不亏原额。'由于特别强调了'不亏原额'，就使造册的实际过程中发生了微妙的变化。何炳棣指出：洪武二十四年的'法令规定以后编造黄册时重点应该是十岁以上的男子……'。而从登记的结果看，这种变化在二十四年的编造中已经出现。正因为各地只注意了'不亏原额'，所以对不涉及赋役份额的对象就会有所忽视，对这十年间新增加的'额'更不会全部列入登记，结果就出现了这个比十年前减少了 5.18% 的户口数。"①

其后，葛剑雄、曹树基在《对明代人口总数的新估计》一文中又以同样篇幅重申了这一观点②。

王育民所著《中国人口史》亦持同样观点："二十三年户部奏重造黄册时，政府只要求'比照十四年原造黄册，如丁口有增减者即为收除，田地有买卖者，即令过割，务在不亏原额。'即不少于洪武十四年的赋役人丁数。"③

不难看出，"不亏原额"说的根据是史书上的一条记述，即《明实录》洪武二十三年的有关记载，原文如下：

（洪武二十三年八月）丙寅，户部奏重造黄册，以册式一本并合行事宜条例颁行所司。不许聚集团局科扰，止将定式颁与各户，将丁产依式开写，付该管甲首造成文册，凡一十一户，以付坊、厢、里

---

① 葛剑雄：《中国人口发展史》，福建人民出版社 1991 年版，第 230—232 页。
② 葛剑雄、曹树基：《对明代人口总数的新估计》，《中国史研究》1995 年第 1 期。
③ 王育民：《中国人口史》，江苏人民出版社 1995 年版，第 415 页。

长。坊、厢、里长以十甲所造册凡一百一十户，攒成一本，有余则附其后曰畸零户，送付本县。本县通计其数，比照十四年原造黄册，如丁口有增减者，即为收除；田地有买卖者，即令过割，务在不亏原额。①

原文中确有"务在不亏原额"的说法。文中所说洪武二十四年重造黄册时，要求比照十四年原造黄册的内容有两项，一为丁口，一为田地。那么，其所说"务在不亏原额"，究竟应作何种解释呢？是否既包括丁口也包括田地呢？显然，上述"不亏原额"说是认为丁口亦包括在内的。然而，仔细阅读原文，这一理解是有问题的。

先看一下田地方面。所谓"田地有买卖者，即令过割"，系指十年之内，田地如有买卖，其所交易的田土面积与税额必须从卖者户下开除，同时将该田土面积与税额过与买方户下，双方务必过割清楚，在黄册上登记明白，这样才能使官府原已掌握的田土面积与税额不致亏减流失。这在洪武二十四年户部奏准重造黄册格式之中即有明确规定：

> 若官吏里甲通同人户隐瞒作弊，及将原报在官田地不行明白推收过割，一概影射，减除粮额者，一体处死。②

正德时户部题准为赋役黄册事中亦言：

> 其死亡、充军等项户绝遗下田粮农桑，拨与本里丁多田少人户佃种征收，务要不失原额。③

万历时吕坤在叙及当时田土买卖推收之弊时亦说："乱版图，失原额，开影射之端，成飞跳之弊，岁去年来，粮亏地少。"④ 很明显，所谓原额，乃指"原报在官田地"及其"粮额"。"务在不亏原额"，是指田地买卖这一

---

① 《明太祖实录》卷二〇三，洪武二十三年八月丙寅条。
② 正德《大明会典》卷二〇，《户部六·户口二·攒造黄册》，[日]汲古书院1989年版，第一册第255页。
③ 《后湖志》卷八，《事例五》。
④ 《实政录》卷四，《治民之道·改复过割》。

事项，则没有疑问。

再看"丁口有增减者，即为收除"这一事项。首先应该明确，这里所说"丁口"，即指人口或户口，并非仅指男子成丁或纳税人口而言，文献记载与遗存黄册文书均可证明。《诸司职掌》载：

> 户口
>> 丁口
>> 凡各处户口，每岁取勘明白，分豁旧管、新收、开除、实在总数，县报于州，州类总报之于府，府类总报之于布政司，布政司类总呈达本部，立案以凭稽考。[1]

《后湖志》所言更为明确：

> 今制黄册所载，人丁、事产二者其经也；旧管、新收、开除、实在四者其纬也。事产著田赋轻重之数，〔源〕流于《禹贡》九州厥田九等、厥赋亦九等之法也。人丁著户口登耗之数，权舆于《周礼》三岁大比，献万民之数于王之意也。[2]
> 谨按黄册所载，至为浩繁，其大要则天下之人丁、事产而已。人丁即前代之户口，事产即前代之田赋。[3]

在遗存的黄册文书中，则是男称丁（分"成丁"与"不成丁"），女称口（分"大口"与"小口"），统称"丁口"或"人丁"，均指人口而言。如《嘉靖四十一年严州府遂安县十八都下一图六甲黄册原本》所载：

> 第陆甲
>> 一户汪银原以故叔汪价为户系浙江严州府遂安县拾捌都下壹图民籍轮充嘉靖肆拾柒年分甲首

---

① 《诸司职掌》户部《民科·州县·户口》，《北京图书馆古籍珍本丛刊》46，第99页，书目文献出版社。

② 《后湖志》卷首，《序》。

③ 《后湖志》卷一，《事迹一·民数考略》。

旧管

　　人丁计家男妇捌口

　　　　男子肆口

　　　　妇女肆口……

开除

　　人口正除男妇肆口……

新收

　　人口正收男妇叁口……

实在

　　人口男妇柒口

　　　　男子肆口

　　　　　　成丁三口　　　本身年伍拾伍岁

　　　　　　　　　　　　　弟汪铜年肆拾伍岁

　　　　　　　　　　　　　男汪得年叁拾伍岁

　　　　　　不成丁一口　　侄娜儿年贰岁

　　　　　妇女叁口

　　　　　　大口壹口　　　侄妇詹氏年贰拾岁

　　　　　　小口贰口　　　侄女金凤年壹拾贰岁

　　　　　　　　　　　　　侄女毛小年肆岁①

其他遗存黄册文书所载亦均是如此。因此，所谓"丁口有增减者，即为收除"，则是指十年之内，人口若有增加，如新生或收继等，即登于新造黄册的"新收"项下，若有减少，如死亡或出继等，即登于"开除"项下。其中人口的自然出生与死亡为该项变动的主要内容。如果"务在不亏原额"的规定也包括丁口增减这一项内容，那就是要求丁口增减也要像土地买卖那样，维持原额不变，这就只有在十年之内新出生的人口数与死亡的人口数相等的情况下，或是出生的人口大于死亡的人口，才能做到这一点。要求十年之内的人口生多少就必须死多少，或出生人口必须大于死亡人口，未免有些荒唐。不能否认，实际造册时人口方面亦有照抄原额之弊。但在政策与法令规定的层面上，即使再昏庸的统治者，也不会做如此

---

① 上海图书馆藏 563792 号，馆题作"浙江严州府遂安县人口税收册"。

规定的。所以，"务在不亏原额"并不包括丁口增减这一事项，而只是指田地买卖而言的。这一点是很明确的。因此，在引用"比照十四年原造黄册，如丁口有增减者，即为收除；田地有买卖者，即令过割，务在不亏原额"这段史料时，在"如丁口有增减，即为收除"之后，当标点为分号①。而上述"不亏原额"说者，在引用这段史料时，其在"如丁口有增减，即为收除"之后，均标点为逗号，这显然是由于对史料原文的理解有误所致。

　　还可发现，在正德《大明会典》、万历《大明会典》、万历时王圻《续文献通考》②，及天启本《后湖志》中均录有洪武二十四年奏准攒造黄册格式的详细文字，四者所载完全相同。兹引正德《大明会典》中的有关记载如下：

　　　　（洪武）二十四年奏准攒造黄册格式。……将册比照先次原造黄册查算，如人口有增，即为作数；其田地等项，买者从其增添，卖者准令过割，务不失原额。③

　　这段文字所言与前引实录中的有关记载，都是有关洪武二十四年攒造黄册之事，讲的是同一件事。从这段文字的记载中，更可清楚地看出，其所言"务不失原额"，是只指田地等项，而不包括人口在内。人口方面乃言，"如人口有增，即为作数"，很明显，这里的"作数"，只能作按实数登录解释，不能作"不亏原额"理解。

　　让我们再来看一下，在朝廷下达了包括"不亏原额"在内的一系列法规之后，洪武二十四年大造黄册有关人口登录的实际结果又怎样呢？据《明实录》所载资料，将洪武十四年、二十四年这两个年份的户口总数及各布政司的户口数，列表如下：

---

　　① 按，郭厚安编《明实录经济资料选编》，中国社会科学出版社1989年版，第375页；及李国祥等编《明实录类纂·经济史料卷》，武汉出版社1993年版，第781页，二者在转录该史料时，亦均标点作分号。
　　② 王圻《续文献通考》卷二〇，《户口考·册籍》。
　　③ 正德《大明会典》卷二〇，《户部五·户口二·攒造黄册》。

表 43　　　　　明实录载洪武十四年与二十四年户口数值对照表

户　　口	户　　数			口　　数		
年　　份	洪武十四年	洪武二十四年	洪武二十四年比十四年	洪武十四年	洪武二十四年	洪武二十四年比十四年
总　　计	10654362	10684435	+30073	59873305	56774561	−3098744
直隶	1935046	1876638	−58408	10241002	10061873	−179129
浙江	2150412	2282404	+131992	10550238	8661640	−1888598
山西	596240	593065	−3175	4030454	4413437	+382983
陕西	285355	294503	+9148	2155001	2489805	+334804
河南	314785	330294	+15509	1891087	2106991	+215904
广西	210267	208040	−2227	1463139	1392248	−70891
山东	752365	720282	−32083	5196715	5672543	+475828
北平	338517	340523	+2006	1893403	1980895	+87492
四川	214900	232854	+17954	1464515	1567654	+103139
江西	1553924	1566613	+12689	8982481	8105610	−876871
湖广	785549	739478	−46071	4593070	4091905	−501165
广东	705633	607241	−98392	3171950	2581719	−590231
福建	811369	816830	+5461	3840250	3293444	−546806
云南	—	75690	+75690	—	354797	+354797

资料来源：洪武十四年数字据《明太祖实录》卷一四〇，洪武十四年十二月条。

洪武二十四年数字据《明太祖实录》卷二一四，洪武二十四年十二月条。

从表 43 可以看出，洪武二十四年与十四年相比，其总户数增加了 3 万余户，但这是将洪武二十四年新增单位云南的 7 万余户统计在内的结果（洪武十四年该布政司尚未建置），若除去这一因素，其总户数实际上是减少了 4 万余户。就各布政司的情况来看，其中有 7 个布政司的户数有所增加，而有 6 个布政司的户数有所减少。在口数方面，洪武二十四年的总口数则比十四年减少了 300 余万，同样，若除去新增单位云南的 35 万多口，减少的口数还要更多。就各布政司的情况来说，其中有 6 个布政司的口数有所增加，而有 7 个布政司的口数有所减少，且减少的数额颇大。总之，无论从户数来说，还是从口数来说，洪武二十四年黄册比十四年黄册总数都有相当数量的减少。而各布政司的情况是或有增加，或有减少，变动幅度颇大。从总体上看，无论是户数还是口数都大大地亏了原额。这个历史事实说明了什么呢？它恰恰证明洪武二十四年造册时，在人口统计上并不存在所谓"不亏原额"之类的规定。然而，持所谓"不亏原额"说者却认为，"正因为各地只注意了'不亏原额'，所以对不涉及赋役份额的对象就会有所忽视，对这十年间新增加的'额'更不会全部列入登记，结果就出现了这个比十年前减少了5.18%的户口数。"（见前引文）在这里，很明显是把"不亏原额"的"额"，理解成了仅是"涉及赋役份额的对象"，即仅指男子成丁人口而言，而如上所述，原文中所说"丁口"，本指"人口"、"户口"即全部人口而言，认为"丁口"仅指男子成丁人口，显然是不正确的。若将其理解为全部人口，那么，按照"不亏原额"的解释就更说不通了：正因为有了"不亏原额"，最后才亏了原额。这一推断逻辑，实在令人费解。特别是在明初朱元璋以猛治国、实行严刑峻法的时代，竟有那么多的布政司都亏了原额，敢与朝廷对抗？而且事后亦不受到惩罚？

　　明初统治者创立黄册制度，规定每十年一大造，其本意就是为了能够反映人口与产业的不断变化情况，以达到均平赋役的目的。"十年之间，户口有消长，产业有推收，且沧海桑田，变更难凭，故必一大造黄册，以清赋役，乃均平之重点也。"① 若规定每次造册都要遵照原额编造，岂不是抄袭旧册，而失去了十年一大造黄册本意？

　　当然，笔者绝不是认为在洪武二十四年的实际造册过程中，没有照抄原额之类的现象发生，也不是认为现存洪武二十四年的人口数字准确无误，没有疑问。洪武二十四年黄册比十四年黄册人口统计数字减少，自有其原因，诸如繁重的赋役负担造成的里甲编户大量逃亡等等。但对其数字减少，显然不能用"不亏原额"之类的理由来解释。所谓明初人口统计中的"不亏原额"说，不过是对史料原文的一种误解，其实并不存在。

（二）关于《诸司职掌》所载人口数字

　　如上所述，在洪武二十六年成书的《诸司职掌》之中，亦载有当时全国及各布政司的人口统计数字。其与洪武二十四年黄册的人口统计相比，增长数额颇大，十分明显。而该书并未说明其人口统计数字的来源。因此，如何解释《诸司职掌》所载的人口数字，亦成为明初人口研究的问题

---

① 《后湖志》卷一〇，《事例七》。

之一。葛剑雄在其《中国人口发展史》中首次提出了这一问题①，这是值得研究者关注的。葛氏认为："尽管目前还找不到任何直接的记载，我们可以假定：在洪武二十四年的黄册登记数统计出来并上报后，因总数比十年前下降而引起朝廷的不满，但黄册不可能重修，于是由户部根据后湖贮存的上一次黄册和各地历年上报的增减数，计算出各地的户口数重新上报，这就是洪武二十六年统计数的来历。"②"这一数据只是根据文牍档案拼凑起来的，并不是各地普查的结果，所以在地方志中从未发现有洪武二十六年的统计数。""洪武二十六年的数字是为纠正二十四年数字的误差而炮制的，因此带有明显的倾向性和人工拼凑的痕迹。"③虽然作者也统计分析了某些地方史籍所载人口数字，以论证该说，但如其所言，文中并未举出"任何直接记载"，证据显然不足。

以"黄册不可能重修"及"在地方志中从未发现有洪武二十六年的统计数"为由，即认为其人口数字是"炮制"的，此说有悖于历史事实，难以成立。查诸史籍，在洪武二十四年奏准攒造黄册格式的法规中，载有下列条文：

> 又令各处布政司及直隶府州县并各土官衙门，所造黄册俱送户部，转送后湖收架。委监察御史二员，户科给事中一员，户部主事四员，监生一千二百名，以旧册比对清查，如有户口田粮埋没差错等项，造册径奏取旨。其官员、监生合用饮馔器皿等项并膳夫，俱于国子监取用，如不敷，于都税司并上元、江宁县等衙门支拨。纸札于刑部、都察院关领，不敷之数并笔墨，于应天府支给官钱买办。查册房屋、册架、过湖船及桌凳什物，俱工部等衙门添拨夫匠修造。凡官员、监生、吏卒、人匠等，每五日一次过湖晾晒，司礼监、户部收掌锁钥，不许一应诸人往来。④

《后湖志》亦载：

---

① 葛剑雄：《中国人口发展史》，福建人民出版社1991年版，第230—232页。
② 同上，第233页。
③ 葛剑雄、曹树基：《对明代人口总数的新估计》，《中国史研究》1995年第1期，第37、41页。
④ 正德《大明会典》卷二〇《户部五·户口二·攒造黄册》。

　　大查职名。官职，洪武二十四年定制，每册完，奏委给事中一员，御史二员，主事四员，督同监生查对，事完一同复命。……

　　监生，洪武二十四年定，取国子监监生一千二百名，以旧册比对新册奸弊。正统七年减取八百名，弘治六年奏准实取三百五十名。①

可以看出，洪武二十四年所定黄册清查条令，是作为整个明代黄册制度的清查条款而颁行的。此后，明代每次大造黄册即按这一规定进行清查，称之为黄册驳查制度。又，上述清查条令不仅对清查官员与监生，清查内容与程序，而且对清查所用物件及实施该条令的各有关事项，都做了十分详细的规定。该法令首先是针对洪武二十四年所造黄册而颁布的，其对洪武二十四年黄册实际上进行了清查，这是可以肯定的。关于清查结果最后要求是"造册径奏取旨"，其后的记载可为之佐证：

　　正统十二年奏准，南京户部清查各处黄册，于国子监取监生四十名，本部委官一员提督，另誊查对，发各该司府州县，对款改造，差吏径送南京户部。仍类造改过总册一本，送部查考，差错官吏人等查提问罪。②

从这里所言"仍类造改过总册一本，送部查考"，则不难看出，此前的清查亦当如此。这就是说，在洪武二十四年黄册清查之后，户部当掌握其总结果的。而《诸司职掌》一书编成于洪武二十六年三月，史载：

　　（洪武二十六年三月）庚午，《诸司职掌》成。先是，上以诸司职有崇卑，政有大小，无方册以著成法，恐后之莅官者，罔知职任政事施设之详，乃命吏部同翰林儒臣仿唐六典之制，自五府六部、都察院以下诸司，凡其设官分职之务，类编为书。至是始成，名曰《诸司职掌》。诏刊行颁布中外。③

---

① 《后湖志》卷三《事迹三》。
② 正德《大明会典》卷二〇《户部五·户口二·攒造黄册》。
③ 《明太祖实录》卷二二六，洪武二十六年三月庚午条。

所以，可知《诸司职掌》一书的编辑，离户部掌握洪武二十四年黄册清查结果的时间，非常接近。因此，《诸司职掌》所载人口数字，很有可能是利用了清查后的洪武二十四年黄册的资料。若如此，恐怕就不能说其所载洪武二十六年人口数字，"只是根据文牍档案拼凑起来的"，是户部衙门"炮制"的。

那么，《诸司职掌》所载人口数字，必定会与洪武二十四年黄册的人口统计有某种关系吗？未必如此。我们还应注意到，就明代的人口统计来说，除了大造黄册之际的人口普查与统计之外，还有另外一个人口统计系统，这就是每年自地方逐级上报户口登耗的岁计系统。

这种岁计制度，在明开国之初朱元璋推行户帖制度时就已存在。史载：

> （洪武三年十一月）辛亥，核民数，给以户帖。先是，上谕中书省臣曰："……今天下已定，而民数未核实。其命户部籍天下户口，每户给以户帖。"于是户部制户籍户帖，各书其户之乡贯、丁口、名、岁。合籍与帖，以字号编为勘合，识以部印，籍藏于部，帖给之民。仍令有司岁计其户口之登耗，类为籍册以进。著为令。①

可以看出，洪武初实行户帖制度时，户部既制户帖，又制户籍，"籍藏于部，帖给之民"，天下户籍乃由户部掌管。而"仍令有司岁计其户口之登耗，类为籍册以进。著为令"这一记载，则清楚地表明，由各级官府每年核实户口登耗、类为籍册上报的岁计制度，当时已经存在。

再看一下《诸司职掌》所载："户部。尚书、侍郎之职，掌天下户口、田粮政令。""郎中、员外郎、主事，各掌该部所属户口、田粮等项"②。即，掌管天下户口与田粮实为户部官员的本职。其后又载：

> 户口
> 　丁口
> 　　凡各处户口，每岁取勘明白，分豁旧管、新收、开除、实在总

---

① 《明太祖实录》卷五八，洪武三年十一月辛亥条。
② 《诸司职掌》户部。

数，县报于州，州类总报之于府，府类总报之于布政司，布政司类总
呈达本部，立案以凭稽考。仍每十年本部具奏行移各布政司、府、
州、县，攒造黄册，编排里甲，分豁上、中、下三等人户，遇有差
役，以凭点差。若有逃移者，所在有司必须穷究所逃去处，移文勾取
赴官，依律问罪，仍令复业。

　　十二布政司并直隶府州人户总计一千六十五万二千八百七十户，
人口总计六千五十四万五千八百二十一口。①

这即是《诸司职掌》中录有当时人口总数的原文记载。此外，洪武御史台
所上《宪纲》中亦有相关条款：

　　　　户口。仰本府州县，取勘所属籍定户口，分豁城市、乡都，旧
　　管、收除、实在数目开报。②

　　毋庸置言，以上这些记载均为当时朝廷发布的正式典令，而非一般记
述。从中可明确看出，第一，与每十年大造黄册进行户口统计的同时，还
存在一个每年查核、逐级上报的岁计制度。第二，这种户口岁计系统，从
其制度规定来说，并非仅据文案重复报告，而是要求岁计"户口之登耗"，
"每岁取勘明白"，逐级类总上报，最后呈达户部，"立案以凭稽考"。其
当然亦具户口核查性质。所以，它与黄册的人口统计相比，实为另外一个
不同的人口统计系统。而且，从《诸司职掌》有关款项的行文来看，这种
岁计规定，乃是户部及地方各级官员的首要职掌，系官府及时掌握与控制
人口的主要来源。

　　有关史籍的记载，亦可证明这种户口岁计制度是实行了的。现存《明
实录》中载有岁计户口总数的共有 137 个年份，其中有 20 个年份属于黄
册大造之年，117 个年份为非黄册大造之年；又，从洪武三十五年（即建
文四年、公元 1402 年）至正德十五年（1520）连续 119 年，每年都载有
岁计户口总数。那么不禁要问，《明实录》连续登载的这些非黄册大造之

_____

　　① 《诸司职掌》户部，《民科·州县》。
　　② 《皇明制书》卷一〇，《宪纲·巡历事例·府州县》，《北京图书馆古籍珍本丛刊》46，第
311 页，书目文献出版社。

年的岁计户口总数是如何统计出来的？恐怕不能认为这些上百个数字都是户部从文牍档案拼凑起来的，都是户部闭门炮制的，显然，它是来自明代另一个户口统计系统，即作为户部及各级官府首要职掌的户口岁计制度实施的产物。

在《明实录》中，还可见到其他一些非黄册大造之年有关户口统计的记录，如：

> （宣德四年七月壬子）行在户部上户口登耗之数。上视朝退，因语侍臣曰："隋文帝时户口繁殖，财赋充足，自汉以来，皆莫能及。议者以在当时必有良法，后世因其享国不永，故无取焉。此未必然。……若隋文克勤政事，自奉俭薄，足致富庶，岂徒以其法哉？……大抵人君恭俭，国家无事，则生齿日繁，生齿繁则财富自然充足。"①

宣德四年（1429）并非黄册大造之年，离最近一次永乐二十年（1422）大造已有 7 年之久，所以不难看出，这里所言"户部上户口登耗之数"，当是岁计户口之数。

总之，明代户口岁计制度的存在与实施，是可以肯定的。

如果我们将洪武十四年、二十四年黄册所载人口、田地总数，与二十六年《诸司职掌》所载人口、田地总数加以对比，再联系其后一些年份的人口、田地的统计记录，还可从中得到启发。其表如下：

表 44　　　　洪武、宣德及弘治等年份人口、田地总数表

年　份		人口总数（口）	田地总数（亩）	资料来源
洪武十四年		59873305	366771549	《洪武实录》卷 140
洪武二十四年		56774561	387474673	《洪武实录》卷 214
洪武二十六年		60545821	849652300	《诸司职掌·户部》
宣德七年		50667805	424492880	《宣德实录》卷 97
弘治十五年	A	61416375	429231075	《后湖志》卷 2
	B	50908672	835748500	《弘治实录》卷 194

---

① 《明宣宗实录》卷五六，宣德四年七月壬子条。

　　如表 44 所示，在人口方面，洪武二十四年黄册的人口总数与洪武十四年黄册的人口总数相比，在 10 年时间里减少了 300 余万口（3098744口），而洪武二十六年《诸司职掌》所载人口总数与二十四年黄册的人口总数相比，在一年多的时间里就多了 370 多万口（3771260 口），增加的幅度颇大，遂使研究者对《诸司职掌》所载该人口数字产生了怀疑，这就是我们讨论的问题所在。如果再看一下田地方面，洪武二十四年黄册的田地总数与洪武十四年黄册的田地总数相比，在 10 年时间里增加了 1 千多万亩（10703124 亩），而洪武二十六年《诸司职掌》所载田地总数竟达 8亿多亩（849652300 亩），与二十四年黄册的田地总数相比，在一年多的时间里就多了 4 亿多亩（462177627 亩），增出一倍多，令人吃惊。显然，这不可能是对二十四年黄册所载田地数字进行修补的结果，而只能是另外一个系统的统计数字。因此，有理由认为，其所载人口方面的统计数字亦当如此。即，洪武二十六年《诸司职掌》所载人口数字，也是一个与黄册不同的系统。这个系统就是从明朝开国伊始即存在的户口岁计系统。因而，其与洪武二十四年黄册人口数字相比出现了较大的不同。

　　稍微浏览一下其后的人口与田地的统计数字，亦可说明这一点。《明实录》中载有宣德七年（1432）的人口和田地总数，该年为黄册大造之年，这是现存的洪武二十四年之后最近的黄册大造之年的田地有关资料。如上表所示，宣德七年的田地总数又回落到 4.2 亿多亩（424492880 亩），从这一数字不难看出，它与洪武十四年、二十四年黄册相比虽有增加，但仍属同一系统；同时又显出，洪武二十六年《诸司职掌》8 亿多亩的田地统计只能是不同于黄册的另外一个统计系统。再看一下弘治十五年（1502）的有关统计，该年为黄册大造之年，正德《大明会典》及《后湖志》中都载有该年全国人口与田地的统计数字（见表中 A 组数字），《后湖志》还声称其本是"据本湖奏缴之数"[1]，即可确定它是黄册大造的统计数字。而同年《弘治实录》中亦载有全国人口与田地的统计数字（见表中 B 组数字），两组数字相比，无论是人口还是田地，都有明显的不同，差额巨大，人口方面，黄册统计比《实录》所载多出 1000 多万口（10507703 口），特别是田地方面差额更大，《实录》中又出现了 8 亿多亩的数字，比黄册多出近一倍。在同一年份里出现两组完全不同的统计数

---

① 《后湖志》卷首，《凡例》。

字，更证明了，当时确实存在两种不同的人口与田地统计系统。

统计系统的不同，其统计对象亦可能不尽相同。关于《诸司职掌》所载 8 亿多亩土地数字，多年来中外学者已经作了相当深入的研究，一种观点即认为，其与黄册所载田土数字差额巨大，主要是统计对象的不同，黄册所载，仅为户部所辖直隶及十三布政司官民成熟纳粮田土，而《诸司职掌》土地数字，则属通计性质，包括天下荒熟及军屯田土等在内①。同样，黄册大造的户口统计，乃是以民黄册为基础的统计，虽然一般军户包括在内，但不含卫所屯军，这是明确的；而《诸司职掌》的统计，则有可能是通计天下户口。若如此，二者产生了较大差额也就不足为奇了，因为明初官军系统人口的数额是相当大的。永乐二年（1404）实录载：

> （八月庚寅）都察院左都御史陈瑛言："岁比钞法不通，皆缘朝廷出钞太多，收敛无法，以致物重钞轻，今莫若暂行户口食盐之法。以天下通计，人民不下一千万户，军官不下二百万家，若是大口月食盐二斤，纳钞二贯，小口一斤，纳钞一贯，约以一户五口，季可收五千余万锭，行之数月，钞必可重。"上命户部会群臣议，皆以为便。但大口令月食盐一斤，纳钞一贯，小口月食盐半斤，纳钞五百文，可以行久。复奏，上从之。②

总之，就洪武二十六年《诸司职掌》所载人口数字的来源而言，虽然目前尚未找到直接记载，但从以上对相关史实的揭示与分析来看，其本属于与黄册不同的另外一种人口统计系统，即户口岁计系统，这种可能性更大。

对这种户口岁计系统的价值评判，则另当别论。现存有关明代户口岁计的史料很少，给探索该制度的实施带来很大困难。其无疑亦存在种种弊病，但也要作具体分析。由朱元璋亲自下令编纂制定、作为明代官府准则的《诸司职掌》，在有明一代的典章制度中，占有十分重要的地位。其所载洪武时期的人口与田地总数，被以后的《大明会典》、《明史》等官修

---

① 参阅顾诚《明前期耕地数新探》，《中国社会科学》1986 年第 4 期；田培栋：《明初耕地数额考察》，《历史研究》1998 年第 5 期。

② 《明太宗实录》卷三三，永乐二年八月庚寅条。

史书多次引用，视为"定数"①。在没有确凿证据的情况下，不应轻易否定它。

（三）明代人口统计失实的根本原因

关于明中叶以后户口统计的失实，早已见诸明朝当代许多史籍的记载之中②。近代以来，对明清官方记载的人口统计数字，虽然一直有人仍在毫无分析批判地加以引用，但越来越多的研究者对其提出了质疑。20 世纪初，我国著名史家吕思勉先生在论及明清户籍人口时即说："可知清代之编审，与清查人口，了无干涉矣。增丁即是增税，减税只须减丁。朝廷苟无意增税，丁数自可无庸增加。"③已经论及人丁与赋税的关系。何炳棣先生所著《明初以降人口及其相关问题》④，通过对"明代人口数据实质"的分析，指出了"丁的实质"，提出了"纳税单位"的概念，这一概括颇有道理。然其具体论述之中，仍有值得商榷之处，当作进一步探讨。

何氏举出明代人口数据失实的原因有：地主豪绅庇护形成隐漏户，官员营私舞弊，并户，变乱户籍，以及"由于军籍归兵部掌管，不入于黄册"等⑤。这些原因都是十分明显的。他又认为，洪武二十四年黄册编制重点的转移，则是造成明代人口数据失实的重要因素。何氏说："洪武二十四年以前太祖之所以坚持持续登记全部人口，是他切望能均分劳役。但在以黄册和鱼鳞图册为基础的有效的赋役体系精心建立起来之后，他就致力于维持这种体系。因此洪武二十四年的法令重点在尽可能地避免里甲制的变动，因为一旦十年轮流当差派定以后，任何剧烈的变动都会引起里甲制的混乱。""洪武二十四年（1391）的法令是引起户口登记系统发生最重要变更的另一个因素。法令规定以后编造黄册时重点应该是十岁以上的

---

① 《后湖志》卷首，《凡例》。

② 参阅王毓铨《明朝人论明朝户口》，《王毓铨史论集》第三卷，中华书局 2005 年版，第853—873 页。

③ 吕思勉：《中国制度史》第十一章，《户籍》，上海教育出版社 1985 年版，第 523 页。

④ 《明初以降人口及其相关问题：1368—1953》，何炳棣著，葛剑雄译；英文原版著于 1959年，三联书店 2000 年中译本再版。

⑤ 《明初以降人口及其相关问题：1368—1953》，三联书店 2000 年中译本第 12—20 页。其中"军籍归兵部掌管，不入于黄册"之说，并不确切。如前所述，在里甲所造一般民黄册中，包含有军、民、匠、灶等各种户籍的人户在内，只是卫所官军不在其中，另有册籍。参阅本书第二章："册籍种类。"

男子，名单上十岁以上的男孩必须以年龄为序登记，以便他们在年满十六岁时能够及时编入充役名单。尽管洪武二十四年的条例并未明确提到女子及不满十岁的儿童可以不作登记，但却规定年老残疾、幼小十岁以下及寡妇、外郡寄庄人户可以入畸零户。……这一规定必然给地方官和户口登记方法留下了相当大的余地。因为它只要求人口中的有意义部分——纳税人口——能够载入十年一度编造的黄册即可。"① 其基本观点是：洪武十四年所造黄册朱元璋坚持登记全部人口，而至二十四年再造黄册时，法令规定的重点发生了转移，只要求能将纳税人口载入黄册即可。法令规定重点的转移，是造成明代人口数据失实的一个重要因素。前述所谓不亏原额论者，亦称源自此说。

如果我们考察一下朱元璋于洪武时期创立黄册制度的实际过程，何氏所谓重点转移说是难以成立的。

首先看一下洪武十四年所造黄册。遗存至今的有关朱元璋于洪武十四年创建黄册制度的史料十分有限，记载颇为简略。最主要的就是《明实录》中的记载：

> （洪武十四年）正月，命天下郡县编赋役黄册。其法以一百一十户为里。一里之中，推丁粮多者十人为之长。余百户为十甲，甲凡十人。岁役里长一人，甲首十人，管摄一里之事。城中曰坊，近城曰厢，乡都曰里。凡十年一周，先后则各以丁粮多寡为次。每里编为一册，册之首总为一图。其里中鳏寡孤独不任役者，则带管于百一十户之外，而列于图后，名曰畸零。册成，为四本，一以进户部。其三则布政司、府、县各留其一焉。②

其后各种史籍所引都是根据这一记载。这里所叙，主要为黄册里甲如何编制、册本攒造进呈等方面的内容，而对人口如何登记，并未具体言及。那么，洪武十四年黄册编造的实际情况又是怎样的呢？《明实录》载：

> （洪武十五年）四月丙午，户部奏："天下郡县所进赋役黄册，丁

① 《明初以降人口及其相关问题：1368—1953》，三联书店 2000 年中译本第 12、13 页。
② 《明太祖实录》卷一三五，洪武十四年正月条。

粮之数，类多错误，请逮问之。"上曰："里胥或不谙书算，致有错误耳。若罪之，则当逮者众。且以郡县之广，人民赋税之繁，其间岂无误者。令官为给钞市纸笔再造以进，复有错误，然后罪之。①

此外，洪武十八年颁布的《大诰》中还有一条关于攒造黄册的记录：

> 至造上、中、下三等黄册，朝觐之时，明白开谕：毋得扰动乡村，止将黄册底册，就于各府州县，官备纸劄，于底册内挑选上、中、下三等，以凭差役，庶不靠损小民。所谕甚明。及其归也，仍前着落乡村，巧立名色，团局置造，科敛害民。此等官吏，果可容乎！②

可见，洪武十四年及其以后黄册的编造情况并不理想，不断出现问题。或"丁粮之数，类多错误"；或"巧立名色，团局置造，科敛害民"等等。很难说这些史料就是所谓坚持登记全部人口的证据。把洪武二十四年前的黄册说成是坚持登记全部人口的标准册籍，其根据又在哪里呢？然而，正如朱元璋所言，制度创建之初出现问题在所难免。既然黄册编制涉及郡县广大，人民赋税繁杂，牵扯阶层广泛，这样一个有关整个明帝国的复杂的户籍与赋役体系，怎么可能在其创建时下达一个诏令，就臻至完备了呢？正因为如此，至洪武二十四年再造之际，户部在总结了前十年的经验教训之后，才"奏准攒造黄册格式"，颁布了黄册攒造的一系列具体规定，有明一代的户籍与赋役之法才有了基本定式。从洪武十四年诏天下郡县编造黄册，到洪武二十四年奏准攒造黄册格式，与其说其间出现了所谓法令规定重点的转移，莫如说这是明代黄册制度从草创到基本定式所必然经历的一个阶段。

　　关于洪武二十四年黄册攒造格式的各项规定，《明实录》中的记载虽较简略，但在正德及万历《大明会典》、《后湖志》等史籍中，都有较为详细的记录。堪称全面具体，颇为详备。特别是在如何实施黄册攒造的各项规定方面，颁布了许多具体条例。其与洪武十四年黄册诏令相比，在政策上仍是一脉相承，具有连续性，虽多有发展完善，而难称重点转移。何

---

① 《明太祖实录》卷一四四，洪武十五年四月丙午条。
② 《御制大诰·造册科敛第五十四》。

氏特别言及十岁以上男子编入正管及畸零户问题，认为这即表明了洪武二十四年册登记人口重点的转移，乃至是"只要求人口中的有意义部分——纳税人口——能够载入十年一度编造的黄册即可"。然而，仔细阅读洪武二十四年的黄册条例却看不出这一点来。条例有关原文如下：

> 其畸零人户，许将年老残疾、并幼小十岁以下及寡妇、外郡寄庄人户编排。若十岁以上者，编入正管，且如编在先次十岁者，今已该二十岁。其十岁以上者，各将年分远近编排，候长，一体充当甲首。①

首先应该明确，这是有关畸零户编排的一款条文。因为在黄册的正管户中，其16岁以下男子本来都是随该户登记在册的，待其年长成丁之后遂即变成服役当差的丁口，即本来都是编在正管户内的，并不存在所谓"若十岁以上者，编入正管"的问题。按明代黄册制度，里甲之中设有正管户、带管户、畸零户等不同类型的户，这主要是从职役负担区分上来划分的。所谓畸零户，是与正管户相对的。一般而言，正管户为纳赋应役人户，而畸零户为不任役者。若人户只有十至十五岁的男子，其本为不成丁人口，亦属不任役者，但规定必须编入正管，不得入畸零，以防止其后逃避差役。这一规定体现了一切当差应役的人口，包括可能当差应役者，都必须编入黄册里甲的正管户以备应役之原则。它说明什么问题呢？它是说明了对畸零户等非纳税人户可以不管，而"只要求人口中的有意义部分——纳税人口——能够载入十年一度编造的黄册即可"？恰恰相反，它是要求在编制黄册时必须同时关注那些非纳税人户，对其中可能当差应役者，不准漏掉。这充分显示了明代黄册里甲编制的网罗性与严密性。虽然洪武二十四年以前尚不见此类规定，但朱元璋在洪武十四年黄册创立之后随即一再申明：田赋、力役出以供上，乃是大明帝国臣民的本分；民有田则有租，有身则有役，上述规定与这一制定赋役政策的基本思想完全一致，一脉相承。又，畸零户与正管户虽有应役与否之分，但也不是绝对的，二者又有互补关系。洪武二十四年黄册条例中即有下列规定："图内有事故户绝者，于畸零内补辏。"② 所以，畸零户本是作为正管户的预备役

---

① 正德《大明会典》卷二一，《户部六·户口二·攒造黄册》。
② 同上。

而编排的，并非规定其可以不编入黄册，而只编纳税人口。明代黄册里甲编制设有带管户、畸零户，其本意并不是要将这类人户排除在外，完全相反，它是为包罗帝国之下各类臣民而精心设立的一种统治制度①，是要把帝国统治下编户齐民统统组织到赋役系统中去。

如前所述，洪武二十四年黄册条例关于人口登记的规定是："如人口有增，即为作数"；又令御史、给事中等官员及大批监生"以旧册比对清查，如有户口、田粮埋没差错等项，造册径奏取旨"。② 其所要求的是登载编户齐民的全部人口，乃无疑问。此外，还规定全种官田人户、招抚外郡流民、文武官员遗下家人以及庵观寺院僧道等，亦都必须登入册籍。十分明确地表明了，普天之下一切应向官府服役纳税的人户及其丁口都要编入黄册里甲之中，纳粮当差。所谓只以部分人口为重点编排对象，绝非朱元璋的本意。对于朱元璋来说，又何尝不想把天下所有臣民都编入新建立的赋役系统中去呢？洪武二十四年黄册条例，正是遵照这样的旨意而对黄册制度加以完备的。如果说洪武二十四年黄册与此前相比有什么变化的话，那就是在原有的基础上法令更加完善，制度更加详备，对朱元璋旨意的贯彻更加彻底。所谓法令规定重点转移之说，难以成立。

当然，明代户口统计的失实与黄册制度有极为密切的关系。从根本上说，黄册户口统计失实，乃在于其制度本身的构建上。明代黄册从洪武十四年创建伊始，就是户籍与赋役合而为一的一种制度。赋役征调以人口统计为基础，人口统计又以赋役征调为目的。这种户籍与赋役合而为一的制度结构，必然造成人口统计失实。这是一个结构性问题。为逃避繁重的赋役，则千方百计地隐瞒丁口。百般作弊，少报、漏报人丁成为一种普遍现象。只要是户籍与赋役合在一起，其户口统计必然走上失实之路。

且不说妇女少报，小口不登，明中后期已成为普遍现象，即使男子人丁，也就是所谓"纳税人口"，明中叶以后，其漏报瞒报，统计不实之弊亦层出不穷。《明孝宗实录》载：

（弘治十八年二月）戊辰，上早朝毕，召户、兵、工三部臣于奉天门，面谕之曰："古今生齿渐繁，而民间户口及军伍匠役，日就耗

---

① 参阅［日］鹤见尚弘《关于明代的畸零户》，《东洋学报》第 47 卷第 3 号，1964 年。
② 正德《大明会典》卷二一，《户部六·户口二·攒造黄册》。

损。此皆官司不能抚恤,暨清理无方,以致逃亡流移,脱漏埋没,其
弊非一。尔该部又不能悉心究治,因仍苟且,徒事虚文,可谓慢事
矣!宜各从长议处以闻。①

这里所说逃亡流移,显然是指黄册里甲之中的下户贫民,在赋役的重压之
下破家荡产,只有走上逃亡之路。而所谓脱漏埋没,当多是富家大户,为
躲避差徭而巧计隐瞒人丁,或仗其势,根本不报丁口实数。万历《福州府
志》载:

> 豪宗巨家,或有余人,或数十人,县官庸调曾不得征其寸帛,役
> 其一夫;田夫野人,生子黄口以上,即籍于官,吏索丁钱,急于
> (如)星火。此所以贫者益贫,而富者益富也。……为今之计,欲使
> 户无匿丁,则莫若凡讼于官者,必稽其版;凡适四方者,必验其繻,
> 则户口可核。户口可核,则赋役可均,不惟足国裕财,驱民于农,亦
> 无便于此者矣。②

因人丁与赋役联在一起,为躲避繁重的赋役,即使人丁作为统计的重点,
人们也在设法隐匿丁口。然多是富家大室才有这种势力与可能。而富家大
室人口众多,田连阡陌,他们本是黄册里甲正管户的主体,其户口隐漏结
果,遂造成了黄册上的应役之丁,即所谓纳税人口也缺失很大。对此,是
很难用上述所谓重点转移说来加以解释的。至清代前期,黄册制度已废,
实行编审制度,以编审人丁为户口统计的基础,其户籍与赋役仍联在一
起,结果人口统计问题更大。只是到了康熙五十一年颁布"滋生人丁,永
不加赋"政令,以及乾隆五年改用保甲烟户册统计户口之后,即户口统计
与赋役制度脱离之后,人口统计数字才开始接近历史实际。

明代人口统计数字的失实,除了制度结构与政策实施等主观方面的原
因之外,社会经济的发展变迁实为其客观方面的根本原因。

明代中后期,社会经济的发展变化已显现出这样一种历史趋势:在社
会经济的发展中,人口与土地相比,前者开始退居次要地位。在古代社

---

① 《明孝宗实录》卷二二一,弘治十八年二月戊辰条。
② 万历《福州府志》卷七,《食货》。

会，由于生产力水平低下，社会经济的发展主要依靠人的体力劳动，有人此有土地，有土此有财，即是先秦儒家的经典性概括。对于统治者来说，掌握人口最为重要，国家机器的运行靠的是徭役经济。明代黄册制度，本质上就是中国几千年来实行的徭役制度的继续。然而，随着社会生产力的提高，商品经济的发展，人的单纯体力劳动开始退居次要地位，徭役制度走到了它的历史尽头，而土地赀财所发挥的作用越来越大。于是，对于统治者来说，掌握人口已变得不那么重要了，靠土地钱粮等税收已能满足需求和享受。久而久之，"上但期于足用，不必计于隐口与否；下虽受重役之名，而实分输于数丁，上下固两得之矣"①。隐匿丁口，倚重田亩，已成为上下认可的社会发展趋势。这一点，在明代江南地区表现得十分明显。《天下郡国利病书》载：

> 户口已载之黄册矣。此外复有审编丁则者，以江北税役比江南不同。江南田地肥饶，诸凡差徭，全自田粮起派，而但以丁银助之。其丁止据黄册官丁，或十而朋一，未可知也。江北田稍瘠薄，惟论丁起差，间有以田粮协带者，而丁常居三之二。其起差重，故其编丁不得不多；其派丁多，故其审户不得不密。②

天启《海盐县图经》载：

> 户口隐漏为当今宇内通弊，不独东南然也。乃东南隐漏所由独多者，又自有说。国初编审黄册，以人户为主，凡一百一十户为一里，里长之就役，以丁数多寡为次。是赋役皆以丁而定，丁之查核，安得不明也！后渐参验田粮多寡，不专论丁。而东南开垦益多，地利愈广，其势不得不觭（倚）重田亩，以佥派里役。于是黄册之编审，皆以田若干为一里，不复以户为里。人丁之附田以见者，尽花分诡寄之人所捏造，而非真名，滋生者不入册，乌有者终游移，至田去名存，无人顶认，而籍滋脱漏之奸，民增赔贩之累矣。此江北之以丁定差

---

① 万历《福宁州志》卷七，《食货志·户口》。
② 《天下郡国利病书》原编第九册，《凤宁徽》，引《泗州志·编审丁则》。

者，今尚有真户籍，江南之以田定差者，今概无实口数。弊所为独甚也。①

《客座赘语》载：

> 总之，今日赋税之法，密于田土而疏于户口，故土无不科之税，而册多不占之丁。是以租税不亏而庸调不足。生齿日繁，游手日众，欲一一清之，固有未易言者矣！②

天启《海盐县图经》所载十分典型，论述颇为深刻。它揭示了赋役黄册编审由明初以人户为主，以丁而定，到后来发展为以田编里，以田定差这样一个变迁历程。其原因则在于"开垦益多，地利愈广，其势不得不倚重田亩，以金派里役"。结果必然造成户口隐漏，人丁失实，而成为宇内通弊。商品经济的发展，还使赋役纳银化成为可能。一系列赋役改革最后发展成为赋役官解，丁差折银，归于一条鞭法。于是，不少地方的人丁变成了纳税单位，根本失去了人口统计的意义。因社会经济的发展变迁，使赋役之征密于田土而疏于户口，乃是明代人口统计失实的一个根本原因。

　　就明代人口数据的实质来说，必须看到，在经过明初之后，人口统计数字逐渐失实，而在明后期的人口统计中，又出现了由人头变成纳税单位的新趋势。然而，明代人口统计的失实及由人头到变成纳税单位，一则是渐进的演变过程，对这种变化，以某一年或某一个帝王来界定恐怕是不恰当的，从总体上看，这个历程乃是与社会经济的发展变迁及赋役制度的改革联系在一起的。二则即使到明代后期，其统计数据也是相当复杂的，其中既有人丁附田，人头变成纳税单位者，又有以丁定差，按人头统计口数者；既有妇女少报、小口不登，以男丁统计为主者，又有仍统计妇女大小口者等等。实际上，明后期官方的人口统计数字，不过是混合各种类型人口统计的产物，尚不能一概称之为纳税单位。

---

① 天启《海盐县图经》卷五，《食货篇·户口》。
② 《客座赘语》卷二，《户口》。

第十章　黄册制度的本质及其衰亡原因

明初，朱元璋和他的大臣们所制定的黄册制度，可谓立法严密，制度详备，并下了很大力气在全国加以实施。当时，还推行了鱼鳞图册制度。但是，随着明朝的灭亡，黄册制度即迅速瓦解；而鱼鳞图册制度却在清朝一直存在，最后延至民国时期。这不能不说是明清社会经济史方面一个耐人寻味的问题。而欲对这类问题作出解释，就必须对明代黄册制度的本质及其衰亡的根本原因，作一番探讨。

一　朱元璋制定赋役政策的基本思想

洪武十五年（1382）十一月，朱元璋命户部榜谕两浙江西之民，他说："为吾民者当知其分，田赋、力役出以供上者，乃其分也。能安其分，则保父母妻子，家昌身裕，斯为仁义忠孝之民，刑罚何由而及哉！近来两浙江西之民，多好争讼，不遵法度。有田而不输租，有丁而不应役，累其身以及有司，其愚亦甚矣。……宜速改过从善，为吾良民。苟或不悛，则不但国法不容，天道亦不容矣。"① 即，朱元璋认为，田赋、力役出以供上者，乃是大明帝国臣民的本分，是天经地义的事。洪武十七年（1384）朱元璋又说："民有田则有租，有身则有役，历代相承，皆循其旧。"② 可以说，"民有田则有租，有身则有役"，这即是明朝开国之初，朱元璋和他的大臣们制定赋役政策的基本理念与原则。

也正如朱元璋所说，有田则有租，有身则有役这一原则，乃是历代相承，皆循其旧。长达数千年之久的中国封建社会，可以说从一开始，封建

---

① 《明太祖实录》卷一五〇，洪武十五年七一月丁卯条。
② 《明太祖实录》卷一六五，洪武十七年九月己未条。

地主阶级及其思想家们就确定了这样一条原则。孟子说："有布缕之征，粟米之征，力役之征。"① 这三项之征，后来遂分别演变成了租（粟米之征）、庸（力役之征）、调（布缕之征）。故马端临在总结中国古代赋役制度时作了如下概括："有田则税之，有身则役之。"②

这一历代相承的赋役制度原则，若从其特点来说，则是赋（租）自为赋，役自为役，赋出于田，役出于丁；而其中心又在于以人户为主，以人为本。三国时建安七子之一徐干，在其著名的《中论》中有如下一段论述：

> 治平在庶功兴，庶功兴在事役均，事役均在民数周，民数周为国之本也。故先王周知其万民众寡之数，乃分九职焉。……故民数者，庶事之所自出也，莫不取正焉。以分田里，以令贡赋，以造器用，以制禄食，以起田役，以作军旅。国以之建典，家以之立度。五礼用修，九刑用措者，其惟审民数乎！③

在中国古代，控制土地与人民，虽然从来对于统治者都是重要的，但在生产力尚不发达的阶段，控制人则是第一位的，有人此有土，有土此有财，有人才能有一切。历代统治者都深深懂得这一点，因而其所制定的赋役政策，则以人为主，以田从人。直到明初，依然如此。丘濬在《大学衍义补》中引用徐干的上述论说之后说："臣按，今制每十年一次大造黄籍，民年十五为成丁，十四以下为不成丁（按，明代实际通行的规定是十六为成丁，十五以下为不成丁），盖得此意。"④ 而洪懋德在《丁粮或问》中的阐述则更为清楚：

> 或问于芗泉逸老曰："国家取民之制，既赋其粮，又赋其丁，何也？"逸老曰："王天下者，天下人民之主也。故书曰'元后作民父母'，传曰'有人此有土，有土此有财'，皆以人民为主也。井田之制，一夫百亩，以一夫为率，而授百亩之赋，田从夫，非夫从田也。

---

① 《孟子》卷一四，《尽心章句下》。
② 《文献通考》卷一〇，《户口一》。
③ 《中论》卷下，《民数第二十》。
④ 《大学衍义补》卷一三，《固邦本·蕃民之生》。

故其地或不易，或一易，或再易，或上，或中，或下，多者至三百亩，而皆但征其一夫之赋。夫者，今之所谓丁也。故古者之取民，一取之丁以为准。唐之租庸调犹是也。自杨炎变制，而乃有丁外之粮，民始转徙，而田始荒莱。本朝歧丁粮而二之，既以粮赋天下之田，而必以丁定赋役之则，犹存古意于什一焉。丁者，以一代之民人，养一代之君上，古今之通义也。……国初之制，以人丁之多少而制为里甲，粮因从之。于是而有版籍之丁，则系以口分世业之田。田有定而丁有登降，田虽易主而丁不能改其籍。"①

应指出的是，唐代杨炎实行两税法以后，赋役征调内容一般虽分为人丁与事产两大项，但并未改变以人丁为主的赋役政策，力役之征仍占重要地位。而所谓力役之征，实质上即是封建徭役的无偿征发，封建统治者对其控制下编户齐民的直接人身奴役。洪懋德所说"以一代之民人，养一代之君上，古今之通义也"，与朱元璋"田赋、力役出以供上者，乃其分也"的说法，完全一致。所谓"义"与"分"，正表明这种徭役征发是无偿的，表明了它的强制性和随意性。很明显，明初的赋役政策，依然是在这种以人丁为主，认为对人身的奴役是天经地义的思想指导之下而制定的。

二 黄册制度的本质

明初在全国建立的黄册里甲制度，其功能是多方面的。黄册制度既是明代的赋役之法，也是明代的户籍制度。而里甲组织又同时作为州县之下广泛的基层机构，兼有农村政权的多方面功能。但就其首要的最基本的功能来说，还是在赋役征调这一方面。所以明代黄册多称赋役黄册，而里甲则成了明代徭役中正役的代称。那么，明代实行的黄册里甲，又是怎样一种赋役制度呢？

如前所述，明代黄册的登载内容虽分为人丁和事产两大项，但均是以人户为中心而攒造的。而各户之下，黄册中首先登载的则是户籍和户等，这是因为这二者与赋役的关系极为密切，也最为重要。洪武二十六年（1393）所定《诸司职掌》中赋役项下载："凡各处有司，十年一造黄册，

---

① 《中国历代食货典》卷一五二，《赋役部艺文五·丁粮或问》。

分豁上、中、下三等人户，仍开军、民、灶、匠等籍。除排年里甲依次充当外，其大小杂泛差役，各照所分上、中、下三等人户点差。"① 户等为点差的标准，而户籍，则是人户当差服役的首要根据。

所谓户籍，乃指人户著于官府册籍上的应役种类。其大的类别有军户、民户、匠户、灶户等。就其划分原则来说，与人户所从事的各种职业不无关系，但最终是以明王朝封建国家的需要为准，是由官府佥定的，实质上是一种配户当差制②。万历《大明会典》载："凡立户收籍，洪武二年，令凡各处漏口脱户之人，许赴所在官司出首，与免本罪，收籍当差。""三年，令户部榜谕天下军民，凡有未占籍而不应役者，许自首，军发卫所，民归有司，匠隶工部。"③ 从这里所说"收籍当差"、"占籍应役"，以及《大明律》中"附籍当差"、"入籍当差"等提法之中④，不难看出，所谓"籍"是与差役紧密联系在一起的，籍即是指官府佥定的赋役册籍。所以，黄册上所著各种户籍，并非职业之不同，实为役种的划分。

这种配户当差制的基本特征是，人户皆以籍为定，役皆永充。即一旦被定为某种户籍，则世代相承，永当此役，不可改变。并以法律形式被固定下来，《大明律》中专有一项条款，即称："人户以籍为定。凡军、民、驿、灶、医、卜、工、乐诸色人户，并以籍为定。若诈冒脱免，避重就轻者，杖八十。其官司妄准脱免，及变乱版籍者，罪同。"⑤《大明律》中还对脱户、漏口、合户附籍等罪的处罚均作了明确规定。此外，军、匠等籍又皆不许分户。《明史》载："凡军、匠、灶户，役皆永充。"⑥ 其实，其他各色人户的户籍，亦均以洪武黄册所载为准，不许更改，也是一种永充性质。万历时一大臣反对以实征文册取代黄册的主张，其理由是：

> 洪武旧本，由（犹）木之根、水之源也。木有千条万干，总出一根；水有千支万派，总出一源；人有千门万户，总出于军、民、匠、灶之一籍。惟据旧籍以查驳，庶欺隐者、改窜者始不能逃。不然，何

① 《诸司职掌》户部，《民科·户口》。
② 参阅王毓铨《明朝的配户当差制》，《中国史研究》1991 年第 1 期。
③ 万历《大明会典》卷一九，《户部六·户口一》。
④ 《大明律》户律，《户役》。
⑤ 同上。
⑥ 《明史》卷七八，《食货二·赋役》。

臣属湖一月，而徽州、常州、安丰场、广洋卫之争讼，而告查湖册；河南辉县之被焚，而告抄底册者纷纷乎？①

嘉靖元年（1522），南京户科给事中易瓒等题准"为乞惩奸弊以清版图事"，其中列举黄册攒造中将军籍改作匠、民等籍奸弊之后说：

> 臣等再照，天下之根本莫重于黄册，而黄册内所重者，莫甚于户籍，尤莫甚于军籍。凡军籍丁尽户绝者，不许开除，见（现）有人丁者，不许析户。②

康熙《漳浦县志》载：

> 明初，户籍为据，迁居百年之久，而原籍丁粮不能开除，以致有司有阅移之烦，本人受多索之累。③

明之前中国历代王朝的赋役制度，基本上皆以人户为中心，都十分重视对人户的控制。而像明代这样，将普天下人户尽编为各类役种，均载入册籍（黄册）之中，并在法律上明确规定"人户以籍为定"，却是前所未有的。即明王朝通过黄册制度对人身的控制，可以说达到了十分严密的程度。

那么，明王朝通过黄册所实施的赋役制度，其具体形态又是怎样的呢？让我们首先看一下史书上的有关记载：

> 国朝政典，多准周官，而户口贡税，尤勤致意。因籍以作民职，因粮以敛财富，率土之滨，未有改者。④
>
> 按周制二十五家为里，圣明洪武三年括天下户口，定以版籍。每一百一十户为一里，以丁粮多者十户为里长，余为甲首。别田里，以

① 《后湖志》卷一〇，《事例七》。
② 《后湖志》卷九，《事例六》。
③ 康熙《漳浦县志》卷二〇，《续志·赋役》。
④ 嘉靖《漳平县志》卷五，《户赋》。

征贡赋；统户籍，以供力役，经野之制，区画（划）周矣。①

　　国初赋役之法，以赋租属之田产，以差役属之身家。凡夏税秋粮，因其地宜，列为等则，以应输之数，分定仓口。仓口自重而轻，人户自上而下。有三壤咸则之宜，寓用一缓二之意。至差有银差，有力差；银差则雇役之遗也，力差则力役之道也。论门户高下，定丁力壮弱而籍之，谓之均徭。稽籍定役，无与于田，所以少宽民力，驱游惰而归本力也。②

上述几则记载，可以说基本上概括了明初以黄册里甲为依据的赋役制度的主要内容。其中差役部分，均徭法中虽有银差，但在明初整个役法之中，银差所占的比重并不大，力差仍是主要的。明中叶以后，随着各项改革的实施，赋役纳银化的趋势逐渐扩大，而在一条鞭法实行之前，力役一直占相当大的比重。

　　首先看一下里甲正役。所谓正役，可以说有两层含义，一是从差役本身来说，属常设之役，即每年里甲都要轮充的差役；二是从应役之人来说，除个别人员外，又为人皆不可免之役。看一下《大明会典》中"优免差役"项下的有关条文③，除"各处功臣之家，户有田土，除合纳粮草夫役，其余粮长、里长、水马驿夫尽免"这一条规定外④，其余各类官员所免差役均属杂泛差役或徭役，里甲正役皆不在优免之列，就连在京官员之家也不例外。如"正统元年，令在京文武官员之家，除里甲正役外，其余一应杂泛差役俱免"⑤。所以，其他人户就更不用说了。乃至史书上载有明初国子监的监生请假回家应充里甲正役的事例，洪武"二十七年十一月甲申，监生张振奏言，户本里长，无丁，乞归应役。上从之，令役毕复监"⑥。永乐"十年八月丙寅，监生饶观户充里长，别无人丁，援张振事例以请，皇太子从之"⑦。吕坤说："优免差役之法，免杂泛不免正办。十排轮转，空年谓之催科里甲，见年谓之正办里甲，养十年之财，供一岁之

　　① 嘉靖《沈丘县志·里名》。
　　② 《明神宗实录》卷五八，万历五年正月辛亥条。
　　③ 正德《大明会典》卷二二，《户部七·户口三·优免差役》。
　　④ 同上。
　　⑤ 同上。
　　⑥ 《南雍志》卷一，《事纪一》。
　　⑦ 《南雍志》卷二，《事纪二》。

用，役称苦累，地须均多。曾见累朝有优免正办里甲之旨乎？坤三甲见年也，逢庚应役。……"① 至于一般军户、匠户、灶户等，除其因充各自的专门职役，而优免部分杂役外，里甲正役则一概不能免除。在遗存的黄册底籍之类文书中，多有军户、匠户充当里长或甲首的记录，更可证明这一点。隆庆《仪真县志·户口考》载："有渔户，有船户，俱祖充，隶应天府六合河泊所。岁办采打，赀贡鲜及麻铁翎鳔油料。仍当里甲正差。"② 亦是佐证。

如前所述，里甲正役的主要内容是，凡其一里之中，一年之内所有追征钱粮，勾摄公事，以及祭祀鬼神，接应宾旅，官府有所征求，民间有所争斗，皆为现年里长所管。而清理军匠，质证争讼，根捕逃亡，挨究事由，一般则通用排年里长。不少地方，催征钱粮亦多用排年里长。毋庸赘言，这些几乎全是力役之差。万历《嘉定县志》载有里排解军事例，可见里役之一斑：

> 国初欲实边伍，凡遣戍者该里为办装。后欲均其劳，费则通一县而输解之。夫犯法至遣戍者，多勇悍险，贼人也；里排，必平民也，无异羊将狼豕教猱矣。审解之日，军必先索资财，以为私费，轩然谓足以制解者生死之命，而解者亦惴惴然，自以为生死由之，其费常逾数百金。幸及到卫，指挥以下或利军，刀笔延为上宾，而反诃诘解军者。甚者蒙扭械，若犯重法，囊中不留一钱，或假贷奉之，乃幸无事。军已入贿，以差为名，归家安坐；而解者尚守批文，动延岁月。是作奸犯科者，军也；流离荡柝者，解军者也。③

明中叶以后，现役里长在官府承值奔走，已成惯例，为庶人在官之一种。如《海瑞集》《淳安知县时期·兴革条例》中载：

> 旧例里长逐日在县应卯，违卯则罚。各里每照丁科应卯银，每日或五分，或七八分，今已革去。每丁许取银三分，以偿其劳。朔望日

---

① 《去伪斋集》卷五，《书启·答通学诸友论优免》。
② 隆庆《仪真县志》卷六，《户口考》。
③ 万历《嘉定县志》卷六，《田赋考（中）·徭役》。

查比钱粮词状牌票，余日听回干自己田里事。劝谕小民，使归善良，不许在县。①

乃至甲首亦多被拘集在官，同书又载：

> 农民旧例上班，今听回。遇有差遣，方票唤。挨次轮流，不论差之繁简久近，准其所遇。吏每房三人，亦似多了。今听其归。每房止有一人代理房事，呼唤有人到则止，不必本名人。盖听其归农归商，以图生业。在县闲坐，不免计较作弊，欺官害人也。②

又如，嘉靖《增城县志》载：

> 甲首当年，则于十户内论丁粮多寡，分派日生出应，邑中公用科敛，皆甲首出钱供办。俱以日生为率，不计财力，听其所占之日，强富或得其简，贫弱或处其烦，供办不匀。且常拘农民在官，有妨耕业。③

明中叶以后，在浙江、广东等地，关于里甲正役，出现了所谓均平银的改革，令现役里甲，按丁田输钱于官，有役人收储，以备一年之用。既赋此钱，则免甲首在官供办，放回归农，而里长多仍在役。此外，坊甲一般不实行均平，仍供杂役。但均平银的改革便于农民，而不便于官司。因为对均平银出入之数，县官须一一关由上司，然后支用，动为所制，不得伸缩，结果"复拘集甲首，在官供办，而均平不免，由是里甲之役愈烦且重"④。乃至在一条鞭法实行之后，亦不绝此类情况。"各处编审粮差，于条鞭之外重派里甲，系有司任情坏法，扰害小民。"⑤"广东界在岭外，禁网常疏，吏奸法弊。条鞭之后，仍用甲首，均平所编，尽入私橐。上下相

---

① 《海瑞集》上编，《淳安知县时期·兴革条例》。
② 同上。
③ 嘉靖《增城县志》卷九，《政事志·民庸类》。
④ 同上。
⑤ 《明神宗实录》卷一八七，万历十五年六月丁亥条。

蒙，恬不为怪。"① 所以，即使实行了一系列改革之后，力役并未被彻底废除，仍顽固地残留在明代的役法之中。

其次，各种杂泛差役，诸如皂隶、禁子、弓兵、库子、斗级、解户、站夫、铺兵、馆夫、驿夫、车夫、水夫、轿夫、膳夫、门子、柴夫等等，明初皆按上、中、下三等人户临时点差，本均属力差性质，无须赘言。其中库子、斗级、解户等差为极重，充是役者，往往家破人亡。隆庆《仪真县志》载：

> 凡力差，按嘉靖四十三年以前旧例，本县耳房库子二名。差为极重，每岁二名，必以七八户朋编，岁费银七八千两。凡一切无名糜费，官衙用度，衣服饮食，馈送往来，折乾私礼，门书日用酒馔，俱出本役，往往破家丧躯，犹不免觉察，罪祸灭门者多矣。②

万历《福州府志》载：

> 力差如斗级、铺兵、馆夫诸属，所费溢额派倍蓰，其甚者则库子。库子本备管收役使耳，县官视为甲干，公私之费，悉兹取给，其破产者什之九。③

同书又载：

> 驿传，古候人主，送迎往来，县次续食，而资其长途舆马。郡七驿，三递运所，置马驴夫力，铺陈廪饩。有差等苗户之役，不知始于何年。郡当孔道，使客络绎，从役横索，加以驿官吏百计需求，附驿之猾，多方刁勒，编户充夫甲、馆夫，其不至破产者无几矣。④

明正德以后，各地陆续实行均徭法，此后银差范围渐次扩大，但力差依旧存在。实际上是力役不减，又加银赋。嘉靖《彰德府志》载：

---

① 《明神宗实录》卷三六三，万历二十九年九月丙午条。
② 隆庆《仪真县志》卷六，《户口考》。
③ 万历《福州府志》卷七，《食货》。
④ 同上。

有站赋，马头、牛头、驴头、水夫，十年一易；然非亡绝及殊贫，有役三、五、十年者。有力赋，门子、皂隶、库子、斗子、禁子、铺兵、防夫。有银赋，上户十二两，递减至下中户四钱而止，而大户、快手、修河夫不与焉。故有一人而数役，一日而用千钱者，民如之何不亡且贫也。①

明代之所谓力差，已不是单纯出力而已，其实际情形多是，既受残酷奴役人身，又被大肆勒索钱财。由于应役者本是以民事官，特别是明代随着商品经济的发展，各级封建官吏对货币的需求和贪欲大增，因而其对应役小民横加勒索，视为常例。于是即使服力差，应役者也"需以赂先"。这种勒索的名目极为繁多。崇祯《松江府志》引徐阶《与冯桐江郡侯书》，其中说：

阶往年忧居，见亲友之役于官者，其始也，有拜见之礼，自管粮以及催督查追之官，莫不受赂焉。有铺堂之费，自吏书、门皂以及民快、坊甲之属，莫不索贿焉。其中又有买限之钱焉，有销限之钱焉，有乞免正身之钱焉，有乞追欠户之钱焉，有打发承牌之钱焉，有冬至节年节之钱焉，有雇人代杖之钱焉，有杖而医药之钱焉，有解粮沿途供给之钱焉，有解粮常例人事之钱焉。……②

在北方，又有所谓"顶头"、"挂脚"等名目：

至于顶头、挂脚等银，尤为病民之甚者。盖小民轮当均徭，旧者既满，新者替至，乃勒出银数十两，以为前项名色，是虑其逃走，以此为之防也。且民之先事而去者，既已无从科派，而尽并于现在人户矣。今彼既已执役，而一日之差未当，乃先办空虚不用之银。此苛事害民而法之在所必革者。③

---

① 嘉靖《彰德府志》卷四，《田赋志》。
② 崇祯《松江府志》卷一二，《役议》。
③ 《明经世文编》卷二〇九，《李司农集》。

均徭法实行之后，分为力差和银差，并称"或雇人，或自役，听从其便"①。实际情况是，"百姓之情，随其差役，愿出雇值。大抵差役之重，多是有田之家，愿秉末耜，不愿走卒，宁甘雇替之倍价，不甘咆哮之音声"②。然而，能出倍价雇人替役者，当然不是一般农民，所以，田少贫弱、经济实力低下的广大农民，依然是力役的实际承当者。这一点，从海瑞关于均徭的论述中亦可看出："均徭。徭而谓之均者，谓均平如一，不当偏有轻重也。然人家有贫富，户丁有多少，税有虚实。富者出百十两，虽或费力，亦有从来。贫人应正银，致变产、致典卖妻子有之。若不审其家之贫富，丁之多少，税之虚实，而徒曰均之云者，不可以为之均也。均徭，富者宜当重差，当银差；贫者宜当轻差，当力差"③。

前已叙及，按明王朝的规定，里甲正役对绝大多数人，甚至官员之家，均不可免。但有关杂泛差役的优免规定却与此不同。洪武十年（1377）二月，朱元璋对省臣说：

> 食禄之家，与庶民贵贱有等，趋事执役以奉上者，庶民之事。若贤人君子，既贵其身而复役其家，则君子野人无所分别，非劝士待贤之道。自今百司见任官员之家，有田土者，输租税外，悉免其徭役。著为令。④

这里，朱元璋道出了这样一条原则：趋事执役以奉上者，庶民之事。根据这一原则，明王朝制定了一系列优免政策，不止现任官员，教官、举人、生员，以及孔子子孙流寓他处者，周敦颐、程颢、程颐、司马光、朱熹之嫡派子孙等等，均享有不同程度的差役优免⑤。仅从法律规定上即可看出，当时统治阶级的各个阶层，基本上是不服徭役的；当差应役者，只是庶民之事。而从实际情况来说，差役的优免，已大大超出条文规定的范围。明代差役优免之滥，为一大社会问题。明人吕坤在论及优免时说：

---

① 《明经世文编》卷二〇九，《李司农集》。
② 同上。
③ 《海瑞集》上编，《淳安知县时期·兴革条例》。
④ 《明太祖实录》卷一一一，洪武十年二月丁酉条。
⑤ 参阅《明太祖实录》卷一三〇；万历《大明会典》卷二〇，《户部七·户口二·赋役》。

夫免役之法，所以优士大夫也。……而今也则不然，他无论，即
如吏员上纳候缺，最下者十五两行头耳，本身虽系万金之家，既不坐
以重差，而外免一丁，亦无分毫力役，如免大户、库役、斗级，一岁
所省不减百金。彼家有银十五两者，奈何不为吏？而大户、库役、斗
级之所派，皆无银十五两不能上纳之家者也。等而上之，又可知矣。①

大户、库役、斗级这些重役所派人户，皆无银十五两不能上纳之家，这就
是说，在庶民之中，又只有广大的贫苦农民才是徭役的真正承当者。

这里，我们再引用一下《明史》所载洪武十四年（1381），户部尚书
范敏赞襄朱元璋，创议百一十户为里的黄册制度的一则记事：

帝以徭役不均，命编造黄册。敏议百一十户为里，丁多者十人为
里长，鸠一里之事以供岁役，十年一周，余百户为十甲，后遂仍其制
不废。②

这段记载告诉我们，明代的黄册里甲制度，主要是因为徭役问题而创立
的，其编制的基本原则是，每里一百一十户，分为十甲，轮流应役。从表
面上看，它似乎是为了解决徭役不均的问题。但如上所述，其实质，则是
通过黄册制度，实行"人户以籍为定"，对全国人民进行最严格的人身控
制；同时把大明帝国统治下的各种人户都无例外地组织到黄册里甲之中，
轮流应役，以便更有组织、有效地坚持封建徭役制度。黄册制度依然是中
国封建社会实行数千年之久的，以人身奴役为主的封建徭役制的继续。

三　黄册制度的弊病

《天下郡国利病书》引录了《永康县志》的一段记载，其中把明代实
行的黄册里甲制度，与前代的赋役制度作了简略比较，其文如下：

坊里长在周为乡遂之职，初不以为役也。汉承秦置亭长，或送

① 《去伪斋文集》卷一，《摘陈边计民艰疏》。
② 《明史》卷一三八，《杨思义附范敏传》。

徒，或畜马，皆得使焉，则渐近于役矣。唐及宋初皆置里正，南渡后为保正长。……宋初为差役，熙宁为顾（雇）役。元祐复为差役，崇宁又为顾役。其后民间之好义者悯役之难，又相率为义役。终宋之世，公争于朝，私讲于野，以为一大议论，而斯民之畏役者，其困卒莫之少纾也。夫既以为役矣，乃无籍定不易之次，但随时差充，则劳逸疏数将有倍蓰不齐者，民恶得无偏困呼？……元以五十户为一社，置社长一人，乡置里正一人，主首一人，尝观黄文献公所撰鄞县义役记，其制亦犹夫宋而已。今制，每年里役其长一人，籍定其次，十年而遍其役，期之先后，无得而私焉。验其丁粮之多寡，以为任役之轻重，其役费之予夺，无得而私焉。其籍，每十年役遍一更造，人有生亡，则登下之；田有卖买，则推割之。其长不任役，则选同甲与比甲之次，丁粮足任者代之。户有逃绝，必补其数。此法行，而差役、顾（雇）役、义役诸纷纭之议，皆可以无讲矣。①

该记载对明以前的历代役民之法作了概述，并指出其弊病是没有编造册籍，定其次序，只是"随时差充"，致使劳逸不均，倍蓰不齐。而明代的黄册制度，则是预先造册，籍定差次；按户等高下，定役轻重；十年一役，周而更造。从随时差充到籍定差次，从没有制度到有了一定的制度，无疑是一种进步。明代黄册制度与前代赋役制度相比，它确有值得肯定的地方。然而，黄册制度所做的只是一种形式上的变更，并没有从根本上实行什么改革。而黄册里甲这一制度本身，实存在其难以克服的种种弊病。

其一，十甲轮差，难以均平。

一百一十户为里，里分十甲，十甲轮差，这是黄册制度的一个创新，同时也是它的弊病之一。如上所述，十甲轮差制的目的是为了解决徭役不均的问题；然而，很明显，这种十甲轮差制，又必须以里甲间的均衡为其前提条件。若是各里之间，以及里中各甲之间的人丁与事产等相差很大，则十甲轮差的结果，非但不能达到均平的目的，反而使其不均更为加大。叶春及说：

国家之制，以里甲任万民，十户为甲，甲有首，一百一十户为

---

① 《天下郡国利病书》原编第二二册，《浙江》下，引《永康县志》。

里，里有长，十年而一役焉。其初亦甚均也。及其既久，消长不齐，重以奸利之徒，肆为巧伪，或诡寄他籍，或假托衰残，或诈称畸零，或数为分析，版册所载，遂大迳庭。一里丁粮多者至千，少不满百，有司惟以户役之也。况乎轮应之际，事有大小，日有后先，可以推移，权归胥吏，于是富而狡者常轻，贫而愚者常重。①

庞尚鹏说：

但里甲丁田，彼此互异，与一图而较之各图，即一甲而例之各甲，其间有什百以至千万，及倍蓰无算，诚有不能以一律齐者。若令上户应役，固有余裕，而中户、下户，里役方毕，复充粮长，连年坐困，其何以堪命乎？而一切科派之烦、解运之苦，悉与上户均任之，其势不至于荡覆不已。②

《天下郡国利病书》引山东《汶上县志》：

按国初里甲之编，均其户口，可举纲以知目，首长之役，择其望族，如以臂而运指，意甚善也。然丁产之息耗渐殊，而更徭之轮充弗改，则轻重之间，规避自生矣。试按今之图籍，有一甲之众足敌一社者，尚可分里以役之乎？今之里胥有单贫已极者，尚可按籍以定之乎？③

以上所言里甲间贫富差别悬殊，多为明中后期的情况。造成这种情况的原因虽然是多方面的，但与黄册里甲制度本身仍有很大关系。明代黄册制度在条文上虽规定，里长若有消乏，许于甲首户内丁粮近上者补充；甲首有故绝，可从畸零户中补辏，或于邻图人户内拨补，但其实际执行情况仍很死板，虽有十年大造，而除非特殊情况，一般对原来的里甲编制很少加以变动，乃至户名多有"袭用已故者"之弊④。各人户在里甲中的职役身份

---

① 《石洞集》卷二，《应诏书四·安民生》。
② 《百可亭摘稿》卷一，《均粮役以除民害疏》。
③ 《天下郡国利病书》原编第一五册，《山东》上，引《汶上县志》。
④ 《明世宗实录》卷四八九，嘉靖三十九年十月戊戌条。

更少变动，里长永为里长，甲首永为甲首。史载："凡长，自洪武来皆岁更。宣德初，户部建言择丁粮之殷者充之。自是非有大故不更。"① 嘉靖《思南府志》载：

> 人户以籍为定。国家之典，十年大造，稽其户之盛衰而升降之，赋役斯平也。今版籍之弊可为长太息矣，富者丁联千百，而籍之所入，乃直数十；贫者匹夫匹妇，而籍之所载，不免二三。里长永为里长，消乏无以苏其穷；甲首永为甲首，富豪得以避其重；户惟合而不分，且有冒相合者，户丁倍于国初，繁庶埒于上郡，而荒落犹夫旧额也。自有郡至今百余年矣，而制度犹若是其草创焉，何哉？②

结果，随着时间的推移，里甲间的贫富差别与不均，日益严重。"若里甲旧额，丁田多寡不一，隅厢里长一名，带甲管田至六七千亩者有之；乡都里长一名，带甲管田止一二十亩者有之。"③ "排年之田，有千亩而上者，有十亩而下者。无田而役，弱者不能支，狡者更渔猎以为利。"④

其二，十年一大造，周期过长。

对里甲间的不均及其变化，黄册制度规定通过大造进行调整。然其所定周期为每十年一次，这与当时迅速发展的客观情况远远不相适应。丘濬说：

> 天道十年一变。十年之间，人有死生，家有兴衰，事力有消长，物直有低昂，盖不能以一一齐也。唐人户籍，三年一造，广德之诏，且欲守令据见在实户，量贫富等第，不得依旧帐籍。况今十年一造，十年之中，贫者富，富者贫，地或易其主，人或更其业，岂能以一律齐哉！⑤

因此，他主张在黄册的基础上，一年一造"当应赋役之册"，以适应客观

---

① 嘉靖《南康县志》卷二，《里籍》。
② 嘉靖《思南府志》卷一，《地理志·里图》。
③ 嘉靖《瑞安县志》卷三，《田赋志·差役》。
④ 万历《嘉定县志》卷六，《田赋考（中）·徭役》。
⑤ 《大学衍义补》卷三一，《制国用·傅算之籍》。

情况的发展变化。嘉靖《获鹿县志》载：

> 且黄册十年一大造，今一岁中田土买卖变易，已千万不齐，而审编均徭，难凭黄册，止据户人里胥临〔期〕捏报，〔则〕按籍定差有弗尽矣。①

万历四十年（1612），南京福建道御史王万祚上言，其中亦说：

> 祖制，赋役必验丁粮多寡、产业厚薄，以均其力。十年消长，月异而岁不同。今有门第萧然，田去名存，茕茕孤寡，匍匐答应；而势焰薰炙之家，反漏网袖手，何可言均也！②

其三，里书操柄，奸弊无穷。

明代黄册每十年一大造，其上首载户籍户等，其次备开人丁事产，民以此定其籍，官按此以科差，而成为赋役征调的基本依据。所以黄册的攒造，至关重要。海瑞说："遇大造往往飞洒欺隐，百端作弊，俱在造册时。须将旧册并今收付数目，逐一翻对稽查乃可。造册年差则流弊十年，查造明白则有十年受用，不可不慎。"③"国朝之制，黄册每十年一造，一留县，一送司，一送户部。其间田土、丁口登耗之数，积十年而一书于版，县官照检不及，则里书任意挪移，奸弊滋多。政之所不平，民之所蒙害，莫此为甚。"④

黄册的攒造如此重要，因而里甲中专管造册的里书则关系极大。按黄册制度规定，每里第十甲排年轮值十年大造的现年里长，因由其专管黄册攒造与钱粮推收，故称黄册里长，简称"册里"。其下设书手、算手等，而书算手又多有由册里兼任的。于是，充里书者，或为里长本人，或为里长户丁，或为脱役里长，或由奸民豪户营充，他们多与豪强官吏互相勾结，实握黄册攒造大权，乃属于农村统治阶层之列。吕坤说："各里书手，

---

① 嘉靖《获鹿县志》卷五，《籍赋·户口》。
② 《明神宗实录》卷四九一，万历四十年正月丙午条。
③ 《海瑞集》上编，《淳安知县时期·兴革条例》。
④ 嘉靖《增城县志》卷九，《政事志·版籍类》。

以本里为衣食之资，通同富势奸顽，种种弊端，愚骗小民，当尽数裁革。"① 嘉靖《江阴县志》载："书手之家，暗克征收入户，积分成亩，积亩成顷，遗诸子孙，私食其利。"②

攒造黄册，里书奸弊不可枚举，史不绝书。如在田粮推收方面，崇祯《嘉兴县志》载：

> 向来推收权由册书（里书），册书怀私自利，受贿作奸，有将自己及亲戚田地飞洒别人户丁者，以致彼盈此缩，李代桃僵。又卖主买主各有强弱不同，强者少卖多推，多买少收；弱者多卖少推，少买多收。甚而以典作绝者，终强推收；以绝作典者，〔欺〕诈不许推收，种种诸弊，皆无逃于册书之手。③

又如《天下郡国利病书》引《宁波府志·田赋书》，详言里书飞洒、诡寄、虚悬诸弊，其文如下：

> 何言乎飞洒？富人多田，患苦重役，乃以货啖奸书，某户洒田若干亩，某户洒田若干分厘；某户洒粮若干升斗，某户洒粮若干合勺。积数户可洒田以亩计，洒粮以斗计；积数十户可洒田以十计，洒粮以石计。而书手则岁收其粮差之算。其被洒之家，必其昧不谙事，或朴懦不狎官府者也。甚有家无立锥之业，而户有田亩粮差之需，至岁庸其身以输犹不给。孰知而闵之乎？
>
> 何言乎诡寄？多田之家，或诡入于乡宦举监，或诡入于生员吏承，或诡入于坊长里长，或诡入于灶户贫甲，或以文职立寄庄，或以军职立寄庄，或以军人立寄庄。夫乡宦于各县占产寄庄，犹可言也，而本县寄庄，何为者哉？军官占产寄庄，犹可言也，而军人寄庄，何为者哉？率不过巧为花分，以邻国为壑耳。
>
> 何言乎虚悬？赵甲有田，而开与钱乙，钱乙复开与孙丙，孙丙复开与李丁，李丁复开与赵甲，李丁有开，赵甲不收，则并田与粮而没

---

① 《实政录》卷三，《民务·有司杂禁》。
② 嘉靖《江阴县志》卷五，《食货纪·田赋》。
③ 崇祯《嘉兴县志》卷一〇，《食货志·赋役》。

之矣。然飞洒者损人以裕己者也，诡寄者避重而就轻者也，至虚悬，则一切欺隐以负国课耳。

又有弊者，则专货书手，悉以田归书手户，粮亦随之，书手乃径豁其田，而粮则于十年之中，岁洒合勺于一里百户之内，渐以消豁，此以影射为奸者也。……凡此神妖鬼怪，不可殚述。①

而在徭役编审方面，里书又掌握着审户定则之大权，上下其手，任其低昂，放富差贫，坐取重贿。嘉靖《淄川县志》载：

> 尝考东土徭役之法，先以门丁二项，而以若州若县人户定为三等，而中列为九则，银力二差，随其门则而轻重之也。惟其有消长，率以二年重审，以定升擦，法亦良矣。而民犹不免于告病者，何哉？盖门则有不核实故也。曩时豪右者计入于下则，贫耗者莫脱其重差。积弊既久，则贫困之流离丧亡，固其所也。②

而所谓门则之不核实，其责即全在编审者里书身上。史载：

> 查里书当审户乏年，增减人地，权握在手，索诈多方，贿赂公行，穷书立富。而退陬之民，悉来听审，盘费颇多。又请托求察者，不惜数十金以乞一书。其县前酒饭铺店，指此为一年肥润之计。此一审而邑中所费，不下万金。③

乃至人户买头耕牛，里书亦报升户则，告讦生骗：

> 近年以来，北地差役繁重，有司审编均徭，立例杂出以为能，旧规侵失而不顾。如百姓之家，有田数亩，买牛一只者，里书报为有力，随量升户则。有家颇过，买马一匹者，里书指为殷实，随超升户则。致使里有欲耕之民，野有可种之地，卒不胜其科役，乃不敢买牛

---

① 《天下郡国利病书》原编第二二册，《浙江》下，引《宁波府志·田赋书》。
② 嘉靖《淄川县志》卷四，《赋役志·均徭》。
③ 《天下郡国利病书》原编第一五册，《山东》上，引《曹县志》。

以召差，田多荒芜，粮多拖欠，无怪其然也。①

里书作弊，绝非个别现象，处处皆然，且为有明一代黄册制度积弊。嘉靖时大臣顾鼎臣上疏说："今天下税粮，军国经费，大半出于东南苏、松、常、镇、杭、嘉、湖诸府，各年起运、存留不下百万，而粮长、书手、奸胥、豪右通同作弊，影射侵分，每年亦不下十余万。臣以生长地方，目击弊蠹，故缕缕具奏。"②

其四，役无定额，随意征敛。

黄册制度虽创为十甲轮差之制，又定有三等九则之法，但这些可以说均属应役点差方式方面的规定，而有关徭役征调的内容，黄册制度并未做出具体明确的限制。这是黄册制度的一个大漏洞。正因为如此，不惟朝廷，州县地方官吏亦可随意役使里甲，乃至愈演愈烈，最后达到无法承担的地步。史籍所载表明，明初里甲正役的内容主要是催征钱粮，勾摄公事等，但其后被役差事不断增多，乃至祭祀、宴飨、造作、馈送、夫马等等，凡官府杂供私馈，百凡用度，皆令里甲直日管办③。黄册里甲，十年一役，号称一劳九逸，但其轮值之年，役使无度，不至家破人亡不已。而实际上，因差役繁重，即使里甲正役，在明中叶以后，十年之内亦多次充役。

至于杂泛差役，更是"临期取于里甲，而无经制"④。嘉靖时大臣赵贞吉说："臣观民间既入粮税矣，又杂泛差徭；既应里甲矣，又收解大户；既充驿传矣，又柴薪马丁；既出民壮矣，又军饷边需；既四司料价矣，又买解大木；为名不一而足，为派不时而有。其间官吏乘机加派，豪强挟势过征，称头、火耗、使用、起解之类，不可胜述。臣自家居而来，每见数城数令，未有一人能悉却此。且指弊例名为旧规，庸才相踵，民瘼不念。所以下户流移，中户称贷，上户并役，是曰敛数多也。"⑤

其实，这种役民无度的情况，早在明初就已出现。建文时王叔英所上奏疏中说："今天下有司，役民无度，四时不息，由其不能省事故也。至

---

① 《明经世文编》卷二〇九，《李司农集》。

② 《明世宗实录》卷一一八，嘉靖九年十月辛未条。

③ 参阅［日］岩见宏《明代徭役制度研究》，同朋社1986年版。

④ 嘉靖《江阴县志》卷五，《食货纪·徭役》。

⑤ 《明经世文编》卷二五四，《赵文肃公文集一》。

于民稀州县，人丁应役不给，丁丁当差；男丁有故，役及妇人，奈何而民不穷困乎？"① 由于无限制地征发，至明代中期则形成了"赋敛横流，徭役山压"② 的局面。弘治时大臣马文升奏称：

> 今天下之民，河南者，因黄河迁徙不常，岁起夫五六万，每夫道里费须银一二两，逐年挑塞以为常。近因修筑决河，又起河南、山东夫不下二十万。江南苏、松等府挑浚海道，亦起夫二十万。南北直隶、河南、山东沿河沿江烧造官砖，及湖广前后修吉、兴、岐、雍四王府，用夫匠役不下五十余万。江西前后修益、寿二王府，山东青州修衡王府，二布政司又该用夫数十万。先后用银岂止数百万两。今两广用兵，民之供运馈饷者不知几何。山、陕之民供给各边粮饷，终岁劳苦尤甚。及金派天下各王府校尉、厨役、斋郎、礼生，每当一名，必至倾家荡产。即今在京各项工程亦众，操军连岁少休；及在外诸司官私造作者亦多。里河一带直抵南京，近因三次亲王之国，接应夫役，不下数十余万。役繁民困，来有甚于近岁者也。此等事情，关系甚大。③

这里所记录的当是中华大地上百万以上役夫几乎同时应役的情景，其与秦始皇时代百余万黔首筑长城、修阿房宫的场面，从对人身进行直接奴役这一点来说，二者在本质上又有什么区别呢？又，嘉靖初年大臣霍韬的奏疏中说：

> 今州县有司，人自为政，高下任情，轻重在手，大为民害。臣不备述，姑自臣前月经过州邑，举一二以例焉。臣谨按徐只有四县，地遭水灾，极为贫瘠。臣访查徐州杂役，岁出班夫三万八千有奇，岁出洪夫一千五百有奇。复有浅夫、闸夫、泉夫、马夫等役。洪夫一役银十二两，统而计之，洪夫之役，岁银一万八千有奇。其余各役不可究言也已。臣过徐州，语主事陈明、张铠、知州魏颂曰："徐州之民，

---

① 《明经世文编》卷一二，《王翰林奏疏》。
② 《明孝宗实录》卷一七二，弘治十四年三月癸亥条。
③ 《明孝宗实录》卷一〇三，弘治八年八月丁丑条。

仅二万户，杂役如此，民何以堪？"应曰："徐民年年拘役，无一丁免者，虽穷切骨，仅育一犬自随，亦岁办役银一两。"①

一个仅有二万户的地方，竟要岁出人夫四万以上，又怎能做到十甲轮差，一劳九逸呢？

黄册制度的弊病不止上述几点。黄册制度的种种弊病，从根本上说，乃是由于这一制度本身的性质所决定的。以人户为中心、以人身奴役为主要内容的黄册制度，尽管其在形式上立法严整，颇为周详，但实际上很难掌握其役使标准。"惟依户分派，则里书得以逞智，豪右得以贪缘，是以富者地多而赋不加重，贫者地寡而赋不加轻"②。"旧法当以户则为轻重，书手得以上下作弊。"③ "杂役佥自丁力，非精衡则等淆，轻重稍或失平，苦乐遂至偏畸。"④ 特别是由于建立这一制度的指导思想是"有身则有役"，官府无偿地役使小民被视为天经地义的事，关于徭役征调内容，黄册制度本身并没有明确限制，所以，其在实行的过程中，里甲负担则被无限制地扩大。一户常有数差，一丁常有数役。赋敛横流，徭役山压。在百般无奈的情况下，小民只有逃亡。流民问题自明初即开始显露，中叶以后，愈演愈烈，遂成为终明之世无法解决的一大社会问题。而横征暴敛，正是明代流民问题形成的主要原因之一。其结果，相当多的地方里甲人户大量消亡，"一甲止存一二丁，一里止存三五户"，乃至有"全里全甲通无人户者"⑤。非但里甲间的均衡无法维持，就连里甲组织的存在与否都成了大问题。黄册制度的衰亡已不可避免。

四　土地买卖与田土占有分布形态

黄册制度的衰亡，除了因其制度本身存在种种弊病之外，还有更深刻的社会经济方面的原因。

让我们首先看一下明初黄册制度中关于土地买卖推收过割的规定。原

---

① 《明经世文编》卷一八七，《霍文敏公文集三》。
② 嘉靖《淄川县志》卷四，《赋役志·税粮》。
③ 《明经世文编》卷二七八，《葛端肃公文集》。
④ 《天下郡国利病书》原编第二二册，《浙江》下，引《海盐县志·食货篇》。
⑤ 隆庆《海州志》卷三，《户赋·户口》。

来，在洪武黄册制度初建时期，关于土地买卖，有所谓"粮不过都里"，或称"田不过都"之制①。王文禄《百陵学山》载：

> 大造黄册年，田在一都者，造注一都，不许过都开除。洪武四年册可查。余都仿此，立法严整。各归原都，则凶荒可验，殷实可定。粮里长默寓井田法，人皆不敢跨越数都立户，无贫富不均都也。今田在一都，提入八九等都，乱而无纪，曷稽哉！②

同书又载：

> 国初制为册式，视田为准。以海盐县论之，总三百六十一里，田五十七万六千九百亩，以千字文编定田行号数，分为一十六都。人户以籍为定，不可乱也。乱即变成法，罪在不赦。虽有旧管、新收、开除、实在之四例，乃指一户言之。若一户有田百亩，或卖去二十亩，则造册曰旧管百亩，今卖当开除户下田二十亩，彼买者新收二十亩，实在止八十亩，盖止本都一户言。或买者别都人，则立为子户于卖田人户图中，不可挪移。默寓限田之法，不使长兼并之风。洪武时有一大臣奏动都图，而变乱成法，置大辟。今本县之册，乱不可言。③

徐必达《南州草》载：

> 洪武十四年编赋役黄册，其法论户不论田。于是户均田不均，而欺隐之弊萌生。二十年，遣国子生武淳等定区丈量，为鱼鳞图册，田各归都，而人从之。田多者跨都立户，谓之寄庄。于是都有额里，里有额田，田均而弊以绝。④

嘉靖时大臣桂萼亦言：

---

① 关于"田不过都"之制，日本学者的研究中已经提及，但未详细论述。参阅小山正明《明代的十段法》，收载于同氏《明清社会经济史研究》，东京大学出版会 1992 年版。

② 《百陵学山·求志篇卷一》。

③ 《百陵学山·书牍卷二》。

④ 《南州草》卷三，《奏疏》。

　　我祖宗朝屡颁下田不出图、户不出乡之禁，以防飞诡。①

　　从以上记载可以看出，所谓田不过都之制，即是，若跨都图购买土地，其土地与税粮，卖者虽作开除，但该土地不许出都图，仍留在原都图内，买者立为子户。关于明初实行的这种田不过都之制，在朱元璋颁布的《大诰》条文中亦可找到佐证：

　　　　粮长之设，初开堪合，朕谕粮长曰："今堪合上不许将地方犬牙相制，易为催办。其中户多有买田不过割的，教过割了；田多洒派了的，教收在本户自身里；移垃换段的，各归本主。……"②
　　　　粮长之设，本便县司，干计民人，自当尔成。天奇交结无籍粮长沈玠等，违朕旨意，将地方犬牙相制，巨者征收，细微蒙蔽。……③
　　　　往为有司征收税粮不便，所以复设粮长，教田多的大户，管着粮少的小户。想这等大户，肯顾自家田产，必推仁心，利济小民。当复设之时，特令赴京，面听朕言。关给堪合，不许地方犬牙相制，只教管着周围附近的人户，易催易办。……一至本乡，巧立名色，其弊多端，剥削吾良民，不可胜言，地方依旧犬牙相制，民间洒派、包荒、不过割的，俱不来奏知，却通同刁猾顽民，妄告水灾。……④

　　那么，朱元璋在《大诰》中一再申令的"不许犬牙相制"，其具体内容指的是什么呢？明人吕坤说：

　　　　国初州县，画里分郊，均齐方正，谓之图。其图鱼鳞相次，各有坐落。大诰所谓不许犬牙，恐混乱也。今边界无存，而地名犹在。⑤

---

　　① 章潢《图书编》卷九〇，附《授时任民·清籍》，文渊阁四库全书影印本，上海古籍出版社2003年，第971册，第718页。
　　② 《御制大诰续编·粮长妄奏水灾第四十六》。
　　③ 《御制大诰续编·常熟县官乱政第四十九》。
　　④ 《御制大诰续编·水灾不及赈济第八十五》。
　　⑤ 《实政录》卷四，《治民之道·改复过割》。

他又说：

> 大诰固言之矣，曰凡买地卖地，务要过割，不许寄庄，又曰移坵换段者，全家化外。过割寄庄，移坵换段，此八字者讲求分明，而后知祖宗过割之法。曰过割者，谓北里赵甲买南里钱乙之地，钱乙割地过于赵甲名下，非谓割钱乙之南里过于赵甲之北里也。曰不许寄庄者，钱乙之地，钱乙为庄，仍在钱乙名下纳粮，谓之寄庄，言仍寄钱乙以为庄，而避地多家富之门户也。曰移坵换段，则今日之过割是已。盖大区为坵，小块为段，谓钱乙之坵段本在南里，今从赵甲走入北里，谓之移坵；钱乙有地一段，不便耕种，与赵甲相换，本身不妨，今将钱乙之南段换入北里，赵甲之北段换入南里。总之，乱版图，失原额，开影射之端，成飞跳之弊。岁去年来，粮亏地少，不可究诘。圣王恶之，故重其罪。①

通过以上王文禄、徐必达等人的记载，朱元璋在《大诰》中的申敕，以及吕坤的解释，我们可明确得知，洪武时期朱元璋在全国推行黄册制度之初，与后来明代黄册制度中的通行做法不同，其所实行的乃是一种"田不过都"之制。很明显，这是为了不致因土地买卖而打乱黄册制度的里甲区划，保持"都有额里，里有额田"，以维持里甲间的平衡与稳定。而这，正是以人户为中心的黄册制度实施的前提条件。

前已指出，明代黄册里甲的编制原则是以人户为中心，本是一种以人身奴役为主的封建徭役制度。"在这种经济下直接生产者必须分有一般生产资料特别是土地，同时他必须束缚在土地上，否则就不能保证地主获得劳动力。"② 这就是说，为控制人户，则又必须将其束缚在土地上。保证农民有一定土地的最终目的，是为了获得劳动力。中国古代实行的井田制的本意即在于此。而明初创立的黄册制度，划都分里，实行田不过都之制，即是默寓井田之法。如王文禄所说："彼田在一都者，造册注一都，不许过都开除，洪武四年册可查。余都仿此。立法严整，各归原都，丰凶可验，徭役可定，默寓井田之法也。人皆不敢跨越数都兼并之以立户，默寓

---

① 《实政录》卷四，《治民之道·改复过割》。
② 列宁：《俄国资本主义的发展》，《列宁全集》第三卷，人民出版社1963年版，第158页。

限田之法也。"①

明初这种力图把人户束缚在土地上的做法，在朱元璋颁布的一系列的诰敕中有明确规定。《大诰续编》中"松江逸民为害第二"、"互知丁业第三"、"辨验丁引第四"、"验商引物第五"、"再明游食第六"等诰文，一再申令"里甲要明，户丁要尽，户丁既尽，虽无井田之拘，约束在于邻里"②；"互相知丁，互知务业，具在里甲，县州府务必周知，市村绝不许有逸夫"③；经商必持丁引，严禁游食，等等。洪武十九年（1386）朱元璋又敕户部曰："尔户部即榜谕天下，其令四民，务在各守本业。医卜者土著，不得远游。凡出入作息，乡邻必互知之。其有不事生业而游惰者，及舍匿他境游民者，皆迁之远方。"④ "虽无井田之拘，约束在于邻里"，"不得远游"等语，都十分明确地道出了，明初推行的黄册里甲亦欲发挥井田制的功能，通过强制手段，力图把生产者束缚在土地之上，以达到直接而牢固地控制全体人民的目的。

然而，这种把生产者束缚在土地之上，通过强制手段，实行人身奴役的徭役制经济，"是建立在一切社会劳动生产力的不发展，劳动方式本身的原始性的基础上"的⑤。由于社会生产力的发展，早在战国时期，作为中国古代社会徭役制经济典型的井田制，即已开始瓦解。其后，徭役制虽然在中国封建社会赋役制度中长期存在，但由于社会生产力的发展，从总体上说，已呈逐渐减弱的趋势。宋代以后，社会生产力已经有了很大发展。特别是到了明代，社会经济的发展变化与黄册里甲所坚持的封建徭役制度之间的矛盾，愈加突出。其中，土地兼并的发展激烈，土地买卖的频繁迅速，对明代黄册制度的冲击尤为明显。

明初所实行的都有额里，里有额田，买田立子户，田不过都之制，在土地买卖已经十分频繁的明代，是根本行不通的。从遗存的黄册底籍之类文书来看，其虽多属明代后期，但亦可看出这一点。每十年之间，一个图的业户的土地买卖交易，总计一般在数千件左右，其中与外图业户之间的交易有一半左右，与外都业户之间的交易亦有数百件。如果将其中外都乃

① 《百陵学山·策枢卷三》。
② 《大诰续编·松江逸民为害第二》。
③ 《大诰续编·互知丁业第三》。
④ 《明太祖实录》卷一七七，洪武十九年四月壬寅条。
⑤ 马克思：《资本论》第三卷，人民出版社1975年版，第894页。

至外图买田业户尽数立为子户，一个图的黄册在一轮大造中，就要另外多立出数百个子户，这当然更是乱不可言了。而且，不难想象，其对于赋税征收亦将带来极大的不便。所以，尽管朱元璋三令五申，不许"犬牙相制"，但黄册中田不过都之制，终究没能实行多久，就改变了做法。例如，现存《永乐至宣德徽州府祁门县李务本户黄册抄底》中①，"永乐二十年黄册"李景祥户新收项下即载有"三都一图内民田一十亩九分四厘二毫，系买到王克礼户下田"等数笔购买外都田土的记录，由此可见，当时已非田不过都之制了。而且，这种田不过都之制，后来在全国范围内被完全废止。吕坤说："照得过割之制，祖宗自有成法。今四海通失初意，至起奸民诡隐之端，多有司无穷之讼。"②吕坤又说：

> ……圣王恶之（指移坵换段），故重其罪。然则海内皆以移坵换段为过割，不亦迷谬之甚乎！自以移坵换段为过割，而其弊始不可胜道矣。地缘里定，寡多不甚悬绝。今则有东里一百顷，西里五百顷矣；有一甲三百顷，二甲三十顷矣。里甲偏累，弊一。版者，一片之名；图者，方正之意。今不以人随地，乃引地就人。鸟随树栖，曾见树随鸟走乎？变乱版图，弊二。地不分明，当求之地中。今乃求地于纸上，何以清白？弊三。一里之地，满县分飞，满县之田，皆无定处，谓该县只一里可也。是以一里催科，四境寻人，多里老之奔驰，成输纳之逋负，弊四。今日均丈方清，明日过割又乱。十年册籍，半不相同。沿旧稽新，漫无可考，弊五。……③

吕坤在《实政录》中，一口气举出了以移坵换段为过割的十五条弊端，而大声疾呼"复国初之田里，遵时制之过割"。所谓以移坵换段为过割，即后来四海通行的土地买卖之推收过割，以人户为中心，以田从人，凡有土地买卖，卖者即作开除，在该图黄册总额中亦作开除；而买者在卖者都图中不立子户，只在自己户下作新收，亦收入其所在都图的田土总额中。这样，就废除了所谓田不过都之制。其后，四海通行的做法乃是："惟州县

---

① 中国社会科学院历史研究所藏。参阅本书第四章。
② 《实政录》卷四，《治民之道·改复过割》。
③ 同上。

之粮不得过界，而都里之粮则推收无定。"①

买田立子户之根本行不通，田不过都之制的迅速被废除，正是在当时土地兼并十分激烈、土地买卖极为频繁这一背景之下发生的。《天下郡国利病书》引唐鹤征论曰："第细民兴替不时，田产转卖甚亟，谚云：千年田，八百主，非虚语也。"② 黄册制度虽然规定十年一推收，但由于土地买卖的频繁迅速，而有不少地方，则不得不改为一年一推收。万历时新昌知县田琯说："册籍之乱，至浙东极矣。俗所谓飞射、诡寄、分洒、埋没，姑勿论已。即旧管、新收、开除、实在，亦不如式造焉。旧制十年造册，令民推收，天下遵之；而此处则推收无已，改易纷纭。以故县册与所解京司者，判不相侔，而欲清审者，漫无所考据也。"③ 崇祯《松江府志》载："国初设立黄、白二册，黄册十年一造，白册一年一更。盖缘吴下田亩，卖买不常，故有田千年，主八百之谣。若候十年推收，则钱粮必责原户抱（包）纳，强梁者得利拖延，贫弱者笞箠赔贩，其弊必多。故令民间另造实征文册，粮随田转，田去粮除，名曰白册，实为民便。"④ 这里不仅言吴下土地买卖之频繁迅速，千年田，八百主；而且还告诉我们，松江地区从"国初"就设立了与黄册不同的一年一更的白册。可见朱元璋于明初推行的黄册制度，从一开始就显得有些不合时宜。

土地兼并激烈，土地买卖频繁，其后果之一即是加速了两极分化，使富者愈富，贫者愈贫。因为封建制度下的土地买卖并不是一种平等的交易。它更多反映的是由于封建国家和地主阶级的压榨而使农民走向破产，以及地主阶级乘机对土地的兼并。在土地买卖之中，形式上平等的背后乃是事实上的极大的不平等。特别是黄册制度实行的推收过割，更为富者兼并土地带来可乘之机。其结果，土地必然越来越向富者即地主一方集中，与此同时，失去土地的人户则日益增多。从而极大地破坏了黄册里甲间的均衡和稳定。弘治时河南巡抚徐恪奏称：

照得河南地方，虽系平原沃野，亦多冈阜沙瘠，不堪耕种，所以民多告瘁，业无常主。或因水旱饥荒，及粮差繁并，或被势要相侵，

① 万历《嘉定县志》卷七，《田赋考（下）·田赋条议》。
② 《天下郡国利病书》原编第七册，《常镇》，引《武进县志·征榷》。
③ 万历《新昌县志》卷六，《民赋志·田土》。
④ 崇祯《松江府志》卷一二，《役议》。

及钱债驱迫，不得已将起科胖田，减其价值，典卖与王府人员，并所在有力之家。又被机心巧计，揓立契书，不曰退滩闲地，即曰水坡荒地，否则不肯承买。间有过割，亦不依数推收，遗下税粮，仍存本户。虽苟目前一时之安，实贻子孙无穷之害，因循积习，其来久矣。故富者田连阡陌，坐享兼并之利，无公家丝粒之需；贫者虽无立锥之地，而税额如故，未免缧绁追并之苦。尚冀买主悔念，行庸乞怜，直至尽力计穷，迫无所聊，方始挈家逃避。负累里甲，年年包赔。每遇催征，控诉不已。地方民情，莫此为急。除通查过割外，缘此等民情，各处皆有，不独河南。①

正德十六年二月，巡按江西御史唐龙言：

> 江西巨室置买田产，遇造册贿里书，有飞洒见有人户者，名为活洒；有暗藏逃绝户内者，名为死寄，有花分子户不落户眼者，名为畸零带管；有留在卖户全不过割者，有过割一二，名为包纳者；有全过割不归本户者；有有推无收，有总无撒，名为悬挂掏回者；有暗袭京官方面进士、举人脚色，捏作寄庄者；有册不过纸上之霜，在户尤皆空中之影，以致图之虚以数十计，都之虚以数百计，县之虚以数千万计，递年派粮差无所归者，俱令小民赔偿，小户逃绝令里长，里长逃绝令粮长，粮长负累之久，亦皆归于逃且绝而已。②

嘉靖《重修如皋县志》载：

> 又民间地转买转卖，其随田粮草，有因卖主不尽过割，留为需索之资。或买主惮于征输，饵以迁延之术。亦有拙愚制于巧诈，兼之贫弱压于豪强，有自己田粮推于绝户田地，有冒绝户田地盖以自己田粮。况复里书为奸，诡寄飞走，神出鬼没，为弊多端。以致田去粮存，或田少粮多，贫者累子孙包赔，逃者累里甲代输。致于破产破

---

① 《明经世文编》卷八一，《徐司空奏议》。
② 《国朝典汇》卷九〇，《户部四·赋役》。

家，卖男卖女，不均之叹，何自而平！①

叶春及说：

> 盖今天下，田地不均，官民异则。狡狯之胥，豪悍之族，倍力为巧诈，飞走千形，机诡万状。派于见在，谓之活洒；藏于逃绝，谓之死寄；分于子户，谓之带管；留于卖主，谓之包纳；有推无收，有总无撒，倏忽变幻，鬼不可得而原也。至于富人，惮于征徭，割数亩之产，加数倍之赋，无直以兑贫民；贫民逼于穷蹙，持难售之田，苟速售之，利减赋以邀富室；广狭轻重，杂乱混淆，富者田广而赋反轻，贫者田狭而赋反重。富者有公侯之资，贫者为狗彘之食。此所以流徙遍于山林，而盗贼难禁也。②

而嘉靖《增城县志》中的一段记载，则概括了当时因土地买卖而瓦解黄册里甲的一般过程：

> 民贫以其产鬻与富豪，富豪得其产而遗其税于贫民之户，贫民惧逋而逃。官按户籍以取税，则责及里长，里长无所偿则以逃民之税摊之于存户。存户不能堪，又并以其产鬻而逃矣。前逃之税未了，而后逃之税又摊，其势必至于相驱而尽逃，不逃，则亦相驱而尽盗也。③

上述这些记载充分表明了，土地买卖实为地主兼并土地的主要手段，而黄册推收正是富户作弊之渊薮。诚如吕坤所言，明代黄册制度后来普遍实行的推收过割，其弊不可胜道。而这，恰恰反映了当时社会经济的发展变化给黄册制度带来的极大冲击。由于土地买卖的迅速，土地兼并的发展，所谓都有额里、里有额田不过是纸上空谈，黄册里甲间的均衡与稳定完全被打破了。"普天之下，兼并成风，溢图跨都，创为新增之里，连络千顷而规避重徭。贫无卓锥之产者，反代豪右巨富之役。"④"自鱼鳞册岁久漫漶，

---

① 嘉靖《重修如皋县志》卷九，《诗文·均田奏疏》。
② 《石洞集》卷二，《应诏书·安民生》。
③ 嘉靖《增城县志》卷九，《政事志·版籍类》。
④ 《百陵学山·书牍卷一》。

兼并者始坏田不过都之制。而卖买推收者，相率以田从人。于是额里不改，额田大悬，多者逾数百千顷，而少者不满数十百亩，此不均之始也。"① "夫里甲之制，即比闾族党之遗也。然田不井授，里甲安可常哉！夫十户为甲固矣，今田已属之他人，户亦何能独存！昔者之里长，尝凌虐小民，今户已亡，里亦不能独支。"② 可以说，正是社会经济的发展变化，从根本上瓦解了明代的黄册制度。

那么，占据大量土地的地主富户，其占有土地的分布形态又是如何的呢？

中国封建社会很早就允许土地买卖，并实行诸子均分制。土地买卖致使土地所有权频繁转移，而富者不但在外图外都，且常常跨州跨县置买田产；诸子均分制又使田土地段处于不断的分割之中。随着时间的推移，从而形成了土地所有者占有的土地，多呈现极为分散而又犬牙交错的分布形态。这种情况，到了宋代已十分明显。朱熹在福建推行经界法时即说："田业散在诸乡"，"诸色之田散漫参错，尤难检计"③。至明代，业户占有土地的分散状态更为突出。

关于明代业户占有土地的分布形态，从当时一直普遍存在的寄庄问题即可反映出来。所谓寄庄户，即是："人非版籍，徒以田产置在各里而得名者也。其人或为流寓，或系邻封，此等通天下皆有，而惟南都为最多。"④ 所以，寄庄户既有寓居者，又多有在本籍以外，即跨州跨县占有土地的业户。洪武二十四年（1391）奏准攒造黄册格式中规定："其畸零人户，许将年老残疾，并幼小十岁以下，及寡妇、外郡寄庄人户编排。"⑤ 景泰二年（1451）奏准攒造黄册格式中，关于寄庄户又做了一系列的规定⑥。可见，寄庄是一个十分普遍的问题。寄庄问题的普遍存在，则明确告诉我们，明代业户占有土地的分布情况，不但是跨图跨都，而且跨州跨县者亦大有人在。从而说明了当时业户占有土地的分布情况，乃是处于极为分散的状态。至明代后期，寄庄问题更为突出。如嘉靖《香山县志》载：

①　《南州草》卷三，《奏疏》。

②　隆庆《岳州府志》卷一一，《食货考》。

③　《晦庵先生朱文公文集》卷一九，《条奏经界状》。

④　《天下郡国利病书》原编第八册，《江宁庐安》，引《上元县志》。

⑤　正德《大明会典》卷二一，《户部六·户口二·攒造黄册》。

⑥　同上。

夫寄庄权豪，日就富强，土著士民，苦罹捐瘠，已非一日之故矣。嘉靖十四年巡按御史戴璟设法禁之，云："访得按属州县，有等富豪人户，置买别县田产，立作寄庄，坐享租利，不行纳粮，贻累里排，代其赔贩。及至轮编差役，则又持其隔涉，不服拘唤。又有倚称权豪亲戚影射。近据香山县申前事，行布政司计议，看得香山粮止二万，而寄庄已及八千，粮差节年被累，情实可悯。……"①

又如，明代有名的嘉兴、秀水、嘉善三县的嵌田问题，其实亦是寄庄问题。"盖缘三县地本接壤，民多寄庄，有户在嘉、秀，田在嘉善者，有户在嘉善，田在嘉、秀者。其原编粮额等则不同，三县田粮独嘉善稍重，而闾里之输纳者，思欲乘间，而争业有年矣。"②

叶春及说；"乃今田土之制，以地从人。如本都之地，本载田十顷，而册乃二十顷；本载田二十顷，而册或十顷者，以人为主，此国法也。"③ 这里所说"本载"，即指实地田土面积，所说"册"，即指黄册。黄册所载某图人户占有的土地数字，与该图实地田土面积是大不相同的。叶春及所言虽是假设的例子，但所反映的却是实际情况。即业户占有的土地，一般有大半左右分布在本图以外。

海瑞说："他方不可知，琼州粮在此里，田坵又不在此里，散在二十里、三十里分亦有之。大约黄册粮数，一半田在本里，一半田在别里，地方相去或二三十里、八九十百里外。"④ 又说："琼山大约一半本里有粮有田，一半田不随粮，百四里皆然，极为参错。……此与琼山人买外州县之田不同，何也？粮不过县也。琼山之人买琼山之田，粮过里也。"⑤ "亲管里长，诚是祖宗制度。然论今日人丁粮差属之此里，而田地、人多不在此里。"⑥

海瑞还说："江南田地推收之繁，粮在此田又不在此，较江以北或不同。"⑦ 应该说，明代北方业户占有土地的交错情况，与南方相比要差一

---

① 嘉靖《香山县志》卷二，《民物志·田赋》。
② 崇祯《嘉兴县志》卷九，《食货志·土田》。
③ 《石洞集》卷三，《惠安政书二·图籍问》。
④ 《海瑞集》下编，《书牍类·奉分巡道唐敬亭》。
⑤ 《海瑞集》下编，《书牍类·复唐敬亭》。
⑥ 同上。
⑦ 同上。

些，但亦相当厉害。如前引吕坤《实政录》所言即多为北方情况，其中说："一里之地，满县分飞，满县之田，皆无定处，谓该县只一里可也。"①这里所言业户占有土地的散漫参错情况，当亦包括北方在内。

再如，嘉靖《云阳县志》中所载四川情况，言及该县田赋混乱时则说："又，田连阡陌而税不盈石者，版籍虽有，坐落毕竟难于稽查。"②可见业户占有土地散漫参错的情况极为普遍。

让我们再来看一下遗存黄册文书中所载业户占有土地的分布情况。在本书第二章介绍的中国国家图书馆藏万历二十年严州府遂安县十都上一图五甲黄册残件中，载有该甲排年里长余栓户万历二十年（1592）大造人丁和事产的完整资料，该户实在土地所有亩数及其分布情况如表45。

表45　　　　万历二十年严州府遂安县余栓户所有土地分布情况表　　　单位：税亩

田土类别	本　都 （十都）	其　他　都　图				
		十二都	十三都	十四都	十五都	四　隅
田	30.38	355.861	2.747	11.729	7.95	
地	58.195	224.857	0.04	7.929		0.473
山	85.583	61.259	1.5	0.3	23.3	
总计	174.158	697.945				

万历二十年余栓户所有田地山共872.103亩，如表45所示，其分布在本都者计174.158亩，仅占20%；分布在其他都图者计697.945亩，占80%，即该户所有的大部分土地都分布在其他都图。

再如本书第五章统计分析的万历九年（1581）徽州府休宁县二十七都五图业户所有土地的分布情况，该图业户所有土地共计为3195.8686亩，其地域分布情况是：本图为1434.0153亩，占全图总额的45%；本都他图为1425.5966亩，亦占45%，其他都图为336.2567亩，占10%。其中本都他图与其他都图二者土地总计为1761.8533亩，占55%，即有一半以上的田土是在外都外图；在其他都图者，又分布于16个都、42个图。其所呈现的无疑亦是一种极为分散的状态。

---

① 《实政录》卷四，《治民之道·改复过割》。
② 嘉靖《云阳县志》卷上，《食货·赋》。

当然，不同业户、不同地区的土地占有分散情况，又不尽相同。但总的来看，明代各地业户占有土地的情况，多呈现犬牙交错、极为分散的状态。海瑞所说"大约黄册粮数，一半田在本里，一半田在别里"，大致可作为明代特别是南方一带业户占有土地分布情况的一个总的估计。

在业户占有土地极为分散的状态之下组成的黄册里甲，显然不可能做到人与地的统一，人在此图，地在彼图；本图土地又大半属于他图业户。因而就产生了人户之里与地土之里之别。尽管朱元璋规定的都有额里之制在形式上还保留着，但它多只存在于册籍之中。实际上黄册的人户之里多半被架空了，并由此产生无穷的奸弊。

五　商品经济的发展与人口流动

黄册制度衰亡的另一个社会经济方面的原因，则是随着明代商品经济的发展而形成的人口流动潮流，亦对黄册制度发起了有力的冲击。

尽管朱元璋用《大诰》的形式再三申敕，令天下人民各守其业，不许远游，欲以黄册里甲这种制度把人民牢固地束缚在土地之上，但是，这并没有阻止明代人口流动的发生。相反，明代却屡屡发生大规模的流民运动，而成为终明之世未能解决的一大社会问题。具有讽刺意味的是，明代流民发生的原因，除了天灾之外，即是黄册里甲制度之下不堪负担的繁重徭役所致。如正统十年（1445）三月的一道敕谕中说："今岁未为荒歉，而民流移如此，盖由府、州、县官尸位素餐，苟且度日。稍有科差，则放富差贫；征收税粮，则横加科敛；或徇势要所嘱，督追私债，甚于公赋；或为豪猾所饵，通同侵渔，无所不至。以至小民不能存活，弃家业，携老幼，流移外境。"[①]

而在明代的流民之中，除了一般的流移之外，又出现了一种值得注意的倾向。请看周忱《与行在户部诸公书》中的记载：

> 盖苏松之逃民，其始也皆因艰窘，不得已而逋逃。及其后也，见流寓者之胜于土著，故相煽成风，接踵而去，不复再怀乡土。四民之中，农民尤甚。何以言之？天下之农民固劳矣，而苏松之民比于天

---

① 《明英宗实录》卷一二七，正统十年三月辛丑条。

下，其劳又加倍焉。天下之农民固贫矣，而苏松之农民比于天下，其贫又加甚焉。天下之民常怀土而重迁，苏松之民则尝轻其乡而乐于转徙。天下之民出其乡则无所容其身，苏松之民出其乡则足以售其巧。忱尝历询其弊，盖有七焉，何谓七弊？一曰大户苞荫，二曰豪匠冒合，三曰船居浮荡，四曰军囚牵引，五曰屯营隐占，六曰邻境蔽匿，七曰僧道招诱。①

周忱在这里所言"苏松之民出其乡则足以售其巧"，"见流寓者之胜于土著，故相煽成风，接踵而去，不复再怀乡土"的情况，显然是一种弃农经商的倾向。再看周忱对其所列举的七弊之解释，更可具体地证实这一点。例如：

> 其所谓豪匠冒合者，苏松人匠，丛聚两京，乡里之逃避粮差者，往往携其家眷，相依同住，或创造房居，或开张铺店……
> 其所谓船居浮荡者……流移之人，挈家于舟，以买卖办课为名，冒给邻境文引及河泊由帖，往来于南北二京、湖广、河南、淮安等处停泊，脱免粮差……
> 其所谓军囚牵引者，苏松奇技工巧者多，所至之处，屠沽贩卖，莫不能之。故其为事之人，充军于中外卫所者，则诱乡里贫民为之余丁；摆站于各处河岸者，又招乡里之小户，为之使唤；作富户于北京者，有一家数处之开张；为民种田于河间等处者，一人有数丁之子侄。且如淮安二卫，苏州充军者，不过数名，今者填街塞巷，开铺买卖，皆军人之家属矣。仪真一驿，苏州摆站者，不过数家，今者连枅接栋，造楼居住者，皆囚人之户丁矣。……②

苏松逃民，离开农村之后，他们已与那种到处流移、在死亡线上挣扎的一般流民不同，而是售其技巧，另谋生业，或开张店铺，或买卖办课，或屠沽贩卖，或为人打工，往来南北，几遍天下，多转而从事各种各样的工商业活动。他们创造房居，开铺买卖，结果"流寓胜于土著"，比原来过得

---

① 《明经世文编》卷二二，《王周二公疏》。
② 同上。

要好。这固然与苏松之民出其乡则足以售其巧有关，但无疑又是与宋元以来工商业发展，商品经济活跃，这一社会经济发展的大背景分不开的。正是工商业的发展，商品经济的活跃，才为他们另谋生业提供了舞台和条件；另一方面，工商业的发展，商品经济的活跃，反过来更促进了农村的人口流动，"见流寓者之胜于土著，故相煽成风，接踵而去，不复再怀乡土"。周忱在同一篇书疏中说："忱尝以太仓一城之户口考之，洪武年间，见丁授田十六亩，二十四年黄册原额六十七里，八千九百八十六户。今宣德七年造册，止有一十里，一千五百六十九户；核实又止有见户七百三十八户，其余又皆逃绝虚报之数。"① 从八千多户到只剩七百多户，人口的逃亡和流动是多么严重！所以，由于商品经济的发展而形成的人口流动，亦是瓦解明代黄册里甲制度的一个重要的社会经济方面的因素。

还应注意的是，周忱所言，乃是在明初发生的情况。至明代中后期，随着工商业的进一步发展，商品经济更加活跃，整个社会风气亦为之一变。张居正说："余闻里中父老，往往言成化、弘治间，其吏治民俗流风蔑如也。是时，……荆州为楚中巨郡，户口蕃殖，狱讼希简，民各安其乡里。……其继也醇俗渐漓，网亦少密矣。一变而为宗藩繁盛，豪权挠正，法贷于隐弊。再变而田赋不均，贫民失业，民苦于兼并。又变而侨户杂居，狡伪权诡，俗坏于偷靡。"② 他又说："当嘉靖中年，商贾在位，货财上流，百姓嗷嗷莫必其命。比时景象，曾有异于汉唐之末世乎！"③

海瑞说；"程伊川传《履》，叹'后世自士庶至于公卿日志于尊荣，农工商贾日志于富侈，亿兆之心交骛于利，天下纷然，如之何其可一也，欲其不乱难矣'。降至今日，较伊川言殆有甚焉。所称名人贤士口谈道义者，皆不能绝去为富不仁之心。小民持此为观法，借此为口实。用是风俗日流，莫知纪极，法不能止。"④

万历《歙志》载："寻至正德末、嘉靖初，则稍异矣。出贾既多，土田不重。操资交捷，起落不常。能者方成，拙者乃毁。东家已富，西家自贫。高下失均，锱铢共竞。互相凌夺，各自张皇。于是诈伪萌矣，讦争起矣，芬华染矣，靡汰臻矣。……迨至嘉靖末、隆庆间，则尤异矣。末富居

---

① 《明经世文编》卷二二，《王周二公疏》。
② 《张太岳文集》卷九，《荆州府题名记》。
③ 《张太岳文集》卷三二，《答福建巡抚耿楚侗言致理安民》。
④ 《海瑞集》下编，《论著类·使毕战问井地》。

多，本富尽少。富者愈富，贫者愈贫，起者独雄，落者辟易。资爱有属，产自无恒。贸易纷纭，诛求刻核。奸豪变乱，巨猾侵牟。于是诈伪有鬼蜮矣，讦争有戈矛矣，芬华有波流矣，靡汰有丘壑矣。"①

仅从上述几则概述的文字中，即可了解到明代中叶以后，各个方面的社会风气都发生了深刻的变化。如果我们从另一个角度来看，这种社会风气的变化，不正是当时社会经济的发展，其中特别是商品经济的活跃，给整个社会都带来了巨大冲击的一种反映吗？这种商品经济发展的潮流，对黄册里甲制度的直接冲击更为明显，使其几成"土崩瓦解之势"。何良俊说：

> 余谓正德以前，百姓十一在官，十九在田。盖因四民各有定业，百姓安于农亩，无有他志。官府亦驱之就农，不加烦扰。故家家丰足，人乐于为农。自四五十年来，赋税日增，徭役日重，民命不堪，遂皆迁业。昔日乡官家人亦不甚多，今去农而为乡官家人者，已十倍于前矣。昔日官府之人有限，今去农而蚕食于官府者，五倍于前矣。昔日逐末之人尚少，今去农而改业为工商者，三倍于前矣。昔日原无游手之人，今去农而游手趁食者，又十之二三矣。大抵以十分百姓言之，已六七分去农。至若太祖所编户口之数，每里有排年十人，分作十甲，每甲十户，则是一里总一百户。今积渐损耗，所存无几。故各里告病而有重编里长之说。……今一甲所存无四五户，复三四人朋一里长，则是华亭一县，无不役之家，无不在官之人矣。况府县堂上与管粮官四处比限，每处三限，一月通计十二限，则空一里之人，奔走络绎于道路，谁复有种田之人哉？吾恐田卒污莱，民不土著，而地方将有土崩瓦解之势矣。可不为之寒心哉！②

隆庆《仪真县志》载：

> 看得本县路冲地狭，民少商多，以十分为率，二分务农，尚有八分说牙。节罹兵荒，科派浩繁。每现年里甲，每里仅存二三贫户，有

---

① 万历《歙志》志六，《考卷五·风土》。
② 《四友斋丛说》卷一三，《史九》。

司所费不赀，里长指称，恣意重科，苦将贫民锁押，买完方行释放，只得卖儿鬻女，破产倾家。里甲萧条，十室九空。而富商大贾，坐享厚利。当道者惟见市肆之繁华，不知乡野之疾苦。①

　　此外，在明代的流动人口中，还有一种所谓客户。客户是相对于土著而言的，即不属于本地黄册里甲版籍，而又长期在本地居住的人户。客户亦有从事各种职业的人，既有经商者，又有务农的。这种客户早在明初就已出现。周忱所述苏松逃民各种去向中有一种即是客户："其所谓邻境蔽匿者，近年有司，多不得人，教导无方，禁令废弛，遂使蚩蚩之民，流移转徙。居东乡而藏于西乡者有焉，在彼县而匿于此县者有焉。畏粮重者，必就无粮之乡；畏差勤者，必投无差之处。舍瘠土而就膏腴者有之，营新居而弃旧业者有之。倏往倏来，无有定志。官府之勾摄者，因越境而有所不行；乡村之讥察者，每容情而有所不问。由是邻境之客户日众，而南亩之农夫日以寡矣。"②

　　明中叶以后，不少地方土著日少，客户日盛，有的地方甚至客浮于主。嘉靖《常德府志》论曰：

　　　版籍每十年一更，制也。吾郡屡更屡诎者，何哉？土民日弊，而客户日盛矣。客户江右为多，膏腴之田，湖泽之利，皆为彼所据。捆载以归，去住靡常。固有强壮盈室而不入版图，阡陌遍野而不出租账者矣。如之何土著之户去国初不相远哉！③

嘉靖《南雄府志》载：

　　　国家承平日久，休养生息，宜倍增于前矣。乃邑无全里，里无全甲，甲无全户，其故何哉？盖雄介岭而郡，因山而田。介岭而郡，故客寓恒多；因山而田，故富岁恒少。客浮于主，则有强壮盈室而不入版图者矣；山浮于田，则有岁或不秋而转徙他业者矣。④

①　隆庆《仪真县志》卷六，《户口考》。
②　《明经世文编》卷二二，《王周二公疏》。
③　嘉靖《常德府志》卷六，《食货志·户口》。
④　嘉靖《南雄府志》卷下，《志三·食货》。

嘉靖《濮州志》说：

> 濮固名州，今合三县之生聚，而其数之登于王府者，仅有此，论国之富者惑焉。尝询其土之人，乃知其俗喜迁而重析。夫民性喜迁，苟为戾政之所加，水旱之荐臻，则举族流徙而不返。其重析，则有服尽谊疏而尤保为一户者。凡此皆其俗之近厚，其将缘此以避隐征役者有焉，此固有司之所不能夺也。要之，濮固多客户，客户多事贾，衔佃弃地，其久以至长子孙，易数世而不勤于官，其视土著者颇自得然。①

各地客户的出现与日益增多，无疑打乱了原来的里甲编制。客户虽与到处流徙的一般流民有所区别，但毕竟不属于当地版籍正式管辖的人户，仍然"倏往倏来，无有定志"，难于管理。

而且，不仅客户，至明代中后期，各地里甲组织本身的人户亦渐呈四分五裂之势。叶春及说："国初因都分里，徙不出乡。厥后民无恒字，不特甲首分裂四溃，里长亦徙他都。惟岁趋役可按籍求，里中则不相摄，故不得不随地甲之势也。"②嘉靖《南康县志》说："国家稽古建制，天下郡邑，每百有十户为一里，里有长，凡追征钱粮、勾摄公事，咸责成于里之长，诚万世不易之法。然是百有十户者，迁徙无常，故道路有远近，缓急不能卒至，情伪不能备知，欲其相亲相睦，且夕若一家焉，其势不能也。阳明先生深念民隐，酌古今之宜，即斯民邻族闾里之切近者，每十家为一牌，乡村则统之以保长，以默寓比闾族党之意。信所谓其法甚约，其治甚广，因是而修之，诸政可举，盖不惟息讼防盗而已也。"③

总之，明中叶以后，无论土地，还是人口，封建国家都已难于通过黄册里甲这种制度对其加以控制了。正是在黄册里甲组织衰亡这一历史背景之下，保甲组织再度兴起。而对于保甲组织的功能，也不应把它理解为仅仅是为了防盗安民而已。后来明末至清前期的历史发展，证明了嘉靖《南

---

①　嘉靖《濮州志》卷二，《户口志》。

②　《石洞集》卷七，《惠安政书一二·保甲篇》。

③　嘉靖《南康县志》卷一〇，《十家牌法》。

康县志》作者的观点是正确的。

六　明清赋役制度改革的历史意义

综上所述，朱元璋在明初建立赋役制度的基本思想是，"民有田则有租，有身则有役"。即，凡属明王朝统治下的人民，除了要缴纳田土赋税以外，还都必须无偿地为封建统治者服徭役。这也是中国封建社会赋役制度一直遵循的基本原则。这种赋役制度的基本点是以人户为中心。朱元璋在全国推行黄册制度，建立里甲制，也正是从这一点出发的。明代黄册里甲编制的基本原则是，每里一百一十户，分为十甲，轮流应役。从表面上看，它是为了解决赋役不均的问题，但其实质，是把大明帝国统治下的人民都无例外地组织到黄册里甲之中，轮流"应役"，以便更有组织、有效地坚持封建徭役制度。这种以人身奴役为对象的落后的封建徭役制度，乃是建立在劳动生产力的不发展，劳动方式本身的原始性的基础之上的。因为在劳动生产力尚不发达的阶段，在社会生产等各种活动中，人的单纯体力劳动均占首要位置，最为重要。于是，人身奴役即成为当时统治者剥削人民的主要方式。一般地说，这种人身奴役，在生产力愈不发达的历史阶段，其所占比重愈大。王夫之说："三代之政，简于赋而详于役，非重用其财力而轻用其力也。"①

然而，至中国封建社会后期（宋代以后），社会经济已经发生了很大变化。特别是到了明代，社会经济的发展变化与以人身奴役为特征的封建徭役制之间的矛盾，愈加突出。黄册里甲采取十甲轮流应役制，须把人户牢固地束缚在土地上，须以里甲间人户经济实力的均衡和稳定为前提。而明代土地私有发展扩大，土地买卖更加频繁，沧海桑田，变化无常，人户的消长与贫富处于经常的变动之中，里甲编制均衡的被打破不可避免。特别是工商业的发展，更为人口的流动提供了客观条件，并使赋役的纳银化成为可能。黄册制度的衰败与赋役制度的改革已是历史的必然。

以实行封建徭役制为特征的黄册里甲制度，与社会经济发展之间的矛盾及其种种弊病，早在明初就已显露出来。而明代的赋役改革，亦从明初宣德年间周忱的赋税改革就开始了。其后经过正统时创立的均徭法，明中

----

①　王夫之：《噩梦》。

叶以后出现的均平银，明后期实行的十段法、一条鞭法等一系列改革，以及各地实施的均田均粮运动，可以说，赋役改革运动贯穿了有明一代。这一赋役改革运动，其后又延至清代前期，直至雍正时的摊丁入亩才最后完成。明代黄册里甲制度的衰亡，即是与明清赋役改革运动的发展相互伴随的。而在这长达几个世纪之久的一系列渐进的赋役改革中，又以明末实施的一条鞭法改革，具有质变之意义。明清赋役改革，不仅对解决当时赋役不均问题，具有重要作用，其在中国封建社会历史上亦占重要地位，更具深远意义。兹举其要者，略叙如下。

首先，明后期开始推行的一条鞭法改革，大大简化了历来赋役征调中的繁杂的科则名目，从而革去了里胥作弊的一大渊薮。一条鞭法实施之前，明代赋税之中有官田与民田之别，官田和民田又各自分为无数的等则，少者数十，多者数百，甚至有千余则、几千则的。如成化时苏州田则"乃至千余"①，正德年间湖州田地竟多达"四千四百四十七则"②。役法之中不论正役，还是杂泛差役，其下均有数不清的各色役目，五花八门，难以枚举。田苦则多，役苦名多。等则既多，里胥遂得以上下其手，大肆作弊。万历时推行一条鞭法之后，官民均为一则，里甲与均徭，赋与役，均合而为一，实行征一法。这就大大简化了赋役的审核过程与征调手续，减少了里胥等作弊的机会。

其次，一条鞭法实行之后，役与赋合并，力役全面纳银化，从而使役的征调与赋税一样，有了某种标准。而在一条鞭法实施之前，实行的是以人身为奴役对象的徭役制，这种人身奴役没有一定标准，"先事集而后事息，随时损益，固难画一"③；其应役内容也没有什么限制，所以，服役者实际上是被无偿地无限制地役使，徭役山压，负担最为沉重，多不至家破人亡不已。一条鞭法的实施，因为纳银化，才有可能规定某种标准，遂使应役者的负担有所减轻。

第三，最重要一点是，在一条鞭法实施以后，赋役官解，力役全面纳银化，最后到摊丁入亩，赋役合一，从而使中国封建社会长达数千年之久的徭役制度归于消亡。封建徭役制的特征是以人身奴役为主，服役者以身

---

① 《明经世文编》卷一二〇，《王文恪公文集》。
② 《明经世文编》卷二一四，《承启堂文集》。
③ 王夫之：《思问录·外篇》。

应役，是一种最落后最原始的剥削方式。王夫之认为，"役之病民，视赋而剧"①。在封建徭役制下，应役者不仅要受到残酷的人身奴役，而且因为亲身长年在官府服役，严重地破坏了正常的生产活动。在黄册里甲制度之下，不惟里长，甲首亦长年在官，承直奔走，不得脱身。这是广大农民最为苦恼的事。而一条鞭法的实施，则使这种情况发生了变化。万历《嘉定县志》说："夫里甲、均徭，同出于丁田，是二者合而为一也。仓库、解户，祸不及民，余凡繁简轻重之事，皆为顾（雇）役，是银差、力差合而为一也；粮、塘之长排年轮充，是正役、杂役合而为一也。一者，一出于丁田也。然农人不苦其加赋，而乐其宁一之效。及承直奔走之事，悉不以烦民，而阛阓晏然，得安枕矣。"② 康熙《休宁县志》说："力役之征，古所不免，率皆因时为轻重。国朝颁行简明赋役全书，尽折实田一则起科，是税亩有定式矣。而其所谓徭役者，不以力而以银按亩带征，民乐于输将之便，而无役使之劳，法何善也。"③ 尽管在明清赋役制度的改革之后，力差并未完全消除，广大劳动人民仍处于封建制度的压榨之下，但从一条鞭法的实施最后到摊丁入亩的实现，则使广大劳动人民不再到官府去承直奔走，摆脱了封建徭役制的枷锁，封建的人身束缚有所松解，这无疑有利于生产力的解放和发展，具有深远的历史意义。此乃是有关劳动者人身解放的一件大事。可以说，这是中国封建社会开始向近代转变的历史进程中，在社会经济制度方面最初迈出的十分重要的一步。

在明清赋役改革潮流的冲击之下，随着明朝的灭亡，黄册制度也退出了历史舞台。黄册制度的衰亡，正说明了实行了几千年之久的人身奴役制度，由于社会经济的发展变化，再也无法维持下去，从而标志了中国封建徭役制的结束。黄册制度是中国几千年封建徭役制度的继续，同时也是它的终结。

---

① 王夫之：《诗广传·王风》。
② 万历《嘉定县志》卷六，《田赋考（中）·徭役》。
③ 康熙《休宁县志》卷三，《徭役》。

第十一章　明清大户经济形态

关于中国封建时代地主制经济的研究，中外学者的论著颇多。有关明清地主制经济的论说，更不乏鸿篇巨著。然而，以往的研究，从宏观的角度论述者多，作微观分析者少；引用文献记载者多，利用文书档案者少。其中尤其缺乏经济学方面具有说服力的数据统计和典型剖析。应该说，在地主制经济的具体形态研究方面，仍十分薄弱。其原因之一是史料方面的限制。近年来，在日益受到人们重视的徽州文书中，发现了一批对深入研究明清地主制经济形态价值极高的十分珍贵的档案资料。本章即拟从剖析具体人户的经济状况入手，对明清地主大户的经济形态试作一考察①。

一　关于朱学源户的遗存文书

在现存的徽州文书中，笔者近年来所发现的对明清地主制经济研究价值极高的部分档案资料，其中有几种已在本书前几章作了专门介绍和研究，这些文书是：

（一）《万历九年清丈二十七都五图归户亲供册》②，见本书第五章。

（二）万历十年、二十年、三十年、四十年二十七都五图大造黄册底籍③，见本书第六章。

（三）《清初二十七都五图三甲编审册》④，见本书第八章。

此外，与上述文书一起被保存下来的还有一册《万历至崇祯二十七都

---

① "大户"一语，有种种含义。明代赋役制度中有所谓"编金大户"的做法。本文主要指封建时代拥有众多人口和土地的地主富户。

② 安徽省博物馆藏2：24528 号。

③ 安徽省博物馆藏2：24527 号。

④ 安徽省博物馆藏2：24554 号。

五图三甲朱学源户册底》①。

该册正文计 265 页。墨迹抄本。册内略有残缺。封面题："万历肆拾年大造　天启肆年大造　崇祯五年大造　崇祯拾伍年大造　贰拾柒都伍图三甲朱学源户册底"。该册实际所载内容为以下几大部分：

一为"万历四十年清理朱学源户归户册"；二为"天启四年清理本户朱学源户下派各人归户册籍"；三为"崇祯六年大造清理朱学源户下入各人归户册籍"；四为"崇祯十六年大造朱学源户下"；五为"崇祯十七年大造清理朱学源户下入各人名下归户册籍"。与封面所题略有不同。

该册籍属私家文书性质。其各部分册籍所载内容，乃是将朱学源户的通户税粮，按田亩分摊于其下各人户的一种税粮归户册，实为一种将总户税粮落实到各子户的归户实征册。其各子户的税粮亦按黄册的登载格式，即"旧管"、"新收"、"开除"、"实在"之四柱式进行登载。

该文书所载，上与万历十年、二十年、三十年、四十年二十七都五图黄册底籍中所载朱学源户各项内容，相互接续；下与《清初二十七都五图三甲编审册》中所载朱学源户内容，正好衔接，实为有关明末清初朱学源户系列文书之一。

以上四种文书共七册，计 2470 页，约 80 万字。

从这批文书记载的内容上看，有的与朱学源户有关，有的则专门记载朱学源户，即所有文书都与朱学源户有关，因此，可以推定，这些文书是由明末清初徽州府休宁县朱学源户抄录并作为私家文书而被保存下来的。又，在明代万历年间的四册黄册底籍中，每一册只有在朱学源户的各笔推收细目之下，另外注有该户各子户的名字，其他各户之下均无此种脚注。这是这批文书作为私家文书而被抄录保存下来的又一证据。

关于这几种文书的所属地点、抄录时间、可信程度及其研究价值等，本书前几章已作了考证，这里从略。

总之，这几种文书是在万历九年认真的土地丈量之后而攒造的，均是当时实际使用的文书。其虽是在明末清初这一动乱时期所产生的，但它出自当时相对稳定、执行朝廷政策比较认真的徽州地区，特别是它作为私家文书而被保存下来，因此比较可信。只要我们采取实事求是、谨慎分析的态度，即可以对其中所载资料加以研究与利用。

---

① 安徽省博物馆藏 2：24529 号。

如今，遗留下来的明清契约文书档案为数颇多，但其中像这批文书中黄册底籍这样的资料却是极少。这批黄册底籍文书，不但涉及范围较大，保存了一个图的比较完整而又详细的土地与人口资料，而且记录时间较长，涉及四个连续大造之年，因此极为珍贵。如前所述，其对于明清社会经济史的研究，诸如黄册制度、里甲组织、土地所有、土地买卖，以及明代黄册制度向清初编审制度的转变等很多方面，都提供了宝贵的素材。更为难得的是，这批文书还向我们提供了有关明末清初一户地主大户（即朱学源户）长达120余年间的土地与人口等方面的资料，这批资料既系统又完整，对于从微观上剖析中国封建社会后期一般地主之实际形态，提供了一个十分典型的例子。

二　朱学源户概况及其人口情况

目前尚未找到有关朱学源户的文献记载资料。根据本文以上介绍的几种徽州文书中的记载，仅知朱学源户的大概情况如下。

朱学源户，系南直隶徽州府休宁县里仁乡二十七都第五图三甲里长户，上户，匠籍。明万历二十年（1592）以前，该户户长是朱清，自万历二十年始，朱学源承继户长。朱学源，嘉靖四十一年（1562）生，万历二十年承继户长时，31岁（虚岁）。从万历二十年起至康熙四十年（1701），朱学源一直为该户户长。不过，应指出的是，按生年计算，到清初朱学源已是80余岁的老人了，特别是到了康熙时期，朱学源已超过百岁，恐怕已不在世，这时的朱学源当仅是作为户长的名义而存在的。

明代赋役之法规定，人户以籍为定。匠籍，是明朝封建国家所定四大户籍类别（军、民、匠、灶）之一。匠籍之中有厨役、裁缝、马船之类，名目繁多。匠户与一般民户的不同之处是，一旦被定为某种名目匠籍，"役皆永充"①，即，该户及其子孙永远充当所定的专门差役。又对匠户规定，"不许分居"②。明代工匠主要是到两京服役，分为"住坐匠"和"轮班匠"。住坐匠即居住于京城的工匠，每月上工十日。轮班匠即全国各地更番赴京城轮作之工匠。洪武十九年（1386），定工匠轮班。"量地远近以

---

① 《明史》卷七八，《食货二·赋役》。
② 正德《大明会典》卷二〇，《户部六·户口二·攒造黄册》。

为班次，且置籍为勘合付之，赍至工部听拨。免其家他役。"① 有明一代，屡兴大工，役作浩繁。当时，那些自备路费千里迢迢至京服役的各色工匠，有"一户数丁皆赴工者"，有"老幼残疾不堪役者"，"仍一概拘役"，或"役满一岁，工部仍留不遣，使之栖栖饥寒道路"，或被"管工之人，贪虐害之"，"有司不能存恤，饥寒切身"。所以，匠役要比一般民差更苦。致使"天下工匠，多有隐为民籍而避役作者"②，而有关工匠大量逃亡的记载，更是史不绝书。然而，从正统时开始，在南京出现了"出备工价雇觅在京高手造作供应"③ 的做法。至"成化二十一年奏准，轮班工匠，有愿出银价者，每名每月南匠出银九钱，免赴京，所司类赍勘合，赴部批工。北匠出银六钱，到部随即批放。不愿者仍旧当班。"④ 嘉靖八年（1529），"工部尚书刘麟等应诏陈言：'各府州县工匠，近多冒替影射，随解随逃，徒以累民，而公家不得实用。宜令纳价，以助大工。每匠一名，照旧例纳一两八钱，遇闰则纳银二两四。……'从之。"⑤ 这种以银代役的做法，当时虽然还只限于轮班匠（占匠户的绝大部分），但其对于最终废除手工业方面的强制性的封建劳役，却具有重要意义。它使广大手工业者开始从封建世袭匠籍制这一残酷束缚之下解脱出来。

王夫之说："班匠之制，一以开国之初所定为额。阅数百载后，其子孙或耕，或商，或读，或吏，不复知有先世之业，而犹使之供班，或令折银，徒为无穷之累。……匠无世业，巧者能之。不以匠还匠而求之农民，农之困非一端，末柄钮矜且不能不以钱粟往求于匠，而尤代之供京班之役，无怪乎人之乐舍南亩而趋末作也。"⑥ 总之，明王朝历经数百载后，各个方面的情况都发生了变化，就匠户本身来说，其子孙多已改行，"不复知有先世之业"；工商业发展的客观情况则是"匠无世业，巧者能之"；而官府的政策已开始实施以银代役之举，此时的匠役，徒为农民之累而已。可以说，到明代后期，像朱学源这样的处于州县的匠户，已与一般民户没有多大区别了。

---

① 《明太祖实录》卷一七七，洪武十九年四月丙戌条。

② 以上引文见《明太祖实录》卷一五九，《明太宗实录》卷七四，《明宣宗实录》卷一九、卷四〇、卷四二、卷六三。

③ 《明宪宗实录》卷六四，成化五年闰二月壬午条。

④ 万历《大明会典》卷一八九，《工部九·工匠二》。

⑤ 《明世宗实录》卷九八，嘉靖八年二月庚午条。

⑥ 王夫之：《噩梦》。

关于朱学源户的人口情况，从现存有关的黄册底籍中可知其概况。

如前所述，在万历十年、二十年、三十年、四十年二十七都五图的黄册底籍中，其旧管、新收、开除、实在各大项内都载有各户的人口情况。旧管项下所载有关各户的人口内容，实为上一个大造之年，即十年前的实在人丁情况。新收项下所载人口内容，即是在该大造十年之内各户新增加的人口。开除项下所载人口内容，即是在该大造十年之内各户死亡的人口等等。实在项下的人口内容，即是在大造之年的实在人丁情况，包括人丁总数，男子多少口，成丁多少口，不成丁多少口，妇女大口多少口等等。

以下，根据万历十年、二十年、三十年、四十年二十七都五图黄册底籍所载（其中万历二十年黄册底籍抄本所载人口情况较简略，各项之下只有人丁总数），将朱学源户的人口情况统计如下。请看表46、表47、表48。

表 46　　　　　隆庆六年至万历四十年朱学源户实在人丁表

类　别		隆庆六年	万历十年	万历二十年	万历三十年	万历四十年
男子	成　丁		25		25	25
	不成丁		9		9	9
	计	33	34		34	34
妇女大口		14	14		14	14
男妇计		47	48	48	48	48

表 47　　　　　隆庆六年至万历四十年朱学源户新收人丁表

类　别		隆庆六年至万历十年	万历十一年至万历二十年	万历二十一年至万历三十年	万历三十一年至万历四十年
男子	成　丁	2（前册漏报）		3（前册漏报）	5
	不成丁	8（新出生）		7（新出生）	7（新出生）
	计	10		10	12
妇女大口		2		5	4
男妇计		12	9	15	16

表48		隆庆六年至万历四十年朱学源户开除人丁表			
类 别		隆庆六年至 万历十年	万历十一年 至万历二十年	万历二十一年 至万历三十年	万历三十一年 至万历四十年
男子	成 丁	8	（缺）	9	9
	不成丁	1		1	3
	计	9		10	12
妇女大口		2		5	4
男 妇 计		11	9	15	16

从表46、47、48可以看出，朱学源户在万历十年至四十年的各个黄册大造之年的实在人丁总数均为48口。但这个数字并不包括该户的未成年女子。该户未成丁男子一般在7—10口左右，所以，该户的未成年女子亦当在7—10口左右。又从黄册所载可以看出，还有漏报或在外生长等情况。若考虑到这些因素，实际上朱学源户在万历十年至四十年各个大造之年的实在人口数字要大大超过黄册上登载的数字。

通过表46可以看出，万历十年至四十年朱学源户的实在人丁数字都完全相同，颇有照抄前册之嫌。此外，根据黄册记载，还不时有"前册漏报"等情况，所以，依据黄册底籍所统计的有关朱学源户的人口情况，并不是准确的数字，这只是向我们提供了有关朱学源户人口的大致情况。据《万历至崇祯二十七都五图三甲朱学源户册底》所载，万历四十年朱学源户下共有子户40多户，崇祯十五年其下共有子户50多户，按平均每户二至三人推算，明末时期朱学源户下人口数字当在100—150口左右。

三 土地所有与土地买卖

与人口方面的记载相比，黄册底籍中有关土地的税亩面积和税额的记载则十分详细。对各户的每笔土地买卖亦详细登记在册。除黄册底籍外，在《万历九年清丈二十七都五图归户亲供册》及《万历至崇祯二十七都五图三甲朱学源户册底》中，亦有朱学源户所有土地税亩面积、税额以及土地买卖等的详细记载。从这些记载中可以具体地了解到朱学源户的土地所有和土地买卖情况。

隆庆六年至崇祯十五年（1572—1642）朱学源户的土地所有情况请看

表 49。关于朱学源户所有土地的地区分布情况见表 50。隆庆六年至崇祯十五年（1572—1642）朱学源户的土地买卖情况请看表 51。

　　通过表 50 可以看出，在朱学源户的所有土地之中，属于本图者所占比例不到 10%，其所有土地之大部分在本都他图，约占 90% 左右；而在他都他图者则较少，只占百分之二三左右。再从万历九年清丈二十七都五图归户亲供册中有关图总的数字来看，当时该图业户所有田地山塘总额为 3195. 8686 亩，其中在外都外图者为 1761. 8533 亩，占 55% 以上，说明业户在本图以外占有土地的情况是很普遍的。

表49　　隆庆六年至崇祯十五年（1572—1642）朱学源户所有土地总表

土地面积：税亩　税额：石

年　份	土　地　面　积					税　额	
	总额	田	地	山	塘	麦	米
隆庆六年	221. 116	129. 341	45. 559	46. 072	0. 151	4. 2489	8. 8831
万历九年	305. 6265	185. 17	51. 601	68. 6625	0. 193	5. 7268	12. 6491
万历十年	305. 0825	184. 626	51. 601	68. 6625	0. 193	5. 7151	12. 6201
万历十六年	304. 6927	184. 184	51. 6623	68. 6534	0. 193	5. 7065	12. 5986
万历二十年	337. 514	210. 058	58. 8665	68. 3355	0. 254	6. 4015	14. 2619
万历三十年	420. 93066	259. 425	73. 71962	87. 32502	0. 46102	7. 9608	17. 6922
万历四十年	502. 50186	324. 8741	82. 74549	94. 00667	0. 8756	9. 6211	21. 6368
天启四年	605. 1482	408. 47343	96. 0797	99. 74947	0. 8456	11. 7359	26. 685
崇祯五年	675. 4688	453. 68273	110. 93975	110. 03797	0. 91235	13. 1029	29. 7685
崇祯十五年	803. 22962	529. 74043	136. 02275	136. 24629	1. 22015	15. 5232	35. 1296

表50　　　　　　　　　　朱学源户所有土地分布比例表　　　　　　单位：税亩

年　份	田土总额	本　图		本　都　他　图		其　他　都　图	
		亩　数	%	亩　数	%	亩　数	%
万历九年	305. 6265	7. 3064	2	289. 4041	95	8. 916	3
万历十年	305. 0825	7. 3064	2	288. 8601	95	8. 916	3
万历二十年	337. 513	18. 9424	6	311. 2256	92	7. 345	2
万历三十年	420. 93066	16. 8124	4	400. 72176	95	3. 3965	1
万历四十年	502. 50186	36. 5731	7	452. 45096	90	13. 4778	3

通过隆庆六年至崇祯十五年朱学源户土地所有总表（表49）可以看出，在这一时期，朱学源户的土地所有呈快速增长的趋势。该户在隆庆六年（1572）田地山塘总计为200余亩，至万历四十年（1612）增长到500余亩，到崇祯十五年（1642）已达800余亩。购买土地是其增加田土的主要手段。根据黄册底籍及朱学源户册底的有关记载，可以了解到这一时期朱学源户的土地买卖情况。请看表51。

表51　隆庆六年至崇祯十五年（1572—1642）朱学源户土地买卖表　单位：税亩

类别		隆庆六至万历十年	万历十一至万历二十年	万历二十一至万历三十年	万历三十一至万历四十年	万历四十一至天启四年	天启五至崇祯五年	崇祯六至崇祯十五年
买入田土	总计	42.8645	41.8046	104.33136	99.73895	130.4518	174.85065	150.07532
	田	30.5725	29.896	69.852	79.9776	105.53373	130.3578	96.6677
	地	2.578	8.3396	15.25282	10.87995	18.12827	25.4716	26.2955
	山	9.714	3.508	19.01952	8.467	6.7898	18.9555	26.80332
	塘		0.061	0.20702	0.4144		0.06575	0.3088
卖出田土	总计	3.891	8.945	20.912	18.16793	27.776	111.01735	22.5175
	田	1.914	3.747	20.485	14.5285	21.9344	92.3676	
	地	1.327	1.373	0.397	1.85408	4.7946	10.44775	
	山	0.65	3.825	0.03	1.78535	1.047	8.202	
增额田土	原额	221.116	305.0825	337.514	420.93066	502.50186	605.1482	675.4688
	增额	38.9735	32.8597	83.41936	81.57102	102.6758	63.8333	127.55782
	%	18	11	25	19	20	11	19

从表51可以看出，朱学源户在土地买卖方面的交易极为活跃，相当频繁，交易量亦十分可观。自万历二十年以后，该户进行土地买卖的次数平均每年都在10次以上，交易量亦在10亩以上。其中在天启五年至崇祯

五年（1625—1632）这八年间，买入田土达174.85065亩，卖出田土达111.01735亩，交易总量达285.868亩，占其当时土地所有的近一半。然而，从表中亦可看出，朱学源户买入田土的数量都大大高于卖出田土的数量，其土地买卖交易仍属于积累贮财的性质，并非是把土地作为一种商品而进行交易的。关于朱学源户购买土地的资金来源，有关文书中并无明确记载，尚不十分清楚。但在《万历至崇祯二十七都五图三甲朱学源户册底》中，发现有下列文字记载："此系父众田，凭亲叔三位，扒还补元成潘行店二十年起二十四年冬止客身银帐。"（按："二十年起二十四年冬止"系指万历年间）这证明，朱学源户家族之中有人在外从事商业活动。而徽州商人在外经商所赚的钱，多用于回乡置买田宅。购买土地是当时徽商资本的主要去向之一。前已指出，朱学源户的土地所有，在明末的一段时间内呈快速增长的趋势。联系到这一点，我们有理由推测，朱学源户购买土地的资金来源，当与其家族中有人从事商业活动有关。

那么，从朱学源户的土地所有数量来看，其在当时的乡村中处于什么样的地位呢？据前文介绍的有关二十七都五图的几种文书所提供的资料，朱学源户的所有田土数额，一直属于二十七都五图中占有土地最多的几个大户之列。例如，在万历九年清丈归户册中，朱学源户所有田土的总额为305.6265亩，当时二十七都五图全图业户所有田土总额为3195.8686亩，朱学源户所有田土数量约占10%。当时该图共有143户，其中田产全无者有33户，多数业户的土地所有在20亩以下，所有土地超过百亩者仅有5户，朱学源户在其中居第二位。至万历三十年（1602）朱学源户的土地所有总额达420.93066亩，在全图已居第一位。当时全图业户所有田土总额为3385.14053亩，朱学源户所有田土数量已占全图的12%。此后，朱学源户所有的田土总额一直居于全图之首。到崇祯十五年（1642），其所有田土总额已达803.2962亩。明清时代拥有这一数字土地的业户，在山多田少的徽州地区已不用说，就是在江南乃至其他地区，亦当属于少数占有土地较多的大户了。

关于朱学源户的社会身份，查当时所修《新安休宁名族志》等，不见有关朱学源户的任何记载，可知其并不属于徽州的世家大族之列。目前，亦未找到有关朱学源户的其他文献记载。所以根据前述文书档案上所载有关朱学源户的资料（上户、里长、匠户）判断，其当是明末清初江南地区一户拥有土地较多的大户庶民地主。

四　朱学源户的子户构成情况与其经济结构

　　一个拥有百口以上人口、八百余亩土地的大户，其人户构成是怎样的呢？其土地所有的具体形态又如何呢？

　　从遗留下来的文书档案上看，在黄册这类明代的官府册籍上，朱学源户一直只作为一户登记在册。但实际上，其户下早已分居，分成了许多独立的人户，朱学源户实际上是由许多独立的子户而构成的，朱学源户即是代表这些子户的一个总户名称。关于朱学源户的子户构成情况，从《万历至崇祯二十七都五图三甲朱学源户册底》的记载中可以比较清楚地看出来。前已叙及，该册所载内容乃是将朱学源户的通户税粮，按田亩分摊于其下各人户的一种税粮归户册，实为一种将总户税粮落实到子户的归户实征册。现将万历四十年清理朱学源户下各子户名及其负担税粮列表如下。

表52　　　　　　　　**万历四十年清理朱学源户子户税粮表**　　　　　单位：石

通户税粮：麦 9.6211　米 21.6368

子户名		乾　成	奇　成	广　成	贞　明	启明兄弟
税　粮	麦	1.57859	0.33926	0.624208	0.54925	0.27045
	米	3.4017	0.81301	〔缺〕	1.27232	〔缺〕

子户名		和成叔侄	端　务	积　强	春　成	夏　成
税　粮	麦	0.854335	0.04421	0.45914	0.434045	0.86803
	米	1.888181	0.09286	1.016475	1.03688	2.10669

子户名		涌　成	汲　成	冬　成	元　成	滔　成
税　粮	麦	0.09029	0.28978	0.12084	0.252422	0.04729
	米	0.19663	0.69017	0.2(残)	0.56247	0.10743

续表

子户名		涌　成	淳　成	玄　成	定　成	章　成
税粮	麦	0.04729	0.132885	0.10037	0.08624	0.087255
	米	0.10743	0.31802	0.2246	0.1892	0.19947

子户名		元孙兄弟	三元会	尚义会	学　八	廷　杰
税粮	麦	0.311	0.0204	0.0252	0.0716	0.0323
	米	0.6596	0.0509	0.063	0.0965	0.06(残)

子户名		廷　伦	廷　仁	永　寿	文　成	礼　成
税粮	麦	0.0478	0.65704	0.0679	0.03937	0.12753
	米	0.102(残)	1.82343	0.13838	0.0775	0.31261

子户名		稳	文　元	老门众	应成兄弟	六　得
税粮	麦	0.0094	0.00791	0.0454	0.0472	0.006
	米	0.0174	0.01391	0.1133	〔缺〕	0.0115

子户名		道成兄弟	汉	朝　大	庄	员保公
税粮	麦	0.0049	0.0083	0.0342	0.0146	0.0328
	米	0.0075	0.0146	0.065	0.0364	0.0821

子户名		镜　成	仲　旻	十　成	玄　智	正贤兄弟
税粮	麦	0.0661	0.04538	0.0863	0.04059	〔缺〕
	米	0.0994	0.0724	0.11184	0.0616	

子户名		存　麟	正　旸	正　华	存　仁	户　庄
税粮	麦	0.0587	0.0969	0.0129	0.0082	0.0228
	米	0.0976	0.1993	0.0228	0.0128	0.0591

从表52可以看出，作为朱学源户下的税粮子户共有50户之多。其中除去"三元会"、"尚义会"等，当时其户下的子户实际共有40多户。此外，在万历十年、二十年、三十年、四十年二十七都五图的黄册底籍中，朱学源户的新收、开除项中所记各笔田土买卖之下，亦多注有其子户名称。例如，在万历十年的黄册底籍中即分别注有"密"、"昆"、"鳌"、"列"、"昭"、"自成"、"儒"、"岳房"、"积房"、"楹房"等；在万历二十年的黄册底籍中则分别注有"昆"、"永寿"、"涌成"、"岳"、"积"、"汲成"、"奇成"、"广成"、"春成"、"密"、"盛"、"贵"、"富"、"鳌"、"列"、"团"、"容"、"良成"、"存仁"、"顺户"、"高"、"长成"、"爵"等。可见，朱学源户下分成众多子户的情况由来已久。

在"崇祯十七年清理朱学源户归户册"中，关于朱学源户子户的记载，则分为"一房"、"二房"、"三房"、"老门"、"源门"、"贵门"六部分，其下共有子户52户。其记载的子户名称是：

一房	观老　继贤　继昌　继蕃　继善　继武　光斗兄弟　光时　光林　启明　光科　和成　宗元
二房	朝臣　正茂　正美　正道　正芳　冬成　元成　朝选　朝英　朝宣　淳成　朝士房兄弟　涵成　玉成　朝聘
三房	章成　光鲤　光霍
老门	桂成兄弟　廷仁　思成　瑞成　朝纲　道成　计成　九郎　四成　嘉祥兄弟　朝大　员保公
源门	钜成　锡成　光超　十成
贵门	正光兄弟　正贤　正旸　正华　正春

以下，仅据现存文书档案中的有关资料，将万历四十年朱学源户下子户的世系关系整理如次：

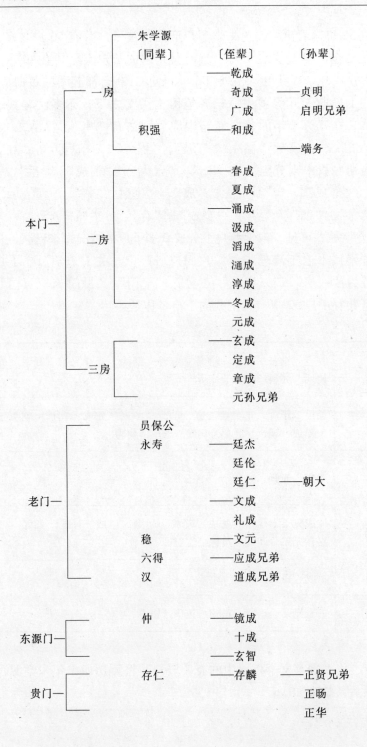

由此不难看出，朱学源户下的所属子户，从宗族的系统来说，包含有本族几个世代的不同门、房，不同辈分，在封建宗法制度之中他们之间是一种隶属关系，其各自所处的地位显然不同。然而，各个子户之间在经济上却是独立的。他们各自都有数量不等的财产。其对自己的财产均拥有所有权。以田产而言，既占有自己田产上的地租，同时又负担应缴纳的税粮。作为各个子户对自己的田产拥有所有权的一个重要证据，即是子户对自己的田产有权买卖。当田产发生转移或交换之际，不但子户与外户之间是一种买卖关系，本户各子户之间亦是同前者完全相同的一种买卖关系。《万历至崇祯二十七都五图三甲朱学源户册底》中的有关记载即是证明。该册不但记载了朱学源户下各个子户按其所有田亩应负担的税粮（如表52所示），在其新收和开除项下，还有各子户与外户之间、以及本户下各子户之间的各笔田土买卖的记录。有关朱学源户各子户所进行的田土交易关系情况，请看表53。

表53　　　　　万历至崇祯朱学源户子户田土交易关系表

年 份 ＼ 类 别	交易总件数	本　图				本 都 他 图			他 都 他 图		
		件数	子户间	同姓间	异姓间	件数	同姓间	异姓间	件数	同姓间	异姓间
万历四十年清理	279	120	66	6	48	154	95	59	5		5
天启四年清理	302	159	127	12	20	139	95	44	4		4
崇祯六年清理	287	140	102	2	36	140	102	38	7		7
崇祯十七年清理	191	59	26	3	30	92	47	45	40	7	33

从表53的统计中可以看出，朱学源户下各子户所进行的田土交易，范围相当广泛，次数亦颇为可观。既与本图间的业户有交易，也与本都他图、乃至他都他图间的业户有交易。而从其与异姓之间的交易次数来看，应该说，当时的土地交易已经打破了宗族之间的界限。但另一方面值得注意的是，除了子户之间的交易外，在其与外户之间的交易之中，同姓之间的交易亦占相当大的比例。当然同姓之间并非都是亲族关系，但显然其中至少有一部分是存在亲族关系的。这说明，尽管在明清时代有关田宅交易的官府的法律条文上，已经没有亲族优先的规定了，但在当时实际的田土

交易中，宗族关系的影响在某种程度上仍然是存在的。

尤其值得注意的是，朱学源户下各子户相互之间存在着大量的田土交易这一事实。其各个子户之间，即，不但是在不同的门房之间，在本门、本房之间，乃至兄弟叔侄之间，都有数量颇多的田土买卖交易。例如，在"万历四十年清理朱学源户归户册"中，其子户乾成户下即记有："万历四十三年买本户朱朝大山税六厘"，"万历四十五年卖与本门章成地税一厘一毫一丝"；奇成户下记有："万历年卖与弟广成地四步"；贞明户下记有："万历年买叔乾成田税一亩二分八厘九毫"；存麟户下记有，万历四十三年"买侄正洪地税五厘"，等等。这些发生在各子户之间的每一笔买卖交易，与其同外户之间的田土交易一样，买方记于新收项下，卖方记于开除项下，推收明白，过割清楚，并且是与同外户之间的交易混杂记载在一起的，说明其性质相同。

子户之间在土地方面所发生的经济关系，除了买卖之外，还有兑换等形式。例如，在"万历四十年清理朱学源户归户册"中，广成户的开除项下记有："兑换与和成地十步，税四厘"；在"天启四年清理本户朱学源户下派各人归户册籍"中，汲成户新收项下记有："万历四十八年买兑朝聘地五步三厘，税二厘一毫"；同户开除项下记有："万历四十八年兑与朝聘地五步三厘，税二厘一毫"，等等。这种兑换，与当时发生在异姓两户之间所进行的田土兑换（或称对换）一样，亦是一种等价交换，与买卖的性质是相同的。

大户之下众多的子户是如何形成的呢？从经济上说，显然它是在家产继承时实行诸子均分制的结果。中国封建社会长期以来一直实行诸子均分制，这一制度的核心是，父亲遗传家庭财产时，按其所有儿子（实则按宗族房分）平均分配。这样，每一个儿子都能承继一份遗产，为其自立门户提供了经济基础。大户之下众多子户的形成，正是在这种诸子均分制的原则之下，对家产长时间地一分再分的结果。在《万历至崇祯二十七都五图三甲朱学源户册底》中，不少子户之下，除了有关土地买卖、兑换的记载之外，还有关于田土"扒分"（"扒与"或"扒入"）的记录。例如，在"万历四十年清理朱学源户归户册"中，玄成、定成、章成各户名下都分别记有"加梧名下扒入：麦三升九合七勺、米八升八合三勺"；而在梧户名下则记有"旧管：麦一斗一升九合、米二斗六升四合九勺。已入过玄、定、章名下讫。"显然，这里所说扒分，即是指按诸子均分制的原则承继遗产这种经济行为。

在《万历四十年清理朱学源户归户册》中，还记载了这样一个事例：

> 积兴公
> 　　旧管　麦一斗二升五合二勺　米二斗（下残）
> 　　入春成名下　麦三升一合三勺　米六升九合七勺五
> 　　入夏成名下　麦三升一合三勺　米六升九合七勺五
> 　　入涌众名下　麦六升二合六勺　米一斗三升九合五勺
> 　　　　万历四十四年正月扒入各名下讫

而在"涌众"名下则记有：

> ……万历四十四年正月积名下扒入
> 　　麦六升二合六勺　米一斗三升九合五勺
> 　　实在　麦二斗三升六合四勺六　米五斗三升七合一勺四
> 　　作五分派每人该
> 　　麦四升七合二勺九　米一斗七合四勺三
> 　　入涌、汲、淳、滔、涵各名下讫

又在"涌成"、"汲成"、"淳成"、"滔成"、"涵成"各户名下分别记有：

> 　　父扒分入名下　麦四升七合二勺九　米一斗七合四勺三

这个事例表明，对积兴公的遗产，先是作二份均分，春成、夏成合得一份，涌众合得一份。然后，每份又各自按其下户头再次均分。这即是按诸子均分制的原则一分再分的一个事例。

从中还可看出，在这一分配之中，最后春成、夏成每人所得与涌成兄弟等人各自所得是不同的。诸子均分制虽然实行平均分配的原则，但由于遗产数额及弟兄人数多少不同，特别是由于分析后的子户在经济上独立经营，对其土地财产具有所有权，可自由买卖，因而形成子户间的经济水平并不相同。朱学源户下各子户负担税粮的数额很不相同。按其负担税粮的数额换算，税粮最多的一户子户"乾成"，占有土地80亩左右，其余一般多在 10 亩左右，少者尚不足一亩。多少相差几十倍，甚至百倍以上。此即证明，其下各子户所拥有的田产大不相同。由于各自的经营状况不同，特别是由于子孙繁衍，一分再分，加上其他种种原因，一些子户的经济水平不断下降；而其中有的子户则又有可能向上发展，经济水平要超过原来的总户。子户间的两极分化是不可避免的。

海瑞在《金大户申文》中说："黄册田从实报，丁多隐匿，多是合众人之田注于户首一人之下。查照黄册金取，则当事者亦必照其户内之田均派众人。是贫而田少者亦与大户之列。"① 这里所言即是在田多的大户之中，亦有"贫而田少者"。天启《休宁县官解赋役全书》载："其军匠户例不许拆，虽丁多粮广，其户内有贫丁，仅升合之粮者，惟其该户自蕭。"②

另一方面，在作为一个包含众多子户的大户之中，又或多或少总是存在一些"族产"、"众产"、"共业"等，这是一些原则上不分或暂时未分的产业。这种户内的共同产业，即"族产"，大致有以下几种类型：

第一是属于全户族众共有的，如本户（指总户）的宗祠产业、茔基地、清明会，以及属于本户的学田、义田、庄田等。朱学源户下所出现的有关"户庄"的记载，当属此类性质。此外，作为一个包含有若干大户的大姓宗族，亦往往拥有一些属于本姓各大户共同所有的产业，如统宗祠、先茔基地以及有关的学田、义田等，其中属于某一大户所有的部分，亦为该户族众共同所有。

第二是属于本户下某门某房所有的共有产业，即全户所有这一层次之下其他不同层次所有的共同产业，如朱学源户册底中所记载的一房"尚义会"、"三元会"、"聚英会"，二房"子弟会"，"老门清明会"，即是这方面的例子。

第三则是属于户内不同层次暂时未分的众业，这种情况多是原属父辈或祖辈名下某一子户的产业，因其去世等原因，成为遗产，为其下子孙众人所有，尚未析分，但其归属是明确的，故称某某众业，与某某共业、均业等。如朱学源户册底中记载的"朝宣众"、"继贤众"、"嘉祥众"、"老门众"，以及"此四号与冬成、正美三人均业，三股之一""四号与叔冬

① 《海瑞集》上编，《淳安知县时期》。
② 《休宁县赋役官解全书·官解复详》。

成、元成共业，合得三股之一"等，即是此类情况。

总的看来，这种族产呈现出多层次、多分支的内部结构①。值得注意的是，这种为宗族不同层次众人共同所有的各种形式的产业，或称宗族所有制，其与一般子户所有固然有所不同，但它在许多场合下，也是作为大户之下的一种子户而存在的。它像一般子户那样，采取独立的经营方式。当它与其他子户发生经济关系时，相互间也多是常见的买卖关系。在朱学源户册底中即可见到不少一般子户与宗祠、清明会相互买卖田土的记载。族产仍然属于私有制经济范围之内。

总之，在诸子均分制的原则之下，形成了经济上各自独立的众多的子户；在此基础之上，同时存在多层次、多分支的宗族所有制。这就是明清时代像朱学源户这样析产而未分户的大户的经济结构。

五 中国封建社会析产分户诸形态

在中国封建社会里，一家一户，既是宗族组织的基本单位，又是封建经济的一种基本经营单位。从户的经济形态与管理方式来说，大致有以下三种情况。

一是累世同居共财。

在中国封建社会的各个朝代，都存在着拥有众多人口和土地而又几世"共爨"（未分居），即累世同居共财的大家庭。其中有历十世，人口至千人以上者。最著名的要数北魏至唐代的郓州张氏，唐初张公艺为其家长时，已是九世同居。其事迹一直为后世统治者所称道，被奉为楷模。又如从唐至宋江西德安陈氏，累世同居，至宋"开宝之末，计口七百四一，咸平三年增至一千四百七十八口"②。宋元明时期又有浙东浦江郑氏以"义居"闻名于世，嘉靖《浦江志略》载："自建炎初迄今，已历十世，逾二百五十春秋矣。"③徽州历史上亦不乏此类事例。《新安名族志》载，鲍姓家族在东晋时，安国、安民等兄弟十人"亲属三百口共爨，时人义之，号

---

① 请参阅郑振满《试论闽北乡族地主经济的形态与结构》，《中国社会经济史研究》1985 年第 4 期；周绍泉：《明清徽州祁门善和程氏仁山门族产研究》，《谱牒学研究》第二辑，1991 年。

② 嘉靖《九江府志》卷一六，《诗文志》。

③ 嘉靖《浦江志略》卷二，《民物志·风俗》。

其居曰十安堂"①。又如黄氏，在宋代曾"五世同爨，邑里义之"②，等等。这种累世同居的大家庭的基本特点是，在家族内实行公有制，土地及其他财产，均为家庭全体成员共有，"无私财无私蓄"③；分配上实行平均主义；生活上同爨合食，吃大锅饭；并各有一套严格的封建家长式的管理制度。

二是析产分户。

明清之际大思想家顾炎武在《日知录·分居》一节中，辑录了不少前人有关析产分户的论述，其中说："（南朝）宋孝建中，中军府录事参军周殷启曰，今士大夫父母在而兄弟异居，计十家而七；庶人父子殊产，八家而五。""（北宋）陈氏《礼书》言，周之盛时，宗族之法行，故得以此系民，而民不散。及秦用商君之法，富民有子则分居，贫民有子则出赘。由是其流及上，虽王公大人亦莫知有敬宗之道，浸淫后世，习以为俗。而时君所以统驭之者，特服纪之律而已。间有纠合宗族一再传而不散者，则人异之，以为义门。"又说："乃今之江南，犹多此俗（指父子异居），人家儿子娶妇，则求分异，而老成之士有谓二女同居，易生嫌兢式好之道，莫如分爨者"④。

明中叶大臣、文人程敏政说；"东南之人，虽大家巨室，以析产为故常。然亦有析产而相睦者，要以为难也。析产之余相斗讼，至于老而不相能者，亦往往有之。"⑤ 又说："夫徽州之讼虽曰繁，然争之大要有三，曰田，曰坟，曰继。……田者，世业之所守；坟者，先体之所藏；继者，宗法之所系，虽其间不能不出于有我之私，然亦有理势之所不可已者。"⑥《皇明条法事类纂》载，成化时山东地方，"各处刁徒，捷行词讼，搅扰官府，欺诈良善，不得安生。原其所由，多因争分家财田地等项细数，遂成大狱"⑦。

析产分户的根本原则是诸子均分制。即，对父辈所遗祖产，按兄弟人数平均分配，各得一份。析分后的土地和财产归个人所有，独立门户，自主经营，可以买卖。诸子均分制在形式上平均分配，而实质是建立在私有

---

① 《新安名族志》前集，《鲍姓》。
② 《新安名族志》前集，《黄姓》。
③ 《黟县三志》卷一五，《艺文志·人物类》。
④ 《日知录集释》卷一三，《分居》。
⑤ 《篁墩文集》卷一七，《记·翕乐堂记》。
⑥ 《篁墩文集》卷二七，《序·赠推府李君之任徽州序》。
⑦ 《皇明条法事类纂》卷一二，《逃避差役·分定家产重告者立案不行例》。

制基础之上的。其与累世同居共财的根本不同之处，是实行私有制。

三是析产而未分户。

所谓析产而未分户者，从根本上可以说是属于析产分户当中的一个类型。一户之下主要田宅财产，已按诸子均分制的原则进行了分析，形成众多子户，各子户间在经济上是独立的，自主经营。但其并未正式分户，在官府册籍上仍作一户登记在册；又，在这种析产而未分户的家庭中，往往还保存一定数量的共业族产。这是其与一般析产分户的主要区别。上文所例举的朱学源户，作为一个大户其下包含众多子户的情况，即属于析产而未正式分户这种类型。从文献记载来看，析产而未分户这种情况也是由来已久的。《魏书·裴植传》云："植虽自州送禄奉母，及赡诸弟，而各别资财，同居异爨，一门数灶，盖亦染江南之俗也。"① 从这里所言"同居异爨"等情况，不难看出，其当属析产而未分户这种类型。在遗存的元代文书中，亦载有此种情况。如安徽省博物馆藏《泰定三年祁门谢智甫兄弟合同文书》中称：

> 十都谢智甫同弟谢和甫并堂弟谢章甫，共承祖户谢显叔户，在户总计金、民、弓手税钱三十四贯一百二十五文六分二厘，元作一户同共供解。今来智甫兄弟思之，为是各人名下税钱多寡不等，又兼弟兄分籍众多，彼此供解不便，今商议情愿将祖户谢显叔户分作二户。其间金户自作一户，弓手自作一户，外余民税，二户登答收割入户供解。②

这是元代谢智甫兄弟所立的一份正式析户合同文书。其分户原因，"为是各人名下税钱多寡不等，又兼弟兄分籍众多，彼此供解不便"，显然，其在此之前，早已析产，只是未正式分户而已。而同一户所立《泰定二年祁门谢利仁兄弟分家合同》之文书③，同样亦可证实这一点。该文书为标分屋基地文书，其中有"自有元标富、贵二帐可照"等语，可见该户早已析产，但并未分户，只是到泰定三年（1326）才正式分户。而从"弟兄分籍

① 《魏书》卷七一，《裴植传》。
② 安徽省博物馆藏 2：26604 号。
③ 《徽州千年契约文书》宋元明编第一卷。

众多"的说法来看，其在分成两户以后，各户之下无疑还包含着不少业已分籍的子户，仍属析产而未分户的情况。

　　析产而未分户的子户又有称户丁者。叶春及说："力役出于力也，故身有役，为里正，为乡老，为甲首，为户丁。"① 这里所言户丁，实即指大户之下的子户。徽州地区亦有此类说法。如徽州文书中遗存的《崇祯十年吴世顺本户推收票》②，其文如下：

本　户　推　收　票

　　二十三都九图遵奉部院事例，蒙县主爷佥点攒造黄册实征事，据图内一甲吴大兴户丁一户世顺，一收万字一千〇四十九号，土名赤山脚，一则山税二厘整，于十年五月买到本户吴世崑户丁瑞雄。

	麦		米	
		里	黄时化	
崇祯十年九月	日	册书	吴　翔	
		算	胡同伦	
验印契尾	字	号		
契□银				

　　该文书为一大户之下的户丁，即子户间相互买卖田土的推收票。文书原名称"本户推收票"，并系雕版印刷。为土地买卖推收事，一个户竟自己专门印制了"本户推收票"，说明该户人口众多，土地赀财雄厚，无疑乃属一个包含有众多子户的大户。从其"吴大兴户丁一户世顺"的文字中，可明确看出，户丁二字在这里并不是指单独个人，而是指一户，即大户之下的子户而言的。

　　大户之下的子户又有称"门"、"房"者。明中叶大臣胡世宁疏言四川地方政情时说："大户门多，而巧于欺隐；小户丁绝，而不与开除。……其大户或十数姓相冒合籍，而分门百十家，其所报人户不过十数；小户或二三门，或单门，先因无钱使用，人丁已尽报册，后或死亡，或败绝，而里书以其无新丁替补，不与开除。……今拟令有司拘各里书，并各户长到

　　① 《石洞集》卷三，《惠安政书二》。
　　② 《徽州千年契约文书》宋元明编第四卷。

官，各另实报本户门数。其有父子同居各爨者，止报一门；其若父老不主家事，而兄弟分居，又各有子者，各报一门。"又说："盖各户分门，又各贫富不同。故虽大户，亦有下门；虽小户，亦有上门也。"①

总之，这种析产而未分户的情况在当时亦是相当普遍的。因此，我们在探究中国封建社会地主大户的自身经济形态时，对此不能不加以注意。

六　析产分户的经济根源与普遍性

在中国封建社会里，人口众多而又累世同居的大家庭，既受到封建统治者的大力旌表，又为一般百姓所仰慕。然而，自秦以后，这种累世不分居的大家庭，历朝历代毕竟是少数。所以，它多是以个别现象出现在文献记载上。而一般家庭，乃至大户，当人口众多之际，弟兄遂实行分居，其土地财产即按诸子均分制的原则而被分割。这是普遍现象。何以如此呢？若加以探究，就会发现在其背后有着深刻的社会经济根源。

在有关上述北魏至唐代张氏九世同居的事迹中，史书上记载了这样一则故事：唐"高宗有事泰山，路过郓州，亲幸其宅，问其义由。其人请纸笔，但书百余'忍'字。高宗为之流涕，赐以缣帛"②。可见在这种累世同居的大家庭中，要包含多少难以克服的矛盾。《日知录集释》中亦说："每见义居之家，交争相疾，甚于路人，则甚美反成不美。"③

一般凡是所谓大户，不但数代同堂，人丁繁盛，而且多占有大量土地，少则几百亩，多则千亩以上。那么这些土地的分布是怎样一种形态呢？众所周知，封建时代的经济是建立在以一家一户为单位的分散的个体的小生产的基础之上，这样，田土地段的被分割则不可避免。特别是在中国封建社会里，长期以来由于土地可以买卖等原因，土地所有权的流动变化很大。而随着人口增长，土地被分割的现象日益严重。这样，各个土地所有者的土地并非各自连成一片，而是互相交织，呈现犬牙交错的状态。至明清时代，尤其是在江南一带，这种情况更为突出。"住此图者，多兼业彼图田；住城郭者，多兼业各图田，即田不过数十亩，亦多分散四乡各

---

① 《明经世文编》卷一三四，《胡端敏公奏议二》。
② 《旧唐书》卷一八八，《张公艺传》。
③ 《日知录集释》卷一三，《分居》。

图者。"① 以朱学源户崇祯十五年所有土地为例，通户共有田土 803.22962 亩，据统计，这八百余亩土地分散在 1259 块鱼鳞字号地段上，分布地区涉及三个都九个图。请看表 54。

表 54　　　　　　　崇祯十五年朱学源户所有土地地段分布表

鱼鳞字号地段总计：1259 号

都	本 都（二 十 七 都）			二 十 六 都					十一都
图	本图（五图）	一图	三图	一图	二图	三图	四图	五图	三图
鱼鳞字号	得	必	改	效	才	良	知	过	淡
地段号数及%	155	1049	1	5	7	1	1	37	3
	12.3	83.4		4.3					

从表 54 中可看出，当时朱学源户所有田土地段的分布情况是，其在本都本图者很少，仅占百分之十几，而主要是在本都他图，达 80% 以上。总之，土地占有的集中乃是与田土地段的分散结合在一起的。这就给土地占有者，特别是给那些占有土地多的大户，在对土地实行集中统一的经营管理上带来极大的不便。

其次，人口众多也是大户在管理上的一个难题。一个大户的人口，不仅数量多，而且其门派房分、上下亲疏等宗族关系极为复杂。其日常家务之繁剧，固不待言；而经济上租谷钱财的分配，则更为棘手，难免产生种种矛盾。"家务繁剧，难以统理"②；"人众事繁，难以综理"③；"众业经久，内有分法琐碎，人事浩繁，难以清白"④；"子孙众则心志难于合一，房分多则租谷不便于瓜分"⑤，等等，像这类因对土地和人口难于实行集中统一的经营管理，而不得不分析家产的说法，在明清时代的分家阄书上屡

① 《清经世文编》卷三三，《户政八·徭役议》。
② 《徽州千年契约文书》清民国编第八卷，《乾隆黟县胡氏阄书汇录》。
③ 《徽州千年契约文书》宋元明编第一〇卷，《崇祯十七年胡氏立阄书》。
④ 《徽州千年契约文书》宋元明编第五卷，《正统休宁李氏宗祠簿》（按其内容，该文书当题名为《成化二十三年休宁李氏阄书》——笔者）。
⑤ 《徽州千年契约文书》清民国编第四卷，《康熙十一年休宁吴国树等立〈天字阄书〉》。

见不鲜。

问题不止于此。累世同居与析产分户，还不只是一般管理事务上的繁简和方便与否的问题，从根本上说，其乃是直接关系到生产与经营管理上的积极性的大问题。关于这一点，在当时的分关阄书上即有所透露，请看下面两则记载：

> 奇峰郑公佑同侄可继、可成、可嘉四大房人等，原承祖父并续置山场，因人心不一，致山荒芜。今同商议，除先年存留祀山外，其余山场作天、地、人、和品搭均分，以便各人栽养。……①

> 立合同簿人程本和、本初、本良同侄君瑞等，先年承祖赀产，四房已有"天"、"地"、"人"、"和"阄书分析矣。其所存祀产，并祖母吴氏太孺人奉养口食租分及余产业共计五百有零。自祖母于隆庆庚午弃世，嗣后四房轮收，以供祭祀，以备修缉（葺）众厅房屋、坟墓等项，数十年来，恪守无异。近因人事参差，众心不一，祭祀尚供，而修缉（葺）亦废，不肖者因觊觎其间，反至坏乱散失。今众议，祭祀大典必不可缺者，将祖墓前后田地产业立簿众存分租，四房轮收，以备祭祀标挂，及贺节等项额定支费；余产四分，肥瘠均搭阄分，照阄管业。……②

这两则记事，都是讲对共业家产"人心不一"、"众心不一"，以致无法经营下去，因而不得不对其加以分析。它虽然讲的是在部分共业土地上的经营情况，但所反映的却是这样一个时代性的根本问题，即当时在生产上采取"共业"这种经营方式，共业者即使都是同一个家族的成员，最后也是行不通的。因为这种在生产上实行共业，分配上搞平均主义的吃大锅饭的方式，本来是原始氏族公社时代的一种生产经营方式。它是以原始公有制为基础的。而在私有制为主的封建社会里，它就成了一种落后的生产经营方式了。其根本原因是，在私有制度之下，这种吃大锅饭式的共业经营方式，不但不能提高生产经营者的积极性，反而破坏这种积极性。早在中国历史上战国时期所发生的社会经济大变动中，就显示了这种历史发展的趋

---

① 《徽州千年契约文书》宋元明编第八卷，《万历三十二年祁门郑公佑等立〈分山阄单〉》。

② 《徽州千年契约文书》宋元明编第八卷，《万历四十六年程本和等立阄书》。

势。当时的改革家商鞅遂制定了"父子兄弟同室内息者为禁"① 的法令，其后"秦人家富子壮则出分"②，民富国强。当时的思想家们也阐述了其中的道理，"今以众地者，公作则迟，有所匿其力也；分地则速，无所匿迟也。"③ 生产上如此，经营管理上也是如此。所以，从根本上说，析产分户是与封建时代的社会经济发展水平相适应的一种生产经营方式，它的出现与普及乃是历史的必然。正因为如此，析产分户这一历史现象并不限于拥有众多人口和土地的大户，而是广泛存在于封建社会的各个阶层之中。

所以，累世同居、共爨共业式的大家庭，在封建社会里虽然也存在，但却无法普及。大多数人家是"欲效张公之遗风也不可得矣"④。它只是作为前一个时代的残余而存在的。在封建制度确立和发展以后，这种类型的家庭只能是极少数。而析产分户，则是大势所趋，乃为普遍现象。

如上所述，在商鞅变法之后析产分户这一历史发展潮流中，析产分户者，又大致可分为析产后随即分户，和析产后而未正式分户这样两种类型。后一种类型值得注意。

形成析产而未分户这种情况的原因首先与官府的赋役政策有关。封建统治者一方面希望其所控制的人户越多越好，另一方面也认识到应保持现有人户的稳定性，而首要的，则是保持现有各色人户的稳定性。只有这样，才能保证其赋役有稳定的来源。以明王朝为例，其户籍政策是首先强调"民以籍为定"，在原则上官府并不限制一般人户析产分户，但对某些从事专门差役的人户，如军户、匠户即规定不许分籍，主要是防止因分丁析户而规避差徭。如"景泰二年奏准，凡各图人户，有父母俱亡而兄弟多年各爨者；有父母存而兄弟近年各爨者；有先因子幼而招婿，今子长成而婿归宗另爨者；有先无子而乞养异姓子承继，今有亲子而乞养子归宗另爨者；俱准另籍当差。其兄弟各爨者，查照各人户内，如果别无军、匠等项役占规避窒碍，自愿分户者，听；如人丁数少，及有军、匠等项役占窒碍，仍照旧不许分居"⑤。前已叙及，朱学源户本属匠籍，其在明代一直没有正式分籍，是与明代军、匠不许分籍的规定有直接关系。在明代，还可

---

① 《史记》卷六八，《商君列传》。
② 《汉书》卷四八，《贾谊传》。
③ 《吕氏春秋》卷一七，《审分览第五·审分》。
④ 《徽州千年契约文书》清民国编第八卷，《乾隆黟县胡氏阄书汇录》。
⑤ 正德《大明会典》卷二一，《户部六·户口二·攒造黄册》。

找到不少军户这样一直没有分籍的例子。但是，析产而未正式分户的现象，绝非仅限于军户、匠户。即使从上述的引文中亦可看出，所谓"父母俱亡而兄弟多年各爨者"，"父母存而兄弟近年各爨者"等析产而未分户的现象，包括在一般民户之中，实际上其存在也相当广泛。

这里，我们还可以看一下明清时代析产阄书上的有关记载，当时的阄书上一般多写有这样的条文："……其内有不可分析者，共存众业，而门户赋税徭役及家庭庶务、神头社会，俱是三分轮流均管，毋得推捱。"① "其有钱粮，各随业扣，户丁差役并存众坟山等业课赋，三房均派，递年随时解纳，毋得推挨。"② "轮该门户差徭一应钱粮，俱照丁粮均派办纳，各无异说。"③ "其钱粮四房均派完纳，门户四房轮流承值"④ 等等。从这些阄书的记载中可以看出，当时在分析家产时，分析后的子户多不是立即正式立户，各承担新的一户赋役，而是选择轮流承担原户赋役的做法，原户头仍然不变，析产而不正式分户。又，按明代黄册制度规定，一般到大造之年才可正式告明立户。所以，上述情况之中，有的亦可能与明代黄册制度的规定有关。

史籍所载和现存的黄册底籍都表明，明代后期的黄册中登载的户名有"袭用已故者"之弊⑤，这种情况，不惟军、匠，一般民户之中，亦有所见。而至清代，仍有此类现象。前已叙及，在清康熙的编审册中，朱学源仍为户长，那时恐怕他早已故去，即是一例。这主要是为了规避赋役。其结果，自然就产生了析产而不正式分户，一个大户之下拥有众多子户的情况。

到了清初，原属朱学源户下的大多数子户，则正式"告明分析"，另立门户，即告明官府，正式立户。这显然是由于清代已根本不存在军、匠不许分户之类限制的缘故。从《清初二十七都五图三甲编审册》⑥ 的记载中可以看出，自顺治至康熙，由原属朱学源户的子户而正式分出立户的达34 户。其中顺治八年（1651）立户的有22 户：朱正茂、朱华、朱光箕、

①　《徽州千年契约文书》宋元明编第五卷，《嘉靖四十年孙时立阄书》。
②　《徽州千年契约文书》宋元明编第一○卷，《崇祯十七年胡氏立阄书》。
③　《徽州千年契约文书》清民国编第四卷，《康熙三十年鲍廷佐等立〈地字号阄书〉》。
④　《徽州千年契约文书》清民国编第七卷，《乾隆五年休宁汪尔承立分家书》。
⑤　《明世宗实录》卷四八九，嘉靖三十九年十月戊戌条。
⑥　安徽省博物馆藏2：24554 号。

朱正美、朱嘉祉、朱实、朱日有、朱永兴、朱元成、朱冬英、朱朝臣、朱永日、朱正道、朱正芳、朱贤、朱聘、朱朝隆、朱汲成、朱昌善、朱淳士、朱道桂、朱东源；康熙十年（1671）立户的有2户：朱日和、朱森玉；康熙二十年（1681）立户的有4户：朱裕光、朱光祥、朱茂先、朱尊贤；康熙二十五年（1686）立户的有3户：朱有光、朱裕、朱从庭；康熙四十年（1701）立户的有3户：朱宜光、朱永光、朱尊乐。

至清初，朱学源户仍然存在，但从官府的册籍上看，他与业已"告明分析"的原子户之间的关系，已经不是原来那种总户与子户的所属关系了，而是一种平行的各自独立的关系了。清初时期，朱学源户所有的土地一般在200—300亩之间。关于清初朱学源户的土地所有情况请看表55。由于众多子户的分出，其经济实力与以前相比，大大地削弱了。然而，特别值得注意的是，这时的朱学源户仍然是一个包含不少子户的大户，在编审册上有关朱学源户的田土推收记载中，从顺治到康熙时期，与明代黄册底籍同样，都注有不少子户的名字，其中有的标识"本家"字样，有的则标识其他子户的名字。这些子户的名字有："正茂"、"朝士"、"许生"、"元成"、"隆生"、"雷成"、"朝萧"、"阿桑"、"朱阿黄"、"阿汪"、"光谱"、"光诏"、"光鲤"、"朝周"、"光异"、"仲林"、"光诰"、"朝英"、"正仁"、"光璧"、"光时"、"光翼"、"正芳"、"道芳"、"光天"、"清明会"等等。对此，显然不能再用军、匠不许分户的限制来解释了。它表明，析产而不正式分户、大户之下包含众多子户的情况是封建社会里的一种常见现象。

表55　清顺治八年至康熙四十年（1651—1701）编审朱学源户实在土地表

单位：税亩

土地类别	顺治八年	顺治十三年	康熙元年	康熙六年	康熙十年
田	45. 2119	18. 52917	17. 51917	31. 21817	31. 85027
地	131. 0787	130. 8487	130. 70481	130. 71481	130. 22011
山	124. 9621	123. 9823	124. 2363	124. 3263	123. 63
塘	0. 88	0. 88	0. 88	0. 93	0. 93
共折实田		143. 3756	142. 31554	155. 09181	156. 20568

续表

土地类别	康熙二十年	康熙二十五年	康熙三十年	康熙三十五年	康熙四十年
田	41. 84687	39. 21487	40. 75687	38. 62987	36. 71807
地	132. 31531	127. 30551	124. 38331	123. 11531	123. 02521
山	123. 599	122. 49	125. 0023	125. 1223	125. 0523
塘	1. 495	1. 399	1. 399	1. 399	1. 399
共折实田	168. 30595	161. 6374	161. 57626	158. 54	156. 54623

　　形成析产而未正式分户情况的另一个原因，是宗法制度和宗族势力的影响。

　　如前所叙，商鞅变法曾鼓励析产分户。但后世王朝的政策却与其不尽相同。一方面在法律上承认诸子均分制，但另一方面又规定，祖父母、父母在，不许分籍，并大力旌表累世同居的大家庭，等等。这是为什么呢？原来诸子均分制既有积极的一面，又有消极的一面。前已叙及，诸子均分制虽然在分析家产时平均分配，但这一制度实行的结果，却不能保持平均，其后果常常是引起两极分化，破坏家庭的稳定。对这种打乱封建秩序、危及统治基础的一面，封建统治者当然是要全力防止的。特别是到了宋代，在门阀士族制度瓦解、世家大族式的家族组织崩溃以后，封建统治阶级及其思想家们，更是想尽一切办法来维护封建家庭的稳定。他们极力宣扬以尊卑、长幼为主要内容的封建宗法制度，并大力推行建宗祠、置族田、修族谱等一系列举措，加强宗族统治。对已经分析为若干个独立家庭、正式立户者，则实行聚族而居；对虽已分析而尚未正式立户者，即采取分爨同居，利用宗族的力量来尽量维系原有家庭的稳定。通常这类家庭的生活方式是，主要财产已经分析，经济上各自独立，业已"分爨"；而日常出入往来、婚丧嫁娶等一些主要活动，家族成员仍在一起共同生活，即，"爨虽析而堂则共之。故朝夕聚于斯，出入由于斯，宾客燕于斯，冠婚丧祭之礼行于斯，若鲁署焉。肃而不哗，粹而不悖，雍雍有序而不紊。"[①] 这显然是靠封建礼教、宗法制度的一套来维持原有家庭的存在。此外，在这类家庭中，往往还存在相当数量的尚未分析的众业、族产，这是

————————

① 《王源谢氏孟宗谱》卷九，《记》。

宗族势力维系家族成员不散的物质基础。然而，"国有剖符之理，家无不分之势"，"人之分形于兄弟，庸亦理势使然"①，"俗效秦人子壮"②。社会经济的发展规律最终总是起着决定性的作用。随着社会经济的发展和历史的变迁，封建宗法制度和宗族势力对家庭的影响，最后也只不过是"罩在家庭关系上的温情脉脉的面纱"③而已。

马端临曰："盖自秦开阡陌之后，田即为庶人所擅，然亦惟富者、贵者可得之。富者有赀可以买田，贵者有力可以占田，而耕田之夫率属役于富贵者也。"④这里道出了土地兼并与地主制经济形成的两大途径。在中国封建社会里，不时出现少数暴发的拥有良田万顷的大官僚地主，如明清时代的严嵩、董份、和珅等等。但这些大官僚地主在霸占巨额田产的背后，无一不是靠政治权力的支撑。他们一旦离开政治舞台，便立即土崩瓦解。其发也速，其败也快。从了解中国封建社会的经济结构来说，毋宁像朱学源户这样靠买卖土地起家的庶民地主更具有普遍意义。

一个拥有众多人口与土地的大户，在诸子均分制的原则之下，其土地赀产多已分析，而形成了经济上各自独立的众多的子户，但在官府的册籍上仍以原大户一户登记在册。这种析产而未分户的现象至明清时代已相当普遍。其对于阐释传统的大土地所有制和地权分配的概念，揭示在宗族外衣之下所掩盖的阶级关系，乃至理解中国封建社会的特点等等，无疑具有重要意义。

---

① 《徽州千年契约文书》宋元明编第五卷，《嘉靖二十二年歙县余程氏立阄书》。
② 《徽州千年契约文书》宋元明编第五卷，《正统休宁李氏宗祠簿》。
③ 《马克思恩格斯选集》第一卷，人民出版社 1972 年版，第 254 页。
④ 《文献通考》卷二，《田赋二》。

第十二章　明清农村经济结构

明清时期，农村各阶层的一般土地占有量为多少？当时农村的经济结构如何？封建国家、地主、农民三者之间的关系又是怎样的？由于史料的限制，以上均是一些较难回答的问题，但又是明清社会经济史研究中不能回避的问题。以下据文献记载与有关文书档案，试对这些问题作一概略考察。

一　明清农村各阶层一般土地占有量

欲了解明清农村各阶层的一般土地占有量，首先须知当时一个农夫，按一般情况，每年所能耕种的土地是多少。而对这一问题的考察，又不能不注意时代、地区、人口密度、农业生产率等诸项因素的作用和影响，必须因时因地作具体分析。

先看一下明代江南地区的情况。

明初朱元璋为了恢复和发展农业生产，曾在一些地方采取了计丁授田的政策。宣德八年（1433）江南巡抚周忱曾说："忱尝以太仓一城之户口考之，洪武年间现丁授田十六亩。"① 苏州知府况钟在宣德七年（1432）亦说："查得太仓卫原拨屯军自来不立屯所，每军受田一十二亩或十五亩，俱各星散不一，地方离隔三五里者，有八九里者，军无钳束，官得自由。"② 这里所说虽是军屯，但就其耕种方式来说，已与民田耕作无异。从这两条记载可以看出，洪武时江南地区一个农夫的耕作量一般是在 15 亩左右。又，《皇明世法录》载："正统十三年，令各处寺观僧道，除洪武年

---

① 《明经世文编》卷二二，《王周二公疏·与行在户部诸公书》。
② 《况太守集》卷八，《兴革利弊奏疏·请军田仍照例民佃奏》。

间置买田土，其有续置者，悉令各州县有司查照散还于民。若废弛寺观遗下田庄，令各该府州县踏勘，悉拨与招还无业及丁多田少之民，每户男子二十亩，三丁以上者三十亩。"① 由此可知，当时具有一至二丁的一般农户，其耕作量当在 20 亩左右，平均每丁耕种田地十余亩。

万历扬州府《通州志》载：

> 顷以病归，偃息紫微园中，得与农夫往来垄上，间至其家，见其服食器用，然后知其疾苦事焉。盖一夫一妇，大约种田五千步。五千步者，古之二十亩也。以一岁之所费，则自菑秧耰草，至于获稻，每用十余人，则有东阡西陌比屋之家，相与合作，不足，则庸之有余力者。又时时修其沟洫，备其耒耜，饭牛车水，所费亦不赀焉。以一岁之所入，则每田一亩，丰年得谷三石，次则二石，又次之则一石而已。主人得其十六，农得其十四焉。以一岁之所入，校一岁之所费，农夫之四已费其一矣，而况不止于一也。……②

这里所讲，为明代后期长江下游地区一夫一妇佃农之家的耕作量，大约为 20 亩。其中言明农忙时节，还需邻里协助，或雇短工；又从其修沟洫，备耒耜，饭牛车水等作业之中，可知这是一户备有农具、耕牛和水车等的上农户。即是说，江南地区一夫一妇的上农户最多可耕种 20 亩左右，而一般农户一人就只能耕种十余亩了。

《天下郡国利病书》引《义乌县志》载：

> 夫数口之家，一人瞵耒而耕，不过十亩。中田之获，卒岁之收，不过亩四石。妻子老弱仰而食之，时有潦旱灾害之患，而征赋兵革之烦费，频岁无休时。故富者鲜什百人之生，而贫者多不赓本之事，逃绝弃业者往往而是。③

崇祯《乌程县志》载：

---

① 《皇明世法录》卷三九，《田土·勋戚寺观田土》。
② 万历《通州志》卷二，《疆域志·风俗》。
③ 《天下郡国利病书》原编第二二册，《浙江》下，引《义乌县志·田赋书》。

以一夫十亩之家论之，一夫终岁勤动可耕十亩。一亩米二石亦称有年，计为米二十石。一夫食用可五石而赢，粪其田可四石而赢，盖所存止十石矣。实征米银正税，亩可六斗而办，止余米四石耳。而妻孥之待哺，衣缕之盖形，皆取资焉。又将别立役银等项各色以困之。①

明末清初人张履祥在《补农书》中说：

吾里田地，上农夫一人止能治十亩。故田多者则佃人耕植，而收其租。又人稠地密，不易得田，故贫者赁田以耕，亦其势也。②

以上这些记载均表明，明代后期江南地区，一个农夫所能耕种的土地，一般在十亩左右。同时告诉我们，占有十亩左右的土地，只可勉强维持数口之家的生活，稍有天灾人祸，赋役加派等，即致破产。即，十亩土地，乃是当时作为一个自耕农占有土地的最低标准。

明代北方一个农夫的一般耕种量又如何呢？

《明太祖实录》载，洪武三年六月，"济南府知府陈修及司农官上言：'北方郡县近城之地多荒芜，宜召乡民无田者垦辟。户率十五亩，又给地二亩与之种蔬，有余力者不限顷亩。皆免三年租税。……'从之。"③ 这里所言为一户垦田的数字，耕种熟田的数量当多于15亩。《国朝典汇》载：

（洪武）二十八年二月，山东布政司言青、兖、济南、登、莱五府，民稠地狭，东昌则地广民稀，乞令五府之民，五丁以上田不及一顷，十丁以上田不及二顷，十五丁以上田不及三顷，并小民无田耕者，皆令分丁就东昌开垦闲田，庶民食可足。上可其奏，命户部行之。④

从这一记载可以看出，北方每丁耕种田地至少为 20 亩左右，才可"足食"。《皇明世法录》载："弘治二年，令顺天等六府入官田地，俱拨与附

① 崇祯《乌程县志》卷三，《赋役》。
② 《杨园先生全集》卷五〇，《补农书（下）·总论·佃户》。
③ 《明太祖实录》卷五三，洪武三年六月丁丑条。
④ 《国朝典汇》卷八九，《户部三·户口》。

近无田小民耕种起科，每名不过三十亩。"① 嘉靖《隆庆志》载：

> 本州田之附郭者，原是荆棘之区，始赵尚书授田之时，民多难
> 之，愿受其远于城郭有蒿莱而易耕者。赵公婉以谕民，民始受之。间
> 有正数之外，授之三亩，使艺菜者。公之心惟欲迁民之安其业而已。
> 其地每户五十亩，科米亩五升，而菜地而不与焉。②

该记载表明，在北方一些土地贫瘠、粗放经营的地区，一般人耕土地与每
户占有土地的数量，都要更多一些。

至清代，关于江南地区人耕十亩的记载颇为不少，说明其更具有普遍
性。方苞说："金陵上田十亩，一夫率家众力耕，丰年获稻不过三十余
石。"③ 张海珊说："今苏松土狭人稠，一夫耕不能十亩。"④ 章谦说；"假
如一人买田百亩，其佃种者必有七八户。工本大者不能过二十亩，为上
户。能十二三亩者，为中户。但能四五亩者，为下户。"⑤ 等等。

综上所述，明清时代江南地区，一个农夫所能耕种的土地，一般是在
10 亩左右。明中期以前，则要高于这一数字；明后期至清代，人耕 10 亩
的情况较为普遍。而在北方，一个农夫所能耕种的土地，一般在 20 亩左
右。当然，这些均是就一般情况而言。即使在同一地区，因耕地肥瘠等情
况不同，其耕种量亦不尽相同，乃不言而喻。何良俊所言可谓典型之例：

> 盖各处之田虽有肥瘠不同，然未有如松江之高下悬绝者。夫东西
> 两乡，不但土有肥瘠，西乡田低水平，易于车戽，夫妻二人可种二十
> 五亩，稍勤者可至三十亩。且土肥获多，每亩收三石者不论，只说收
> 二石五斗，每岁可得米七八十石矣，故取租有一石六七斗者。东乡田
> 高岸陡，车皆直竖，无异于汲水，稍不到，苗尽槁死。每遇旱岁，车
> 声彻底不休。夫妻二人极力耕种，止可五亩。若年岁丰熟，每亩收一
> 石五斗，故取租多者八斗，少者只黄豆四五斗耳。农夫终岁勤动，还

---

① 《皇明世法录》卷三九，《田土·召佃拨种地土》。
② 嘉靖《隆庆志》卷三，《食货·财赋》。
③ 《方望溪全集》卷一七，《家训·甲辰示道希兄弟》。
④ 《清经世文编》卷四三，《户政一八·甲子救荒私议》。
⑤ 《清经世文编》卷三九，《户政一四·备荒通论上》。

租之后，不毂（够）二三月饭米。即望来岁麦熟，以为种田资本，至夏中只吃麄（粗）麦粥，日夜车水，足底皆穿，其与西乡吃鱼干白米饭种田者，天渊不同矣。①

同时，上述数字也是当时一般自耕农占有土地的最低标准。即，在江南地区，一般自耕农占有土地的最低标准亦是 10 亩左右。若以此为基准，则可知，只占有 10 亩以下土地的农户，乃多为自耕农兼佃农或佃农；占有 10—30 亩左右的土地，多属自耕农户；占有 30 亩以上土地的农户，即有土地出租者；占有 50 亩以上土地而又人丁较少的农户，则多系靠出租土地为生的富农或地主。事实上，在徽州文书中遗存的分家书中，一户只有五六十亩左右的土地而全部出租的事例，颇为不少②。而占有土地百亩以上而又人丁较少者，无疑属农村中的地主阶层。

再从有关黄册制度按田亩划分里甲职役的一些记载中，亦大致可看出当时农村各阶层的一般土地占有量。

明苏州府吴江县人史鉴（宣德九年至弘治九年，1434—1496）《西村集》载："凡带管户，户田十亩以下者，听。逾此数者悉编入为正额，有不编者罚无赦。"③ 又，万历《嘉定县志》中，载有当时该地按田亩编排里甲职役的具体标准：

> 就各区各图之中，总计其田若干，该应编排年若干名，大较以田百亩者率充排年，五十亩者率为帮贴，其三百亩以上至千亩万亩者，不妨多编几名，二三十亩以下止充甲首。贫里自愿朋充者，听。田数太少自愿并图并里者，亦听。……就各扇各图之中分别田数，以编排年，而三十亩以下者，止充甲首，则贫民无重役之累，而图里无纷更之扰矣。④

按明代黄册制度，充里长者均为"丁粮多者"，一般属农村中地主阶层；充甲首者则系一般农户，多属自耕农阶层；而编为带管畸零者，乃为

① 《四友斋丛说》卷一四，《史十》。
② 参阅本书第五章第三节。
③ 《西村集》卷六，《对·革奸对》。
④ 万历《嘉定县志》卷六，《田赋考（中）·徭役》。

鳏寡孤独、丁产极少之不任役者，多属佃户阶层。所以，上述"大较以田百亩者率充排年，五十亩者率为帮贴"，"二三十亩以下止充甲首"，"户田十亩以下者"可编为带管畸零等项记载，对了解明代江南农村地主、自耕农及佃户的一般土地占有量，颇有参考价值。

在北方，由于土地多为旱地，耕作方式较为粗放，一个农夫的耕种量则高于南方，一般在 20 亩左右，因而，其各阶层的一般土地占有量亦均高于南方。北方的自耕农阶层占有土地一般在 20—50 亩左右，甚至更多一些。但占有百百亩以上土地者，亦多属地主阶层。明人吕坤说："梁、宋间百亩之田，不亲力作，必有庸佃。"① 即是证明。

二　佃仆阶层及其地位

当探讨明清农村经济结构、分析农村各阶层情况时，还应注意到当时被排除于"齐民"之外的佃仆这一阶层。

佃仆，又称庄仆、庄佃、火佃、细民、世仆等，他们多因佃主之田、葬主之山、住主之屋，而沦为主人的佃仆。"置立庄佃，不惟耕种田地，且以备预役使"②。佃仆除缴纳地租外，还须世代为主人提供特定的种种劳役服务。佃仆属贱民这一等级，但与奴婢有别。其特点是，佃仆有自己的家庭，以家庭为单位佃种主人的土地，缴纳地租。佃仆又多有包括土地在内的自己独立的经济。佃仆服役的项目与服役时间均比较固定；而其服役对象多为某一大姓家族或家族中的某一房，并非特定个人，等等。

但佃仆并不同于一般佃户。佃仆与其家主之间有较严格的隶属关系。他们被牢固地束缚在土地上，没有迁移自由，甚至可随土地买卖。家主视佃仆为奴仆，主仆名分极为严格。佃仆与家主不得平等相称，其在住屋、衣着、酒席、婚姻、安葬等方面均有一系列的具体规定，以示主仆之别，不得僭越。康熙《黟县志》载："严主仆之分，数世不更其名，一投门下，终身听役，即生子女，一任主为婚配，盖亦微有正名之思焉。"③ 康熙《徽州府志》论该地风俗："重别臧获之等，即其人盛赀厚

---

① 《实政录》卷二，《民务·小民生计》。
② 《窦山公家议》卷六，《庄佃议》。
③ 康熙《黟县志》卷四，《箴佑论》。

富行作吏者，终不得列于辈流。此俗至今犹然，脱有稍紊主仆之分，始则一人争之，一家争之，一族争之，并通国之人争之，不值已。"① 康熙《婺源县志》亦载："主仆之分甚严，役以世，即其家殷厚有赀，终不得列于大姓。或有冒与试者，攻之务去。"② 乃至佃仆自己的地产丁粮，亦必寄家主户完纳。雍正五年（1727）八月二十三日徽州知府沈一葵呈布政使司详文中说：

> 　　查看得徽俗之伴儅、世仆，名虽有因，而其实则与齐民相等，已无良贱之分者也。稽所由来，缘其先世曾为富贵之家服役，无身价为伴儅，有身价及无身价配与妻室者，皆为之仆。当时蓁养恩深，名分自不可紊。迨其后有主念辛勤而听其自为家者，有主渐破落而听其各自谋生者，一传数传之后，各已另居其居，自食其力，恩施久替，良贱何分？然而主家子孙，凡有婚丧之事，必令执役，稍不遂意，则加捶楚。甚至地产丁粮，必寄居主户完纳。子孙读书，不许与考应试。自明迄今相沿数百年，主家族众呼为世仆，闾里乡党目为细民。若辈只得忍气吞声，居于贱列。③

这里所说佃仆"地产丁粮，必寄居主户完纳"之事，在遗存的徽州文书中即可得到证实。如明崇祯至清咸丰休宁朱姓置产簿④中所录嘉庆二十二年（1817）休宁顾道元卖田契载：

> 　　立杜卖租契人顾道元，今因缺用，自愿将父勾分田一号，土名干甫坦，系咸字九百二十四、五、六号，计税一亩七分整，计田　垏，计硬租十五砠。今央中出卖与　家主朱　名下为业。三面言定，时值价九五平足兑银　两整。其银契当日两相交明，其田即听家主管业收租。道元交本田谷十五砠，不得短少。未卖之先，并无重复不明等

---

① 康熙《徽州府志》卷二，《风俗》。

② 康熙《婺源县志》卷二，《风俗》。

③ 安徽省图书馆藏 2：43651 号，《乾隆三十年汪胡互控案·雍正五年八月二十三日徽州知府沈一葵呈布政使司详文》。

④ 原件藏中国社会科学院经济研究所。参阅章有义《明清徽州土地关系研究》，中国社会科学出版社 1984 年版，第 96—97 页。

情，如有，自行理直，不涉家主之事。其税原在家主户内，任从扒纳。恐口无凭，立此杜卖租契存照。

并来脚契税票付执，永远存照。

内加朱家一个押。

嘉庆廿二年十一月　　　日立杜卖田租契人顾道元（押）

见中亲弟　来元（押）

这一土地买卖文契的卖主顾道元，称买主朱某为家主，可知顾道元乃为朱家佃仆。所卖土地原系祖遗地产，说明其有自己的土地由来已久。但其土地赋税却是"在家主户内"。这是当时的普遍现象。佃仆有独立的经济，有自己的财产，乃至土地，并可自主买卖，但佃仆却不能独立缴纳税粮，其"地产丁粮，必寄居主户完纳"，这是为什么呢？

这主要是由于佃仆的身份所决定的。佃仆虽与奴婢有别，但由于其与家主有较严格的隶属关系，而一直被视为家主的奴仆，当成贱民，被排除在封建国家的编户齐民之外，所以不登于官府户籍。此种遗制由来已久。西晋时对荫客即有"客皆注家籍"的明确规定。至唐代，法律上虽有"放部曲为良"的条文，但私家部曲并未消失，而这种私家部曲仍然是无户籍的。元人王元亮重编《唐律释文》说："自幼无归，投身衣饭，其主以奴畜之。及其长成，因娶妻。此等之人，随主属贯，又别无户籍。若此之类，名为部曲。"① 其后，历经宋元，至明清时期，虽在法律上并无此类规定，但作为历代遗制，依然顽固存在。乾隆三十四年（1769）六月十四日安徽按察使暺善在《条奏佃户分别种田确据以定主仆名分》（六月二十六日硃批）的奏折中说：

安省徽州、宁国、池州三府属地方，自前宋元明以来，缙绅有力之家，召募贫民佃种田亩，给予工本，遇有婚丧等事，呼之应役。其初尚不能附于豪强奴仆之列，累世相承，称为佃仆，遂不得自齿于齐民。②

① 《唐律疏议》附录，《唐律释文》卷二二，"部曲奴婢客女随身"条。
② 中国第一历史档案馆藏《军机处录付奏折》，乾隆朝0285—053号。

万历《休宁县志》载：

> 卑族下走，即积赀倾里闬乎，卒不得列衣冠，纵衣冠而非故旧，亦不得通婚姻、入公籍。世家虽甚寠，人耻与为伍。①

这里所说"卑族下走"即包括佃仆在内，他们是不得入公籍的，即没有资格登载于作为国家编户齐民册籍的黄册之上的。康熙《祁门县志》载：

> 民只知供正赋，其应公家者，皆故家子弟，非有包头雇役及细民窜入版图者。②

徐珂《清稗类钞》说：

> 徽州有小姓，小姓者，别于大姓之称。大姓为齐民，小姓为世族所蓄家僮之裔，已脱籍而自立门户者也。③

　　佃仆虽自立门户，但没有户籍，不得齿于齐民，这是佃仆的一个重要特征。其实质，是从封建国家所划分的等级上把家主与佃仆区别开来，将其压为贱民，使之处于被奴役的地位，世世代代不得翻身。
　　那么，佃仆的数量又如何呢？
　　一般认为，明清时期，佃仆制这种具有严格隶属关系的租佃制度，主要盛行于皖南徽州，宁国、池州一带。从时间上说，则以明中叶以前为盛。如明初徽州府休宁县率东程氏，因从事商贾而家业暴发，遂在家乡大量购买土地，据《率东程氏家谱》载：

> 增置休歙田产四千余亩，佃仆三百七十余家。有庄五所：其曰宅积庄，则供伏腊；曰高远庄，则输二税；其洋湖，名曰知报庄，以备军役之用，至今犹遵守焉；其藏干，名曰嘉礼庄，以备婚嫁；其杭

---

① 万历《休宁县志》卷首，邑人金继震撰《重修休宁县志序》。
② 康熙《祁门县志》卷五，《舆地志·风俗》。
③ 《清稗类钞·种族类》。

坑，名曰尚义庄；以备凶年。其各庄什器、仓廪、石坦、垣墉，无不
制度适宜。①

从其家谱所载来看，当时率东程氏家族人口，也不过只有几十口，而
竟拥有佃仆 370 余家，何其多矣！并可看出，佃仆制为其土地经营的主要
方式。又如徽人方弘静（正德十一年至万历三十九年，1516—1611）《素
园存稿》载：

> 盖郡之俗重土著，其来远矣。其远者当西汉之末。吾家太常府君
> 之墓，世犹守之。其在晋之东以及梁陈之际者，比比可纪也。其姓之
> 著者，即一墟落而所聚盖不啻千人矣。……以千人之家，其仆佃之数
> 不啻如之矣。咸臂指相使，非一朝一夕也。有事则各为其主，主则饮
> 食之，以为恒。此皆子弟父兄之兵也。②

不过，明末以后至清代，在商品经济发展的背景之下，特别是在明
末农民大起义的冲击之下，佃仆制已呈逐渐衰落之势。明万历时期的
《窦山公家议》中说：“今之庄佃，前人之所遗也。往时各佃，率乐业安
生，今多饥寒，多流亡……”又说：“计众佃仆，昔称繁庶，今渐落落，
殊可慨也。”③ 然而，仅据该书所载，当时祁门善和里程氏家族仍有佃仆
40 余家。

清代从雍正时开始，多次由朝廷出面，企图从法律上开豁佃仆的贱民
地位。但这一过程并不顺利，断断续续，前后长达一个多世纪，佃仆的贱
民身份地位虽然获得了很大改变，最终并没有被彻底解放。这一过程既反
映了封建国家与豪绅地主的某些矛盾，更说明了封建国家、地主与农民之
间的阶级对立。而从当时被开豁的佃仆人数来看，则可知即使在清代，皖
南地区的佃仆数量亦相当不少。例如，据嘉庆十四年（1809）定例，徽
州、宁国、池州三府佃仆“一时开豁者数万人”④。

还应指出的是，明清时代佃仆制固然是以皖南地区为盛，但其存在并

---

① 休宁《率东程氏家谱》卷一一。
② 《素园存稿》卷一七，《语·郡语下》。
③ 《窦山公家议》卷六，《庄佃议》。
④ 《宦游纪略》卷上。

不仅仅限于皖南地区。史载，在安徽其他地方，以及江苏、浙江、江西、湖南、湖北、河南、广东、福建等省的某些地区，亦曾流行佃仆制①。

明清时期，一般租佃制已在各地占有统治地位。即使在皖南地区也是一般租佃制与佃仆制并存。但具有严格隶属关系的佃仆制，并非个别现象，它的存在相当广泛。因此，在考察明清农村经济结构时，对这一被排除在齐民之外的佃仆阶层，也应该加以注意。

三　明清农村经济结构

毋庸置言，在探讨明清农村经济结构时，对有关的文献记载资料当然不能忽视，而对文书档案方面的资料则更应加以重视。

涉及明清农村土地占有与经济结构方面的文书档案资料，除了本书介绍与考察的《万历九年清丈二十七都五图归户亲供册》（本书第五章），万历十年、二十年、三十年、四十年二十七都五图大造黄册底籍（本书第六章），《清初二十七都五图三甲编审册》（本书第八章）之外，其他学者做过介绍与统计分析的有关资料，还有以下几种。

（一）明泗州祖陵署户田粮清册

该资料收载于万历《帝乡纪略》一书中。《帝乡纪略》十一卷，图一卷，曾惟诚纂修，万历二十七年（1599）刻本。原书现在台湾，北京图书馆有缩微胶卷。该书即泗州地方志，因朱元璋父母的陵墓在泗州，故称《帝乡纪略》。

明初泗州设有祖陵祠祭署，初设署户 20 户，复添置 291 户，共 313 户。署户亦称陵户，专管洒扫、看守、祭祀祖陵，为明代黄册配户当差制所设的一种专职役户。役皆永充，明初所设户数即为定额。陵户多从附近各里佥充，其户籍如同军籍、匠籍等人户一样，既编造于其所在各里黄册之内，又另载于祖陵祠祭署所掌管的署册之中。洪武二十九年（1396）朱元璋令陵户"速搬移附近去处，看守祖陵，三十里以里，二十里以外开耕田地，不要他纳粮当差"②。陵户所种田地，专供祭祀之用，称为祭田，明

---

① 参阅叶显恩《明清徽州农村社会与佃仆制》第六章，《徽州的佃仆制度》，安徽人民出版社 1983 年版。

② 《帝乡纪略》卷一〇，《纶奏志·圣旨》。

初亦有定额。因祭田不纳粮当差,其后民田则多有假冒祭田的,以避粮差。在《帝乡纪略》中特载有各"署户田粮"。其本是经过万历清丈审核以后,将"署户田粮,不论有无,皆载,从实录也,且令后之考核者有所证据,而不得混冒云"①。《帝乡纪略》中所载署户田粮,实为当时各陵户土地占有方面的一份完整档案资料。

祖陵署户这一专职役户单位,虽与黄册里甲组织有所区别,但它同样是以人户为中心而组成的一种应役组织。在这一点上其与黄册里甲并无区别。而且它亦有固定的人户和固定的土地,所以,祖陵署户可视为黄册制度下另外一种应役组织。因而,《帝乡纪略》中所载署户田粮,亦不失为从另一个角度考察当时农村土地占有与经济结构的珍贵资料。

关于《帝乡纪略》所载署户田粮资料,王剑英先生已写有专文:《明泗州祖陵署户田粮清册——一份罕见的有关明代土地占有情况的文献资料》②,作了全面介绍、考证与统计分析。文末并录有"泗州祖陵祠祭署署户田粮清册"资料全文。表56即是据王文所录资料而制作的。

表56统计的陵户共309户,占有土地总数为16159.8亩。田粮清册中共载署户315户,其中有6户为仅纳州粮者,册中只记其税粮石数,不载亩数;其他署户中,又有5户除登祭田亩数外,还另载有纳州粮石数;以上凡亩数不明者,该表均未统计在内。

表56　　　　　　　　明泗州祖陵署户土地占有情况分类表　　　　　　单位:亩

占 地 类 别	户　数		面　积（类计）	
	实　数	%	实　数	%
无地户	165	54	0	0
0—5 不满	22	7	46.82	0.2
5—10 不满	14	5	90.25	0.6
10—20 不满	23	8	331.49	2.1
20—30 不满	7	2	162.0	1.0

① 《帝乡纪略》卷一,《帝迹志·陵墓·田粮》。
② 《文献》1979 年第 1 期。

续表

占 地 类 别	户 数		面 积（类计）	
	实 数	%	实 数	%
30—50 不满	6	2	219.9	1.4
50—100 不满	16	5	1172.15	7.2
100—200 不满	29	9	4215.24	26.1
200—300 不满	13	4	3249.3	20.1
300—500 不满	10	3	3889.7	24.1
500 以上	4	1	2782.95	17.2
总 计	309	100	16159.8	100

从表 56 可以看出，在 309 户人户之中，完全没有土地的人户达 165 户，占一半以上；此外，占有 20 亩以下土地的人户共 59 户，若以 20 亩土地为北方自耕农占有土地的最低标准，则这 59 户亦属仅有少量土地的贫雇农之列。以上二者合计共 224 户，占总户数的 72.5%；而其占有的土地合计只有 468.56 亩，仅占土地总数的 2.9%。

其次，占有 20—100 亩土地的业户共 29 户，占总户数的 9.4%；占有土地共 1554.05 亩，占土地总数的 9.6%。此类人户大体当属自耕农阶层或小土地出租者。

署户中占有百亩以上的人户共 56 户，占总户数的 18.1%；占有的土地达 14137.19 亩，占土地总数的 87.5%。可以看出，土地集中的现象十分明显。当然，对占地百亩以上的人户，还需结合各户的人丁情况作具体分析。据《帝乡纪略》载，当地因逐年生聚，丁口日繁，署户乃"有大户百丁，小户不下数十丁者"[①]。所以，若其人丁较多，即使占地百亩，亦未必全靠出租土地为生。从表中的统计来看，其占有 100—200 亩土地的业户共 29 户，在占地百亩以上的人户中，这一档次人户最多，其中当不乏人丁多的大户。但从总体上说，占地百亩以上的人户，多数属靠出租土地为生的地主阶层，则无疑问。

总之，从关于明泗州祖陵署户田粮亩数的统计中，可明显看出，在泗州的祖陵署户中存在这样三个阶层：一是其三分之二的人户完全没有土地

---

① 《帝乡纪略》卷五，《户口》。

或仅有少量土地，即主要靠租种他人土地为生的贫雇农阶层；二是占有一定数量土地，大致可维持生计的自耕农阶层，此类人户较少；三是少数人户占有80%以上的土地，靠出租土地为生的地主富农阶层。

（二）《康熙肆拾年分本色统征仓米比簿》

孙毓棠先生于1951年在《历史教学》月刊上发表了《清初土地分配不均的一个实例》一文①。该文对清华大学图书馆藏《康熙肆拾年分本色统征仓米比簿》这一文书作了介绍，并进行了有关的统计与分析。

据孙氏介绍，《康熙肆拾年分本色统征仓米比簿》本是当时某州县一个区征收实物赋税（米麦豆）的登记簿。系残本，簿上仅署"玉区"第几图第几甲，省县已不可考。从其所记"田、荡"和征米情况，"揣测可能属于长江流域或长江下游的某一个县份"。该簿共31页，现仅存第十七图全部及第十八图、十六图少部分。第十七图首页"图总"记载全图共计"除荒实熟"与"版荒复熟"田地三十二顷三十六亩四分三厘八毫。比簿中清楚地登记着图中第几甲"粮户"某某人所有"除荒实熟田"若干，"荡"若干，"版荒复熟田"若干，"荡"若干，"统征米麦豆"若干，以及分批完纳的月日，并盖有查核的印章。所谓"粮户"系指本图内土地所有人，包括自地主至贫农，不问其土地是自耕或租种。因此，从该比簿即可以看出其土地所有权分配情形。

兹据该文中所录资料，将玉区第十七图业户占有土地的分类情况制表如下（表57）：

表57　　　　　　　　　清长江下游某县十七图业户土地占有分类表　　　　　单位：亩

占 地 类 别	户　数		面　积（合计）	
	实　数	%	实　数	%
无 地 户	87	79	0	0
0—10 不满	10	9	35.514	1.1
10—50 不满	3	3	74.664	2.3
250 以上	10	9	3120.319	96.6
总　计	110	100	3230.497	100

① 《历史教学》第2卷第1期，1951年7月；后收载于《孙毓棠学术论文集》，中华书局1995年版，第553—557页。

按比簿中所载玉区第十七图各粮户的田亩数字进行统计，该图总计田地为 3230.497 亩，比十七图首页所载"图总"数字略有出入，但其差额很小。这也证明了现存簿中登载的各粮户田地数字即是该图全部的土地数字。又，关于第十七图簿中只载有 23 户有粮户，该图共有多少户并未载明。按清初里甲（图甲）仍沿明制，在制度上并未改动。所以表中所列第十七图的总户数是按制度规定推算的，实际上会有所出入。一般清初各里户数，多大大超出 110 户这一制度上所定数字。

从表 57 统计可以看出，玉区第十七图业户的土地占有情况亦明显分为三个阶层：一是根本没有土地或仅有很少土地的贫雇农阶层，其中多数是根本没有土地的雇农，占 80% 左右；另有十户仅占有少量土地，均在六亩以下。其次是自耕农阶层，但只有三户，占有的土地也不多。三是占有该图 90% 以上土地的地主阶层，共有十户，其中一户地跨两甲，实为九户。每户占有土地均在 250 亩以上，最多一户达 600 余亩，无疑均属地主阶层。该图土地占有集中的情况十分突出。

（三）康熙至乾隆直隶获鹿县编审册

河北获鹿县所藏档案，系清康熙末年至乾隆初年直隶获鹿县的一批编审册，涉及该县大部分地区，数量相当巨大。已有不少学者利用这批档案进行了有关的统计、分析和研究[①]。兹将戴逸主编《简明清史》第一册中的"直隶获鹿县九十一个甲土地占有分类统计表"转引如下（表 58）。该表"统计包括二万余户，三十一万余亩土地，占获鹿全县的大部分户口和土地，主要是雍正时的情况，少数地区是康熙末和乾隆初的情况"[②]。

---

① 潘喆、唐世儒：《获鹿县编审册初步研究》，《清史研究集》第三辑，中国人民大学出版社 1984 年版，第 1—41 页。戴逸主编《简明清史》第一册，人民出版社 1980 年版，第 346—348 页。江太新：《清初垦荒政策及地权分配情况的考察》，《历史研究》1982 年第 5 期。［美］黄宗智：《华北的小农经济与社会变迁》一书中亦转引了有关统计。

② 戴逸主编：《简明清史》第一册，人民出版社 1980 年版，第 346、347 页。

表 58 　　　　　　　　直隶获鹿县九十一个甲土地占有分类统计表①

各类户别	户数	%	土地数（亩）	%
无地户	5331	25.3	0	0
不足 1 亩	888	4.2	439	0.2
1—5	3507	16.7	10207	3.2
5—10	3172	15.1	22948	7.3
10—15	2137	10.1	26157	8.3
15—30	3332	15.8	70006	22.2
30—40	967	4.6	33205	10.5
40—50	498	2.4	22313	7.1
50—60	334	1.6	18195	5.8
60—100	540	2.6	40534	12.8
100 以上	340	1.6	71225	22.6
合　计	21046	100.0	315229	100.0
全甲户平均			15.0	

　　黄宗智《华北的小农经济与社会变迁》一书在转引该表（表 58）时称："在获鹿县政府户房所藏康熙、雍正和乾隆年间的税务记录（三百多卷的编审册，多集中在 18 世纪的 20—50 年代）的基础上，潘喆和唐世儒重新构成了该县当时的土地分配型式。"又说："潘氏指出这里所用的单位是地籍上的丁，而非地籍上的户，后者实际包含数人至 170 或 180 人之多。该县共有 18 社，每社有 10 甲。这资料多半包括了该县大多数的人口和耕地（1980 年访问潘喆所得）。"②

　　"这里所用的单位是地籍上的丁，而非地籍上的户"，即是说该表的统计单位不是当时官府册籍上的"户"，而是"丁"。表 58 是据获鹿县 91 个甲的有关资料而统计的，其合计人户 21046 户，平均每甲为 231 户，清初各里甲户数一般虽比明代要多，但这一数字无疑大大超过了当

———————————

　① 戴逸主编：《简明清史》第一册，人民出版社 1980 年版，第 347 页。
　② ［美］黄宗智：《华北的小农经济与社会变迁》，中华书局 1986 年版，第 106 页。

时官府册籍上登载的户数。由此亦可证明上述说法。因此，该表使用的户，与上述明泗州祖陵署户及清玉区第十七图等一般统计中使用的户，二者有所不同，对此应予以注意。从文献记载及遗存文书来看，明清时代"户丁"一词，已有两种概念，一是指单个的丁；另一种情况是，在某些场合又具有户的概念，实际上是指子户而言（参阅本书第九章、第十一章）。若以丁为户，即以户丁户为单位进行统计，则户的规模就大大缩小了，因此，在统计上，计算各阶层占有土地的标准时，亦当相应比一般标准要低一些。又，从江太新先生的文章中可知[①]，获鹿县遗存的各甲编审册资料，多系某社（图）几个甲，而不是原来某一个社的完整资料。

获鹿县的土地为北方旱地，如前所述，北方自耕农占地标准多高于南方，一般在 20 亩左右。因该表是以"丁"为单位而统计的，所以其标准则要低一些。又，按上表 91 个甲的统计，合计 21046 户，占有土地共315229 亩，平均每户占地 15 亩。因而 15 亩左右的土地，当是该地一般自耕农占有土地的最低标准。

从有关直隶获鹿县九十一个甲土地占有分类的统计中可看出，该地土地占有情况亦可分为三类：一是有 25.3% 的人户完全没有土地，又有46.1% 的人户每户只占有 15 亩以下的土地，二者合计起来，则是71.4% 的人户只占有 19% 的土地。这是该地没有土地和占有很少土地的贫雇农阶层。二是每户占有 15—60 亩土地的人户，合计人户占 24.4%，占有土地合计达 45.6%。这是该地的自耕农阶层或小土地出租者。三是占有 60 亩土地以上的人户，合计人户仅占 4.2%，而占有的土地达35.4%。这是该地的地主阶层。上述情况表明，土地占有仍很不均，地主制经济在获鹿县也是占主导地位的。而与此同时，自耕农经济在该地亦占有相当大的比重，这可以说是北方获鹿县在土地占有方面的一个特点。

若将以上几项文书档案资料的统计分析结果，与本书前几章对徽州文书中黄册底籍的统计分析结果综合起来，其各阶层人户及其占有土地的比例情况即如表 59。

---

① 《清初垦荒政策及地权分配情况的考察》，《历史研究》1982 年第 5 期。

表59　　　　　　　　　明代部分地区各阶层人户占有土地比例表

时　间	地　点	资料来源	地　主		自耕农		贫雇农（佃农）	
			人户%	占地%	人户%	占地%	人户%	占地%
万历九年	泗州	祖陵署户田粮清册	18.1	87.5	9.4	9.6	72.5	2.9
万历四十年	徽州	27都5图黄册底籍	7.7	53	37.8	39.8	54.5	7.2
康熙四十年	长江下游	本色统征仓米比簿	9	96.6	3	2.3	88	1.1
康熙末至乾隆初	河北获鹿	编审册	4.2	35.4	24.4	45.6	71.4	19

　　由于时间与地点不同，该表所显示的不同地区各阶层人户土地占有比例的具体数字并不相同。明代与清代有别，南方与北方的差异更大。即使同属南方地区，各地情况也不一样。尽管如此，若从总体上观察，则不难看出这样一种形势，即，一方面是少数地主占有大量土地，另一方面则是大多数贫雇农只占有很少土地，而自耕农并不占优势。土地占有的不均，在各个地区都很明显。

　　以上所述，均为遗存至今的一些黄册、编审册类文书中所显示的明清农村各阶层土地占有情况。若对当时土地制度方面另一种基本册籍鱼鳞图册作一些考察，亦可看到同类情况。前已叙及，由于业户多跨图跨都占有土地，而现今遗存的鱼鳞图册又数量有限，所以，仅据一个保或一个图的鱼鳞册资料进行统计，是难于了解到各户土地占有情况全貌的。尽管如此，在鱼鳞图册所录各号田土之中，一般都登载其所属业户姓名以及该号田土分庄的详细情况，而且，有的册中还均设佃户一栏，亦具体登载各佃户姓名。因此，鱼鳞册中所载仍不失为一种十分珍贵的原文书资料。通过对其所载资料的统计分析，至少可作为了解当时农村各阶层的土地占有情况以及租佃关系等一种抽样性的考察。

　　这里，以遗存的康熙十五年丈量苏州府长洲县西二十二都二图璧字圩鱼鳞清册和上二十五都十一图广字圩鱼鳞清册为例①，对其所载有关资料，

①　原件藏日本东京大学东洋文化研究所。其有关资料系笔者于1987年录自该所。

试作一统计与分析。按，圩系长江三角洲一带都图之下的一种区划。圩本是一种水利设施，为田土分布的自然形态。圩的大小不等，所属人户有多有少，故图之下所属圩的数量不同。在这些地方，以经理土地为中心而攒造的鱼鳞图册，则多以圩为单位进行编造，故称某某圩鱼鳞册[①]。又据史籍所载，康熙十五年苏州府长洲县的鱼鳞册，是在当时县令李敬修的主持之下，"履亩亲勘"，"专督丈量，循行四乡，无间寒暑"，历时三年而编造成的，俗称"清田李知县"[②]。因此，这种经过严格土地清丈而攒造的鱼鳞图册，其所载资料的可信程度很高[③]。

康熙十五年丈量苏州府长洲县西二十二都二图璧字圩鱼鳞清册，一册，纵 31.1 厘米，横 20.9 厘米，厚约 0.8 厘米。绵纸，雕版印刷，墨迹填写。保存基本完好。书口印有"抄录　　县　　康熙十五年分奉旨丈量鱼鳞清册"字样。册首题"西二十二都贰图，璧字圩一百八十九坵，丈见共七顷二十六亩一分三厘三毫，平米二百七十二石五升六合一勺"等文字。其次绘有"璧字圩形"，即该圩鱼鳞总图。再次所载，自璧字圩第 1 坵起至第 189 坵止，依次分别登载各号田土的详细情况。每号田土均绘图形，详注清丈步数，开载四至土名；其下所载内容有：圩字坵号，圩甲姓名，积步，税则，土地类别，亩数，平米，今业户姓名，田系荒熟，佃户姓名，以及同坵业户姓名等。现存册中第 177—180 号空缺。

据该鱼鳞册现存资料统计，至少可以看出，首先，其土地占有集中的倾向比较明显。璧字圩 185 坵共计土地 720.586 亩，共有业户 58 户（包括 9 户同坵业户），其中占有土地较多的 10 户计占土地 339.669 亩，几近该圩土地总数的一半；占有土地最多的一户张有年，仅在该圩占田就达 77.498 亩，为该圩土地总数的十分之一强。其次，租佃关系十分发达。该圩 720.586 亩土地之中，除去荒田 6.649 亩，同坵业户田 21.978 亩，自耕田 4.874 亩，其余 687.085 亩土地，均明确写有佃户姓名，皆为出租田土，占该圩耕作土地的 96% 以上。而自耕田土所占比例不到 1%，微乎其微。

康熙十五年丈量苏州府长洲县上二十五都十一图广字圩鱼鳞清册，一

---

①　参阅本书第九章第一节。

②　乾隆《长洲县志》卷二一，《宦迹》；道光《苏州府志》卷一四八，《杂记四》。

③　关于康熙十五年苏州府长洲县鱼鳞册的考证，详见鹤见尚弘《关于国立国会图书馆藏康熙十五年丈量的一本长洲县鱼鳞册》一文，载《山崎先生退休纪念东洋史论集》，1967 年版；后收入同氏《中国明清社会经济研究》，学苑出版社 1989 年版。

册，纵 29.5 厘米，横 20.9 厘米，厚约 0.6 厘米。绵纸，雕版印刷，墨迹填写。保存完好。书口印有"抄录　　县　　康熙十五年分奉旨丈量鱼鳞清册"字样。现存册中首绘"广字圩形"，即该圩鱼鳞总图。其次所载，自广字圩第 1 坵起至第 220 坵止，依次分别登载各号田土的详细情况。每号田土的登载格式，与上述璧字圩鱼鳞册所载项目相同。

按该鱼鳞册所载资料进行统计，广字圩 220 坵共计土地面积为 387.387 亩，共有业户 77 户（包括 12 户同坵业户），其中占有土地较多的 6 户计占土地 175.965 亩，接近该圩土地总数的一半；占有土地最多的一户施可锦，仅在该圩占田就达 56.277 亩，为该圩土地总数的七分之一强。又，该圩土地总数除去荒田 57.976 亩，同坵业户田 21.912 亩，自耕田 24.508 亩，其余 282.991 亩土地，亦均明确写有佃户姓名，皆为出租田土，占该圩耕作土地的 86%。而自耕田土所占比例仅为 7%。

总之，从璧字圩和广字圩鱼鳞图册的资料统计来看，其土地占有同样显示出集中于少数业户的倾向。最为明显的是，90% 以上的土地都出租给佃户耕作，租佃关系极为发达。这一点，正可以与明清文献记载中所谓"吴中之田，什九与绅富共有"之说相印证。而租佃关系的发达，也正说明了土地过于集中于少数地主富农一方，大多数农户并不占有土地，或仅有很少土地，只能靠租佃他人土地为生，即，地主制经济是占主导地位的。

同时，对于鱼鳞册中所记载的有关佃户承租土地方面的资料，也应加以注意。虽然仅仅根据一个图，一个保，或一个圩的鱼鳞册资料进行统计，有关业户占有土地方面的数据很不完全，但其有关佃户承租土地方面的情况，则应该说是比较接近实际。因为很明显，作为一般佃户，本为贫苦农民，其人力、物力有限，跨图跨都远距离从事耕作者不会很多。因此，通过一个图，或一个保、一个圩的完整的鱼鳞册资料的统计，其有关佃户承租土地方面的情况，至少具有重要参考价值。关于璧字圩、广字圩佃户承租土地情况的统计，请见表 60（见下页）。

通过表 60 的统计可以看出，璧字圩承租土地的佃户共 76 户，承租土地计 687.085 亩，按各佃户承租的土地数量分类，其中承租 5 亩以下的佃户计 31 户，计承佃土地 96.4165 亩，占该圩承租土地总数的 14%；承租 5—10 亩土地的佃户计 19 户，计承租土地 138.4985 亩，占该圩承租土地总数的 20%；承租 10—20 亩土地的佃户计 18 户，计承租土地 243.078 亩，占该圩承租土地总数的 35%；以上三类佃户合计 68 户，占其佃户总数的89%，计承租土地 478.002 亩，占承租土地总数的70%。此外，承租20—30 亩土地的佃户计 6 户，计承租土地 145.015 亩，占该圩承租土地总数的21%；承租 30 亩以上的佃户共 2 户，计承租土地 64.077 亩，仅占该圩承租土地总数的9%。

表60　　　　　　　　　璧字圩、广字圩佃户承租土地数量分类表

承租土地数量 类别（亩）	璧　字　圩		广　字　圩	
	户数（计）	土地数（计）	户数（计）	土地数（计）
5 以下	31	96.4165	44	73.372
5—10 不满	19	138.4985	9	71.547
10—20 不满	18	243.078	8	115.993
20—30 不满	6	145.015	1	22.079
30 以上	2	64.077		
总　　计	76	687.085	62	282.991

广字圩承租土地的佃户共 62 户，承租土地计 282.991 亩，按各佃户承租的土地数量分类，其中承租 5 亩以下的佃户计 44 户，计承佃土地 73.372 亩，占该圩承租土地总数的26%；承租 5—10 亩土地的佃户计 9 户，计承佃土地 71.547 亩，占该圩承租土地总数的25%；承租 10—20 亩土地的佃户计 8 户，计承租土地 115.993 亩，占承租土地总数的41%。以上三类佃户合计 61 户，占其佃户总数的98%，计承租土地 260.912 亩，占该圩承租土地总数的92%。此外，承租 20 亩土地以上的佃户 1 户，承租土地 22.079 亩，仅占该圩承租土地总数的8%。

综合璧字圩和广字圩的情况来看，绝大多数佃户每户承租土地的数量都在 20 亩以下，承租 20—30 亩土地的佃户是少数，承租 30 亩以上的佃户则为极少数；而在承租 20 亩以下的佃户中，又可看出承租 10—20 亩土地的业户为其主要阶层之一。以上情况，则可以说是与明代文献中所记载的，当时一个农夫的耕作量一般在 10—20 亩左右这一点基本一致。

此外，从这两个圩的鱼鳞册中还可看出，其中有一些业户，既承佃土地，同时又出租土地，并持有少量的自耕地。请参阅表61。

表 61　　　　　　　广字圩部分业户出租、自耕及承佃土地情况表

业户名	出租（亩）	自耕（亩）	承租（亩）	承租业主数
李洪江	1.466	5.083	18.172	5
赵启明	4.395	0.299	1.795	1
李奉江	6.414	1.374	14.392	7
吴 杨	1.013	1.775		
李 美	0.679	0.843		
李世美	2.117	2.311	0.697	1
沈少江	0.638	0.905	18.011	8
钱召裘	0.747	0.842	9.91	4
顾君瑞	0.548		5.024	1
顾君明	0.511		0.901	1
钱养才	1.642	1.353	22.079	5
李顺萱	0.456	2.125	3.449	2
李思湖		1.297	10.074	3
吾奉湖		0.344	7.028	5
李受江		0.63	9.726	5
顾君仁		0.868	18.449	4
吴 谷		2.551	3.321	1

　　从表 61 可以看出，这类业户出租土地的数量和持有的自耕土地的数量都不多，而以租佃土地为主，多属佃农兼自耕农或小土地出租者。这一现象也反映了，在租佃关系发达的地区业户土地经营的多样性与租佃关系的复杂性。

　　下面，再看一下文献方面的有关记载。

　　嘉靖《江阴县志》载：

　　　　农之家什九，农无田者什有七。田于人曰佃。受直而赋事曰工。独耕无力，倩人助己而还之曰伴工。三时农忙，率其妇子力作，莳刈车灌劳甚。岁稍入，仅以充租，私累百至，室已荡然①。

————————

① 嘉靖《江阴县志》卷四，《风俗纪》。

万历《会稽县志》载:

> 今按于籍,口六万二千有奇,不丁不籍者奚啻三倍之。而一邑之田,仅四十余万亩,富人往往累千至百十,等其类而分之,亦止须数千家而尽有四十余万之田矣。合计依田而食与依他产别业而食者,仅可令十万人不饥耳;此外,则不沾寸土者,尚十余万人也。①

以上言长江下游地区,完全不占有田地的人户达十分之七以上。这与文书档案资料中所显示的比例,大致相同。而甚者“一邑之中,有田者什一,无田者什九”②。顾炎武说:“吴中之民,有田者什一,为人佃作者十九。”③ 清末陶煦说:“吴中之田,十九与绅富共有之也。上农不过任十亩,亩入不过二石余,取租而平,则八口无饥也。”又说:“凡农人自有而自耕者,无底面之别,则曰起种田,亦曰自田,然十不及一二也。外此则皆租田也。”④ 这里言苏州一带,实行租佃制的土地占十分之九,而属于自耕农的土地不过占十分之一二而已。地主制经济占绝对优势。此与前文考察苏州一带鱼鳞册所得之结论也是一致的。

而在江北淮南一带,亦大致与此相同。盛枫《江北均丁说》指出:“区方百里以为县,户不下万余,丁不下三万。其间农夫十之五;庶人在官与士夫之无田及逐末者,十之四;其十之一,则坐拥一县之田,役农夫,尽地利,而安其食租衣税者也。”⑤

如果我们把上述文书档案中所记录的明清时期一些地区农村的土地占有情况,文献史籍中的有关记载,以及本书前几章依据黄册底籍等文书档案对徽州地区的有关考察综合起来,则可以看出,明清时期农村中明显存在三个不同的阶级:一是人户最多、而占有土地最少或根本不占有土地的贫雇农阶级,其人户一般占百分之六七十以上,而只占有 10% 左右的土地。二是占有一定数量土地,以自耕农和小土地出租者为主的中等阶级,其人户与占有土地的数量因地而异,有的地方较少,有的地方达三分之一

---

① 万历《会稽县志)卷五,《户口论》。
② 《清经世文编》卷三〇,《户政五·丁役议》。
③ 《日知录集释》卷一〇,《苏松二府田赋之重》。
④ 《租核·重租申言》。
⑤ 《清经世文编》卷三〇,《户政五》。

左右。三是人户最少而占有土地最多的地主富农阶级，其人户一般不到10%，而占有的土地在50%以上，有的地方甚至高达90%以上。总之，一方面由人户最多、而占有土地最少的佃农和贫农构成了广大的贫雇农阶级，他们或全部地，或部分地，均需租种他人土地才能生活；另一方面又存在一个人户很少、而占有土地最多的地主富农阶级，他们则靠出租土地、剥削为生。正是由于这两方面在土地占有上的巨大差别，土地过于集中在地主富农一方，而形成了封建社会中地主剥削佃农的经济方式，形成了地主与农民两大阶级的对立。自耕农经济虽然因地而异，占有一定比重，但与地主制经济相比，并不占有优势；而且从总体上说，自耕农经济也是处在地主制经济的制约之下的。如果我们以生产方式为主来阐释明清农村的经济结构①，那么则应该说，地主制经济为主体，自耕农经济占一定比重，此即是明清农村社会一般经济结构。

另外，明清时代的农村不少地方存在相当数量的族田义庄。然其多掌握在宗族势力和地主大户手中，绝大多数都是采取租佃经营方式，当属于地主制经济范畴。

在具体分析明清农村经济结构时，还必须注意以下几点。

第一，因时间、地点之不同，以及其他因素的影响，不同时期各个地方，地主制经济与自耕农经济各自所占比重亦不尽相同，不可一概而论。通过上述考察可以看出，从时间上说，明代后期土地集中的现象要比清初严重，这除了政治等其他方面的因素之外，与明代黄册制度规定的军户、匠户不许分户政策亦有很大关系。又如，至清代，随着农业生产力的发展，生产技术的提高，土地实行精耕细作，则自耕农占有土地的最低标准亦随之有所降低，等等。从地区上说，南方，特别是长江下游一带，要比北方土地集中严重，租佃关系发达，地主制经济所占比重大，而北方则自耕农经济所占比重相对要高一些。就地主制经济所占比重而言，开发历史长的地区要高于新开发的地区，内地要高于边远地区，等等。

第二，明清时代不少地区，还存在着一个诸如佃仆之类的贫苦农民的最低阶层，即所谓"佣保奴隶又皆不列于丁"者②，他们或附属于某一大

---

① 关于中国封建社会的经济结构，目前学界尚存在各种不同观点，或主张综合经济结构论，或主张地主制经济结构论，或主张自然经济即小农经济结构论，等等。请参阅《中国封建社会经济结构研究》，中国社会科学出版社1985年版。

② 《清经世文编》卷三〇，《户政五·纪顺治间户口数目》。

姓，或在大户的苞荫之下，不得入官府公籍，被排除在齐民之外。而实际上，他们要受到更多的剥削和奴役，也是地主制经济组成部分之一。因此，在全面考察明清农村经济结构时，也应注意到这一阶层。若考虑到这一点，则当时农村贫雇农阶级所占的比例以及地主制经济所占的比重则要更大一些。

第三，如前所述，在明清时代的一些大户之中，多有析产而未正式分户者，在一个大户之下，常包含众多经济上各自独立的子户。在统计分析上对这一点也应予以注意。大户之下的子户仍多属地主之列，但亦有降至一般人户水平者。一些业已析产而未正式分户的大户，实际上并不具有多大经济实力。明清时代只占有几百亩土地的中小地主居多，占有千亩万亩土地的真正具有经济实力的大地主为极少数。

四　封建国家、地主、农民三者之间的关系

封建国家、地主、农民三者之间的关系，实质上即是封建社会中各阶级之间的关系。而封建社会中的阶级多表现为等级的阶级。列宁说：

> 在奴隶社会和封建社会中，阶级的差别也是用居民的等级划分而固定下来的，同时还为每个阶级确定了在国家中的特殊法律地位。所以奴隶社会和封建社会（以及农奴制社会）的阶级同时也是一些特别的等级。相反地，在资本主义社会中，在资产阶级社会中，所有公民在法律上一律平等，等级划分已被消灭（至少在原则上已被消灭），所以阶级已经不再是等级。社会划分为阶级，这是奴隶社会、封建社会和资产阶级社会共同的现象，但是在前两种社会中存在的是等级的阶级，在后一种社会中则是非等级的阶级。[①]

封建社会是一个等级的社会，等级的划分同时表现为阶级之间的差别。这可以说是封建社会的一个特点。中国的封建社会也是一个等级的社会。上至皇帝，下到庶民，亦分成了许多明显的等级。而这些等级的划分

---

① 列宁：《俄国社会民主党的土地纲领》，《列宁全集》第六卷，人民出版社1963年版，第93页注。

也往往反映了阶级的差别。皇帝及其家族处于最高等级，即是最大的地主集团。一旦步入官场，成为士大夫，则可享受优免，遂成为官僚地主，等等。

但无论是在奴隶社会、封建社会中，还是在资本主义社会中，社会都划分为阶级，这是共同现象，问题的本质所在。尽管在奴隶社会、封建社会中，阶级多披上了等级的外衣，而归根结底，仍是在社会经济结构中处于不同地位的阶级起着决定性的作用。社会的基本矛盾也是以阶级的划分来规定的，而不是简单地表现在等级的划分上。中国封建社会的历史正说明了这一点。

如上所述，中国封建社会也是一个等级的社会，亦存在等级的阶级。但中国封建社会又有自己的特点，表现出不同之处。同为庶民等级，却出现贫富的极大差别，又分成了地主与农民（佃农）。这类地主一般称之为庶民地主，或非身份性地主。即是说，在中国封建社会里又出现了不完全按等级划分阶级的情况。这种情况在中国封建社会后期（宋代以后），特别是明清时期表现得十分明显。

那么，应如何看待中国封建社会的庶民地主这一阶层呢？它在中国封建社会的各阶级关系中又处于怎样的一种地位呢？这也是如何理解封建国家、地主、农民三者之间关系的一个关键性问题。

庶民地主与农民相比，二者虽同属庶民等级，但贫富差别悬殊，庶民地主一般占有颇多乃至大量的土地，依靠出租土地、获取地租为生，为农村中的富民阶层。另一方面，庶民地主又是与官僚地主相对而言的，他们不具有封建特权等级身份，不享有优免权，没有官僚地主那样的权势。庶民地主既有剥削农民的一面，又必须向封建国家及其官僚集团缴纳赋税，负担徭役。所以从某种意义上说，庶民地主具有两面性。

从辩证唯物史观出发，在分析某一社会阶层于该社会结构中所处的地位时，首先必须遵循这样的基本原则，"就是从社会生活的各种领域中划分出经济领域来，从一切社会关系中划分出生产关系来，并把它当做决定其余一切关系的基本的原始的关系"①。所以，关于庶民地主在中国封建社会的各阶级关系中所处的地位，首先应从租佃关系及赋税徭役这样一些根

---

① 列宁：《什么是"人民之友"以及他们如何攻击社会民主主义者？》，《列宁选集》第一卷，人民出版社1972年版，第6页。

本性问题，即从社会经济的角度，从其在社会经济结构中所占的地位出发来加以阐述。

众所周知，在封建社会中，庶民地主也是占有土地、剥削佃农的剥削者，这是不可否认的最基本的事实。即，在封建社会的生产关系中，庶民地主显然是处在剥削者的地位。而这一点，对于确定庶民地主在整个封建社会中的地位，不能不说具有决定意义，它正是决定庶民地主其他方面关系的"基本的原始的关系"。

当然，另一方面，庶民地主还必须向封建国家缴纳赋税。中国封建社会历代官府关于征收赋税的政策，多规定以民之财产即主要以土地的多少为依据。庶民地主占有的土地与根本不占有土地的佃户相比已不用说，就是比一般自耕农也多得多，因此从直观上说，其向官府缴纳的赋税当然要比农民多得多。但是，能不能据此就得出，在封建社会里庶民地主的赋税负担要远远超过一般农民所受的剥削这样的结论呢？如果承认地主在经济上有剥削农民的一面，那么，则不能不提出这样的问题，即地主所纳赋税又来源于何处呢？作为地主，其向官府所缴纳的赋，并不是他们自己的劳动所得，而是从佃农那里剥削来的地租，赋自租出，似乎是一个常识性的问题。然而，这却是一个不能回避的关键问题。若承认这一点，那么，封建国家向庶民地主征收赋税的实质，只不过是封建地租的再分配或再分割罢了。

其次，这里面还有一个量的问题。即，以一定量的土地为标准，地主从农民那里所收的租有多少，封建国家从地主那里所征之赋是多少，二者相比又是如何，这也是不能忽视的。

中国封建社会的一些官僚、文人和思想家也没有回避这个问题，他们早就做了回答。唐代大臣陆贽在《论兼并之家私敛重于公赋》中说：

> 今制度（指井田制度）弛紊，疆理堕坏，恣人相吞，无复畔限。富者兼地数万亩，贫者无容足之居，依托豪强，以为私属，贷其种食，赁其田庐，终年服劳，无日休息，罄输所假，常患不充，有田之家，坐食租税，贫富悬绝，乃至于斯。厚敛促征，皆甚公赋。今京畿之内，每田一亩，官税五升，而私家收租，殆有亩至一石者，是二十倍于官税也。降及中等，租犹半之，是十倍于官税也。[①]

---

① 《翰苑集》卷二二，《中书奏议·均节赋税恤百姓第六条》。

这里言官赋与私租相比，竟相差 20 倍，至少也相差 10 倍。明代苏松二府官田赋税之重，为其一大痼疾，致使民不堪命，多流移逃亡。究其根源，本是由于"变私租为官粮"的缘故。"国初籍没土豪田租，有因为张氏义兵而籍没者，有因虐民得罪而籍没者，有司不体圣心，将没入田地，一依租额起粮，每亩四五斗，七八斗至一石以上，民病自此而生。"① 从根本上说，这恰恰表明了中国封建社会里私租重于官赋。总体而言，明代官赋虽重，但仍未必重于富民之租。明建文时大臣王叔英说：

> 后世井田既废，故民业不均。至于后魏有均田之法，北齐有永业之制，唐有口分世业之田，虽非先王之道，然亦庶几使民有恒产者。自唐以后，恒产之制不行，富强兼并，至有田连阡陌者，贫民无田可耕，故往往租种富民之田，亦输其收之半。由是富者愈富，贫者愈贫。此恒产未制之害，是以贫富不均也。……后世田有官民之分，税有轻重之异。官既事繁，而需于民者多，故田之系于民者，其赋不得不重，惟系于官者，其赋轻而亦有过于重者。……若夫官田之赋，虽比之民田为重，而未必重于富民之租。②

嘉靖《增城县志》的编者说：

> 夏秋之税，乃国家经赋。每田起科，宽于三代以前制赋，不啻十倍。然后世每不及三代之治安者，盖今之公赋虽宽，而私赋则重矣。公赋上之所制，而私赋民之所主也。民之有田者，以其田佃之于无田之民，而约使出租，比公家之赋率增十之八九。是则公赋独宽于有田之民，而私赋乃有田之民主之，而国家不得与焉。噫！有田之民不宜宽而宽，无田之民宜宽而不得宽，夫事之不平至此，乃欲以求治安，难矣。③

---

① 《日知录集释》卷一〇，《苏松二府田赋之重》。
② 《明经世文编》卷一二，《王翰林奏疏》。
③ 嘉靖《增城县志》卷九，《政事志·民赋类》。

明万历时叶春及更说：

> 今豪党之家与吏为市，丁数十而一登政，虽重乎实数十人共之也。农耕富民之田，见税十五，率亩而收二石，为米九斗而输三升于公，合农之半是六十而税一也。①

明末清初著名思想家顾炎武说：

> 吴中之民，有田者什一，为人佃作者十九。其亩甚窄，而凡沟渠道路，皆并其税于田之中。岁仅秋禾一熟，一亩之收不能至三石〔原注：凡言石者，皆以官斛〕。少者不过一石有余。而私租之重者至一石二三斗，少亦八九斗。佃人竭一岁之力，粪壅工作，一亩之费可一缗，而收成之日所得不过数斗，至有今日完租而明日乞贷者。②

明末清初人张履祥在《补农书》中说：

> 佃户终岁勤动，祁寒暑雨，吾安坐而收其半，赋役之外，丰年所余，犹及三之二，不为薄矣。而俗每存不足之意，任仆者额外诛求脚米、斛面之类，必欲取盈，此何理耶！③

以上所列仅是文献方面的一些记载，下面我们再看一下遗存文书中的有关资料。在明清契约文书中，诸如置产簿，分家书中所载各类田亩，对每一笔田土，多既载租额，又登税亩面积。这些资料无疑都是有关当时私租与公赋的真实记录，是了解这二者之间比例的第一手资料。徽州文书中遗存的这方面资料亦颇为不少。如中国社会科学院历史研究所藏《万历二十八年休宁洪岩德等立阄书》④中载：

> 将岩德房阄得天字号田亩开后：

---

① 《石洞集》卷一〇，《论一·顺德县赋役志论》。
② 《日知录集释》卷一〇，《苏松二府田赋之重》。
③ 《杨园先生全集》卷五〇，《补农书（下）·总论·佃户》。
④ 《徽州千年契约文书》宋元明编第七卷。

发字八百六十四号，土名拱盘坵，计租柒砠半，田税一亩三厘。

伐字一千八百三十号，土名长山亩，计租玖砠，田税一亩七分。

……

据该阄书载，各房分得田租共计 412 砠又 25 斤，按每砠为 30 斤计算①，田租共 12385 斤。其相应税亩计 72.03 亩，按万历九年清丈后定税则，田每亩征麦 2 升 1 合 4 勺，米 5 升 3 合 5 勺，计 7 升 4 合 9 勺，合计该征麦米共 5.395047 石，一般以每石 120 斤计算②，则所纳税粮共 647.40564 斤。田租与赋税相比，租为赋的 19 倍多。

又如，《崇祯二年休宁程虚宇立分书》中③，载有田租 854.1 秤，每秤以 25 斤计算，田租共 21352.5 斤。其相应田土合算税亩为 114.8871 亩，每亩征麦 2 升 1 合 4 勺，米 5 升 3 合 5 勺，计 7 升 4 合 9 勺，合计该征麦米共 8.6050437 石，一般以每石 120 斤计算，则所纳税粮共 1032.6052 斤。田租与赋税相比，租为赋的 20 余倍。

不难看出，以上文书中的统计数字，与文献中的有关记载基本是一致的。总之，中国封建社会中地主对佃农的榨取极为残酷，私租与公赋相比，二者相差不是几倍，而是十几倍，几十倍。当然，地主向官府缴纳赋税之际，固然还有其他额外花费，但那无法同私租与公赋的差额相比。在中国封建社会里，私租大大重于公赋，这是一个最基本的事实。

其次，再看一下徭役问题。

按封建社会的法令规定，只有官僚地主按等级享有不同程度的差役和税粮优免特权，故庶民地主也是徭役的承担者。但由此却不能说庶民地主是封建社会徭役的主要承担者。如众所知，中国封建社会直到明代实行的黄册制度，一直没有废除力役，而这种制度则是以直接人身奴役为对象，因此，徭役的金派一直是以人户为中心，是离不开人丁的。单从这一点来说，人数比农民少得多的地主，怎么能成为封建社会徭役的主要承担者呢？按明代的黄册里甲制度，"遇有朝廷科征，里长自出十之三，十甲共

---

① 徽州地区各地每砠重量不等，有 26 斤者，有 30 斤者，等等。从该阄书"三房存众租三百零一砠又零二十八斤"的说法中，可知其每砠为 30 斤。

② 参阅《日知录集释》卷一一，《汉禄言石》。

③ 《徽州千年契约文书》宋元明编第八卷。

出十之七"①，即有所谓里三甲七之说。而里长多系地主阶层，甲首多为一般农民或佃户，由此亦可看出当时地主与农民徭役负担的大致比例。又，在明代黄册制度下，甲首自不必说，就是带管畸零实际上也是不免于应役的。如休宁《率东程氏家谱》载："洪武二十五年，朝廷例取无粮人户二丁者分房赴京，永充夫役。当行之家，怀土重迁，皇皇无措。"② 嘉靖三十九年（1560）户部尚书高耀等议奏大造黄册事宜中说："今一里一都人户，通计若干，内除正管里长、甲首共一百一十户外，其带管畸零若干，均派于十里长名下，轮年应役。不得如前总造，以滋弊端；及多寡分编，以致偏累。"③

当然，自唐代以后，历朝多实行户等制，在制度上规定应按户等之高下点派差役，地主多为上户，应当重差。但这种制度向来难以真正实行。因为其点差之权就操纵在里长、册书之类的地主手中，以致"放富差贫、挪移作弊"，而成为徭役制度中的一种痼疾。明初黄册制度开始亦实行这种按户等点差之制，但不久即因"里长卖富差贫"，造成徭役极大不均，而无法实行下去，遂不得不于正统年间开始进行所谓"均徭法"的改革。当然，均徭法的实施也未能解决徭役不均的问题，因为"官吏、里书，乘造册（指均徭册）而取民财；豪富奸狡，通贿赂以避重役"④，徭役编审之权仍掌握在官吏、地主手中。

所谓"放富差贫，挪移作弊"，其实质即是将地主身上的徭役负担转嫁到农民身上。唐宋以后，徭役编审除了人丁之外，亦渐及土地。于是，地主则通过花分诡寄等，千方百计隐匿田土，以避差徭。在这一过程中，人们所看到的，并不是官僚地主对庶民地主的"剥夺"，而是二者大肆勾结，把他们应负担的差徭转嫁到农民身上。"前明绅户免役，富民之田多诡寄于绅户；于是贫民独出其力以代大户之劳，最为一代弊政。"⑤ 史书中这方面的记载，不胜枚举。这里，仅举明末东南苏州、常州、松江一带均田均役运动中所揭露出的有关事例。

明隆庆年间，苏州、常州、松江一带官绅地主创立官甲，"自办自比，

_____

① 《明英宗实录》卷二八一，天顺元年八月丁酉条。
② 休宁《率东程氏家谱》卷三。
③ 《明世宗实录》卷四八九，嘉靖三十九年十月戊戌条。
④ 《明宪宗实录》卷三三，成化二年八月辛丑条。
⑤ 《锡金识小录》卷一，《备参（上）·均田均役略》。

自收自兑”①，其后，“有倚官甲为避差之窟而诡寄者，有通钱神于猾胥之手而花分者，有寄庄而图优免者，有故宦而仍滥免者，相沿积习，牢不可破。而长民之吏，莫能究诘”②。其寄于官甲之土地，既有官僚地主的优免限外的田土，也有庶民地主花分诡寄于官户的土地。“三吴官户不当役，于是有田之人尽寄官户，逃险负隅，而役无所得之。所得之者其贫弱也，不则其愚蒙也，贫弱渐亡，愚蒙渐诈，则势且至于无田无役。”③ 结果，“寄户之田，一入官甲之内，缙绅指为己产，有司指为宦田。即有极烦极重之役，往往舍而之他。于是差中户，差小户，差朋户，甚则差无产之户，及频年迭役之人。图书公正，任意妄报，高下在心，增减在手。是从来上海之役，役人而不役田也，役贫而不役富也，役旧而不役新也，役以意而不役以实也”④。“夫总计一县之田，止有此数，此增则彼减。官户之田日增一日，则民户之田不减不止。故县中一遇编差，上户不足，点及中户，中户不足，点及朋户。于是豪门子弟，倚势人奴，方且坐拥良田善宅，歌童舞女，耳中曾不闻役之一字，而彼瓮牖贫民，鹑衣百结，豕食一餐，反共出死力，以代大户非常之劳。”⑤ 所以，官僚地主与庶民地主互相勾结诡寄当差田土的结果，最后只能是将徭役转嫁到贫苦农民身上，这是必然的。

那么，官僚地主与庶民地主这种通过花分诡寄田土等手段而转嫁徭役，究竟达到了怎样的程度呢？自隆庆年间创立官甲以后，苏松地区富户诡寄田土的势头即愈演愈烈，至万历后期，这一带在册当差的田土已所剩无几，非加整顿不可了。万历三十八年（1610），巡抚都御史徐民式题准均役。据万历三十九年（1611）所立《无锡县均田碑》载：

> 据长洲县知县韩原善申称，前次编役旧册，当差田不过二十万亩，今清出当差田共有五十五万六千九百亩矣。华亭县知县聂绍昌申称，旧充差役止囤户十万余亩，今清出当差田共有三十四万五千亩矣。常熟县知县杨涟申称，清出花诡田共十五万亩有奇矣。吴江县知

---

① 《江苏省明清碑刻资料选集》三〇一，《无锡县均田碑》。
② 同上。
③ 崇祯《松江府志》卷一二，《役法二》。
④ 同上。
⑤ 同上。

县冯任申称，本县往年编役之田止二十万二千亩，今清出当差田有九十万亩有奇矣。①

如果将这里记载的数字略加统计，即可得知，在这些地区被花分诡寄的当差田土竟达三分之二以上！从这里可以看出，官僚地主与庶民地主通过花分诡寄等手段转嫁差徭已经达到了何等程度。总之，官僚地主与庶民地主之向农民转嫁徭役绝非个别现象。广大贫苦农民共出死力以代大户之劳，这是封建社会中普遍存在的一个基本事实。

在专治集权十分发达的中国封建社会里，庶民地主与封建国家以及官僚地主之间确实存在矛盾，有时还很尖锐。明代里长、粮长因国家赋役负担之重而破产者亦并非个别事例。特别是到了中国封建社会后期，庶民地主渐呈发展壮大之势，其与封建国家的利害冲突愈加显露出来。对庶民地主与封建国家以及官僚地主之间矛盾的这一方面，也应该看到。但这些毕竟不是主流，并不占主导地位。事实是：庶民地主对封建国家的赋役负担，有很大一部分都转嫁到了农民身上。在中国封建社会里，正是以农民为主体的广大劳动人民，才是封建国家、官僚地主以及庶民地主的剥夺对象。

庶民地主与封建国家和官僚地主既有利益矛盾的一面，二者之间又有根本利益一致的一面。对此，也不应忽视。

中国封建社会的庶民地主与西欧封建社会的领主不同，并不亲自掌握行政、司法等权力，其对佃户实行的超经济强制，其与佃户之间的剥削关系的维持，都需要强大的封建国家权力的支持。正是在封建国家的保护之下，地主阶级才能维持其与佃户之间的剥削关系。洪武三年（1370）朱元璋召富民入京，谕曰："汝等居田里，安享富税者，汝知之乎？古人有言；'民生有欲，无主乃乱。'使天下一日无主，则强凌弱，众暴寡，富者不得自安，贫者不能自存矣。今朕为尔主，立法定制，使富者得以保其富，贫者得以全其生。"② 张居正针对吴中富民因均赋役而发出的怨言说：

人所以能守其富、而众莫之敢攘者，持有朝廷之法故耳。彼不以

---

① 《江苏省明清碑刻资料选集》三〇一，《无锡县均田碑》。
② 《明太祖实录》卷四九，洪武三年二月庚午条。

法自检，乃怙其富势而放利以敛怨，则人亦将不畏公法而挟怨以逞
怨。是人也，在治世则王法之所不宥，在乱世则大盗之所先窥，乌能
长有其富乎？今能奉公守法，出其百一之蓄以完积年之逋，使追呼之
吏足绝于门巷，驯良之称见旌于官府，由是秉礼以持其势，循法以守
其富，虽有金粟如山，莫之敢窥，终身乘坚策肥，泽流苗裔，其为利
也不亦厚乎？故仆以为此吴人之福而彼不知也。夫婴儿不剃首则腹
痛，不揃痤则侵疾，而慈母之于爱子必剃且揃之者，忍于其所小苦而
成其所大快也。仆窃以彼中于执法之吏当户而祝之，而又何谤议
为哉？①

张居正在这里比较透彻地分析了封建国家与庶民地主之间的关系，正是因
为有了封建国家的王法存在，地主才得以能守其富。地主向国家所纳赋
税，仅是"出其百一之蓄"而已。封建国家与地主阶级之间的矛盾只不过
是一时的小苦小痛，从根本上说，二者乃是一种"慈母之于爱子"之间的
关系。

封建国家、地主、农民三者之间的关系，在追比租谷之际，则表现得
再清楚不过了。清末陶煦《租核》中说：

夫寻常户婚田土之事，定例丞佐官不得专擅，又凡有罪者，不论
大逆不道，皆容诉，独至追比佃农则不然。即或情实可原，如疾病死
丧之故，致种而弗耨，耨而弗获，获而无以纳租，纳租而不充其额
者，往往而有。以天理人情论之，自宜宽其既往，待其将来，何乃诉
词未毕，而行刑之令早下矣。况田主控一佃农，止给隶役钱数百；而
隶役之索贿于佃农者，初无限量。或田主以隶役行刑不力，倍给之
钱，至有一板见血等名目，俾佃农血肉飞流，畏刑伏罪，虽衣具尽而
质田器，田器尽而卖黄犊，物用皆尽而鬻子女，亦必如其欲而后已。
伤心惨目有如是耶。……夫土豪不足数矣，善堂或名清节，或名保
婴，类皆拥田千百亩，而收租亦如上所云云。……

重其租额，苛征不休，使人犯之而刑之，即孟子所谓罔民也。故
岁以一县计，为赋受刑者无几人，为租受刑者奚翅〔啻〕数千百人，

---

① 《张太岳文集》卷二九，《答应天巡抚胡雅斋言严治为善爱》。

至收禁处有不能容者。①

封建国家毫不掩饰地以地主阶级利益维护者的面目出现，地主大户则利用国家机器对佃户实行最残酷的压榨与剥夺，封建国家、地主（包括庶民地主）二者联合在一起对农民实行超经济强制，这种阶级剥削、压迫之本质，在催租之际，可以说是暴露无遗。一县之中，为赋受刑者没有几个人，而为租受刑者何止数千人，这恐怕是封建国家、地主、农民三者之间关系的一个最典型的写照了。

　　不仅地主利用封建国家机器对农民实行超经济强制，而封建国家也依靠地主对农民进行乡村基层统治。中国封建社会里的广大乡村基层组织，一向被视为封建国家政治统治的一部分，是作为封建国家的基层政权而存在的。"唐柳宗元之言曰：'有里胥而后有县大夫，有县大夫而后有诸侯，有诸侯而后有方伯连帅，有方伯连帅而后有天子'。由此论之，则天下之治始于里胥，终于天子，其灼然者矣。"② 明代黄册制度所建立的里甲组织，既是一种役制组织，同时也是明代乡村统治的基层政权组织。里长除了催征钱粮、勾摄公事之外，里长、老人还有管理生产、督察怠惰、调节讼事、司掌教化等职责，"各里一应公务民风，责成里老"③。明代又实行粮长制，粮长督理一乡赋税，亦兼乡村统治之诸功能。而按明代黄册里甲之制，里长均金丁粮多者充当，粮长更是非税粮多的大户莫属，所以，粮里无疑多属地主阶层，尤以庶民地主居多。朱元璋在推行粮长制时说道："此以良民治良民。"④ 这就是说，封建国家广大乡村的基层统治，乃是依靠地主阶级，特别是庶民地主而实现的。正因为地主掌握了广大乡村的基层统治权力，他们才得以飞洒税粮，转嫁徭役，而成为赋役制度之中无法克服的弊病。

　　还应提及的是，中国封建社会里的等级界限并不十分严格，特别是隋唐以后实行科举制，在庶民地主与官僚地主之间，并没有一条不可逾越的鸿沟。二者处于相互转换的动态之中。出仕官场，跻身官僚地主行列，这是中国封建社会里庶民地主始终不渝所追求的目标。而科举制度的实施，

---

① 《租核·重租论》。
② 《日知录集释》卷八，《乡亭之职》。
③ 《海瑞集》上编，《应天巡抚时期·续行条约册式》。
④ 《明太祖实录》卷六八，洪武四年九月丁丑条。

则不断地给庶民地主提供了晋升官僚地主行列的机会。科举取士制度，虽说是面向庶民以上各个阶层，但实际上是，只有具备了经济实力的地主阶层才有更多的机会。"非父兄先营事业于前，子弟即无由读书，以致身通显。"① 终年处于饥寒交迫的境地，连起码的生活条件都得不到保障的广大贫苦农民，很难通过科举之路而取得致身官场的机会。这个道理显而易见。

综上所述，封建社会尽管是一个等级的社会，但其本质仍属阶级社会，是在社会经济结构中处于不同地位的阶级起着决定性的作用。庶民地主与封建国家虽有矛盾的一面，但二者在根本利益上是一致的。庶民地主与官僚地主在社会经济结构中所处的地位相同，即同属剥削阶级，他们更多地是联合在一起，残酷地剥削、压迫农民阶级。地主阶级与农民的矛盾，才是中国封建社会的基本矛盾。从辩证唯物史观出发，不能不得出这一结论。

关于庶民地主，既要明确其在社会经济结构中所处的地位，又应注意到它的特点与发展趋势。在中国封建社会里，官僚地主阶层掌握政治权力，多为大土地所有者，并享有优免特权。官僚地主的发展主要依靠手中掌握的政治权力。而庶民地主，则主要是利用经济手段，通过积累赀财，购买土地等而发展起来。一般地说，庶民地主的势力要逊于官僚地主。但中国封建社会具有的一些特点，则为庶民地主的发展创造了条件。至中国封建社会后期，即宋代以后，随着社会经济的发展变化，庶民地主阶层明显呈发展壮大之势，其在整个社会中所占的地位亦愈显重要。如前引明初大臣王叔英所论："后世井田既废，故民业不均。至于后魏有均田之法，北齐有永业之制，唐有口分世业之田，虽非先王之道，然亦庶几使民有恒产者。自唐以后，恒产之制不行，富强兼并，至有田连阡陌者，贫民无田可耕，故往往租耕富民之田，亦输其收之半。由是富者愈富，贫者愈贫。此恒产未制之害，是以贫富不均也。"② 又如，方孝孺说："今富贵不同，富者之威，上足以持公府之柄，下足以钳小民之财。公家有散于小民，小民未必得也；有取于富家者，则小民已代之输矣。富者益富，贫者益贫，

① 《落帆楼文集》卷二四，《别集·费席山先生七十双寿序》。
② 《明经世文编》卷一二，《王翰林奏疏》。

二者皆乱之本也。"① 丘濬说："夫自秦用商鞅，废井田开阡陌之后，民田不复授之于官，随其所在，皆为庶人所擅。有赀者可以买，有势者可以占，有力者可以垦。有田者未必耕，而耕者未必有田。官取其什一，私取其大半。世之儒者，每叹世主不能复三代之法，以制其民。而使豪强坐擅兼并之利。"② 显然，庶民地主的发展壮大，是与中国封建社会的一些基本特点，如土地买卖、诸子均分等联系在一起的。其根本原因，乃在于土地私有的发展，土地买卖的频繁，在于土地关系的力量。明清时代庶民地主的发展，也为农业经济中某些近代性因素如经营地主等的产生准备了条件。总之，庶民地主的存在及其势力的发展壮大，是中国封建社会的基本特征之一。

在生产力尚不发达的时代，在私有制、允许买卖、不抑兼并的条件下，土地赀财必然向少数人集中，贫富不均是不以人们的主观设想为转移的。占有大量土地的地主富户，乃是中国古代农村中的一个客观存在。但土地占有的集中与分散是一个动态过程，并非只有集中或只有分散某一种走向。一些地主衰落了，新的地主又不断产生。它因时因地而异。从时间上说，各个历史时期并不完全相同，明代与清代不同，清代与民国也不同；从地区上看，南方与北方不同，山区与平原有别。对中国古代农村社会，也不能简单地归结为只是地主与佃农这种二元结构，对地主富户的历史地位与功过亦应作全面评价。然而，在多种类型经济中，地主制经济是占主导地位的；在各种社会关系中，地主与佃农的关系为其基本关系。

---

① 《明经世文编》卷九，《方正学文集》，
② 《大学衍义补》卷一四，《固邦本·制民之产》。

后　记

　　我的专业领域是明清社会经济史。在该领域的研究中，已有众多学者做了大量工作，取得了丰硕成果。但亦毋庸讳言，以往的研究，引用文献记载者多，利用文书档案者少；从宏观角度论述者多，作微观分析者少；进行静态分析研究者多，搞个案追踪溯源、探寻发展轨迹者少。其原因之一，乃是史料方面的限制。由于缺乏史料，在研究工作中，将时间、地点、背景各不相同的一些文献记载片断饾饤缀合，以论证某种观点，这样做似乎在所难免，无可厚非。但对于真正的科学研究，特别是经济史方面的研究来说，此类做法显然不能令人满意。因此，笔者决心在寻找文书档案资料方面下一点工夫。20 世纪 80 年代以来，我参加了中国社会科学院历史研究所的徽州文书整理与研究工作。1983 年，笔者首次发现了明初的黄册抄底；1989 年，查找到系统而又完整的黄册底籍抄本，更引起了极大兴趣。其后，又在各地博物馆、档案馆、图书馆以及国内外有关单位，尽量搜集有关明代黄册的文书档案，现总计在百万字以上。本书即是以利用这些较为系统的黄册文书档案为中心，结合文献记载而写成的。

　　史学研究中，往往要用多半时间和精力去搜集资料。为撰写本书，笔者亦历经多年时光，查找有关史料，特别是着力搜寻文书档案方面的资料。文书档案求阅之不易，几十万字资料抄录之艰辛，自不待言。每忆及此，感慨良多。然而，其间亦曾得到中外学者的将伯之助，义不敢忘；更有各地友人援之以手，情系心间。本书在撰写、修改和出版的过程中，又承蒙许多师友不吝指教，热情献猷，鼎力襄助。在本书即将付梓之际，对多年以来给予赐教和帮助的各位前辈、先生和朋友，一并表示由衷的感谢。

　　科学上的每一步探索，总是在前人积累的基础上进行的。在研究过程中，不能不对有关的研究史进行回顾，不能不注意到前人的研究成果。如果本书有点新的东西的话，那也是在前人研究的基础上做出的。这里，对在该领域的研究中，多年辛勤耕耘并贡献卓著的中外前辈学者，谨致以崇高的敬意与谢忱。

在研究工作中我体会到，既要尊重前人的研究成果，又不能拘泥于传统定论；既要重视文献记载，更要在挖掘文书档案方面下工夫；既要了解国内学界的研究动态，也要注意借鉴外国学者的研究成果；既要注重史实的考证，又不可忽视理论上的指导与概括。要尽可能地做到继承与创新相结合，文书档案与文献记载相结合，中外研究相结合，微观分析与宏观考察相结合，史论结合。而我所做的，离这些要求都相差很远。本书在某些方面所进行的一点探索，也只不过是一些尝试而已。偏颇与谬误之处，在所难免。若能得到各位专家、学者及广大读者的批评指正，十分幸甚。

栾成显

1997 年 12 月于北京东总布

推荐意见

　　这是一部研究明代户籍与赋役之法的佳作，功力深厚，勇于创新。栾成显先生为写此书，倾注了很大精力，历时达十多年之久。他除重视历史典籍外，还费尽千辛万苦，在国内外不少部门，搜集了有关黄册的文书档案资料百万字之多。其中有首次发现的明初黄册抄底和明代黄册底籍抄本，具有重要史料价值。作者在前人研究的基础上，充分利用这些资料，对黄册制度的各有关方面，进行了深入探索，取得了重大进展。如对明代黄册的起源，明代黄册原本，黄册里甲的编制原则与图保划分，甲首户问题，黄册制度的本质及其衰亡原因等，作者不为成说所拘，提出不少新的见解。另外，通过黄册制度的研究，书中还对明代乃至中国封建经济史方面的一些重要问题，如业户占有土地分布形态，土地买卖，明清大户经济形态，土地所有与明清农村经济结构，封建国家、地主、农民三者之间的关系等，提出了自己的看法，颇多独到之处，读后很受教益。

韩大成　教授

推荐意见

　　黄册制度是明代一项基本的社会经济制度。对这一制度的研究，以往虽然也有一些成果，但由于一直到 20 世纪 70 年代末，学者们都未曾见到过黄册原本，因此研究难以深入，且易生歧义。栾成显先生从 80 年代初即开始从事徽州文书的整理和徽学的研究。他从中发现一批明代黄册底籍抄件及有关黄册的原始资料，在此基础上他对黄册及其相关问题，进行了长达十多年之久的专题研究，这部专著就是作者十多年心血的结晶。由于其研究建立在真实可靠、丰富翔实的第一手资料基础之上，并运用唯物主义观点对资料加以分析，因此把黄册制度的研究推进到一个新的阶段。这部专著不仅解答了黄册制度史本身研究中的一些疑难问题，而且对这一制度所涉及的明代乃至中国封建社会后期的一些社会经济问题提出了创见，堪称一部优秀的学术著作。

张显清　研究员

中国社会科学院历史研究所
学术委员会评审意见

　　栾成显先生长期潜心于徽州文书的整理与徽学研究，爬梳史料，考辨疑难，用力极勤，所著《明代黄册研究》一书，不仅对明代黄册制度本身诸问题作了新的探索，而且从中国封建社会经济发展演变的视角对其进行了深入考察，并论及明清社会经济史的一些基本问题。资料翔实，创见颇多，堪称一部卓有建树的学术专著。

中国社会科学院历史研究所学术委员会